现代基础教育研究

RESEARCH ON MODERN BASIC EDUCATION

第四十三卷

Vol. 43. SEPTEMBER 2021

学术指导委员会

顾　　问：张民生 / 张民选
主　　任：袁　雯
副 主 任：李　晔 / 何云峰
委　　员：（以姓氏笔划为序）
　　　　　丁念金 / 于　漪 / 尹后庆
　　　　　王正平 / 丛玉豪 / 朱自强
　　　　　李　晔 / 何云峰 / 陆建非
　　　　　张民生 / 张民选 / 周增为
　　　　　袁　雯 / 顾泠沅 / 唐盛昌
　　　　　夏惠贤 / 惠　中 / 谢利民

理 事 长：袁　雯
常务理事长：何云峰
副 理 事 长：唐盛昌 / 周增为 / 王　健

主　　编：何云峰

现代基础教育研究

前沿问题探讨

新高考背景下学校智慧课堂教学的应用策略　　　　　　　　　　　　　　　　尹　苗，李逢庆/005

高中全员成长导师的指导效果及影响因素调查研究　　　　　　　　　　戴治伊，瞿祖芳，朱　琳/012

比较教育研究

教师合作的国际研究及其启示　　　　　　　　　　　　　　　　　　　　　　石雪丽，朱益明/019

系统领导在英国：缘起、架构与实施策略　　　　　　　　　　　　　　　　　　　　　　李　霞/025

数学扫描教学实践评价系统的框架结构与比较分析　　　　　　　　　　　　　　　　武小鹏/031

量性分析与评价

教师专业合作对教学效能感和职业满意度的影响：学科知识评价认同度的中介作用

张家辉，康红芹，胡洪强/040

新手、熟手和专家型教师对躯体表情觉察的差异

——基于眼动的证据　　　　　　　　　　　　　　　汪海彬，史少彦，卢家楣，陈　宁/049

父母参与和子女学业成绩关系的元分析　　　　　　　　　　　　　　　　　　　　　　范　勇/056

中小学生品德测评方法探索

——基于社会情感能力测评工具的分析　　　　　　　　　　　　　　　　　　张幽桐/065

基于前概念分析的小学数学个性化学习实证研究　　　　　　　　　　　　　　　　张　琦/075

教育政策与管理

智能化社会劳动教育的演进理路　　王治东，张荆京，苏长恒，曾　璇，张　志，周继舟，张　鹏/083

适应性专长导向的教师成长校本项目：环境设计和实施路径

——以上海市第二初级中学为例　　　　　　　　　　　　　　　　　　　　崔　鹏/090

公益普惠导向下政府扶持普惠性民办园省思　　　　　　　　　　　　　　　　　　高　敬/096

普惠性学前教育公共服务体系建设：困境与突破路径　　　　　　　　　　　　　宋丽芹/101

教育惩戒的困境分析与对策研究　　　　　　　　　　　　　　　　　　　　　　　卢长智/107

教师专业发展

从"预设"到"生成"：我国教师发展研究范式的主体性转向　　　　　　　　　　　马　飞/112

基于培训迁移理论的教师培训质量提升策略探析　　　　　　　　　　　　　　　陈　霞/120

事实下的主体建构：中小学教师负担研究路径的探析与展望　　　　　　　　赵钱森，石　艳/126

2021年9月25日出版

第43卷,2021年9月

价值观教育专栏

百年名校价值观教育实践研究 ……………………………………………… 李啸瑜/132
基于集团化办学的初高中思政课衔接
　　——以南模教育集团为例 ……………………………………………… 陆建梅/139
反思能力的培养：高中生价值观养成的路径
　　——班主任实践视角的审视 …………………………………………… 杜嘉陵/144

德育论坛

"以劳树德"的理论蕴涵、现实观照与行动路向 …………… 冯建波，陈　辉，伍　醒/148
新时代道德治理问题的凸显及应对 ……………………………………… 杨　园，毛勒堂/154
"三新"背景下高中育人方式变革的实践研究 ………………………………… 干亚清/159
上海市高中生劳动认知现状调查及思考 …………………………………… 沈树永/165
论教师德性实现的机制 …………………………………………………………… 黎　玮/169

课程教材改革

我国课例研究的不同范式及框架要素 …………………………………… 彭尔佳，杨玉东/174
博物馆课程资源在中国史教学中的整合运用 …………………………………… 李倩夏/182
高中体育专项化课程"组合式"构建与实施 ……………………… 于生德，卢起升，俞定智/190

学科教学策略

教师戏剧性言语的价值及其在课堂教学中的运用 ……………………… 孔　苏，黄得昊/198
高中语文情境教学实践研究 ……………………………………………………… 吴　岚/204
基于思维过程的小学英语复习课课型结构 ……………………………………… 冯　霖/209
基于人工智能的中小学生外语学习研究 ………………………………………… 曹逸韵/214
和合文化融入初中道德与法治学科教学的路径 ………………………………… 杨维武/218

艺术教育

幼儿即兴舞蹈的育人价值及其实现路径 ……………………………………… 吴　珺，夏正江/222
数字技术支持下的小学音乐单元学习实践 …………………………………… 周佳春/228
人文素质教育视域下中国美术核心价值观的构建与实践 ……………………… 丁薇薇/235
海报设计《停止酗酒，别让美好化为毁灭》 …………………………………… 崔生国/插一
水彩画《尘埃系列·灯》 ………………………………………………………… 侯　伟/插二

执行编辑：张雪梅，孙　珏，王中男

Research on Modern Basic Education

Vol.43   September 2021

CONTENTS

(Main Articles)

Research on the Implementation Strategies of Smart Classroom Teaching in Schools under the Background of New College Entrance Examination in China   *YIN Miao, LI Fengqing*/005

An Investigation of the Implementation Effect and Influencing Factors of the Mentoring System for High School Students' Development   *DAI Zhiyi, QU Zufang, ZHU Lin*/012

International Research on Teacher Collaboration and Its Implications   *SHI Xueli, ZHU Yiming*/019

Comparative Study on Awareness of Emotional Body Language among Novice, Proficient and Expert Teachers: Evidence from Eye-movements   *WANG Haibin, SHI Shaoyan, LU Jiamei, CHEN Ning*/049

A Meta-analysis of the Relationship between Parental Involvement and Children's Academic Achievement   *FAN Yong*/056

From "Presupposition" to "Generation": The Subjectivity Turn of Teacher Development Research Paradigm in China   *MA Fei*/112

A Practical Study on Values Education in a Century-old Prestigious School   *LI Xiaoyu*/132

新高考背景下学校智慧课堂教学的应用策略

尹 苗[1]，李逢庆[2]

（1. 山东师范大学 研究生院，山东 济南 250014；2. 山东师范大学 教育学部，山东 济南 250014）

摘 要：随着2014年国家新高考改革的全面推进，以信息技术促进课堂教学模式变革，应对信息时代创新人才需求与人才选拔方式变化成为重要实践议题。文章认为，学校推进智慧课堂教学应用的策略如下：着力构建以高等院校、政府、企业与学校（UGBS）为主体的协同创新组织生态，建立分步推进实施的智慧课堂应用实践路径，形成以智慧课堂为中心的教学实践生态。文章通过对UGBS实践共同体、学校智慧课堂改革实践路径的四个阶段的详细阐述，以期增强学校智慧课堂教学应用的针对性、实效性和可操作性，为学校智慧课堂教学应用的整体推进提供设计参照与路径支持。

关键词：新高考；智慧课堂；课堂教学；应用策略

我国于2014年拉开了新一轮考试招生制度改革的帷幕（以下简称"新高考"）[①]，旨在通过人才选拔方式改革引领教育教学模式改革，以更好地实现国家创新型人才培养目标。为更好地应对信息时代对人才培养的挑战，2018年1月教育部出台了《普通高中课程方案和语文等学科课程标准（2017年版）》，强调"关注信息化环境下的教学改革，促进人才培养模式的转变，着力发展学生的核心素养"[②]，形成了考试招生制度指引下课程方案、课程标准的教学改革新体系。然而，新型人才培养及选拔标准与学校现有的教育教学模式之间的矛盾日益加剧，致使"学校教育教学改革与新型人才选拔方式如何适配一致"的问题引起社会各界广泛关注。

2019年2月，国务院印发《中国教育现代化2035》，明确提出"利用现代技术加快推动人才培养模式改革，实现规模化教育与个性化培养的有机结合"[③]的战略目标。基于此，"开展以学习者为中心的智能化教学支持环境建设，加快推动人才培养模式、教学方法改革，发展智慧教育"成为当前的重要战略举措。近几年的教育信息化研究与实践表明，以智慧课堂推动教学方法、人才培养模式改革逐渐成为新高考背景下学校教育教学变革创新的有效路径。

作者简介：尹苗，山东师范大学研究生院副院长，教授，博士，主要从事教育信息化与学科教学融合研究；李逢庆，山东师范大学教育学部副教授，博士，主要从事教育信息化与学校变革研究。

① 中华人民共和国中央人民政府：《国务院关于深化考试招生制度改革的实施意见》，载国务院官网：http://www.gov.cn/zhengce/content/2014-09/04/content_9065.htm，最后登录日期：2020年9月26日。

② 中华人民共和国教育部：《教育部关于印发〈普通高中课程方案和语文等学科课程标准（2017年版）〉的通知》，载教育部官网：http://www.moe.gov.cn/srcsite/A26/s8001/201801/t20180115_324647.html，最后登录日期：2020年9月26日。

③ 中华人民共和国中央人民政府：《中共中央国务院印发〈中国教育现代化2035〉》，载国务院官网：http://www.gov.cn/zhengce/2019-02/23/content_5367987.htm，最后登录日期：2020年9月26日。

一、新高考改革:从关注知识核心走向能力素养培养

自20世纪90年代以来,我国高考制度的改革经历了两次重大调整,呈现出人才选拔方式和标准变化引领课程方案调整的典型特征(见表1)。1999年,我国开启了以多样化招考制度为主要内容的高考改革,以调和基础知识和能力为主的课程教学与新型人才素质能力结构要求之间的矛盾。4年后,教育部印发的《〈普通高中课程方案(实验)〉和语文等十五个学科课程标准(实验)》中,将"双基"教学目标全面升级为"知识和能力、过程和方法、情感态度和价值观"三维目标,以实现素质教育的培养目标。伴随《国家中长期教育改革和发展规划纲要(2010—2020年)》的落地实施,我国于2014年启动新一轮高考改革,"独立思考和运用所学知识分析问题、解决问题的能力"[①]成为新的人才选拔能力要求的重心。为与之相适应,在结合中国学生发展核心素养的基础上,各学科基于学科本质凝练出了学科核心素养,致力于培养"学生学习该学科课程后应达成的正确价值观念、必备品格和关键能力"[②],由此确立了我国普通高中课程方案新的目标指向。

表1 信息时代我国高考改革与课程改革发展演进

	标志性政策文件		普通高中课程方案		
时间	文件及内容	任务	培养目标	课程结构	课程目标
1999年2月	教育部印发《关于进一步深化普通高等学校招生考试制度改革的意见》,提出探索多元化高考形式和内容,建立多样化招考体系	为高等学校和社会各行各业输送素质良好的普通高中毕业生	进一步提高学生的思想道德、文化科学、劳动技能、审美情趣和身体心理素质,培养学生创新精神、实践能力、终身学习的能力和适应社会生活的能力,促进学生个性的健康发展	由13个科目的必修课程和7门学科的选修课程组成	基础知识与基础能力
2003年3月	教育部印发《普通高中课程方案(实验)》和语文等十五个学科课程标准(实验)	为学生的终身发展奠定基础	全面落实《国务院关于基础教育改革与发展的决定》所提出的基础教育培养目标,实施素质教育,促进学生德智体美劳全面发展,应当体现时代要求	由8个学习领域的12—13个科目及科目模块组成,课程分为必修课程和选修课程,以学分描述课程修习情况	高中课程教学中的"知识和能力、过程和方法、情感态度与价值观"的三维教学目标
2014年9月	国务院印发《关于深化考试招生制度改革的实施意见》,指出要深化高考考试内容改革,着重考查学生独立思考和运用所学知识分析问题、解决问题的能力				

---

① 中华人民共和国中央人民政府:《国务院关于深化考试招生制度改革的实施意见》,载国务院官网:http://www.gov.cn/zhengce/content/2014-09/04/content_9065.htm,最后登录日期:2020年9月26日。

② 中华人民共和国教育部:《教育部关于印发〈普通高中课程方案和语文等学科课程标准(2017年版)〉的通知》,载教育部官网:http://www.moe.gov.cn/srcsite/A26/s8001/201801/t20180115_324647.html,最后登录日期:2020年9月26日。

（续表）

标志性政策文件		普通高中课程方案			
时间	文件及内容	任务	培养目标	课程结构	课程目标
2018年1月	教育部印发《普通高中课程方案和语文等学科课程标准（2017年版）》	促进学生全面而有个性的发展，为学生适应社会生活、高等教育和职业发展做准备，为学生的终身发展奠定基础	进一步提升学生综合素质，着力发展核心素养，使学生具有理想信念和社会责任感，具有科学文化素养和终身学习能力，具有自主发展能力和沟通合作能力	保留原有学习科目；将课程类别调整为必修课程、选择性必修课程和选修课程；明确各类课程功能定位，与高考综合改革相衔接；合理确定各类课程学分比例	各学科基于学科本质凝练本学科的核心素养，明确学生学习该学科课程后应达成的价值观念、必备品格和关键能力

二、智慧课堂应用：新高考背景下学校教学变革新趋向

人才选拔方式和标准的变化在促进高中课程方案不断更新的同时，也加速了课堂教学形态的变革。在新高考"关注问题解决"的导向下，学生核心素养的养成与发展成为课堂教学关注的重点，"以学生发展为本"成为新的教育目标指向。因此，探求更适于人才培养需求和选拔标准的新型课堂教学形态，成为教育管理者、研究者与实践者共同面临的实践议题。

《教育信息化2.0行动计划》指出："以人工智能、大数据、物联网等新兴技术为基础，依托各类智能设备及网络，积极开展智慧教育创新研究和示范，推动新技术支持下教育的模式变革和生态重构。"① 在国家大力发展智慧教育的政策导向下，作为翻转课堂延续性创新结果的智慧课堂应运而生。智慧课堂是"智能化环境中，融数据、资源、活动为一体，支持精准化教学与个性化学习，聚焦学生核心素养提升与全面发展的教与学生态系统"②（见图1）。智慧课堂教学应用拓展了课堂教学时空，改变了课堂教学时序，将教学扩展为课前、课中、课后三阶段一体化的流程，教学空间也由线下空间扩展为线上、线下有机融合的教与学场景。不仅如此，借助智能化环境支持，智慧课堂可实现依托智能化技术对教与学全流程数据的收集、分析和可视化呈现。这一方面有助于教学评价方式由结果性评价向以基于数据的证实性评价转变；另一方面，基于系统平台提供的智能学习分析与自适应技术支持，能够实现教师精准化教学与学生的个性化学习，可有效应对新高考改革方案中科目改革所带来的诸如选科走班教学、学习管理、绩效分配等现实压力和挑战。基于此，智慧课堂教学应用成为新高考背景下学校课堂教学变革的新趋向。

三、冲突与挑战：智慧课堂教学应用的现实困境

1. 多元主体间的协同缺失以及政策与实践间的异步

学校智慧课堂创新实践面临诸多内生性问题，如教育管理部门对学校教育信息化的创新实践缺少实质性政策引领和保障，经费投入缺乏持续性和连贯性；学校管理层与教师的教育教学理念落后，教学方法陈旧，缺少教育信息化专家的理念引领与路径指导。与此同时，学校与教育管理部门、科研机构、教育信息化企业间协同的缺失，影响了智慧课堂创新实践的成效。

---

① 中华人民共和国教育部：《教育部关于印发〈教育信息化2.0行动计划〉的通知》，载教育部官网：http://www.moe.gov.cn/srcsite/A16/s3342/201804/t20180425_334188.html，最后登录日期：2020年9月26日。

② 李逢庆，尹苗，史洁：《智慧课堂生态系统的构建》，《中国电化教育》2020年第6期，第58—64页。

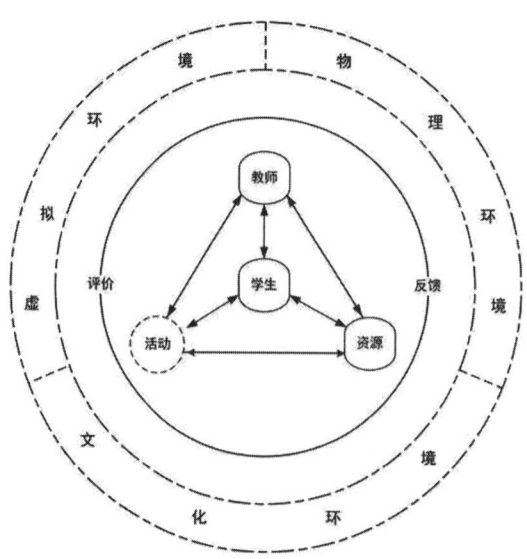

图 1 智慧课堂生态系统组成示意图①

而智慧课堂作为信息技术支持下的新型教育教学实践模式,其教学实践应用先于理论研究与政策制定,由此又导致智慧课堂教学应用与已有的政府教育规范性政策法规之间存在异步性。教育管理部门在制定相关文件的过程中缺乏政策参考和经验借鉴,在客观上导致政策制定存在一定的盲区和边界模糊。此外,智慧课堂移动学习终端需付费购买,这不仅成为国内多地智慧课堂舆情事件的导火索,同时也成为限制学校智慧课堂大规模常态化教学应用的瓶颈。

2. 顶层设计的缺失以及实施策略经验的匮乏

目前,大部分学校的智慧课堂建设应用还处于自发的、碎片式的、顶层设计相对不足的状态,导致智慧课堂的建设与应用乱象丛生,缺少统筹规划,难以形成合力,开展大规模、常态化应用的学校更是凤毛麟角。尽管多数学校采用试点先行、示范引领的方式,以期带动更大范围的智慧课堂教学应用,但是,团队互助和规模效应的缺失,使得开展智慧课堂教学应用的学校和教师处于各自为战的孤立状态。

同时,学校管理层对教育信息化理解和认知的不足,以及经费投入等方面的限制,往往带来三个方面的问题:一是智慧课堂建设与应用的目标、思路不清晰,缺乏系统化、结构化的顶层设计,导致智慧课堂教学应用与学校现有基础、未来教育发展规划之间脱节;二是在推进过程中,基于学校特色的智慧课堂建设应用实施路径不明和校本化资源体系缺失,导致他校成功案例的"校本化移植"具有较大风险;三是学校教育信息化专项经费不足,导致学校基础设施保障服务能力不足,教师专业发展培训与支持活动受限,教育教学改革激励方式与方法单一。

3. 师生关系的他组织控制和模糊经验式的教学组织

长期以来,在"将控制论原理、控制方法引入课堂,对教学目标、教学方法进行控制,从而使施控系统与被控系统之间的目标差逐渐缩小,最终实现目标"②的影响下,教师作为教学活动的组织者,基于课程标准、教材内容和个人经验组织与开展教学活动,学生完全处在一个由"他组织控制"的系统之中,被动作为知识"容器"进行输入和产出,这种失衡的师生关系使得基于学生个体知识基础、认知特点、学习风格差异的个性化教与学活动难以开展。此外,教师的理念变革也是影响智慧课堂教学实践效果的重要因素,"教师的理念一旦形成,便处于一种'自以为是'的'固执'状态,除非受到有意的挑战或在实践中碰

---

① 李逢庆,尹苗,史洁:《智慧课堂生态系统的构建》,《中国电化教育》2020年第6期,第58-64页。
② 申大魁:《控制论、控制方法及其在课堂教学中的应用》,《长江大学学报(社科版)》2012年第8期,第124-126页。

壁,否则难以改变"①,这种"固执"状态也容易使教师陷入课堂控制的角色而不自知,导致学生主体性的进一步弱化。

此外,由于现有教学缺少关于学生学习行为、学习过程的分析数据,以及学习问题反馈途径,教师在制订教学目标、组织教学设计的过程中仅可依据作业、小测验、考试成绩与教学经验获取模糊化的学情信息。这种以模糊化经验支持的教学组织方式,由于缺乏数据支持,教师在教学决策、活动组织、进度调整和教学评价等活动中,无法开展精确的归因分析与反馈优化。这一方面降低了课堂教学效率,另一方面也使得教师无法开展高效的综合性反思以促进教学改进,制约了师生素养养成和教育教学水平提升。②

四、破解之道:学校推进智慧课堂创新实践的实施策略

1. 构建以 UGBS 为主体的协同创新组织生态

"协同发展是提升教育信息化应用水平和能力的重要途径。"③为有效解决学校智慧课堂应用中协同缺失和教师相互孤立的现实困境,促进多元主体的协同创新,在"从设计的角度加以驾驭的实践策略"④指导下,构建由高等院校(University)、政府(Government)、企业(Business)与学校(School)多元主体组成的 UGBS 实践共同体,已成为现阶段理论研究者和国家层面共同的路径选择。高等院校、政府、企业和学校,既可相对独立地围绕智慧课堂展现各自的功能与属性,同时又可通过政策完善、理论研究、实践指导、智力支持、产品服务、创新实践等多维度的深度协同,助力智慧课堂建设根本目标的达成。

自 2018 年起,教育部启动教育信息化教学应用实践共同体项目⑤,旨在促进教育信息化各参与主体"共同开展研究和实践,推动政策、理论、制度和实践创新,形成一批可复制、可推广的研究成果和典型案例"。⑥在政府宏观政策的引领下,学校作为智慧课堂创新实践的基本单元与实施主体,可以通过开展顶层设计与运行机制构建,激发教师、学生和家长的内生动力,推动智慧课堂应用向纵深发展。在此过程中,学校开展智慧课堂创新实践的外部动力主要来自两个方面:一是由教育技术学、课程与教学论等方面的专家构成的智力支持团队,以专家报告、座谈交流等方式为学校智慧课堂教学应用提供理论指导和理念引领,同时提供基于学科的智慧课堂教师培训和跨校联合教研等多元化实践指导;二是遵循教育产品逻辑的教育信息化企业的技术加持,企业在政府的监督、遴选和准入制度下,为满足学校智慧课堂教学应用现实需求而进行技术革新与产品的升级迭代,也可进一步加速学校智慧课堂教学应用的进程。UGBS 实践共同体的构建有助于破解学校教育教学变革中的协同缺失困境,为学校智慧课堂教学变革提供有益的宏观环境,使学校开展信息技术支持的精准化教学与个性化学习成为可能。

2. 建立分步推进实施的智慧课堂应用实践路径

在学校顶层设计指导下,建立分步推进的智慧课堂应用实践路径,可包括如下四个阶段:

(1)理念变革与立项实践阶段

转变教学理念、构建适于变革的组织保障是学校在智慧课堂教学改革初期的首要任务。如山东省莘县第二中学在以智慧课堂为突破口改变其"薄弱高中"困境的起步阶段,通过邀请教育信息化专家做

---

① 张立昌:《自我实践反思是教师成长的重要途径》,《教育实践与研究》2001年第7期,第2—5页。
② 邓纯臻、杨卫安:《教学反思:卓越教师核心素养养成的有效路径》,《现代基础教育研究》2021年第1期,第36—41页。
③ 徐晶晶、黄荣怀、王永忠、岳丽杰:《区域教育信息化协同发展:挑战、实践模式与动力机制》,《电化教育研究》2019年第6期,第43—49页。
④ 赵健:《学习共同体——关于学习的社会文化分析》,华东师范大学出版社2006年版,第75页。
⑤ 中华人民共和国教育部:《教育部办公厅关于做好2018年度教育信息化教学应用实践共同体项目推荐遴选工作的通知》,载教育部官网:http://www.moe.gov.cn/srcsite/A16/s3342/201810/t20181012_351289.html,最后登录日期:2021年5月17日。
⑥ 中华人民共和国教育部:《教育部办公厅关于做好2018年度教育信息化教学应用实践共同体项目推荐遴选工作的通知》,载教育部官网:http://www.moe.gov.cn/srcsite/A16/s3342/201810/t20181012_351289.html,最后登录日期:2021年5月17日。

报告、赴智慧课堂应用学校调研考察等多种形式促进师生理念转变,加深他们对智慧课堂的理性认识,感知智慧课堂的教学模式与组织方法。学校还成立由校长任组长的智慧课堂建设与应用领导小组,为智慧课堂创新实践提供保障。在此过程中,学校从教学骨干中遴选了一批具备良好信息素养且参与意愿强的学科教师,通过跟班体验智慧课堂组织与实施的方式,使他们加深对智慧课堂的理解,为下一阶段开展智慧课堂试点储备种子师资。

(2)试点先行和模式构建阶段

学校在实践路径上可选择由"试点先行"到"全面推进"的方式,依据自愿原则确定试点班级的任课教师与参与学生,以积累智慧课堂学科教学经验,并逐步形成具有校本特色的智慧课堂教学模式。以四川省双流中学为例,该校在智慧课堂应用中探索形成了"三段九步"的智慧课堂教学模式,并鼓励教师归纳各学科的教学模式。与此同时,为提升教师信息化教学能力、学生自主学习能力和信息素养,学校制订了体系化的培训方案,以"让教师在转变意识的前提下掌握技术,让学生自己体会与传统课堂学习的差异"①,"实现教学活动由知识中心向问题解决的转变,进而凸显学生的主体地位,促进智慧课堂中的师生关系从'以教师为中心'转为'以学生发展为本'"。②

(3)全面推进与资源创生阶段

伴随着学校智慧课堂建设与应用的全面推进,学校逐步建立起常态化交流、激励、评价机制,以引导、规范智慧课堂教学的大规模、全学科、常态化应用。如莘县第二中学制定了《自主学习任务单的编制与使用管理办法》《学生课堂展示和点评的基本要求》《一五三课堂教学模式的技术规范》等。保障制度和技术规范的出台,有效保证了智慧课堂教学应用在全年级全学科推进的实践效果。与此同时,通过多元汇聚、自主创生等方式构建的校本学科教学资源库是智慧课堂全面深入推进的典型特征,也是促进智慧课堂健康可持续发展的重要基石。以山东省青岛市第二中学为例,该校仅在高一年级,就建设了包括自主学习任务单、教学课件、教学微视频、检测习题等在内的38000余个校本教学资源。这种师生协同创生的校本资源体系不仅增强了师生教学活动的参与感与价值感,更有效支持了适应本校学情的智慧课堂全面推进。

(4)学科融合与育人创新阶段

经过前期的深度实践,智慧课堂教学应用已经完成学科教学模式建构与资源体系建设,使得学生学业水平提升的同时,学科核心素养也得以有效发展。然而,学生核心素养培养目标,必然要求学校课堂教学改革走向跨学科、跨领域的交叉融合,由此推动学校智慧课堂的建设与应用走向深度学科融合与育人创新的实践期。北京大学附属中学开展的"拆墙行动",打破班级制,实现书院制,成立行知学院、元培学院、博雅学院和道尔顿学院4个学院,共建设涵盖9个学科的超过210门课程,支持学生"必修课程+自主课程"的"个性化课程表",并借助智慧课堂教学平台实现学习监管、状态查询、学习指导与效果评价,有效保证了个性化选课走班的教学秩序与教学效果,实现了信息技术支持的学科融合与育人创新。

3. 构建以智慧课堂应用为中心的教学实践生态

智慧课堂是"以智能化技术支持的课堂变革为突破口和实现途径,将智能化技术融入教、学、研、测、管、评等主要教与学环节的创新实践,以实现泛在化空间中的精准化教学、个性化学习、适应性测验、生态化治理和证实性评价"。③ 借助智能化环境支持,智慧课堂"可使教师专注于教学设计与个性化干预,使学习者获得更优质的学习服务"。④ 教师可利用智能化环境提供的学习者学习行为数据,实现基于数

---

① 柳春艳,傅钢善:《基础教育SPOC式翻转课堂应用路径在贫困地区的实践研究》,《电化教育研究》2018年第6期,第107-113页。
② 尹苗,史洁,李逢庆,刁艳芳:《基于ADDIE教学设计模型的智慧课堂教学——以"真菌"一节的教学设计为例》,《现代教育技术》2020年第11期,第19-25页。
③ 李逢庆,尹苗,史洁:《智慧课堂生态系统的构建》,《中国电化教育》2020年第6期,第58-64页。
④ 祝智庭,彭红超:《信息技术支持的高效知识教学:激发精准教学的活力》,《中国电化教育》2016年第1期,第18-25页。

据分析的目标设计、资源开发、活动组织与效果评价等的精准化。同时,通过对学生开展学习风格、知识储备与先前经验等数据的可视化分析,为学习者提供个性化的资源支持与学习服务,可实现不同学习者之间的线上线下一体化学习交互、问题反馈、协作学习与合作探究。

此外,基于自适应技术与知识图谱相结合的智能化测验功能,可以有效地实现分层、个性化测验,提供即时性反馈,以改进教学。与此同时,测验流程再造及测验结果的可视化呈现,不仅有助于实现教师教学活动的减负增效,还有助于促进学校管理动态调整机制的建立与家校共育。借助智能化技术环境,通过采集教师与学生行为、过程与结果的数据,可为教师教学管理、学生学习预警和问题改进提供多样态、可视化的分析报告,为学校教学管理提供科学、客观、公正的教育决策数据支持。全场景、泛在化、个性化的数据采集、汇聚、分析、反馈机制的构建,可以有效实现智能化环境支持下的基于数据的证实性评价,其结果不仅可直接指向师生的奖励与晋升,基于评价结果的反思与改进还有助于实现智慧课堂教学应用的优化与更新。

五、结语

智慧课堂已成为新高考背景下学校教育改革的新走向。本研究对智慧课堂现实困境与破解之道的阐述,可为学校智慧课堂教学应用的整体推进提供设计参照与路径支持。同时我们应该认识到,只有将教育纳入系统科学的框架内,以"教育技术促使我们重新考虑和革新教育体系"[①],实现教育信息化 2.0 时代教学模式与人才选拔方式高度适配协同,建立与信息技术相匹配的教育生产关系,方能真正实现以信息技术引领和推动教育教学的变革创新。

Research on the Implementation Strategies of Smart Classroom Teaching in Schools under the Background of New College Entrance Examination in China

YIN Miao[1], LI Fengqing[2]

(1. Graduate School, Shandong Normal University, Jinan Shandong, 250014;
2. Faculty of Education, Shandong Normal University, Jinan Shandong, 250014)

Abstract: With the comprehensive advancement of the new national college entrance examination reform in 2014, it has become an important practical topic to promote the reform of teaching mode with information technology and to deal with the change of the need for innovative talents and talent selection mode in the information age. The schools' strategies have been proposed as follows for promoting the smart classroom teaching: building a collaborative innovation organization ecology with UGBS as the main body, establishing a practical path of step-by-step implementation of smart classrooms, and forming a teaching practice ecology with smart classrooms as the center. In addition, the UGBS practice community and the four stages of the practical path of smart classroom reform are elaborated in details in order to enhance the pertinence, effectiveness and operability of the smart classroom reform, and to provide the reference of design and path support for the overall application of smart classroom teaching in schools.

Key words: new college entrance examination, smart classrooms, classroom teaching, implementation strategies

---

① 联合国教科文组织:《学会生存》,教育科学出版社 1996 年版,第 254 页。

高中全员成长导师的指导效果及影响因素调查研究

戴治伊,瞿祖芳,朱　琳

(上海市实验学校,上海　200125)

摘　要：通过对上海市实验学校690名高中生的问卷调查,并对7名高中生和7名成长导师进行访谈,分析高中全员成长导师的指导效果及影响因素。研究结果发现：导师实际指导频次低于学生期望；导师更倾向于线下的团体指导；导师指导内容偏重学科学习；学生对导师的指导态度总体满意。在众多影响因素中,导师的外在指导行为(指导方式、内容)和内在指导特征(导师态度、师生关系)是影响成长导师指导效果的两大重要因素。在此基础上,研究提出如下建议：适当增加线下单独指导的频次；在指导内容上应将学科学习与个人生活并重；要以亲切友善和倾听理解的态度指导学生。

关键词：高中；全员成长导师；指导效果；影响因素

一、研究缘起

导师制作为一种教育制度,是高等教育制度的核心与基础。引入中等教育后,有诸如德育导师、学科导师、科研导师等多种导师模式。[1] 在新高考背景下,走班式学习为班主任的班级管理带来了诸多挑战,学生也需要更个性化的学业和生活指导,高中全员成长导师制应运而生。全员成长导师制,是指全体任课教师参与,与全体学生通过双向选择结成对子,对学生的学习、品德、生活、心理和职业规划等方面进行的个性化、精准的学生发展指导制度。[2] 高中全员成长导师制旨在落实"三全育人"体系的建构,助推全体教师在育人意识和育人能力方面的专业发展,缓解高中生的升学压力和人际关系压力,融洽师生关系,促进学生个性潜能的充分发展。

高中全员成长导师制从提出到落地、再到深入,各校已形成了较为成熟的实践策略,但鲜有导师指导效果及影响因素的实证研究。上海市实验学校自2016年着手开展高中全员成长导师制,已形成较为完整的实践体系。因此,本研究以上海市实验学校的研究探索为例,呈现导师的指导效果及影响因素,以期为其他学校提供操作性借鉴。

作者简介：戴治伊,上海市实验学校中学二级教师,硕士,主要从事教育科研与心理学研究；瞿祖芳,上海市实验学校副校长,高级教师,主要从事教师教育和英语教学研究；朱琳,上海市实验学校中学高级教师,主要从事教师教育和语文教学研究。
[1] 王巧银：《新课程背景下高中导师制的问题探讨》,陕西师范大学硕士学位论文,2010年,第8页。
[2] 沈之菲：《高中导师制进一步深化探究》,《上海教育科研》2016年第2期,第57页。

二、研究设计

与其他类型的导师一样,成长导师的指导也具有"过程性"的特点。因此,指导效果可以从导师的指导频次、方式、内容等外在指导行为,以及指导态度、师生关系等内在指导特征两方面着手。[①]

调查问卷包含两个部分。第一部分是学生基本信息。第二部分是导师的指导效果,包括:(1)指导频次,即现实指导频次和期望指导频次;(2)指导方式;(3)指导内容;(4)指导态度与师生关系;(5)选择导师的原因;(6)导师指导效果评价。问卷的信度为0.927,且结构效度良好。2020年1月,在上海市实验学校高中部展开问卷调查,剔除无效问卷后共回收有效问卷690份。2020年5月,结合问卷调查的结果,对7名参与问卷填写的学生和7名高中全员成长导师进行结构化访谈。

三、高中全员成长导师制实施效果分析

1. 导师实际指导频次低于学生期望

如表1所示,目前导师实际指导频次是1.92次/月,稍低于学生期望指导频次(2.27次/月),对二者进行独立样本T检验发现,实际与期待的指导频次之间存在显著差异($p<0.05$)。这说明,目前导师实际指导频次与学生期待指导频次确实存在偏差,学生期待增加指导交流机会。

表1 导师实际指导频次与学生期待指导频次之间差异统计结果

	实际		期待		T	df	p
	M	SD	M	SD			
指导频次	1.92	1.479	2.27	1.277	−2.045	1138	0.041

关于指导频次偏低的问题,在访谈中大部分学生反馈一个月1次的指导时间间隔确实比较长,但如果导师是班主任或者主课教师,交流就会比较频繁。下面是对一位高二学生和一位高三教师的访谈记录:

李同学:我的导师不是班主任,也不是主课教师,平时见面的机会比较少。我对于目前的指导频次不是很满意,希望导师能够更加关注我一些。但是毕竟导师都很忙,工作量比较大,而且我自己本身也要面对等级考等大考,时间紧张,也没有主动找过导师。

佘老师:作为教师,本身的工作量肯定不低。我一周13节课,还会有额外的复习指导工作。此外还有三位学生的不同特需指导,以及一些学生的研究性学习指导。所以,深入对学生指导的时间真的不足。

2. 导师的指导方式倾向于线下团体指导

目前,导师的指导方式有线下和线上两种。其中,线下指导分为单独指导和团体指导,线上指导通常以微信、邮件等网络方式为主。调查结果显示,导师的指导频次平均值为:线下团体(M=3.33)>线上(M=3.13)>线下单独(M=2.98)。可见,大部分导师愿意花更多时间与学生进行面对面的交流。

针对这一现象,大部分学生反馈和导师基本都是面对面的交流,在网络上通过邮件、微信形式交流的虽然也有,但比较少,并且多数学生更喜欢单独指导。下面是对一位高二学生的访谈记录:

陈同学:我的导师主要是跟我线下见面、单独指导,当然班级里也会集体指导。我觉得这种单独指导对我很有效,而且比较直接。导师和我探讨的也不是什么学术问题,大部分都是心态和生活中的事

[①] 张东海:《研究生指导效果及其影响因素的调查研究》,《复旦教育论坛》2013年第11期,第37页。

情。对家长不太方便讲,同学又往往缺乏经验性建议,在这种情况下,导师显得比较可贵。

3. 导师的指导内容偏重学科学习

在问卷中,导师的指导内容包含学科学习、情绪、个人生活、生涯规划四个方面。调查结果显示,四个内容的指导频次均值分别是:学科(M=3.57)>生涯(M=3.2)>心情状态(M=2.94)>生活(M=2.58)。在这四个方面当中,导师指导频次较高的是学生的学科学习问题,频次较低的是学生的个人生活。

在访谈中,有学生表示更希望导师多关注一下自己的个人生活方面;导师则表示会给予更多的学科学习关怀,主要是因为这个领域自身比较擅长。下面是对一位高二学生和一位高三教师的访谈记录:

陈同学:我认为自己可以处理好学习上的事情,但是个人生活和未来规划希望有教师可以给一些建议。我虽有一定的未来规划,但仍然需要有经验者的指导。

李老师:因为学科领域是教师最擅长,也是学生最信赖的。平时在课业上指导学生的导师,可能比专配的成长教师影响更大,如我校的特需课与拓展课教师就是如此。因为学生知道你在这一方面给出的方法最实在。

4. 学生对导师的指导态度总体满意且师生关系好

调查结果显示,学生对导师指导态度的总体满意度为78.26%。在指导过程中学生感受到了导师对自己的尊重和关心,解决了自身的一些问题,导师与学生之间互动状态良好。

受访的7名学生均反馈,自己导师的指导态度非常好,并且和导师关系都还比较好。下面是对一位高二学生的访谈记录:

卫同学:我的导师指导我的态度很友善,让我很舒服。而且指导教师是本班任课教师,平时接触较多,教师为人也比较随和,这样让我平常不太会说出的话都愿意对导师说出来。

5. 导师的选择主要依据导师的道德品质

在问卷中,导师的选择依据有导师所教学科、职务、性格、道德品质和指导水平五个方面。以上因素的均值为:品质(M=4.36)>性格(M=4.21)=水平(M=4.21)>学科(M=3.24)>职务(M=2.5)。由此可见,学生选择导师,最看重的是道德品质,其次是导师的性格和指导水平,再次是导师所教学科,最不重要的是导师是否担任职务。

在访谈中,大多数学生认为导师的责任心、阅历和性格是自己选择导师比较注重的特质。下面是对一位高二学生的访谈记录:

刘同学:责任心很重要的,另外就是希望有丰富阅历,见识深远,拥有智慧,这样能够给我更多关于人生的指导和建议,还有和自己的性格能够比较匹配。

6. 导师指导效果主要体现在提升学生的学科兴趣

在问卷中,导师的指导效果主要有学业成绩、学习方法、学科兴趣、个人生活和心境状态、对未来的选择规划、价值观的形成以及个性潜能的挖掘七个方面。以上影响程度的均值为:兴趣(M=3.62)>潜能(M=3.59)>方法(M=3.57)>价值观(M=3.54)>规划(M=3.52)>生活和心境状态(M=3.51)>成绩(M=3.48)。由此可见,导师的指导在提升首先对提升学生学科兴趣有较大的帮助,其次在个性潜能挖掘方面有较大提升,学习方法、价值观、对未来的选择规划、个人生活和心境状态依次,影响最小的是学生的学业成绩。

在访谈中,大多数学生都认为,因为实际沟通的主要是学科方面的内容,所以学科兴趣方面影响比较大。但是在这个过程中,受导师的个人影响在价值观上有所熏陶,其次是个人生活和心境状态上有所变化。下面是一位高二学生的访谈记录:

姚同学:主要会沟通学业问题,但对我来说解决内心的困惑与迷茫影响更大。让我变得更自信了一些。可能是因为一语惊醒了梦中人,我在老师指导下思想变得成熟了一些。

四、影响高中全员成长导师指导效果的因素分析

1. 导师的外在指导行为与指导效果

(1)指导频次

为检验导师的指导频次和指导效果之间是否存在相关性,我们将学生期望接受的指导频次与现在每月实际接受的指导频次相减,得出新的自变量,并将其与指导效果进行相关性分析。分析得出皮尔逊相关系数 $r=-0.031$,$p>0.05$,这表明,导师的指导频次与指导效果并不存在显著相关。

在访谈中,学生的想法也认同了这一结果。他们认为增加指导频次不一定会更有效,但这一结论的前提是导师和学生之间本身保持着比较有质量的交流。

(2)指导方式

进一步对线下和线上两种指导方式的成长效果进行方差分析,得到结果 $F(2,500.932)=12.019$,$P=0.00$,表明导师的不同指导方式效果差异非常显著。如表2所示,线下为主的指导效果明显优于其他两种方式。可见,就指导方式而言,线上指导仍旧无法代替线下指导。

表2 导师指导方式、频次与学生成长效果的多重比较分析

导师指导方式与频次		均值差	标准误	显著性水平
(1) 线下为主	线上为主	3.510	1.431	0.014
(2) 线下为主	二者频次差不多	6.329	1.466	0.00

(3)指导内容

结果表明,学科学习、心情状态、个人生活、生涯规划四个方面的指导内容与学习成效均存在显著相关关系,其中,学科学习与导师指导效果最为相关,见表3。

表3 导师的指导内容与指导效果的相关关系分析

	学科学习	心情状态	个人生活	生涯规划
导师指导效果	0.577**	0.503**	0.475**	0.489**

注:*$p<0.05$;**$p<0.01$。

2. 导师的内在指导特征与指导效果

(1)指导态度

为了探索指导态度与导师指导效果之间的关系,首先,将问卷中有关指导态度的题进行因素分析,过程如下:①KMO 和巴雷特球体检验表明,问卷适合做因子分析(KMO=0.895,巴雷特球体检验$P<0.001$);②采取主成分分析方法,进行方差最大法旋转,共提取2个特征值大于1的共同因子,2个因子的方差累计贡献率为 65.386%,说明结构效度良好;③根据这两个因子对题目所反映的问题进行分类,即分为积极指导态度和消极指导态度。其次,为了进一步探讨上述两类指导态度与指导效果之间是否存在显著差异,以及各自对指导效果的影响有多大,将这类指导态度与指导效果纳入回归模型进行分析。结果显示,两类指导态度与指导效果之间都存在正向的显著影响。其中导师的积极指导态度对指导效果的影响明显高于消极指导态度,具有决定性的作用,见表4。

表4 导师的指导态度与指导效果的回归分析

自变量	非标准回归系数（b）	标准回归系数（β）	T值
常量	−0.175		−0.196
积极指导态度	6.777	0.669	23.461**
消极指导态度	1.394	0.144	5.052**
R^2	0.555		
F值	428.073**		

注：*p<0.05；**p<0.01。

(2) 师生关系

为了检验师生关系和指导效果之间是否存在相关性，我们将师生关系这一自变量与指导效果进行相关分析。分析得出皮尔逊相关系数 r=0.584，p<0.01，这表明师生关系与指导效果存在显著的正相关性，即师生关系越好，指导效果越好。

3. 制度性因素与指导效果

目前上海市实验学校的导师选择方式有两种，即在高一年级实行的学校指定式和在高二、高三年级实行的自主选择式。为探索哪一种方式更有利于指导效果，对两种方式进行独立样本T检验，结果见表5。研究结果表明，两种方式对学生的指导效果存在显著差异，并且自主选择式的效果明显好于学校指定式。

表5 不同的导师选择方式与学生成长效果独立样本T检验分析

学校指定 M±SD	自主选择 M±SD	T	df	p
3.41±1.02	3.58±0.99	−2.169	688	0.03

4. 指导效果影响因素的综合分析

为进一步探索导师的指导方式、内容、态度、师生关系、选择方式等各因素对指导效果的贡献大小，将上述影响因素纳入回归模型进行分析。纳入回归模型的因素主要有三个方面：第一，制度性因素，即导师的选择方式；第二，导师的外在指导行为，即指导方式和指导内容；第三，导师的内在指导特征，即指导态度和师生关系。形成三个模型：模型一仅包含制度因素，模型二包含制度因素和导师的外在指导行为，模型三包含制度因素、导师的外在指导行为和导师的内在指导特征。通过回归分析（见表6）可以看出，模型二和模型三 R^2 较模型一有较大的变化。R^2 代表多元回归模型的解释力度。从自变量进入回归方程模型带来的 R^2 看，模型一只对因变量解释了4.4%，而模型二和三分别解释了37.5%和18.1%，这说明导师的选择方式影响较小，而导师的外在指导行为和内在指导特征影响较大，其中外在指导行为影响最大，且指导内容中学科学习最为重要；内在指导特征影响较大，且积极指导态度最为重要。

表6 导师指导效果影响因素的综合回归分析

自变量	模型一			模型二			模型三		
	非标准回归系数（b）	标准回归系数（β）	T值	非标准回归系数（b）	标准回归系数（β）	T值	非标准回归系数（b）	标准回归系数（β）	T值
导师选择方式	0.650	0.047	1.850**	0.979	0.071	2.334*	0.650	0.047	1.850

(续表)

自变量	模型一			模型二			模型三		
	非标准回归系数（b）	标准回归系数（β）	T值	非标准回归系数（b）	标准回归系数（β）	T值	非标准回归系数（b）	标准回归系数（β）	T值
导师指导方式				−0.764	−0.044	−1.475	−0.587	−0.034	−1.346
学科学习				1.973	0.366	10.007**	0.717	0.133	3.997**
心情状态				0.589	0.116	2.279*	0.198	0.039	0.916
个人生活				0.584	0.112	2.220*	0.499	0.096	2.274*
生涯规划				0.789	0.153	3.908**	0.195	0.038	1.138
消极指导态度							1.134	0.117	4.268**
积极指导态度							4.920	0.486	10.876**
师生关系							0.190	0.027	0.691
R^2	0.044			0.419			0.600		
R^2变化	0.044			0.375			0.181		
F值	32.026**			82.204**			113.111**		

注：*$p<0.05$；**$p<0.01$。

五、结论与建议

1. 指导频次与方式：适当增加线下单独指导

由现状调查和师生访谈可知，学校现有的指导频次低于学生期待，而导师的学科类型、导师的各项工作任务的平衡，以及学生缺乏主动沟通的意愿，都可能是目前指导频次偏低的原因。然而，在影响因素分析中发现，指导频次与指导效果不存在显著相关，可见，学生有更多的指导需求，但需求满足的关键不是增加指导次数，而是增加指导的深度。从现状调查和师生访谈中可以发现，学生认为相比较团体指导，单独指导的效果会更好，因此，研究认为在导师指导的过程中，导师可依据自身的工作量适当增加单独指导频次。但导师们反馈目前各方面的工作都要兼顾，工作量比较大，鉴于此，可有选择地定期对重点对象进行个别深入的谈话指导。

2. 指导内容：学科学习与个人生活并重

由现状调查和影响因素分析可知，学科学习是导师对学生指导最多的内容，也与指导效果最为相关。原因如下：其一，学生目前遇到的主要问题仍旧源于学业；其二，导师自身的专长便是所教授的学科，更愿意在自己的学科领域有更多的沟通；其三，学习问题相比其他内容即时反馈性更好。但在访谈中发现，除了学科学习问题，学生也期望导师更关注自身的个人生活和心情状态。这对目前的导师指导内容提出了更高的要求，需要导师在满足学生学业问题解答的需求基础上，运用自身的经验和智慧启发学生从更客观、广阔的的角度认识问题。这对于学生而言将是受益终身的。

3. 指导态度：亲切友善和倾听理解

在现状调查和访谈反馈中发现，大部分学生对导师的指导态度是满意的。在影响因素分析中发现，积极指导态度对导师指导效果存在显著的积极影响。亲切友善和倾听理解的指导态度能够使师生之间的关系更加亲密。在影响因素分析中发现，师生关系与导师指导效果存在显著的正相关性。"亲其师，信其道"，融洽的师生关系能够让学生听从导师的教诲，改变自己可能不够全面的认知。

无论是对导师外在指导行为还是内在指导特征的分析都表明,成长导师不仅可促进学生的学业发展,还在促进学生的心理健康、人格健全成长方面具有引导作用。而目前导师偏重学生学业问题的解决,对学生的生活、心理和个性发展关注较少。从影响因素的分析来看,导师指导的内容、方式、态度和师生之间的关系,是影响导师指导效果最重要的因素。

An Investigation of the Implementation Effect and Influencing Factors of the Mentoring System for High School Students' Development

DAI Zhiyi, QU Zufang, ZHU Lin

(Shanghai Experimental School, Shanghai, 200125)

Abstract: Based on a survey of 690 senior high school students in Shanghai Experimental School and the interviews with 7 students and 7 growth mentors, this paper has analyzed the implementation status and influencing factors of growth mentors in high schools. It has found that firstly, the actual frequency of mentoring from mentors is lower than students' expectation; secondly, mentors tend to do group mentoring offline; thirdly, the content of mentoring lays emphasis on the subject learning; and finally, students are generally satisfied with their mentors' attitude. Among the many influencing factors, the external mentoring behavior, like mentoring method and content, and the internal mentoring characteristics, such as the mentor's attitude and the teacher-student relationship are two significant factors for the effect of mentoring. According to the above research findings, the following suggestions are put forward: the frequency of the offline mentoring should be appropriately increasing; for the content of mentoring, equal importance should be given to both subject learning and students' personal life; and in mentoring, mentors should listen to and understand students in a cordial and friendly manner.

Key words: high school, growth mentor, implementation status, influencing factors

教师合作的国际研究及其启示

石雪丽,朱益明

(华东师范大学 教育学系,上海 200062)

摘 要:教师合作是促进学生学习、教师发展和学校改革的重要途径,研究发现:国际学者从文化、效能、组织和专业四个维度来研究教师合作,教师合作面临合作时空受限、合作态度消极、合作技能不充分、行政的干预、学校合作文化缺失等困境,学校场域的教师合作条件和教师个体的合作态度与行为是影响教师合作的主要因素。据此,为了推动教师合作的有效实现,需要全面理解教师合作的内涵,有重点地关注现实中存在的教师合作困境,有差别地考察不同因素对教师合作的影响。

关键词:教师合作;学术话语;研究启示

在快速变化的全球时代,合作的价值与需求日益凸显。在当今教育领域中,课堂与教学对教师的要求不断增长,教师需要满足日益多样化学生群体的需求,这是艰巨的任务,而完成任务的最好方法就是开展教师合作。[1]因此,教师合作普遍被视为促进教师专业发展的有效手段,是学校改革和教育质量提升的关键。[2]本文从话语体系、现实问题和影响因素三个方面,呈现国际上关于教师合作的相关研究,以期为我国的教师合作提供启示。

一、教师合作的话语及其内涵

"教师合作"不只是一个专业术语和研究领域,也是一个现实问题,对其内涵的理解,是研究教师合作的前提与基础。在国际研究中,各种话语逻辑对教师合作概念有不同的解读。

1. 基于文化的教师合作

教师合作可被视为一种文化导向的现象,因为这与学校成员为定位其个人和专业关系而建构与内化的信念、规范和价值观有关。这种关于教师合作的品质和信念,既涉及关系模式,也涉及教育实践的基础,通常被称为"合作文化"。"合作文化"一词最早由詹妮弗·尼亚斯(J. Nias)等人提出,指"教职员工之间的关系,以及这些关系如何影响员工的集体使命感和在学校中履行其职责的

基金项目:本文系教育部人文社会科学重点研究基地重大项目"学生发展与综合素质评价:普通高中学校发展研究"(项目编号:16JJD880018)的研究成果之一。

作者简介:石雪丽,华东师范大学教育学系博士研究生,主要从事教育政策与教师教育研究;朱益明,华东师范大学教育学系教授,博士生导师,博士,主要从事教育政策、教育评价与高中教育研究。

[1] James McLeskey, Nancy L. Waldron, "Inclusion and School Change: Teacher Perceptions Regarding Curricular and Instructional Adaptations", *Teacher Education and Special Education*, Vol. 25, no. 1(January 2002), pp.41-54.

[2] Andy Hargreaves, "Teacher Collaboration: 30 Years of Research on Its Nature, Forms, Limitations and Effects", *Teachers and Teaching*, Vol. 25, no. 5(June 2019), pp.603-621.

承诺"。① 合作文化来自教师对个人及其所处共同体之间关系的社会和道德信念,它建立在教师之间开放、信任和支持的品质之上,并承认教师生活中更广泛的维度。合作文化经常被描述为女性文化模式,注重建立和保持亲密的关系,而不是传统文化中倾向竞争和控制的男性文化抑或个人主义价值观。

基于文化的研究多采用定性的研究方法对教师合作进行描述性分析和阐释,认为教师合作就是学校教师个体和专业关系的一种(文化)特征,信念和价值观是工作场所合作关系的基础。文化话语将教师合作的概念引入教育领域,引起学者和实践者的关注。然而,合作文化和学生的学习经验质量之间缺乏紧密的联系,在此基础上,人们认识到有必要重新关注组织效能和学生发展。

2. 基于效能的教师合作

20世纪90年代以来,随着分层线性模型统计方法的运用,学校效能与学校改进研究相结合,以四种不同方式关注教师合作议题。首先,明确强调学校合作文化。在合作文化中工作的教师更能促进学生提高成绩,而且教师合作在对学生成就的影响方面增加了人力资本的价值。其次,关注有效性的差异分析。教师合作是机构价值和目标共识的结果,当各部门的文化反映更广泛的组织文化并相互加强时,学校效能最大。② 第三,探究各种组织特征对学校效能、共同体意识、教师满意度与期望的影响,以及教师工作组织模式对学生表现的影响。第四,学校效能与学校改进研究中,在组织和文化维度的基础上增加了关系维度。相互关爱的人际模式有利于促进教师合作,教师之间关系失调则会导致学校效能的降低。③

这类研究基于管理主义的视角,强调"强大"的组织文化背景,有清晰、共享的"愿景",对学校绩效有很高的期望,且校长以行动鼓励"愿景"建设和创造教师合作的各种组织条件。

3. 基于组织的教师合作

一直以来,"学校即共同体"的理念在教育领域都占据着一席之地。有研究认为,各种基于政治的改革,使学校管理日益朝着官僚化的激励模式发展,这反过来削弱了学校与共同体的联系。④ 因此,"学校即共同体"的话语表达通常具有以下特征:共同体往往会有一个"中心"定义其内部的界限,规范全体成员的共同价值观、信仰和利益;共同体成员间的关系是互惠的,且对个体都具有意义;共同体中的关系通过成员参与共享的实践和活动而具体化;共同体由一系列主观因素构成,即信任、集体责任及多方需求的满足等心理维度。⑤

显然,基于组织的教师合作与基于效能的教师合作一样,强调目标、价值观和信念的共识性是教师在学习共同体中工作的必要条件。不同的是,基于组织的研究将教师合作嵌入"学校即共同体"的愿景中,注重基于关怀伦理和接受他者的原则而形成的公共契约关系,追求更具包容性和人性化的环境。

4. 基于专业的教师合作

"专业共同体"这一概念起源于北美的教育体制改革和重建运动,出发点在于改变学校结构和最大限度地减少教师孤立,这也意味着需要重新定义学校成员的角色。其中,很重要的一点就是放弃对教师工作的技术性看法,站在专业的立场重新审视教师工作的自主权。为了赋权于教师,学校重建的研究与行动主张将教师角色和责任扩展到课堂之外,并将教学视为一种集体活动。因此,学校重建的一个共同原则就是要建立一种专业文化,即认识到合作动力在教师发展中的核心地位。从这一方法出发,教师专业主义和共同体的概念被整合在一起,提供了一种社会组织模

---

① José M. Lavié, "Academic Discourses on School-based Teacher Collaboration: Revisiting the Arguments", *Educational Administration Quarterly*, Vol. 42, no. 5(December 2006), pp. 773-805.

② Alma Harris, "Improving Ineffective Departments in Secondary Schools: Strategies for Change and Development", *Educational Management & Administration*, Vol. 26, no. 3(July 1998), pp. 269-278.

③ Susan K. Patrick, *Working Together: Organizational Conditions, Teacher Teams, and Learning Opportunities Created through Teacher Collaboration*, Vanderbilt University, ProQuest Dissertations Publishing, 2019, p. 113.

④ C. Merz, G. Furman, *Community and Schools: Promise and Paradox*, New York: Teachers College Press, 1997, p. 138.

⑤ Jong, L. de, J. Meirink, W. Admiraal, "School-based Teacher Collaboration: Different Learning Opportunities across Various Contexts", *Teaching and Teacher Education*, Vol. 86(September 2019), pp. 1-12.

式。① 因此，专业共同体将焦点放在教师专业化和发展上，将其作为学校改革的核心议题。其中，校本教师合作成为学校重建的中心论点，而专业人员之合作，包括群体间合作，成为发展校本专业共同体的关键因素。

基于专业的教师合作话语以灵活性、适应性和变革管理为导向，致力于将学校转变为支持集体学习和新型专业精神的工作场所，其教师合作代表着"专业共同体"的一种特征，涉及共同的规范和价值观，以及对学生学习的集体关注。

二、教师合作面临的现实困境

明晰教师合作存在的现实问题是以教师合作促进学生学习提升和教师专业发展的关键。纵览已有的国际研究可以发现，教育实践中教师合作存在五个方面的问题，概述如下：

1. 合作时空受限

研究显示，时间是影响教师合作的一大障碍。② 教育领域不断改革的一个结果就是，教师背负越来越多与社会性事务和个体行为规范相关的责任。也就是说，教师承担更多的社会工作责任、更大的问责压力，以及处理层出不穷的课堂教学问题。在这种情况下，教师合作就变成了一件费时费力的事情。在实践中，教师缺乏与同事共享教育成果的时间，缺乏固定的交流分享教育心得的时间。再者，教师日常超负荷工作也导致其没有足够的时间和精力开展相互合作。因此，时间和工作负荷过重被认为是限制教师合作的主要因素。此外，学校封闭式的物理环境，尤其是"蛋箱式"的工作结构，基本依靠教师个人去独立面对和解决问题，这也是阻碍教师合作的直接因素。

2. 合作态度消极

研究表明，教师之间很少建立紧密的合作，而是将合作简化为信息与材料的交换。③ 教师对合作持消极态度，这种态度阻碍甚至拒斥合作的达成。这不仅不利于工作创新，还可能导致学校成为松散联系的系统。教师对于合作"随心所欲"的态度可能会带来冲突，进一步引发合作成为"教育价值和目标、角色期望和权力关系争夺的领域"的风险。④

3. 合作技能不充分

"教师合作技能培训不足"是阻碍教学团队形成的一个可能因素。⑤ 在大多数情况下，传统的培训方式难以为许多教师提供必要的技能，无法满足新课程（如以学生为中心的综合课程）和新实践（教师实践共同体）的需求。有的职前教育和在职教师培训将团队技能引入教育理念，但并没有教授合适的实践方式，缺乏对人际交往能力（即沟通和冲突管理）和课程整合技能的针对性培训。职前本科阶段的教师教育几乎不注重培养合作技能。在职教师培养与培训工作的重点始终是教学和课程，亦缺乏专门教授团队合作教学技能的课程。

4. 合作遭遇行政干预

专业学习共同体则是"差异化社群"，以包容的理念接受多元的观点。与学校的正式部门不同，专业学习共同体成员如果遵循权威的决定，合作就有沦为"群体性思维"（groupthink）的危险，产生深层次的冲突，使成员处于"隐性控制"之下。尽管行政部门倡导给校长和教师赋权，但决策权依然停留在各级行政部门手中，教师往往被动接受并执行行政部门的命令，教学科研工作常常要让位于行政检查和行政事务。为了迎合上级部门要求，教师会遵循规定开展合作工作，努力开展学

---

① Sharon D. Kruse, "Creating Communities of Reform: Continuous Improvement Planning Teams", *Journal of Educational Administration*, Vol. 39, no. 4(July 2001), pp. 359-383.

② Vivienne Collinson, Tanya F. Cook, "I Don't Have Enough Time: Teachers' Interpretations of Time as a Key to Learning and School Change", *Journal of Educational Administration*, Vol. 39, no. 3(July 2001), pp. 266-281.

③ Katrien Vangrieken, Filip Dochy, Elisabeth Raes, Eva Kyndt, "Teacher Collaboration: A Systematic Review", *Educational Research Review*, Vol. 15(June 2015), pp. 17-40.

④ Magdalena Muckenthaler, Teresa Tillmann, Sabine Weiß, Ewald Kiel, "Teacher Collaboration as a Core Objective of School Development", *School Effectiveness and School Improvement*, Vol. 31, no. 3(April 2020), pp. 486-504.

⑤ Pendergast Donna, Flanagan Ron, Land Ray, et al, *Developing Lifelong Learners in the Middle Years of Schooling*, Australia: Ministerial Council on Education, Employment, Training, and Youth Affairs (MCEETYA), 2005, p. 18.

生的校内外实践活动,但是很多情况下只是完成技术性的任务而非真正提升知识,与同事的合作也被局限在固定的时间、地点,并围绕上级指定的议题进行。

5. 学校合作文化缺失

学校组织结构和文化具有高度复杂性,建立教师合作社群变得非常困难。尤其是中学阶段,学科知识差异性突出,造成学校层面的教师合作面临多种不同形式的阻力,要想实现深度的合作,更是难上加难。以教师孤立和自主为特征的传统学校文化强调"单打独斗"式的埋头苦干,这不仅会降低教师合作学习的可能性,也会阻碍深层次合作的发生,不利于教师教学和学生学习。相关研究认为,学校中发生的合作程度低于教师们的期望水平,尤其是在竞争和个人主义浓厚的学校环境中。[1]

三、教师合作的影响因素

教师合作的影响因素大体可以归为两个方面:学校场域的教师合作条件和教师个体的合作态度与行为。

1. 学校场域的教师合作条件

学校场域内客观存在的一些因素影响教师合作,主要包括目标设定、时空安排、同伴选择与领导支持。

(1)目标设定

所有教师共同制订目标,对目标有清晰的理解,可以保证团队合作的有效发生;共同确定目标的团队更具创新的积极性。在学校内部、在不同学校之间设定共同目标,是促进教师合作的重要前提。同时,共同的理解和愿景也是教师建立合作关系的主要因素,与同伴合作的意愿取决于共享的信念或愿景,合作者需要拥有共享的理念和目标,愿意对自己的表现和学生的学习过程负责。

(2)时空安排

有计划地安排合作的时间,给教师合作创造了机会。除了正式的见面时间,非正式的见面时间也是促进教师合作的结构性条件。教师日常的教学讨论可能比学校的正式会议更有效,因为它们与课堂实践息息相关。此外,为了确保有效的合作,教师之间的位置安排应该彼此靠近,以便观察同事的课程,并轻松地讨论教与学,毕竟"教师们聚在一个学科工作室里边喝咖啡边讨论专业问题,要比去另一栋楼的教师会议室容易得多"。[2]

(3)同伴选择

鉴于具体学科知识及其教学的重要性,教师倾向于与同一年级或同一学科领域的教师开展密切合作。[3]有研究显示,当教师与那些班级学生的标准化考试成绩不断提升的同年级同事合作,或者与那些正努力提升专业发展水平的同事合作时,教师及其学生都会受益。[4]与具有丰富经验的同事分享,教师可以从经验丰富的同事那里获得反馈,这对于发展教师教学技能尤为重要。此外,同事之间相互观摩课堂教学,也是促进专业成长的有效途径。在此基础上,教师逐渐形成了对教学和学习产生积极影响的合作文化,即教师应该互相观察课堂,培养一种相互合作、相互学习、共同教学的信念和文化,它有助于促进教师更好地教和学生更好地学。[5]

(4)领导支持

要改变教学文化,需要领导力,而不仅仅是时间。学校领导,尤其是校长,在决定学校的组织条件是否有利于合作方面起重要作用。具体来说,校长可以营造一种专业氛围,鼓励教师之间建立支持性关系,为教师安排合作时间,提供人员和资

---

[1] Gajda Rebecca, Christopher J. Koliba, "Evaluating and Improving the Quality of Teacher Collaboration: A field-tested Framework for Secondary School Leaders", *NASSP Bulletin*, Vol. 92, no. 2(June 2008), pp. 133-153.

[2] Louise Stoll, Ray Bolam, Agnes McMahon, et al, "Professional Learning Communities: A Review of the Literature", *Journal of Educational Change*, Vol. 7, no. 4(November 2006), pp. 221-258.

[3] James P. Spillane, Hopkins Megan, Tracy M. Sweet, "Intra- and Interschool Interactions about Instruction: Exploring the Conditions for Social Capital Development", *American Journal of Education*, Vol. 122, no. 1 (November 2015), pp. 71-110.

[4] Min Sun, Susanna Loeb, Jason A. Grissom, "Building Teacher Teams: Evidence of Positive Spillovers from More Effective Colleagues", *Educational Evaluation and Policy Analysis*, Vol. 39, no. 1(March 2017), pp. 104-125.

[5] Shakenova Lyailya, "The Theoretical Framework of Teacher Collaboration", *Khazar Journal of Humanities and Social Sciences*, Vol. 20, no. 2(July 2017), pp. 34-48.

源支持与监督，并对学生表现及时给出反馈。这些举措都给试图合作的教师发出了明确的期望信息，鼓励教师建立合作伙伴关系，形成支持合作的工作氛围。

2. 教师个体的合作态度与行为

通常情况下，对教学保持积极态度的教师拥有较强的合作意愿，他们有改革教学实践的决心和态度，会主动和同事展开对话和交流，积极参与合作活动，并致力于营造信任、开放和尊重的合作氛围。

（1）教师合作过程的教学态度

积极的教学态度是教师合作的重要条件。合作过程中，如果教师秉持积极的教学态度，他们对合作就有积极的感受和看法，并愿意持续地参与超出既定角色与期望的教学活动。对教学拥有积极态度的教师更愿意和同事合作开展学习和探究活动，以改善教师的教学实践。① 对于教学的不同态度可能导致冲突或分歧，只有在教师都能够对积极教学达成共识的情况下，教师合作才能发挥作用。

（2）教师参与合作的内在需求

合作的内在需求是指教师参与合作是自觉自愿的，而不是迫于外在压力。研究显示，感受到来自校长压力的教师既没有更多的合作，也没有更多的受益。② 只有教师合作是自愿而非迫于压力的，才有可能带来更大利益，真正有效的合作源于教师自身对合作的需求。在合作中行政领导不要给教师施加压力，要激发他们内在的合作意愿；校长在团队建设与共同目标制订上要有一定程度的参与，但这种参与要避免被教师视为一种命令的风险，提高教师对于合作的接受程度。③

（3）教师参与合作的对话沟通

主动对话和积极参与是影响教师合作的又一个重要人际动力。教师需要积极参与到决策对话中，因为对话不仅仅是相互间交谈，有时甚至是深度专业学习。有效的对话沟通被认为是促进合作的一个重要因素，同事之间"试图清晰、完整、具体地谈论他们的工作，这有助于使人们摆脱教学的困惑"。④

（4）教师维系合作的交互认同

确保组织中清晰沟通的重要条件是信任。在同事之间建立信任，可以增加他们集体应对困难与挑战的动力，降低教师讨论不畅的风险。⑤ 开放的交流提高了学习和发展的可能性，可通过互动方式分享教学实践，从观察同事的课堂中学习，对教育领域的创新和变化持开放态度，进而满足学生的新要求。此外，尊重也是影响教师合作的重要因素。接受不同的观点并尊重其他教师在这一过程中的投入至关重要，"求同存异"与"和而不同"才是最好状态。

四、研究启示

尽管目前还缺少对教师合作理论基础与实践形态的系统研究，包括不同区域、不同制度与多元文化背景中教师合作的比较研究，但是基于上述探讨，这里尝试为我国开展教师合作研究与实践提供一些启示性建议。

1. 全面理解教师合作的内涵

事实上，大多数关于教师合作的话语都有其文化基础。合作实践通常被描述为在共同目标基础上集体持有的规范，这些规范强调了教师合作的主体间性和社会建构性：（1）共同的信念和价值观是教师合作的基础，但专业上的相互依存应该与个人自主和自由判断的空间保持平衡；（2）合作是在一定的组织和机构中开展的，需要实现合作

---

① Jong, L. de, J. Meirink, W. Admiraal, "School-based Teacher Collaboration: Different Learning Opportunities across Various Contexts", *Teaching and Teacher Education*, Vol. 86 (September 2019), pp. 1–12.

② Magdalena Muckenthaler, Teresa Tillmann, Sabine Weiß, Ewald Kiel, "Teacher Collaboration as a Core Objective of School Development", *School Effectiveness and School Improvement*, Vol. 31, no. 3 (April 2020), pp. 486–504.

③ Buske Ramona, "The Principal as a Key Actor in Promoting Teachers' Innovativeness-Analyzing the Innovativeness of Teaching Staff with Variance-based Partial Least Square Modeling", *School Effectiveness and School Improvement*, Vol. 29, no. 2 (April 2018), pp. 262–284.

④ Ann Lieberman, *Schools as Collaborative Cultures: Creating the Future Now*, New York: Falmer Press, 1990, p. 179.

⑤ Sandra I. Musanti, "Collaboration and Teacher Development: Unpacking Resistance, Constructing Knowledge, and Navigating Identities", *Teacher Education Quarterly*, Vol. 37, no. 1 (January 2010), pp. 73–89.

成员目标的兼容性,通过集体协商和个人成长来达成目标共识;(3)在专业的教师合作中,必须有"促进相互依存"和"建设性争议"的共存。

2. 重点关注现实中教师合作面临的困境

教育教学实践中呈现出多种类型的教师合作,从教师专业发展和教师合作历程来看,普遍存在着合作的时间和空间受限、合作技能不足等问题。西方语境下的教师合作多是以教师个体为出发点,因而存在教师合作和专业自主之间的深层纠葛,而中国长久以来的集体主义价值观对教师合作实践有着更深远的影响。同时,要正确认识我国教育问责的制度体系,重视领导期望和监督效应,充分发挥备课组、教研组等合作平台的规范引领作用,建设有利于教师合作的学校文化和制度体系,从内到外来保障教师合作的顺利开展。

3. 考察不同因素对教师合作的差异性影响

推动教师合作的有效实现要关注各个层面因素对教师合作的影响。首先,目标层面:建立基于学校共同发展愿景的合作目标,提高教师对合作目标的明确性,营造教师合作的专业氛围,培养教师合作的专业精神,推动教师合作的专业化。其次,能力层面:发挥学校内部组织的规范引领,调试组织内合作与竞争的关系,改变教师对教学和合作的态度,增强教师合作的实践技能,促进教师合作的规范化和有效性。再次,关系层面:重视教师个体在合作过程中的沟通和信任,以及合作中的获得感和满足感,形成开放、信任和互相支持的教师合作氛围,提升教师合作的持续性。最后,结构层面:为合作提供一定的时间和空间,充分发挥同伴效能以及校长领导作用,为教师合作提供保障,实现教师合作的常态化。

教师合作不仅是成功的学校发展的重要条件,也是提高学校质量和办学有效性的关键要素。[1]而且,教学从来不是一件"单打独斗"的事情,打破不同学科、不同层次或不同班级教师之间的教学文化隔阂,是课程整合与培养全人的需要,而这需要教师合作的建立。[2]由此可见,合作不仅对学校有利,而且对教师自身成长和学生全面发展也有重要意义。

International Research on Teacher Collaboration and Its Implications

SHI Xueli, ZHU Yiming

(Department of Education, East China Normal University, Shanghai, 200062)

Abstract: Teacher collaboration is an important way to promote student learning, teacher professional development, and school reform. The findings have showed that international scholars study teacher collaboration in four dimensions of culture, efficacy, organization, and profession; teacher collaboration faces such dilemmas as limited time and space for collaboration, negative attitudes towards collaboration, inadequate collaboration skills, administrative intervention and a lack of a collaborative school culture; and the conditions for teacher collaboration in the school field and individual teachers' attitudes and behaviors towards collaboration are the main factors that affect teacher collaboration. Accordingly, in order to promote the effective realization of teacher collaboration, there is a need for a comprehensive understanding of what teacher collaboration is, a focused attention to the problems of teacher collaboration that exist in reality, and a differentiated examination of the impact of different factors on teacher collaboration.

Key words: teacher collaboration, academic discourse, research implication

---

[1] Kerstin Drossel, Birgit Eickelmann, Renate Schulz-Zander, "Determinants of Teachers' Collaborative Use of Information and Communications Technology for Teaching and Learning: A European Perspective", *European Educational Research Journal*, Vol. 16, no. 6(June 2017), pp. 781-799.

[2] Andy Hargreaves, "Teacher Collaboration: 30 Years of Research on Its Nature, Forms, Limitations and Effects", *Teachers and Teaching*, Vol. 25, no. 5(June 2019), pp. 603-621.

系统领导在英国：缘起、架构与实施策略

李 霞

（上海师范大学 教育学院，上海 200234）

摘 要：当前英国的学校教育由竞争转向复杂的合作，提升学校整体改革能力得到重视，学校改进的责任转移到学校领导者身上，这要求学校在系统范围内谋求共同改进，由此推动了系统领导的产生。2016 年《教育卓越无所不在》白皮书颁布了系统领导架构图，由"卓越学校"与"优秀领导者"担当起系统领导的重任，帮助表现不佳的学校进行改进，其中包括教学学校联盟、多元学院信托、国家支持学校、国家教育领导者、国家学校管理委员会领导者、教育专家领导者等。从系统领导活动和实践中可以分析其实施策略，包括：合作与联盟是重要手段；着眼于整体而分层级实施；培养优秀的系统领导者。

关键词：英国；系统领导；系统领导者

近 20 年来，英国一方面赋予学校更高的自主权，将学校改进的责任从地方当局转移到表现优异的学校和学校领导者身上，另一方面不断强化校际合作，并任命了一些具有系统思维的学校领导者，以此推进由学校主导的变革，创建一个自我改进的学校系统（self-improving system of schools）。系统领导理论的倡导者和阐释者是英国学者大卫·霍普金斯（David Hopkins），他认为系统领导是一种全新的教育改革方法，有三个关键特点：通过教育改革促进每一个学生的发展；优化学校管理结构，建立学校之间的横向合作网络；学校领导者承担更大范围的领导角色以帮助其他学校成功。[1] 系统领导将学校视为一个整体，重视学校之间、学校与其他公共机构之间以及学校与社区之间的相互依存关系，并在此基础上提升整个教育系统的能力，让每一所学校都能成为杰出学校。

一、英国系统领导的缘起

英国系统领导的兴起与以下几个相互关联的发展有着直接的关系：

1. 学校教育由竞争转向复杂的合作

1988 年《教育改革法》出台后，英国的教育管理体制发生了巨大的变化。一方面，推行国家课程和国家测试，直接拨款建立公立学校，以此加强中央对教育的控制力。另一方面，引入了地方学校管理，允许所有学校脱离地方当局的财政控制，赋予学校前所未有的自主权，实行学校管理运营的自主化。然而，高度发达的国家问责框架削弱了这种自主性，考试成绩的公布和国家检查制度给校长们带来了相当大的压力，这在 20 世纪 90

作者简介：李霞，上海师范大学教育学院副教授，博士，主要从事比较教育研究。

[1] David Hopkins, "A Short Primer on System Leadership", https://www.oecd.org/education/school/37133273.pdf, 2019 年 7 月 10 日检索。

年代中期促进了学校之间的激烈竞争。①

2001年之后,学校领导的专业化程度不断提高,一定程度上缓和了竞争的环境。2001年9月教育与技能部发表的白皮书《学校迈向成功》(Schools Achieving Success)明确提出,鼓励薄弱学校与其他成功的学校、志愿团体、私人部门等建立新的伙伴关系,希望伙伴学校在设备共享、学生交流、教师专业发展等方面展开合作。2005年白皮书《更高的标准、更好的学校为所有人服务》(Higher Standards, Better Schools For All)提出,要鼓励发展联合会和其他伙伴关系,以确保成功的学校领导者能够发挥最佳作用,并能支持表现较弱的学校。②政府也提出要建立与学校的新关系,强调每所学校对自我的改进负有责任。

此外,过去10多年中,不同机构之间增进相互联系也变得日益重要。"每个孩子都重要"("Every Child Matters",缩写ECM)、"扩展学校"("Extended Schools")等政策和倡议,要求学校领导者具备新的领导技能,使得学校之间加强协作,学校与其他机构获得更实质性的接触。通过有效的措施,激烈竞争的局面正迅速被复杂的合作所取代,超越单个学校的工作和领导能力越来越重要。

2. 提升学校整体改革能力得到重视

在工党政府的第二届任期内,"自上而下"的大规模变革方法在提高教育水平方面遇到了瓶颈。在探索新的改革方向的过程中产生了成功案例,他们从大规模改革转向了系统改革,注重在全系统范围内构建系统能力和系统自主意识,以此提升学生学习水平,提高学生学业成就。以1997年实施的"国家读写算策略"("National Literacy and Numeracy Strategies")为例,在2003年之后开发"小学战略领导"项目,任命和培训在职校长以带领其他表现较弱的学校,同时将每一所小学纳入当地学校网络组织。从单一读写算课程改革转向学校的整体改进,这意味着学校改进由依靠外部指导转向依靠系统内部的领导。③大规模变革如要取得成功,获得持续进步,需要从聚焦于短期目标的某个领域的改革转向学校整体改革。这种转换关注每所学校自身能力的建构,增强教育系统本身的改革能力,使学校在系统范围内谋求共同改进的办法。由此可知,作为根本性的改革方法,系统变革势在必行。

3. 学校改进的责任转移到学校领导者身上

2010年,英国保守党和自由民主党组成的联合政府取得执政权。同年,英国教育部发布了《教学的重要性》(The Importance of Teaching)白皮书,强调教师素质和教学质量的提升对于学校改进具有重大推动力;提出创造一个更有效的"自我改进的学校系统",使最有效的教育实践能够迅速地传播,并给学校更大的自主权,促进学校之间相互学习;将地方政府和中央政府的权力移交给最好的学校领导者,赋予他们更大的责任,让其领导整个教育系统的改进工作。④同时,鼓励学校通过"教学学校联盟"(Teaching Schools Alliance)与"多元学院信托"(Multi-academy Trust)实现有效协作,培养更多的"国家教育领导者"(National Leaders of Education,缩写NLEs)和"地方教育领导者"(local leaders of education,缩写LLEs),确保每所学校都能获得必需的支持,促进学校的自我改进。尽管白皮书中没有使用"系统领导"一词,只出现了一次"系统领导者"(system leaders),但白皮书提出的各种政策要求学校领导者理解和发展与系统领导相关的角色。

2016年保守党政府发布《教育卓越无所不在》(Educational Excellence Everywhere)白皮书,阐发了建立一个由学校主导的系统以使每一所学校实现卓越教育的愿景,并认为这取决于扩大最优秀领导者的影响力,并将他们置于教育系统的核心。⑤"自我改进、学校领导的系统"的概念得到继续深化,学校改进的责任从地方当局转移到系

---

① David Hopkins, *The Emergence of System Leadership*, Nottingham: National College for Teaching and Leadership, 2009, p. 2.
② Department for Education and Skills, *Higher Standards, Better Schools For All: More Choice for Parents and Pupils*, London: DfES, 2005, p. 100.
③ David Hopkins, *Every School a Great School: Realizing the Potential of System Leadership*, Berkshire: Open University Press, 2007, p. 40.
④ Department for Education, *The Importance of Teaching: The Schools White Paper 2010*, London: DfE, 2010, p. 73.
⑤ Department for Education, *Educational Excellence Everywhere*, London: DfE, 2016, p. 19.

统领导者,让系统领导者成为学校改进的驱动者,使每一所学校能获得最佳的实践经验与办学支持,推动整个系统的变革。由此,"系统领导"的重要性更加凸显。

二、基于优质教育资源,建立英国系统领导架构

2016年《教育卓越无所不在》白皮书颁布了系统领导架构图(见图1)。此架构主要包含"卓越学校"与"优秀领导者"两个部分。前者包括"教学学校联盟"与"多元学院信托",以及"国家支持学校"(National Support School);后者包括"国家教育领导者"(其领导的学校被指定为"国家支持学校")、"国家学校管理委员会领导者"(National Leaders of Governance,缩写NLGs)、"教育专家领导者"(Specialist Leaders of Education,缩写SLEs)等,这些优秀领导者一般来自"教学学校联盟"与"多元学院信托"。白皮书也指出,在2022年之前,系统中的每一所学校都是多元学院信托或教学学校联盟的成员,由优秀的系统领导者直接领导或跨校协助领导。

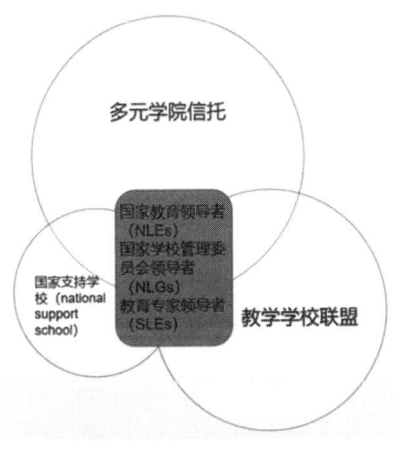

图1 系统领导架构图

资料来源:Department for Education,*Educational Excellence Everywhere*,London:DfE,2016,p.74.

1. 卓越学校:促进学校之间的协作与联盟

教学学校联盟和多元学院信托对促进学校改进具有重要作用。教学学校联盟相当于各种不同的专业知识的集合体,通过共同努力支持和提高联盟内部和/或联盟以外的标准,发展集体协作的智力资本和社会资本。① 多元学院信托依赖于紧密的伙伴关系,并有明确界定的治理和问责结构,这使它们能够形成教学方法和标准的一致。② 教学学校联盟和多元学院信托也可以一起合作,赋予学校更大自主权,实现学校合作与联盟,促进最有效的教育实践得到迅速传播。

(1)教学学校联盟:共享优质培训和办学经验

教学学校将学校之间的合作视为教师专业发展的一种有效手段和改善学校的一种机制。2010年的白皮书阐述了英国政府建立全国教学学校网络的计划。截至2021年,全国约有750所教学学校。教学学校主要承担以下六大职责:初任教师培训、在职教师专业发展、支持其他学校、选拔与培养学校后备领导、招募和管理教育专家领导者、研究与发展。教学学校与其他学校、高校、地方当局、企业组织等合作,组建教学学校联盟,为其他学校提供高质量的初任教师培训、教师专业发展与领导力发展项目,向有需求的学校推广优秀的办学实践,推动区域内教育质量的整体提升。教学学校也可以作为其他系统领导者的中介,协调国家教育领导者、国家学校管理委员会领导者和教育专家领导者的活动。

(2)多元学院信托:通过有效的治理改善较弱的学校

学院始于工党政府2000年的一项政策,旨在改进薄弱学校,增加学校办学的多样性。学院由中央政府直接资助,独立于地方教育当局,享有办学自主权。此外,有些学院可以得到企业、大学、其他学校、信仰团体或志愿团体的赞助,而且赞助商有责任提高学校的办学水平。学院在课程设计和学校管理等方面享有比其他学校更高的自主权,在确保课程的广泛性、平衡性的前提下,它们不需要遵循国家课程,可以自由设定教师的薪水与福利条件,自行决定上课时间和学期日期。③ 截至2020年1月,英国已经有77%的中学和35%的小学成为学院。其中有2/3的学院是多元

---

① Qing Gu et al.,*Teaching Schools Evaluation Research Brief*,Nottingham:National College for Teaching and Leadership,2015,pp.2-8.
② Qing Gu et al.,*Teaching Schools Evaluation Research Brief*,Nottingham:National College for Teaching and Leadership,2015,p.8.
③ "Comparison of Different Types of School:A Guide to Sschools in England",http://www.newschoolsnetwork.org/sites/default/files/files/pdf/Differences%20across%20school%20types.pdf,2019年7月18日检索。

学院信托的一部分,而且绝大多数新设立的学院由多元学院信托设立。①

学院包括各种不同类型的学校,但基本可以分为两大类:从已有学校转为学院的学校;全新设立的学院,称为自由学校。学院可以独立存在,也可以加入多元学院信托组成学校联盟。多元学院信托是学院的管理者,一个信托组织可以负责管理多个学院,信托组织和托管的学院之间属于受托人和被托管人的关系。多元学院信托可以理解为架构于学校之上的治理机构。②

2. 优秀领导者:利用最佳资源进行跨校的系统领导

在系统领导实践的早期,很多学者将系统领导者的角色仅限定为校长。随着实践的深入,系统领导的内涵开始从校长的跨校领导实践扩散到其他不同层级,而系统领导者的范围也分布到各个层面,从学校管理委员会的主席到校长、副校长、中层领导、普通教师等。他们分享和利用系统所能提供的最佳资源,促进整个学校系统的改进。

(1)国家教育领导者

国家教育领导者要求为至少任职3年的杰出校长,具备有效地支持其他学校的经验,所领导的学校被教育标准局评估为优秀级别,在过去3年中学生表现一直很好或得到持续改善。所在学校有杰出的中高层领导者,且被证实有能力向表现不佳的学校提供重要的支持,就被指定为"国家支持学校"。

国家教育领导者和国家支持学校的任务及工作重点是协助处于最困难情况下的学校取得重大进展,为面临挑战的学校提供强化支持。具体的支持方式根据被支持学校的需求而量身定做,可能持续1—3年,也可能长期支持。

(2)国家学校管理委员会领导者

英国的学校管理委员会是学校行政管理的最高决策单位,具有财政与人事决定权,并对学校的办学方向与绩效表现负责。国家学校管理委员会领导者同时也是优秀的学校管理委员会主席,他们利用自己的能力和经验协助另一所学校或学院的主席一起合作推动学校的改进,并提升被协助者的能力,以确保学校改进的可持续性。

所有国家学校管理委员会领导者要求在过去5年中至少有3年担任主席的经历,他们通过向校长提供适当的支持以及改善学校的管理,为提高所在学校的绩效表现做出贡献。

(3)教育专家领导者

教育专家领导者是具有两年以上领导经验的优秀中高层领导者,如助理校长、关键阶段领导者或学科带头人。他们有自己特定的专门知识领域和成功的学校改进记录,并善于与他人合作,了解自己专业领域中的杰出领导实践。

他们的主要任务和作用是培养其他学校的领导者,提高某一特定学科或专业领域的领导水平,使之有能力领导自己的团队,并改进自己学校的实践。这可以通过一对一或小组支持来完成,可能涉及各种形式的活动,如数据分析、辅导、培训或联合行动规划。

上述这些不同层级的优秀学校领导者与他们所在的学校一起,利用系统内的最佳教育资源,多方合作,形成整体,推动系统领导的建构和运作,共同帮助教育系统内表现不佳的学校进行改进。

三、英国系统领导的实施策略

系统领导要求学校领导者具有系统导向的领导方式或风格,将系统思维作为在整个教育系统层面实施变革的重要工具,能关注并培养学校之间、学校与其他部门之间的横向合作网络,并在纵向上促进所在学校不断进步,这也是英国"自我改进的学校系统"概念的基础。从英国大量的系统领导活动和实践中可以探究其实施策略。

1. 合作与联盟是实施系统领导的重要手段

过去十多年,英国政府资助了一些旨在建立学校之间合作关系的倡议,比如"城市挑战"(City Challenge)、"联合学校"(federations)、"网络学习社区"(Networked Learning Communities)等。这类举措能带来若干好处,如:(1)规模经济:学校通过共享资源和知识节约资金;(2)实践转移:通过学校之间的协作分享,促进学校之间相互学习;(3)

---

① "Academies", https://www.politics.co.uk/reference/academies/. 最后登录日期:2021年5月16日。

② "Governance in Multi-academy Trusts", https://www.gov.uk/government/publications/governance-in-multi-academy-trusts. 2019年3月12日检索。

创新和探索:通过实验和研究形成成功的新方法。① 近几年,英国政府推动了新的学校治理安排以支持学校之间的合作,包括教学学校联盟与多元学院信托。2016 年的白皮书指出,将帮助学校找到它们需要的合作伙伴和支持,而不需要依赖地方或中央政府;每一所学校发展转型为学院,支持最优秀的学校的赞助者扩大其影响范围,以改造那些需要支持的学校;通过学校之间的协同合作,传播最佳实践与知识,提升各个层级的系统领导能力。② 这体现了英国政府重视合作与联盟在系统领导中的重要作用。

在学校之间的合作过程中,不同背景的学校通过教育行动共同建构有效的办学方案,不断调整课程与教学方法,达到预期的教育产出。③ 通过这样的共同建构过程,学校系统得以共同进步。有研究者指出,在系统领导者的指导下,学校集群是最大限度地促进校际专业发展的最简单方式,也是自我改进的学校系统的主要推动力。当教育改革进入新的阶段,需要更具创造性和反应能力的组织结构,其中包括学校参与其中的各种网状组织和协作安排,以此来支持一系列的学校改进、专业发展和创新活动。④ 合作与联盟是手段而非目的,通过合作与联盟形成的网状组织有助于实现教育创新,确保系统改革的实现。

2. 系统领导可着眼于整体而分层级实施

"系统领导"作为近年来英国政府促进学校改进的政策话语的核心,具有三种含义:超越单一学校场域的领导活动;具有系统性取向的领导实践;对整个学校系统的领导。⑤ 这三种含义的共同点是道德目标感的重要性。系统领导可依托三个层级的组织同步展开,即学校层面的系统领导方式,系统领导者像关心自己学校的成功一样关心其他学校的成功;地方/市级层面的系统领导方式,将广泛分享的原则作为地方联盟的基础,学校的多样性和相互协作能得到充分的体现;国家层面的系统领导方式,将社会公正、道德目标和让每一位学生都取得成功的承诺作为改革贯穿始终的焦点,并在此基础上树立学校的发展远景。⑥ 系统领导要分析系统中不同层级领导方式的性质和作用,了解不同层级之间合作与沟通的必要性,正确处理整体与层级、层级与层级以及各层级内部的关系,以取得最佳的领导效益。

系统领导关注整个系统而不是单个的人、部门或机构,支持系统内的各种联系,帮助系统具备高性能和可持续性。英国系统领导的政策与实践,通过学校之间的合作、学校与外部儿童服务机构的合作、学校与家长及社区的合作,实现教育的均衡发展和卓越发展,其出发点就是承认教育系统是由各部分组成的整体,但又不仅仅是各部分简单相加的总和,各个部分一旦组成一个系统,这个系统就具有孤立部分所不具备的性质和新的功能。系统领导还意味着与其他学校、机构等进行更实质性的接触,以实现系统转型。系统领导者要正确认识和协调系统内部诸要素之间的关系,接受合作伙伴并相互尊重,建立信任,以此作为交流和有效分享的基础。

3. 培养优秀的系统领导者是实现系统领导的核心

在系统领导的实践中,出现了系统领导的各种角色,即系统领导者。国家教学和领导学院将他们的角色定义为:在各自组织内外工作的领导者;分享和利用系统所能提供的最佳资源,以提升他们自己和其他组织的能力;以自己的思想和实践对所有儿童、青少年的生活和人生机遇产生积极影响。⑦ 霍普金斯认为,系统领导的核心是改进最佳领导资源的分布,让成功的学校领导者利

---

① Duncan O'Leary and John Craig, *System Leadership: Lessons from the literature*, London: Demos, 2007, p. 10.
② Department for Education, *Educational Excellence Everywhere*, p. 19.
③ David Hargreaves, *Creating a Self-improving School System*, Nottingham: National College for Teaching and Leadership, 2010, pp. 6-12.
④ David Hopkins, *Every School a Great School: Realizing the Potential of System Leadership*, p. 23, p. 130.
⑤ M. Boylan, "Deepening System Leadership: Teachers Leading from Below", *Educational Management Administration & Leadership*, Vol. 44, no. 1(2016), p1.
⑥ David Hopkins, *Every school a great school: Realizing the Potential of System Leadership*, p. 73.
⑦ Robert Hill, *The Importance of Teaching and the Role of System Leadership: A Commentary on the Illuminas Research for the National College*, Nottingham: National College for Teaching and Leadership, 2011, p. 3.

用自己和员工的知识与技能帮助改善其他学校,因此系统领导者的作用至关重要。①

系统领导能否实现,取决于是否有大量有事业心的系统领导者,因此,系统领导者要担当全新的领导职责。首先,系统领导者最重要的是具备广阔的胸怀和道德责任感,愿意并能够承担更大范围的领导角色,关心并为其他学校的成功服务。其次,系统领导者既重视个人能力提升,为他人起到良好的示范作用,影响和鼓励他人一起共同促进学校发展,又能确立学校发展的方向,从战略高度提出学校发展愿景,使每一位学习者都能实现他们的潜能,并将这一愿景转化为全校的课程、行动及发展目标,制定学校发展的具体策略。② 再次,系统领导者的道德目的、个人品质与愿景策略都围绕管理教与学、促进人的发展和促进组织的发展这三个重要领域体现。管理教与学旨在使所有学生都能开展个性化学习;促进人的发展旨在使学生成为积极的学习者,使学校成为教师专业化学习的社区;促进组织的发展旨在建立基于证据的(evidence-based)学校和高效的儿童服务组织,使它们成为合作的网状组织,为儿童提供多样化的课程、专业的支持和服务。③ 最后,系统领导者还要促进学校与家庭、社区和社会的合作,使其共同发挥作用,促进教育环境和社会文化的改变,努力实现公平和全纳教育,为整个系统的改变产生有意义的影响。

四、结语

系统领导促使人们从整体的视角思考一个区域乃至全国的教育改革与发展问题,它提供的是一种更具有战略性、长期性的方法,以提高教育系统的整体绩效。但是,系统领导不是解决一切问题的灵丹妙药,也面临着一些挑战,比如,领导者承担更多的外部角色是否会降低对自己学校的管理能力;如何选拔、培训系统领导者,以确保他们获得所需的技能、经验和支持;如何协调学校之间的合作动力等。

System Leadership in England: Origin, Framework and Strategy

LI Xia

(College of Education, Shanghai Normal University, Shanghai, 200234)

Abstract: The school education in England is currently transformed from competition to complex cooperation. Improving schools' overall innovative ability has been paid more attention to and the responsibility for school improvement has been shifted to school leaders, which requires schools to seek common improvements within the system, thereby causing the generation of system leadership. The 2016 White Paper issued the framework of system leadership that requires "outstanding schools" and "excellent leaders" to act as system leaders to help underperforming schools to improve, including teaching school alliances, multi-academy trusts, national support schools, national leaders of education, the leaders of national school management committee, the leaders of educational experts, etc. From system leadership activities and practice, we can analyze the following implementation strategies: cooperation and alliance are important means; emphasis is put on the overall improvement but implemented with a multi-layered approach; and excellent system leaders have been trained.

Key words: England, system leadership, system leaders

---

① David Hopkins, "A Short Primer on System Leadership", https://www.oecd.org/education/school/37133273.pdf, 最后登录日期:2019年7月10日。
② David Hopkins, *Every School a Great School: Realizing the Potential of System Leadership*, p. 154.
③ David Hopkins, *Every School a Great School: Realizing the Potential of System Leadership*, p. 158.

数学扫描教学实践评价系统的框架结构与比较分析

武小鹏[1,2]

（1. 陕西师范大学 教育学院，陕西 西安 710062；2. 华东师范大学 教师教育学院，上海 200062）

摘　要：M-Scan 教学实践评价系统是一种基于标准的测量数学教学质量的观察工具，该系统在课程标准与实践教学之间构架起了一座桥梁，在教学改革落实方面起到了重要作用。M-Scan 构建了认知深度、问题解决、联系与应用、多元表征、数学话语共同体、解释与论证、教学结构和数学准确性 9 个维度的测评框架。在此基础上，提出了"构建我国数学教学实践测评框架成为课改的必要选择；M-Scan 为内涵式数学课堂教学构建提供了有效的检测工具；M-Scan 为数学教师专业发展提供了可操作的途径"的启示。试图为数学教学实践评价提供工具支撑，进而为提升教师教学实践能力、发展学生数学核心素养提供参考。

关键词：课堂评价；数学教学；数学扫描；教学实践

一、引言

21 世纪以来，标准化的课程成为教育教学改革的主导方向。我国也进行了以发展学生核心素养为基础的课程标准修订。目前课程标准已成为指导教学实践、课程设置、考试评价等多个领域中的重要参考依据。然而，课程标准和教学实践之间还存在较大的鸿沟，利用课程标准来直接指导实践教学依然存在很大的困难。课程标准是一个宏观性的、静态的指导文件，然而教学除了内容以外，还有课堂文化、教学环节、师生交流等诸多繁杂的因素影响。因此，课堂教学实践需要对课程标准的内容进行细化，在标准的基础上增加关注教学实践的其他重要因素，如课堂话语、教学连贯性、教学任务设计等多方面因素，以全面地审视课堂教学。同样，美国的教育也曾面临同样的问题。2013 年全美数学教师教育协会（NCTM）研制开发了数学课程标准（以下简称 CCSS-M），成为指导 K-12 数学教育的核心文件。该协会相继出版了《数学教育今天：改进实践，改进学生学习》和《学校数学教育的原则和标准》，这为数学教学提供了一个愿景。尽管 NCTM 这些举措为理想的数学课堂教学提供了清晰的视野，但这些原则和标准不能直接指导教学，导致教师在高质量的教学指导方面差异很大，数学教学与实际数学的本质之间存在着差距。这种差异源于对基于标准的数学教学实践的研究不够，以及缺乏描述数学教学实践活动的特

基金项目：本文系 2019 年贵州省哲学社会科学规划青年课题"贵州民族地区高中学生核心素养的认知诊断测评体系构建研究"（项目编号：19GZQN29）和 2019 年贵州省哲学社会科学联合基金课题"黔南民族地区高中学生数学核心素养的认知诊断测评研究"（项目编号：LHKT2019YB19）的阶段性研究成果。

作者简介：武小鹏，陕西师范大学教育学院副教授，华东师范大学教师教育学院博士研究生，主要从事教育测量与评价、认知诊断测评、数学课程与教学研究。

定框架。① 为了解决这些问题,弗吉尼亚大学的研究小组开发了数学扫描(M-Scan)——一种基于标准的测量数学教学质量的观察工具。它实现了从 NCTM 的各种标准到课堂教学实践的转换,以衡量课堂教学中基于标准的教学实践的质量。M-Scan 的重点是实施基于标准的高质量的教学。它提供了计划和实施数学课程或教学单元时要考虑的重要功能列表,以达到对数学教学实践的量化观察,进一步理解学生学习经验的效果。最终的目标是使用 M-Scan,从标准转换为实践,提高数学职前教师和在职教师的专业发展。② 可见,这一工具在解决我国课程标准和教学实践脱节的问题方面也存在着重要的参考价值。

二、M-Scan 教学实践评价系统的结构

M-Scan 作为专门针对数学学科的课堂教学评估标准,其独特的测评框架和全面的测评指标保障了数学课堂教学的正常运行,同时也可将课程标准的理念融入一线课堂教学中。M-Scan 通过评估数学任务、数学话语、数学表征和数学连贯性来衡量基于标准的数学教学实践。③ 为了评估任务的使用情况,M-Scan 测量了认知深度、问题解决以及联系与应用的结构。为了测量话语,M-Scan 评估解释与论证以及数学话语共同体。为了测量表征,M-Scan 采用多元表征和学生对数学工具的使用。最后,为了测量连贯性,M-Scan 检查课堂结构和数学准确性。具体结构如图 1 所示。

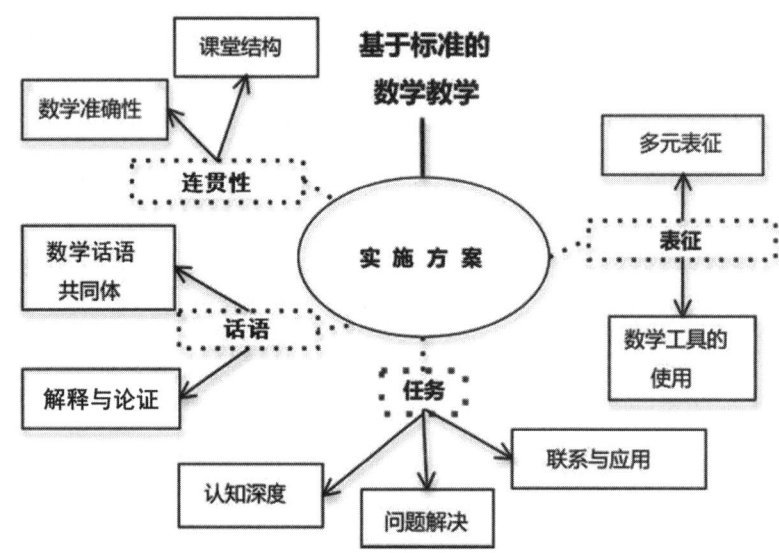

图 1 基于标准的数学教学实践的概念模型④

图 1 中概念模型描述了基于标准的数学教学实践的伞式结构,它包含四个组成部分:(1)教师选择的任务与课堂中这些任务的执行方式;(2)师生之间以及生生之间关于数学的话语;(3)教师和学生用于表达和转换数学思想方法的方式;(4)关于数学概念逻辑的教学连贯性,清晰准确地呈现,并以有助于更

---

① Ball, D. L., Rowan, B., "Introduction: Measuring Instruction", *Elementary School Journal*, Vol. 105, no. 1(2004), pp. 3-10.

② Boaler, J., "Learning from Teaching: Exploring the Relationship between Reform Curriculum and Equity", *Journal for Research in Mathematics Education*, Vol. 33, no. 4(2002), pp. 239-258.

③ Walkowiak, T. A., Berry, R. Q., Meyer, J. P., et al. "Introducing an Observational Measure of Standards-based mathematics Teaching Practices: Evidence of Validity and Score Reliability", *Educational Studies in Mathematics*, Vol. 85, no. 1(2014), pp. 109-128.

④ Pianta, R. C., La Paro, K. M., Hamre, B. K. *Classroom Assessment Scoring System Manual, K-3*, Baltimore, MD: Brookes Publishing Co, 2008, pp. 57-64.

深入了解的方式进行组织。以上模型基本涵盖了数学教学实践的各个方面,各维度之间既相互联系,又彼此区别,构成了一个有机的整体。

三、M-Scan 教学实践评价系统的结构

1. 9 个维度的操作性定义

认知深度:认知深度是指对学科的中心概念或"重要思想"的指挥,从特定实例到更大概念的概括,以及数学概念之间的联系和关系。这个维度考虑认知深度的两个方面:任务选择和教师执行。也就是说,它考虑了选定任务对认知要求的程度以及教师对认知深度的持续和有效促进程度。[①]

问题解决:教学活动在多大程度上使学生能够识别、应用和适应各种解决问题的策略。学生解决问题的复杂程度,可以提供多种解决方案。高评分表现为问题具有新颖性、富有挑战性和具有创造性的思维。

联系与应用:教学在多大程度上帮助学生将所学内容与其他数学概念、自己的经验、周围的世界以及其他学科连接起来。教学在多大程度上帮助学生将数学应用于现实世界背景和其他学科的问题。

多元表征:教学在多大程度上促进多种表示(图片、图形、符号、文字)的使用和转换,以阐述教师的想法和概念。多元表征的使用应该让学生理解数学思想或者扩展已经理解的内容。正如原则与标准所述,"3-5 年级的学生应该养成代表问题和想法的习惯来支持和扩展他们的推理,这种表现有助于描绘、阐明或扩展数学观念"。[②]

数学话语共同体:课堂社会规范促进共同体意识的程度,学生可以公开表达他们的数学观点,包括教师和学生"讲数学"的程度,以及学生使用数学语言将数学思想清楚地传达给他人的程度,无论是口头还是书面形式。这一维度期望学生在促进话语方面发挥积极作用。

解释与论证:论证被认为是数学最基本的方面,在课堂上,教师要求学生解释他们的想法,并证明他们解决问题的方法是合理的。教师提问和学生反应都是这一维度的关键因素。教师期望的程度与学生提供口头和书面作业的解释是这一维度的重点。

教学结构:教学设计在概念上是一致的,这些活动在数学上是相互关联的,并以有逻辑的方式彼此建立联系。教学的连贯性被定义为"课程中所有数学组成部分的内隐和外显的相互关系",观察等级应考虑到不属于教学单元的程序性活动的中断。教学连贯性是这一维度的核心。

数学准确性:数学概念在整个课程中的清晰准确程度、学生误解的程度以及教师是否以澄清概念理解的方式处理学生的错误观念。

2. 测评框架与水平划分

依据上述 9 个维度的操作性定义,按照师生在数学课堂教学中的具体行为表现,开发了 M-Scan 的测评工具。针对每一个维度中的行为表现,划分了三个等级水平,再依据 CLASS 度量的格式[③],每一个维度都利用 7 分制评分。具体如表 1 所示。

[①] Stein, M. K., Smith, M. S., Henningsen, M. A., Silver, E. A. *Implementing Standards-based Mathematics Instruction: A Casebook for Professional Development*, New York: Teachers College Press, 2000, pp. 81-90.

[②] 全美数学教师理事会:《美国学校数学教育的原则和标准》,蔡金法译,人民教育出版社 2004 年版,第 25 页,第 206 页。

[③] Stein, M. K., Lane, S., "Instructional Tasks and the Development of Student Capacity to Think and Reason: An Analysis of the Relationship between Teaching and Learning in a Reform Mathematics Project", *Educational Research and Evaluation*, Vol. 2, no. 1(1996), pp. 50-80.

表 1 M-Scan 教师教学实践测评工具

维度	子维度	低(1,2)	中(3,4,5)	高(6,7)	评分
认识深度	任务选择	本课的任务集中于记忆或程序,而不涉及基本概念;没有任何开放式的任务	其中一些任务集中于记忆或程序而不涉及基本概念,一些任务集中于基本概念或非算法复杂思维的程序;一些任务是开放的	本课程的大部分任务都集中在基本概念相关的程序或非算法复杂思维的程序上;大部分任务是开放的	①②③④⑤⑥⑦
	教师实施	教师很少提供反馈、建模或示例来促进学生的复杂思维;教师很少鼓励学生建立概念联系	教师有时提供反馈、建模或示例来促进学生的复杂思维;教师有时鼓励学生建立概念联系	教师经常提供反馈、建模或示例来促进学生的复杂思维;教师经常鼓励学生建立概念联系	①②③④⑤⑥⑦
问题解决	学生参与问题	学生很少会遇到让他们纠结于数学概念的问题;学生经常练习已经反复练习过的程序	学生有时会遇到让他们纠结于数学概念的问题;学生有时练习已经反复练习过的程序	学生经常会遇到让他们纠结于数学概念的问题;学生很少练习已经反复练习过的程序	①②③④⑤⑥⑦
	用多种策略解决问题	课堂活动只鼓励一种策略来解决每个问题	课堂活动有时鼓励多种策略来解决每个问题	课堂活动经常鼓励多种策略来解决每个问题	①②③④⑤⑥⑦
	学生制定问题	如果学生制定问题,他们通常是程序性的	如果学生制定问题,他们有时会用多种策略解决	如果学生制定问题,他们一般会用多种策略解决	①②③④⑤⑥⑦
联系与应用	联系	课堂教学中很少发生与其他数学概念、经验、学科或现实生活有意义的联系;课堂作业与学生的生活无关	课堂教学中有时发生与其他数学概念、经验、学科或现实生活有意义的联系;课堂作业与学生的生活有潜在的相关	课堂教学中经常发生与其他数学概念、经验、学科或现实生活有意义的联系;课堂作业与学生的生活相关	①②③④⑤⑥⑦
	应用	学生们从来没有被要求将他们学习的数学应用到周围的世界	学生们有时被要求将他们学习的数学应用到周围的世界	学生们经常被要求将他们学习的数学应用到周围的世界	①②③④⑤⑥⑦
多元表征	已有的表征	教师和/或学生很少使用超过一种数学概念表征	教师和/或学生有时使用超过一种数学概念表征	教师和/或学生经常使用超过一种数学概念表征	①②③④⑤⑥⑦
	教师表征转换	对于所使用的表示形式,教师不会与概念或表示之间建立联系	对于所使用的表示形式,教师与概念或表示之间建立一些联系	对于所使用的表示形式,教师常常与概念或表示之间建立联系	①②③④⑤⑥⑦
	学生表征转换	学生不会在表征之间进行转换	学生有时在表征之间来回转换,但没有解释表征	学生有时在表征之间来回转换,他们有时也会解释表征	①②③④⑤⑥⑦
使用数学工具	使用工具的机会	学生不使用工具和/或只允许使用工具来获得程序技能方面的帮助	学生有时会使用工具来研究概念并解决问题	学生有经常使用工具来研究概念并解决问题	①②③④⑤⑥⑦
	使用的深度	学生很少在工具和数学概念之间建立联系	学生有时在工具和数学概念之间建立联系	学生经常在工具和数学概念之间建立联系	①②③④⑤⑥⑦

(续表)

维度	子维度	低(1,2)	中(3,4,5)	高(6,7)	评分
数学话语共同体	话语中教师的角色	课堂中大多数讨论都是在教师的指导下进行的;从不征求学生的想法,问题和意见	课堂上的一些数学讨论包括学生参与,但有些是由教师发起的;有时征求学生的想法,问题和意见	在整个课堂数学讨论中,学生始终参与;经常征求学生的想法,问题和意见	①②③④⑤⑥⑦
	数学共同体意识形成	生生之间的话语没有或者很少发生,他们很少分享数学思想和语言	生生之间的话语偶尔发生,他们有时分享数学思想和语言	生生之间的话语频繁发生,他们经常分享数学思想和语言	①②③④⑤⑥⑦
	提问	大部分教师的提问都有已知的/正确的答案,并且很少鼓励数学思维	一些教师的提问有已知的/正确的答案,并且有时鼓励数学思维	教师的提问很少有已知的/正确的答案,并且更多鼓励数学思维	①②③④⑤⑥⑦
解释与论证	已有的解释与论证	学生很少针对他们的推理提供解释和论证;教师很少问"什么,怎么样,为什么"的问题,也很少要求学生提供解释与论证	学生有时针对他们的推理提供解释和论证;教师有时问"什么,怎么样,为什么"的问题,有时要求学生提供解释与论证	学生经常针对他们的推理提供解释和论证;教师经常问"什么,怎么样,为什么"的问题,也常要求学生提供解释与论证	①②③④⑤⑥⑦
	解释与论证的深度	学生的解释经常侧重于程序步骤,很少包括对主题概念的理解	学生的解释有时侧重于程序步骤,有时包括对主题概念的理解	学生的解释很少侧重于程序步骤,经常包括对主题概念的理解	①②③④⑤⑥⑦
教学结构	逻辑序列	总的来说,数学教学的成分不符合逻辑	数学教学的有些成分是符合逻辑的,有些不符合逻辑	数学教学的所有成分都是有逻辑组织的	①②③④⑤⑥⑦
	数学的连贯性	所以教学的组成部分没有数学上的联系或连贯性	一些教学的组成部分没有数学上的联系或连贯性	所有教学的组成部分都有数学上的联系或连贯性	①②③④⑤⑥⑦
	促进深度理解	教学的结构似乎并没有引导学生更深入地理解所提出的数学概念	教学的结构似乎会引导学生更深入地理解一些概念,而不是其他概念	教学的结构引导学生更深入地理解所提出的数学概念	①②③④⑤⑥⑦
数学的准确性	教师表述的准确性	教师提供给学生的一小部分概念和程序在数学上是准确的。大多数概念和程序在数学上不准确	教师提供给学生的大部分概念和程序在数学上是准确的。一小部分数概念和程序在数学上不准确	教师向学生提出的全部概念和程序在数学上是准确的	①②③④⑤⑥⑦
	数学概念清晰	教师不清楚数学概念。关键数学概念的表述存在不明确性	教师清楚数学概念。关键数学概念的表述存在一些不明确之处	教师清楚数学概念。关键数学概念的呈现没有含糊之处	①②③④⑤⑥⑦
	响应学生的数学思维	学生的错误观念在本教学中很明显。教师的反应似乎会导致数学概念模棱两可或混淆	在课上观察到部分学生存在误解。教师的反应使部分学生消除了误解,但部分学生可能仍然存在模棱两可或混乱的情况	学生在课上可能会或可能没有观察到误解。教师的反应可以提高所有学生数学概念的清晰度	①②③④⑤⑥⑦

四、M-Scan 与其他教学测量工具的对比

现有的基于观察的测量方法来评估教师和教学质量工具相对比较多,比较有影响力的除了 M-Scan 外,还有课堂评估评分系统(ClASS)、基于教学改革的测评工具(RTOP)、基于数学学习过程与结果的教学测评工具 MQI。这三个测量工具测评体系如表 2 所示。

表 2 CLASS、RTOP 和 MQI 的测评体系

测评工具	理论基础	评价模块	评价内容	应用项目
ClASS	基于依恋理论、自我决定理论等心理学理论 强调师生互动的重要性	情感支持	师生之间的积极关系或消极关系,教师对学生需求和学业水平变化的敏锐感知	涉及 7 项美国国家级和地区级研究项目,覆盖 4431 个班级
		课堂组织	班级是否以牺牲学生兴趣为代价过度管制,学生行为管理,教师课堂教学生产力	
		教学支持	指导学习的方式,班级混乱,高质量的反馈,教师在不同情境下应用语言刺激和语言促进的质量,教学方法的丰富性	
RTOP	基于学习机会理论与课堂反应理论 强调基于改革的课堂教学实践	数学特征	数学深度、广度、灵活性,数学知识相关性,数学知识的整合,数学知识的连贯性,问题解决和推理	全美共 22 个州和地区的 44 所大学
		学生的数学思维	思维的灵活性,元认知,求知欲,解决问题的过程	
		数学教学	任务选择,实践共同体,提问策略,倾听和反馈,表达与交流,搭建脚手架,学习进阶,机会公平,课堂评估、教学材料等	
MQI	基于"过程-产出"理论 强调数学知识以及精确解释的重要性	教学形式	讲授型教学(数学知识传授以教师讲授为主),全班讨论(课堂上学生分享想法、推理逻辑等),结合现实案例讲授	"为学而教"项目(纽约市:2012 年)"数学专业发展影响力评价"项目(美国教育部:2012 年、2013 年、2014 年、2015 年、2016 年) "探索改善教师数学教学质量的方法"项目(美国国家科学中心:2012 年、2013 年、2014 年、2015 年)
		数学知识的丰富	讲授注重不同数学知识点、不同表达形式、不同案例间的联系,解释(给出想法、解题步骤、解决方案的意义),多元解决方案,数学概念和过程的归纳总结、概念化和推广,数学语言的丰富与明晰	
		和学生一起学习数学	纠正学生的错误和解决其困难,在教学中回应学生的想法	
		错误和不准确	重大错误或疏忽(解答问题错误、概念定义不准确等);数学术语或标记上不准确;任务开展或内容呈现上不清楚	
		意义建构和推理的学生参与	学生解释解题思路、过程和方法;学生提出数学问题,参与数学推理;学生参加智力要求较高的数学推理活动	

通过对以上三种测评工具的梳理和分析,再将这三种测评工具和 M-Scan 进行对比,可以得到表 3。

表3 四种工具测评维度对比表

工具维度	M-Scan	ClASS	RTOP	MQI
认识深度	X		X	
问题解决	X		X	X
联系与应用	X	X		
多元表征	X			X
使用数学工具	X		X	
数学话语共同体	X	X	X	X
解释与论证	X	X		X
教学结构	X			X
数学的准确性	X			X
情感支持		X		
教学支持	X	X	X	X
教学组织		X		

通过表2和表3可以看出,CLASS主要侧重测评课堂教学互动的质量,关注课堂教学中师生互动的情感以及教学组织和支持。但由于该评价系统不针对数学学科,因而学科性不强,很难测出数学本质的东西。RTOP强调教学的改革,关注教学过程中的变化,该测评系统更加适合对教学的纵向比较评估,可以用来挖掘教学改革过程中出现的问题。MQI强调数学教学的质量,对数学知识的挖掘较为全面,关注到数学核心特征。但其测评的目的仅仅关注到了数学课堂教学的质量,不能很好地和整个课程实施的环节有机联系起来。

M-Scan开发的目的是将数学课程标准和NCTM提出的标准与原则系统地转化到课堂教学实践评估的行为上,是标准的具体化。同时该测评系统评估的框架也是基于标准和前期的大量研究成果得出的,在后期测量中信度、效度都相对比较高,该系统也为教师系统性地反思自己的教学行为提供了帮助。M-Scan表现出测评维度更加全面、基于数学课程标准、学科特征更强的特点。

五、启示

我国教育部要求组织和研究各学段各学科核心素养体系,进一步明确适合学生终身发展和社会发展的必备品质和关键能力。[①] 在此背景下,基于核心素养的高中数学课程标准应运而生,义务教育阶段基于核心素养的课程标准也正在研制。按照历次课改的经验可以得出,国家花费了很大的精力在课标的研究上,但实践层面往往出现较大的偏差。当代美国著名的教育家古德莱德将课程分为理想的课程、正式的课程、领悟的课程、运作的课程和经验的课程。[②] 我国的课程改革在理想的课程(课标)和正式的课程(教材)方面做得很好,但在领悟的课程(教学设计)和运作的课程(课堂教学)方面大打折扣,这样导致经验的课程(学生获得的课程)出现较大的偏差,课程标准落实不到位。面对新一轮基于核心素养的

---

① 刘坚,魏锐,刘晟:《"面向未来:21世纪核心素养教育的全球经验"研究设计》,《华东师范大学学报(教育科学版)》2016年第3期,第17-21页。

② Goodlad, J. I., *The Scope of the Curriculum Field*, Goodlad. J. I., Associates. *Curriculum Inquiry: The Study of Curriculum Practice*, New York: McGraw-Hill Book Company, 1979, pp. 17-41.

课程标准,为了能够顺利有效地从理想课程与正式课程过渡到领悟课程与运作课程,进而获得最大化的经验课程,研制构建基于数学学科的教学实践测评工具,即符合我国数学教学的CM-Scan,成为教学改革的必由之路。从课堂教学出发,将核心素养的评价融入课堂教学的全过程中,设计能够体现数学核心素养的课堂教学评估指标,让教师通过自评与反思,将课程标准的理念落实到课堂教学中。开发这一测评工具不但可以有效监控课程标准的落实情况,同时也可以为一线教师提供可操作的教学指导方案,为课程标准落实到课堂教学实践提供有效的途径。

2. M-Scan为内涵式数学课堂教学构建提供了有效的检测工具

近年来随着课程改革的不断推进,涌现出了各种教学模式,良莠不齐。一方面体现出课改的成效,将新的理念和方法引入课堂教学实践中,但另一方面,给一线课堂教学带来了较大的麻烦,课堂教学中失去应有的内涵。对于数学课堂而言,没能将培养学生的数学思维,提升学生的数学素养放在首位。尤其是在新手型数学教师当中最为明显,出现了课堂教学"表演秀"的乱象。[①]体现在课堂教学评价上,大部分教学的评价仅仅依赖所谓的专家教师经验评判,由于不同专家所持观点各异,因此评价的结果往往带有极强的主观性,有时甚至出现评价观点相左的现象。使得被评价教师无法进行有效的课堂改进。M-Scan教学评估给课堂教学的评价提出了一套完整的、客观的测评方案,能够较好地将内涵式课堂教学的评价指标融入其中,为数学课堂教学由肤浅的表演式向基于深度学习的内涵式发展。由教学模式带来的新问题给教师的教学实践带来了挑战,作为课程改革实施的关键主体,教师对改革的接受、认可和驾驭能力从某种程度上说影响着课程改革的成败。[②]数学课堂教学要体现内涵,教师要准确地把握课标的要求,并将课程标准和教材中体现的数学思想方法准确高效地运用到课堂教学实践中。然而,就目前现状来看,大部分教师在备课过程中没有详细阅读课程标准,设计仅凭传统经验,往往推测课标对该内容的要求。因此,要让课程标准有效准确地落实到课堂教学实践中,很有必要开发基于标准的教学实践测评工具,将课程标准对教学的要求细化到教师可操作的具体行为上,通过该工具的引领和测评,达到以评促改的目的。

3. M-Scan为数学教师专业发展提供了可操作的途径

教师作为教育教学的主体,在教育体系中占有重要位置。有研究认为:"教育改革包括学习如何处理新事物。从这个意义上说,如果有某种单一的重要因素能够影响改革,那么只能是教师。"[③]教师对于教育的重要性不言而喻,其教育教学水平直接影响着教学质量。然而,教学质量重视参与并运用多样化的教学实践,教学实践对学生学习的效果和学习动机的触发有显著作用。[④]因此,促进教师专业发展水平成为教师教育的核心问题。教师如何能够安排合理的数学教学活动,让师生都参与到课堂教学实践中,成为教师专业发展的基本素养。M-Scan为教师提供了自我检测和自我反思的可操作性框架。反思被认为是"教师专业发展和自我成长的核心力量"。[⑤]霍顿认为:"如果你想要改变人们的观念,你不应该试图从理智上说服他们。你需要做的就是把他们引入一定的情境,使其必须依赖新观念行动,而不要争

---

① 武小鹏,张怡:《深度学习理念下内涵式课堂教学构架与启示》,《现代教育技术》2019年第4期,第26-32页。
② 教育部"新课程实施与实施过程评价"课题组:《基础教育课程改革的成就、问题与对策——部分国家级课程改革实验区问卷调查分析》,《中国教育学刊》2003年第12期,第35-39页。
③ Fullan, M., *The New Meaning of Educational Change (third edition)*, Teachers College, Columbia University, New York and London. 2001, pp.32-51.
④ Shavelson, S. R. J., "Teaching Effectiveness Research in the past Decade: The Role of Theory and Research Design in Disentangling Meta-Analysis Results", *Review of Educational Research*, Vol. 77, no. 4(2007), pp.454-499.
⑤ 余文森:《论以校为本的教学研究》,《教育研究》2003年第4期,第53-58页。

辩这些观念。"① 通过 M-Scan 这一测评工具,首先,可以对教师教学实践进行客观的评价,进一步诊断出教师教学实践中普遍存在的问题,再采取适当的方式加以提升;其次,教师可以依据测评指标对自己的教学实践进行反思,达到自我提升的目的。很多研究已经表明,教师评价与反馈是教师生涯发展的重要组成部分,能够提升教师的教学方法、教学实践和学生的学习效果。②

On the Framework and Comparative Analysis of M-Scan Teaching Practice Evaluation System

WU Xiaopeng[1,2]

(1. School of Education, Shaanxi Normal University, Xi'an Shaanxi, 710062;
2. College of Teacher Education, East China Normal University, Shanghai, 200062)

Abstract: The M-Scan teaching practice evaluation system is a standard based observation tool to measure the quality of mathematics teaching. M-scan constructs an evaluation framework with nine dimensions: cognitive depth, problem solving, connection and application, multiple representations, mathematical discourse community, explanation and demonstration, teaching structure and mathematical accuracy. Compared with the existing assessment tools of CLASS, RTOP and MQI, the evaluation dimension of M-Scan is more comprehensive, and has stronger subject characteristics with mathematics curriculum standard as its basis. According to that, this paper puts forward the following suggestions: M-Scan should be a necessary choice to construct the practical evaluation framework of mathematics teaching in China; it can provide an effective analyzing tool for the construction of connotative mathematics classroom teaching; and it can offer a practical method for the professional development of mathematics teachers. The system tries to provide tool support for the evaluation of mathematics teaching practice, and then provides reference for the improvement of teachers' teaching practice ability and the development of students' key mathematics competence.

Key words: classroom evaluation, mathematics teaching, M-Scan, teaching practice

---

① Stephen D Brookfield:《批判反思型教师 ABC》,张伟译,中国轻工业出版社 2002 年版,第 214-227 页。
② Barber, M. Mourshed, M., *How the Best-performing Schools Come Out on Top*, (2007-01-09) [2019-03-01]. https://www.researchgate.net/publication/44838959_How_the_World's_Best-Performing_School_Systems_Come_Out_on_Top.

教师专业合作对教学效能感和职业满意度的影响：学科知识评价认同度的中介作用

张家辉[1]，康红芹[2]，胡洪强[3]

(1. 曲阜师范大学 基础教育课程研究中心，山东 曲阜 273165；2. 曲阜师范大学 职业与继续教育研究院，山东 曲阜 273165；3. 伊犁师范大学 中国语言文学学院，新疆 伊宁 835000)

摘 要：研究采用结构方程模型，对参与"教师教学国际调查(TALIS)2013+"项目的上海市3772名初中教师的问卷数据进行统计分析，以考察教师专业合作对教学效能感和职业满意度的影响，并检验学科知识评价认同度在其中所起的中介作用。结果发现：教师专业合作与学科知识评价认同度、教学效能感、职业满意度均呈显著正相关；教师的学科知识评价认同度与教学效能感、职业满意度均呈显著正相关；教师的学科知识评价认同度在教师专业合作与教学效能感、教师专业合作与职业满意度的关系中都具有部分中介作用。这一结果启示如下：教师在专业合作活动中需提升对学科知识的整体把握，增进对学科本质和价值的深入理解，以提高教学效能感和职业满意度。

关键词：教师专业合作；学科知识评价认同度；教学效能感；职业满意度；TALIS

中共中央、国务院印发的《深化新时代教育评价改革总体方案》指出："义务教育学校重点评价引领教师专业发展、提升教育教学水平、营造和谐育人环境等情况"；"把认真履行教育教学职责作为评价教师的基本要求"。① 可见，对教师的教育教学和专业发展予以评价，愈来愈受到重视。作为教师教学工作评价和教师专业素养评价的基础性内容，教师学科知识评价在教学实践中得到了教研员和教师的广泛重视。然而，围绕教师学科知识评价及其认同度的研究成果非常有限。为此，本研究通过对参与"教师教学国际调查(TALIS)2013+"项目的上海市3772名初中教师的问卷数据进行统计分析，检验学科知识评价认同度在教师专业合作对教学效能感和职业满意度的影响中所起的中介作用，进而为学校改进和教师发展提供建议。

基金项目：本文系教育部人文社会科学研究青年基金新疆项目"新疆薄弱学校教师的知识贫困及援助策略研究"（项目编号：18XJJC880002）的研究成果。

作者简介：张家辉，曲阜师范大学基础教育课程研究中心副教授，博士，主要从事教师教育研究；康红芹，曲阜师范大学职业与继续教育研究院讲师，博士，主要从事成人教育研究；胡洪强，伊犁师范大学中国语言文学学院副教授，博士，主要从事教师教育研究。

① 中共中央、国务院：《深化新时代教育评价改革总体方案》，载中华人民共和国中央人民政府门户网站：http://www.gov.cn/zhengce/2020-10/13/content_5551032.htm，最后登录日期：2020年10月13日。

一、文献回顾与研究假设

1. 教师专业合作

教师专业合作是指教师们为了追求专业发展和改善学校教育实践，围绕感兴趣的问题，共同探讨解决的办法，从而形成的一种批判性互动关系。[1]教师专业合作是由教师职业的基本特性决定的，其具有发展取向性、超越空间性和不可预测性等特征。已有研究表明，加强教师专业合作，有助于强化教师发展意愿，提高教师反思能力，促进学校组织学习。[2]因此，研究教师专业合作，对于揭示教师专业合作与其他变量之间的关系、解决比较复杂的教育教学问题、促进教师专业发展等方面具有重要作用。

2. 学科知识评价认同度

教师学科知识是指教师所具有的特定学科的知识。《中共中央、国务院关于全面深化新时代教师队伍建设改革的意见》明确指出，要造就学科知识扎实、专业能力突出、教育情怀深厚的高素质复合型教师。[3]可见，具备扎实的学科知识是优秀教师的基本素养之一。教师学科知识评价是教师专业素养评价的重要组成部分，具体是指运用评价的技术和方法对教师的学科知识状况进行价值判断的过程。对教师学科知识水平进行科学合理的评价，有利于在职教师进行自我诊断，从而促进教师专业发展。[4]那么，教师对学科知识评价活动是否认同呢？为了推进相关研究，需厘清教师的学科知识评价认同度这一概念。笔者认为，教师的学科知识评价认同度是指教师对自身学科知识掌握情况的评价活动所持的认可程度。这里所说的"学科知识掌握情况的评价活动"，既可以是教师个体对自身学科知识状况的反思或评价，也可以是他人对自己学科知识状况的评价。

黄兴丰、马云鹏通过文献梳理发现，课堂观察是美国数学教师学科知识评价的主要方法之一。通过对课堂或者录像的细致观察和深入分析，可以洞察教师对学科知识的理解和认识，了解课堂教学实践与教师学科知识之间的重要关联。[5]而课堂观察是一种团队合作，它由既彼此分工又相互合作的团队进行。课堂观察的每个阶段都是教师之间多向互动的过程。[6]可见，开展课堂观察等教师专业合作活动，有益于评价教师学科知识的状况，而且教师学科知识评价活动的开展会提升教师学科知识评价认同度。由此可推知，开展课堂观察等教师专业合作活动会影响教师学科知识评价认同度。基于此，提出假设H1：教师专业合作对学科知识评价认同度具有正向影响。

3. 教学效能感

教师自我效能感是指教师对自己能够完成所有教学任务的信心。[7]《TALIS2013技术手册》从课堂管理效能感、教学效能感、学生参与效能感三个方面来测量教师自我效能感。[8]近年来对教师教学效能感的影响因素的研究多关注教师的专业合作、教龄、情绪智力、工作压力以及师生关系等方面。已有研

---

[1] 邓涛：《教师专业合作的理论与实践研究》，东北师范大学博士学位论文，2008年，第28-29页。
[2] 饶从满，张贵新：《教师合作：教师发展的一个重要路径》，《教师教育研究》2007年第1期，第14-15页。
[3] 中共中央、国务院：《中共中央、国务院关于全面深化新时代教师队伍建设改革的意见》，载中华人民共和国中央人民政府门户网站：http://www.gov.cn/zhengce/2018-01/31/content_5262659.htm，最后登录日期：2018年1月31日。
[4] 赵国庆，熊雅雯：《应用概念图评价小学数学教师学科知识的实证研究》，《电化教育研究》2018年第12期，第108页。
[5] 黄兴丰，马云鹏：《美国数学教师学科知识评价方法的述评》，《数学教育学报》2013年第1期，第54-55页。
[6] 沈毅，崔允漷：《课堂观察：走向专业的听评课》，华东师范大学出版社2008年版，第74页。
[7] Ashton, P, "Teacher Efficacy: A Motivational Paradigm for Effective Teacher Education", *Journal of Teacher Education*, Vol. 35, no. 5(September 1984), pp. 28-32.
[8] OECD：TALIS 2013 Technical Report，载OECD网站：http://www.oecd.org/education/school/TALIS-technical-report-2013.pdf，最后登录日期：2020年12月31日。

究表明,教师专业合作与教师自我效能感呈显著正相关。① 通过小组合作,形成友好的合作伙伴关系,可促使教师的知识、信息与情感分享得以实现,进而提高教师教学效能感。② 有研究者进一步指出,教师合作学习过程中的合作态度、行为策略、知识结构对教师教学效能感有正效应。③ 据此,提出假设 H2:教师专业合作对教学效能感具有显著的正向影响。

对于教师学科知识评价认同度与教学效能感的关系,相关研究成果非常鲜见。我们可以从教师学科知识评价与教学效能感之间关系的角度进行思考。李渺、喻平探讨了数学教师学科知识评价与教学效能感的关系,认为如果数学教师的数学功底非常扎实,则其个人教学效能感高些;如果数学教师对所要讲授的数学内容了解不深,则其可能只会注意自己的教学。④ 由此推知,如果教师非常认同并积极开展教师学科知识评价活动,提升教师的学科知识水平,那么教师的教学效能感也会提高。因而,提出假设 H3:教师的学科知识评价认同度对教学效能感具有正向影响。

4. 职业满意度

教师的职业满意度是指教师对自己所从事的职业的满意程度,它是教师对职业的认知和评价。研究教师职业满意度的影响因素,对于了解教师生存状况、稳定教师队伍等方面具有重要的现实价值。已往的研究比较重视年龄、性别、经济收入、班级规模、人际关系等因素对教师职业满意度的影响,却很少关注教师专业合作、学科知识评价认同度等因素对教师职业满意度的影响。仅有的相关研究显示,经常与同事合作的教师,通常对其职业更满意;⑤ 知识的补给和更新可以有效提高教师的工作满意度。⑥ 据此,笔者尝试推测,加强教师专业合作,以及重视开展教师学科知识评价活动和更新教师学科知识,均有利于提高教师的职业满意度。因而,提出假设 H4 和 H5:教师专业合作对职业满意度具有正向影响;教师的学科知识评价认同度对职业满意度具有正向影响。

综上所述,以往对教师教学效能感和职业满意度的研究,更多地关注工作压力、师生关系等因素,很少从教师学科知识价值的角度探讨教师学科知识评价认同度对教学效能感和职业满意度产生的影响。并且,以往研究侧重于探讨教师专业合作对教学效能感和职业满意度的直接影响,极少探讨教师学科知识评价认同度在此关系中是否具有中介作用。据此,本研究将基于调查数据考察教师学科知识评价认同度的中介效应,进而提出假设 H6 和 H7:教师的学科知识评价认同度在教师专业合作与教学效能感之间起部分中介作用;教师的学科知识评价认同度在教师专业合作与职业满意度之间起部分中介作用。

二、研究方法

1. 数据来源

本研究的数据来源于参加"教师教学国际调查(Teaching and Learning International Survey,以下简称TALIS)2013+"项目的上海市教师的调查结果。TALIS 是经济合作与发展组织(OECD)开展的跨国调查项目。TALIS 项目组采用按规模大小成比例的概率抽样方法,先在参与国家或地区随机抽取 200 所中学,之后在每所中学随机抽取 20 名教师参与问卷调查。⑦ 2015 年 1 月 9 日,上海市 199 所初中学校的

---

① Sehgal, P., Nambudiri, R., & Mishra, S. K, "Teacher Effectiveness through Self-efficacy, Collaboration and Principal Leadership", *International Journal of Educational Management*, Vol. 31, no. 4(May 2017), pp. 505-517.
② 邓涛:《教师专业合作的理论与实践研究》,东北师范大学博士学位论文,2008 年,第 124 页。
③ 张敏:《教师合作学习》,浙江大学出版社 2013 年版,第 139 页。
④ 李渺,喻平,唐剑岚,黄晓学:《高中数学教师知识结构的特征研究》,《数学教育学报》2007 年第 2 期,第 58 页。
⑤ 唐科莉:《积极合作氛围让教师更投入》,《中国教育报》2018 年 6 月 22 日,第 5 版。
⑥ 高鸾,陈思颖,王恒:《北京市高校青年教师工作满意度及其主要影响因素研究——基于北京市 94 所高校青年教师的抽样调查》,《复旦教育论坛》2015 年第 5 期,第 77-78 页。
⑦ OECD:TALIS 2013 Technical Report,载 OECD 网站:http://www.oecd.org/education/school/TALIS-technical-report-2013.pdf,最后登录日期:2020 年 12 月 31 日。

3925名教师参加了TALIS2013+调查。加权后,此样本可以代表上海99%的初中教师。[①]

TALIS2013调查的教师问卷涉及教师专业合作、学科知识评价认同度、教学效能感、职业满意度等方面。OECD公布的TALIS2013调查结果显示,上海教师的数据共有3925条,其中包含缺失值。对此,本研究采用个案剔除法,直接剔除教师专业合作、学科知识评价认同度、教学效能感、职业满意度等方面的观测变量为缺失值的样本,结果剩有3772条数据。在这3772名初中教师中,女教师有2720人,所占比例达72.1%。

2. 研究工具

本研究选用了TALIS2013调查的教师问卷中教师专业合作、学科知识评价认同度、教学效能感、职业满意度等方面的有关题项(见表1)。

表1 本研究的潜变量和观测变量

潜变量	观测变量	具体题目
教师专业合作	TT2G33A	您与同班的其他任课教师组成教学团队开展活动的频率如何?
	TT2G33B	您在学校观摩其他教师的课并给出评价的频率如何?
	TT2G33C	您在学校参加跨班级、跨年级的联合活动的频率如何?
	TT2G33H	您在学校参加合作式专业学习活动的频率如何?
学科知识评价认同度	TT2G29B	您认为,学科知识作为教师评价反馈内容的重要性如何?
	TT2G30I	从学校得到的关于学科知识的反馈,对您产生了多大程度的直接的、积极的影响?
教学效能感	TT2G34C	在您的教学中,多大程度上会为学生提出好问题?
	TT2G34J	在您的教学中,多大程度上会使用多种评价策略?
	TT2G34K	当学生感到困惑时,您在多大程度上会提供另一种解释?
	TT2G34L	课堂教学中,您在多大程度上能够灵活使用教学策略?
职业满意度	TT2G46A	对于"做教师的利明显大于弊",您的赞同程度如何?
	TT2G46B	对于"如果给我再次选择的机会,我还会选择当教师",您的赞同程度如何?
	TT2G46D	对于"我很后悔当一名教师",您的赞同程度如何?
	TT2G46H	对于"教师职业在社会上很重要",您的赞同程度如何?

(1)教师专业合作

测量教师专业合作的问题共有4道,选项包括:从不、一年一次或更少、一年2至4次、一年5至10次、每月1至3次、每周一次或更多,依次记1—6分。得分越高,代表教师参加专业合作活动的频率越高。对此4道题进行验证性因素分析,拟合指标如下:$\chi^2=0.391$,$df=2$,$GFI=1.000$,$AGFI=1.000$,$CFI=1.000$,$RMSEA=0.000$。该组问题的组合信度为0.716。

(2)学科知识评价认同度

测量学科知识评价认同度的问题有2道,涉及教师对学科知识评价的重要性和影响力等方面的认同情况。这2道题的翻译参考了"TALIS2013教师问卷样题"。[②] 对于教师学科知识评价的重要性的问题,选项包括:不予考虑、不那么重要、重要、非常重要,依次记1—4分。对于教师学科知识评价的影响程度的问题,选项包括:没有影响、微弱影响、有影响、影响很大,依次记1—4分。得分越高,表示教师认为学科知识评价活动的开展越重要,或表示学科知识评价活动对教师的影响越大,进而可反映出教师对学科知识评价活动的认同度越高。这2道题的因素负荷量分别为0.534和0.667。该组问题的组合信

[①] 教师教学国际调查中国上海项目组:《专业与卓越:2015年上海教师教学国际调查结果概要》,上海教育出版社2017年版,第7页。
[②] 《TALIS2013教师问卷样题》,《上海教育》2014年第26期,第49页。

度为0.532。学者Kline在其《结构方程模型的原理与实践》中指出,组合信度在0.5以上就可以接受。[①]

(3) 教学效能感

测量教师教学效能感的问题有4道,选项包括:从不、有一点、比较多、非常多,依次记1—4分,得分越高,代表教师感知到的教学效能越高。对这4道题进行验证性因素分析,拟合指标如下:$\chi^2=4.712$,df=2,GFI=0.999,AGFI=0.997,CFI=1.000,RMSEA=0.019。该组问题的组合信度为0.866。

(4) 职业满意度

测量教师职业满意度的问题有4道。这4道题采用李克特4点评分,1代表"强烈反对",4代表"坚决同意"。在这4道题中,TT2G46D属于反向题。在计分时对该题进行了重新计分。得分越高,代表教师的职业满意度越高。对这4道题进行验证性因素分析,拟合指标如下:$\chi^2=31.010$,df=2,GFI=0.996,AGFI=0.979,CFI=0.993,RMSEA=0.062。该组问题的组合信度为0.775。

3. 数据处理与共同方法偏差检验

本研究使用SPSS22.0和Amos22.0对数据进行统计和分析。由于TALIS2013对同一被试进行多个主题的问卷调查,可能存在同源性偏差,故而需要进行共同方法偏差检验。Harman单因子检验显示,有4个因子的特征值大于1,其中,最大因子的解释变异量为28.234%,小于40%的临界值。这表明,本研究不存在明显的共同方法偏差问题。

三、研究结果

1. 描述统计与相关分析

由表2可知,均记1—4分的学科知识评价认同度、教学效能感和职业满意度的均值都高于中位数2.5,说明上海市初中教师的学科知识评价认同度、教学效能感和职业满意度都普遍较高。其中,教学效能感因素的均值最高,职业满意度因素的均值最低。而教师专业合作这一因素的均值低于中位数3.5,反映出上海市初中教师的专业合作水平较低。

利用Amos22.0对各变量进行皮尔逊积差相关分析,结果显示:第一,教师专业合作与学科知识评价认同度、教学效能感、职业满意度均呈显著正相关;第二,学科知识评价认同度与教学效能感、职业满意度均呈显著正相关。各变量之间的相关模式与假设模型的变量关系模式相一致,因而,本研究适合结构方程建模分析。

表2 各变量的描述统计和相关分析

变量	M	SD	1	2	3
1 教师专业合作	3.256	0.997	—		
2 学科知识评价认同度	2.845	0.621	0.528	—	
3 教学效能感	3.213	0.550	0.347	0.391	—
4 职业满意度	2.742	0.552	0.300	0.410	0.201

2. 学科知识评价认同度的中介模型验证分析

(1) 模型拟合度分析

本研究利用Amos22.0对研究变量进行结构方程建模(见图1),来检验教师学科知识评价认同度分别在教师专业合作与教学效能感、教师专业合作与职业满意度的关系中的中介作用。经统计,结构方程模型与实际数据的拟合度指标为:$\chi^2=269.652$,df=72,χ^2/df=3.745,CFI=0.949,GFI=0.985,AGFI=0.979,

---

[①] Kline, R. B, *Principles and Practice of Structural Equation Modeling*, New York, USA: Guilford Press, 1998, p.68.

TLI=0.936,NFI=0.932,RMSEA=0.027。结果显示,模型的拟合度良好,样本数据所建构的教师学科知识评价认同度的中介模型,可解释实际的观察数据。

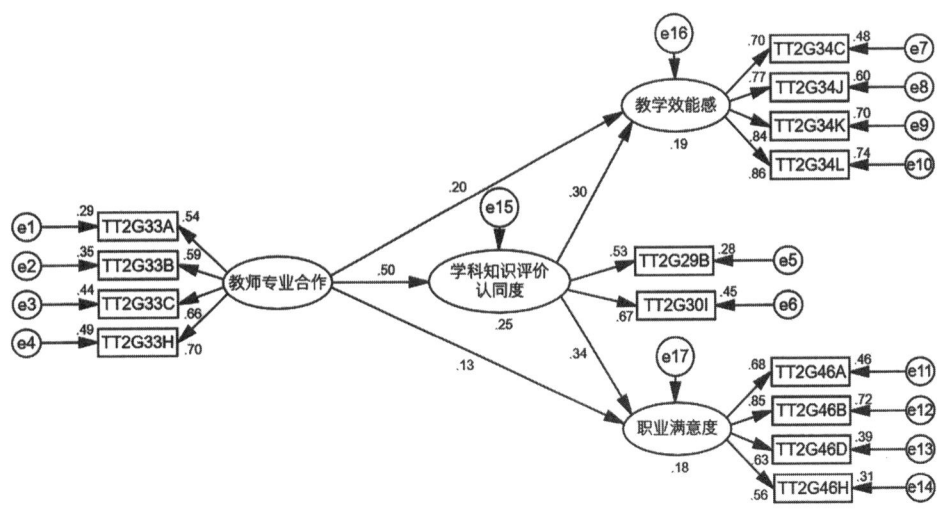

图1 教师学科知识评价认同度的中介作用模型图(标准化)

(2)假设检验

①H1—H5假设检验

由表3可知,在学科知识评价认同度的中介作用模型之中,所有的路径系数均达到极其显著的水平($p<0.001$),表明教师专业合作分别对学科知识评价认同度、教学效能感、职业满意度的直接效果,均达显著影响;教师学科知识评价认同度分别对教学效能感、职业满意度的直接效果,亦均达显著影响。此说明H1—H5的假设均成立。

表3 研究假设的验证结果

假设	路径关系	路径值	C.R.	P	假设成立与否
H1	教师专业合作→学科知识评价认同度	0.278	13.875	***	成立
H2	教师专业合作→教学效能感	0.128	7.264	***	成立
H3	学科知识评价认同度→教学效能感	0.347	9.107	***	成立
H4	教师专业合作→职业满意度	0.083	4.630	***	成立
H5	学科知识评价认同度→职业满意度	0.391	9.573	***	成立

注:***表示$p<0.001$。

②中介效应检验

为了进一步检验教师学科知识评价认同度的中介效应,本研究采用Bootstrap的方法,将重复随机抽取的Bootstrap样本设定为2000,将置信区间设定为95%。如果各路径系数的95%置信区间没有包括0,表明中介效应显著。由表4可知,教师专业合作对教学效能感的间接效果为0.096,z值为6.857,符合大于1.96的标准。在95%的置信水平下,Bias-Corrected估计法和Percentile估计法所得的置信区间均未包括0,因此间接效应存在。同理可得出,直接效果也存在。这就表明教师学科知识评价认同度在教师专业合作与教学效能感之间起部分中介作用。同样,亦可分析出教师学科知识评价认同度在教师专业合作与职业满意度之间,起部分中介作用。故假设H6和H7均成立。

表 4 中介效果检验表

路径	效果	点估计值	系数相乘积		Bootstrapping			
					Bias-Corrected 95% CI		Percentile 95% CI	
			SE	Z	Lower	Upper	Lower	Upper
教师专业合作→教学效能感	总效果	0.225	0.018	12.5	0.189	0.259	0.194	0.264
	直接效果	0.128	0.020	6.4	0.091	0.167	0.091	0.168
	间接效果	0.096	0.014	6.857	0.071	0.124	0.073	0.126
教师专业合作→职业满意度	总效果	0.192	0.017	11.294	0.158	0.225	0.159	0.226
	直接效果	0.083	0.020	4.15	0.043	0.122	0.041	0.121
	间接效果	0.109	0.015	7.267	0.081	0.141	0.083	0.142

四、讨论与建议

1. 讨论

本研究采用结构方程模型的方法，探讨教师专业合作对教学效能感和职业满意度的影响，并检验学科知识评价认同度在其中的中介作用。研究结果发现，教师专业合作不仅直接显著影响教学效能感和职业满意度，还通过教师的学科知识评价认同度分别对教学效能感和职业满意度产生间接效应。

（1）教师专业合作影响教学效能感和职业满意度

本研究发现，教师专业合作对教学效能感具有显著的影响，这与以往相关研究的观点一致。如有研究者认为，经常组织教师进行教学经验的分享和合作学习，可以促进教师教学效能感的提高。[1] 本研究中的教师专业合作重点探讨的是学校内教师之间开展的合作活动，包括参加合作式专业学习活动、观摩其他教师的授课并给出评价针对同一班级的教学团队活动、参加跨班级和跨年级的联合活动等。这些教师专业合作活动的开展，有益于提升教师的教学实施能力。当教师逐渐能解决诸多教学问题，其所积累的先进的教学经验就越多，教学效能感也就越强。

本研究还发现，教师专业合作对职业满意度具有显著的影响。弗雷德里克·赫兹伯格于1959年提出了"激励—保健因素理论"。该理论指出，激励因素是促使职工感到满意的因素，包括工作带来的成就感、工作成绩的认可程度、对工作本身的兴趣和挑战、所在职位的责任感等。[2] 加强教师专业合作，有利于教师一起解决复杂的教育教学问题，获得工作带来的成就感，有益于教师彼此之间得到专业上的认可，有助于教师在相互学习、交流中增强责任感。正是通过参与专业合作活动，教师提升了专业能力和专业精神，提高了教学质量，在专业上得到他人的认可，才对教师这一职业具有较高的满意度。

（2）教师专业合作通过学科知识评价认同度影响教学效能感

从前面的研究结果可以看出，教师的学科知识评价认同度在教师专业合作与教学效能感之间具有部分中介效应。这一结果为重新认识教师专业合作与教学效能感之间的关系提供了依据。一般认为，影响教师教学效能感的主要因素包括个人因素、学校因素和社会因素，而在个人因素中探讨更多的是性别、教龄、学历、人格特质、教学能力等方面，鲜有研究将教师的学科知识作为其影响因素。本研究中的学科知识评价认同度强调的是，教师对学科知识作为教师评价内容的重要性、学科知识评价活动所产生影响等方面的认同程度。教师参与观摩和反馈、对话和研讨等专业合作活动，有助于促进对学科知识的

---

[1] 邢强，刘毅：《教师心理健康教育》，广东人民出版社2013年版，第219-220页。

[2] Herzberg, F., Mausner, B. & Snyderman, B. B, *The Motivation to Work*, Piscataway, USA: Transaction Publishers, 1959, pp. 59-63.

深刻理解,以及对学科知识结构的搭建和完善,进而提升学科知识评价认同度。而学科知识评价认同度的提升,有利于教师逐渐掌握扎实的学科知识,进而增强顺利开展教学工作的自信心。

(3)教师专业合作通过学科知识评价认同度影响职业满意度

本研究同时发现,教师的学科知识评价认同度在教师专业合作与职业满意度之间具有部分中介效应。这一结果揭示,教师的学科知识评价认同度在职业满意度的作用机制中扮演着重要角色。具体而言,那些重视通过专业合作来吸取他人关于学科知识的反馈建议并注重完善学科素养的教师,往往对学科本质和学科独特价值的认识程度较高,其职业满意度也就较高。一般而言,教师个体可以通过阅读专业书籍和专业期刊等途径来获取学科知识,但个体在较短时间内学习、领悟的学科知识很可能不够深刻。而教师在参加专业学习和合作活动中重视研讨教师学科知识及其价值,在观摩课堂教学后及时交流授课教师学科知识方面的问题,有助于教师更加深入地掌握学科知识及其特点,领悟学科独特价值。倘若教师对学科的本质和育人价值有了更清晰的认识,那么就会重新定位教师的角色,对教师职业更加满意。

2. 建议

(1)创建有利于教师专业合作的学校制度环境和教师合作文化

其一,营造良好的学校制度环境。当下学校中存在的教师等级制度、教师管理制度等,不利于教师专业合作的开展。[①] 对此,学校应当建立发展性评价机制,注重结合教师的实际情况和发展特点来实施评价,以改变教师之间过度竞争、相互敌视的局面,进而提高教师的职业满意度。其二,创建适宜的教师合作文化。教师合作文化是教师之间形成的相互开放、信赖、民主、支持的一种关系形式。教师专业发展的生态取向,主张教师通过创建教师合作文化,发挥特定群体对解决教学难题的作用。具体而言,可通过提升教师个体合作意识,采用师徒制、集体备课、同伴互导、合作教研等多种合作形式,逐渐形成教师合作文化,以提升教师的教学专长,解决教学难题,增强教学效能感。

(2)积极开展专业合作活动,提升教师对学科知识的理解和把握

其一,观摩优秀教师的课堂教学实录,学习优秀教师理解学科知识的方式、视角,并注重与授课教师交流学科知识的相关学习心得。其二,教师之间应注重交流、研讨学科知识结构,从整体上理解和把握学科知识之间的逻辑关系,进而提高驾驭教学内容的能力。其三,邀请课程与教学论方面的专家、教研员、中小学优秀教师听课、议课,认真听取其他教师给予的关于学科知识等方面的反馈。如果有条件,可在每个学期开展1—3次一人同课多轮的课例研究,基于重要的学科知识设计课例研究主题,通过对课例进行设计、实施、观察、评议、反思和总结的螺旋上升过程,深化教师对学科知识的理解。例如,在开展初中地理课例研究时,可将地理位置、区域特征、区域差异、区域联系、区域发展等作为地理学科知识专题,以辨识地理位置关系能力的培养等作为课例研究主题。在此专业合作活动之中,参与者需观察教师行为和分析教师语言,洞察教师对学科知识的认识程度,进而给出适当的反馈建议,以增强教师的学科知识水平。

(3)积极开展专业合作活动,增进教师对学科本质和价值的理解

在开展深层次的专业合作活动时,教师应当重视学科核心概念、学科基本原理、学科思想方法、学科发展史等方面的交流、反馈,以提升对学科本质的深刻理解,提高对学科之于培育现代公民的独有价值的认同度,进而增强教师的职业信念和职业认同感,提高职业满意度。高中各学科教研组可组织教师深入学习普通高中课程标准,交流关于学科性质、学科特点、学科核心素养和课程内容变化等方面的认识,以充分理解学科核心素养的内涵和表现,进而提升对学科本质的把握。

---

① 邓涛:《教师专业合作的影响因素探析》,《外国教育研究》2008年第12期,第9-10页。

The Influence of Teachers' Professional Cooperation on Teaching Efficacy and Career Satisfaction: The Intermediary Role of Recognition of Subject Knowledge Evaluation

ZHANG Jiahui[1], KANG Hongqin[2], HU Hongqiang[3]

(1. Research Center for Basic Education Curriculum, Qufu Normal University, Qufu Shandong, 273165;
2. Research Institute of Vocational and Continuing Education, Qufu Normal University, Qufu Shandong, 273165;
3. College of Chinese Language and Literature, Yili Normal University, Yining Xinjiang, 835000)

Abstract: The data of the questionnaires of 3,772 junior middle school teachers in Shanghai who participated in the international survey of teachers' teaching (TALIS) 2013+ project were statistically analyzed by using the structural equation model, to investigate the influence of teachers' professional cooperation on teaching efficacy and career satisfaction and to test the intermediary role of recognition of subject knowledge evaluation. The results have showed that there is a significant positive correlation between teachers' professional cooperation and recognition of subject knowledge evaluation, teaching efficacy and career satisfaction; there is a significant positive correlation between teachers' recognition of subject knowledge evaluation, teaching efficacy and career satisfaction; and teachers' recognition of subject knowledge evaluation plays a partial intermediary role in the relationship between teachers' professional cooperation and teaching efficacy, and between teachers' professional cooperation and career satisfaction. The results of this research suggest that teachers need to pay attention to improving the overall grasp of subject knowledge and deepening understanding of the nature and value of subjects in professional cooperation activities, so as to improve teachers' teaching efficacy and career satisfaction.

Key words: teachers' professional cooperation, recognition of subject knowledge evaluation, teaching efficacy, career satisfaction, TALIS

新手、熟手和专家型教师对躯体表情觉察的差异
——基于眼动的证据

汪海彬[1]，史少彦[1,2]，卢家楣[3]，陈 宁[3]

（1. 黄山学院 教育科学学院，安徽 黄山 245041；2. 安徽师范大学 教育科学学院，安徽 芜湖 241000；
3. 上海师范大学 教育学院，上海 200234）

摘 要：为比较新手、熟手和专家教师在觉察躯体表情中的差异，采用新手—熟手—专家型教师范式，选取23名新手教师、19名熟手教师和20名专家型教师进行躯体表情的视觉搜索实验，并利用眼动仪记录被试在实验中的眼动数据。结果发现：在正确率方面，专家教师在两种条件下的正确率均显著高于新手和熟手教师，但是新手和熟手教师之间的差异不显著；在眼动方面，专家型教师的首次进入时间和进入前的注视点个数均短于新手教师和熟手教师，但新手教师与熟手教师之间的差异不显著。基于研究结果，教师要重视躯体表情在把握学生情绪中的补偿功能，并通过认知练习和情绪体验来丰富教师情感图式，以提高教师的躯体表情觉察能力。

关键词：新手教师；熟手教师；专家教师；躯体表情；情绪觉察；眼动

一、问题的提出

情感教育能力作为新时代教师专业素质能力的奠基性要素[1]，是现代学校教育和课堂教学的必然要求。有研究者呼吁，在人工智能时代的今天更凸显教师情感教育需求[2]：教师需觉察并调节自身情绪，以保持积极的情绪状态来开展教育教学工作，还需敏锐觉察学生情绪，以实现师生间的情感交融，从而建立良好的师生关系。而这恰是新时代背景下对教师情感教育方面的要求，亦是情绪觉察的重要内容。情绪觉察作为一种"识别和描述自己与他人情绪的能力"[3]，它不仅是情绪智力的基础，更被视为教师情感教育能力的重要体现和基础。[4]为此，培养教师情绪觉察能力是有效提升新时代教师专业素质能力

基金项目：本文系国家社会科学基金教育学青年项目"新手—熟手—专家型教师情绪觉察研究"（项目编号：CBA160184）的研究成果。

作者简介：汪海彬，黄山学院教育科学学院副教授，博士，主要从事教育心理学研究；史少彦，安徽师范大学教育科学学院硕士研究生，主要从事教师心理研究；卢家楣，上海师范大学教育学院教授，博士生导师，主要从事情感教学心理研究；陈宁，上海师范大学教育学院教授，博士生导师，主要从事青少年心理研究。

① 朱旭东，张华军：《现代教师该有怎样的情感教育能力》，《辽宁教育》2015年第2期，第30-32页。
② 王平：《人工智能时代凸显情感教育需求》，《中国教育报》2020年5月28日，第10版。
③ Chhatwal J, Lane R.-D, "A Cognitive-Developmental Model of Emotional Awareness and Its Application to the Practice of Psychotherapy", *Psychodynamic Psychiatry*, Vol. 44, no. 2 (2016), pp. 305-325.
④ 汪海彬：《情绪觉察：教师情感教育能力的基础》，《江苏教育》2019年第96期，第1页。

的重要环节之一。

研究者已经开始重视情绪觉察对教师群体的重要性[①]，并开展了不少探索。不仅构建了教师情绪觉察的结构[②]，编制了教师情绪觉察等级量表[③]，实施了职前教师群体情绪觉察的现状调查与培养[④]，还利用ERP或眼动等实验技术探索了教师觉察不同类别情绪面孔[⑤]和冲突情绪面孔[⑥]的认知神经机制。可见，以往有关教师情绪觉察的实验更多考察的是教师对他人面部情绪的觉察。然而，依据情绪觉察的概念[⑦]，他人情绪不仅包括面部表情，还应包括躯体表情（或情绪躯体语言，Emotion Body Language，简称EBL）等。因此，对他人躯体表情的觉察也应是情绪觉察的重要内容。躯体表情觉察指的是个体对他人躯体表情的识别与描述。虽然情绪研究中面部表情一直被认为是情绪表达的主载体[⑧]，但近年来研究者开始意识到躯体表情在情绪识别中的补偿作用，甚至认为躯体线索比面部线索更可靠，成为情绪识别的敏感器[⑨]，这也得到相关研究的证实：阿维泽尔（Aviezer）等人研究发现，在区分强烈的积极或消极情绪中，躯体情绪下的正确率更高[⑩]；专家警察更倾向于依据躯体表情而不是依靠面部表情，来提高他们判断嫌犯撒谎的正确率。[⑪]

在教学情境中，随着学生年龄的增长，他们逐渐学会用修饰和掩饰等方式来表达社会所期望的情绪，[⑫]这给教师觉察学生情绪带来困难。一项访谈研究发现，高中教师反映高中生的面部情绪具有一定欺骗性，他们会通过"故作镇定"等方式来掩饰自己的真实情绪。[⑬]这就提示教师在日常教学活动中，不仅要通过觉察学生的面部情绪来了解学生的情绪，还需要发挥躯体表情在觉察学生情绪中的补偿功能，以更好地把握学生的情绪。为此，本研究结合以往研究，从教师专业成长视角，以躯体表情为实验材料，采用新手—熟手—专家型教师的研究范式和眼动技术，比较不同发展阶段教师觉察躯体情绪的行为和眼动差异，从而为培养教师对学生躯体情绪的觉察能力提供一定依据。

二、研究方法

1. 被试

依据以往研究界定教师组别，其中教龄在0—5年的教师为新手教师，职称在高级及以上且教龄在15年以上的教师为专家型教师，介于两者之间的为熟手教师。[⑭]据此，采用方便取样方式对安徽省黄山

---

① 汪海彬：《情绪觉察：教师情感教育能力的基础》，《江苏教育》2019年第96期，第1页。
② 汪海彬，陈宁，丁宁："新手—熟手—专家型"教师情绪觉察结构的探索》，《现代基础教育研究》2020年第1期，第56-62页。
③ 王松云，卢家楣，汪海彬：《小学教师情绪觉察等级量表的编制及应用研究》，《上海教育科研》2018年第6期，第66-70页。
④ 汪海彬：《职前教师情绪觉察的特点及优化》，上海师范大学博士学位论文，2013年，第53页。
⑤ 汪海彬，卢家楣，姚本先，等：《职前教师情绪复杂性对情绪面孔加工的影响——来自行为、ERP和眼动的证据》，《心理学报》2015年第1期，第50-65页。
⑥ 金丽：《职前教师情绪觉察能力对情绪冲突加工的影响》，上海师范大学博士学位论文，2019年，第20页。
⑦ Chhatwal J, Lane R.-D, "A Cognitive-Developmental Model of Emotional Awareness and Its Application to the Practice of Psychotherapy", Psychodynamic Psychiatry, Vol. 44, no. 2 (2016), pp. 305-325.
⑧ 方平，李洋，姜媛：《情绪躯体语言研究进展》，《心理科学》2009年第5期，第1155-1158页。
⑨ 丁小斌，康铁君，赵鑫：《情绪识别研究中被"冷落"的线索：躯体表情加工的特点、神经基础及加工机制》，《心理科学》2017年第5期，第1084-1090页。
⑩ Aviezer, H., Trope, Y., & Todorov, A., "Body Cues, not Facial Expressions, Discriminate between Intense Positive and Negative Emotions", Science, no. 338(2012), pp. 1225-1229.
⑪ 谢丽丽，徐慧芳，姜媛，等：《新手和专家警察对犯罪嫌疑人面部和情绪躯体语言识别的ERP研究》，《心理学探新》2016年第6期，第47-55页。
⑫ 孙俊才，卢家楣，郑信军：《中小学生的情绪表达方式认知及其与同伴接纳的关系》，《心理科学》2007年第5期，第1052-1056页。
⑬ 汪海彬，陈宁，丁宁："新手—熟手—专家型"教师情绪觉察结构的探索》，《现代基础教育研究》2020年第1期，第56-62页。
⑭ 连榕：《新手—熟手—专家型教师心理特征的比较》，《心理学报》2004年第1期，第47-55页。

市 1 所初中、1 所高中和 1 所大学师范专业参加教育实训的大四毕业生共 66 人进行实验,在实验过程中其中 4 人由于动作幅度较大或散光严重导致眼动数据丢失,予以剔除,最终获得新手教师 23 人,熟手教师 19 人,专家型教师 20 人。所有被试视力矫正后正常,均为右利手。被试在实验前均被告知实验流程并签署知情同意书。

2. 材料

以往研究均发现,德戈德尔(De Gelder)等人制作的 Bodily Expression Action Stimulus Test(BEAST)数据库[①]中高兴躯体表情的识别率不理想[②],故此次实验仅从 BEAST 中选取识别率较好的悲伤和中性躯体表情(其中悲伤 64 张、中性 36 张),邀请 20 位教师对躯体表情的效价和唤醒度进行 1—9 级评定,然后选取悲伤和中性各 36 张(其中悲伤和中性各 4 张用于练习,另外 32 张用于正式实验),结果表明躯体表情的效价差异显著($M_{悲伤}$=3.85±0.67,$M_{中性}$=4.71±0.40,t=-6.73,$P<0.001$,d=1.28),而唤醒度差异不显著($M_{悲伤}$=3.74±0.33,$M_{中性}$=3.77±0.29,t=-0.425,P=0.672)。

3. 仪器、设计与程序

眼动实验采用 Tobii TX300 眼动仪进行记录和分析,仪器采用双眼红外追踪,头动范围为"37cm 宽×17cm 高×30cm 长",采样率为 300Hz,被试眼睛距离屏幕约 65cm(屏幕为 23 英寸,分辨率为 1920×1080),采用九点校准,刺激材料采用 E-Prime2.0 软件呈现和控制,眼动数据采用 Tobii Studio 2.2.3 进行分析。

实验运用视觉搜索范式,采用"3(组别:新手、熟手、专家)×2(条件:一致、不一致)"的混合设计,其中被试间变量为组别,被试内变量为躯体情绪效价的条件。刺激材料采用 E-Prime2.0 软件呈现和控制,实验共 32 个试次(一致和不一致条件各 16 个,不一致条件中目标刺激为中性和悲伤的各 4 个试次,分别对应上、下、左、右四个位置),每个试次中,首先呈现一个 500-800ms 间随机的注视点"+",随后呈现一个 2×2 的图片矩阵 3000ms(见图 1),并要求被试仔细观看并做出一致或不一致的判断(其中一致按 F 键,不一致按 J 键,按键反应在被试间进行平衡),最后呈现 1500ms 空屏后进入下一个试次。

图 1 实验材料示意图(左图为一致,右图为不一致)

在眼动指标和兴趣区划分方面,依据以往研究[③],在视觉搜索范式中把不一致条件中的目标刺激作为兴趣区,并选择"首次注视到达时间、首次进入兴趣区前的注视点个数、首个注视点持续时间"三个眼动指标。

[①] De gelder B, Jan VDS. "The Bodily Expressive Action Stimulus Test (beast). Construction and Validation of a Stimulus Basis for Measuring Perception of Whole-Body Expression of Emotions", *Frontiers in Psychology*, Vol. 2, no. 181(2011), pp. 1-6.

[②] Ma, J. L., Liu, C., Zhong, X., Wang, L., & Chen, X. "Emotional Body-word Conflict Evokes Enhanced N450 and Slow Potential", *PlOS ONE*, Vol. 9, no. 5(2014), pp. e95198.

[③] 王福兴,李文静,颜志强,等:《幼儿对威胁性刺激蛇的注意觉察:来自眼动证据》,《心理学报》2015 年第 6 期,第 774—786 页。

三、研究结果

1. 正确率

为考察不同教师在不同条件下的正确率差异,采用"3(类型:新手、熟手、专家)×2(条件:一致、不一致)"的重复测量方差分析,结果发现(见图2):类型($F_{(2,59)}=4.17$, $P=0.020$, $\eta^2=0.12$)和条件($F_{(1,59)}=62.99$, $P<0.001$, $\eta^2=0.52$)的主效应均显著,但类型和条件的交互效应不显著($F_{(2,59)}=1.37$, $P=0.26$)。事后多重比较发现,类型的主效应体现为两种条件下的正确率上均表现为新手教师<熟手教师<专家教师,仅新手教师显著低于专家教师($P<0.05$),而其他方面的差异不显著($P>0.05$);条件的主效应体现为一致条件下的正确率显著高于不一致下的正确率($P<0.05$)。

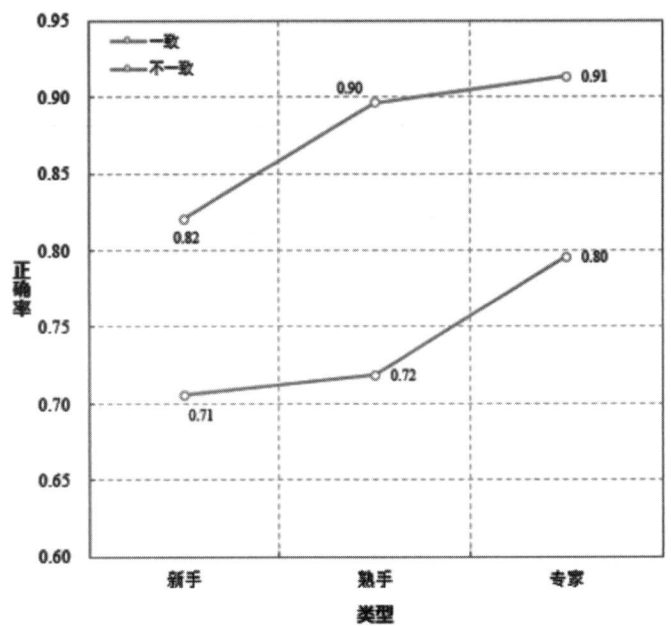

图2 三类教师在两种条件下正确率的比较

2. 眼动结果

在首次注视到达时间方面,类型($F_{(2,59)}=5.93$, $P=0.005$, $\eta^2=0.17$)主效应显著,事后检验(Bonferroni,下同)发现,专家型教师的首次注视到达时间显著短于新手教师($P=0.008$)和熟手教师($P=0.019$),但熟手教师和新手教师之间的差异不显著($P>0.05$);在首次进入兴趣区前的注视点个数方面,类型($F_{(2,59)}=4.70$, $P=0.013$, $\eta^2=0.14$)主效应显著,事后检验发现,专家教师的首次进入兴趣区前的注视点个数最少,且显著少于熟手教师($P=0.017$),并与新手教师之间达到边缘显著($P=0.062$),新手教师与熟手教师之间差异不显著($P>0.05$);在首个注视点持续时间方面,类型($F_{(2,59)}=2.08$, $P=0.134>0.05$)主效应不显著。不同发展阶段教师在三个眼动指标上的具体结果,如图3所示。

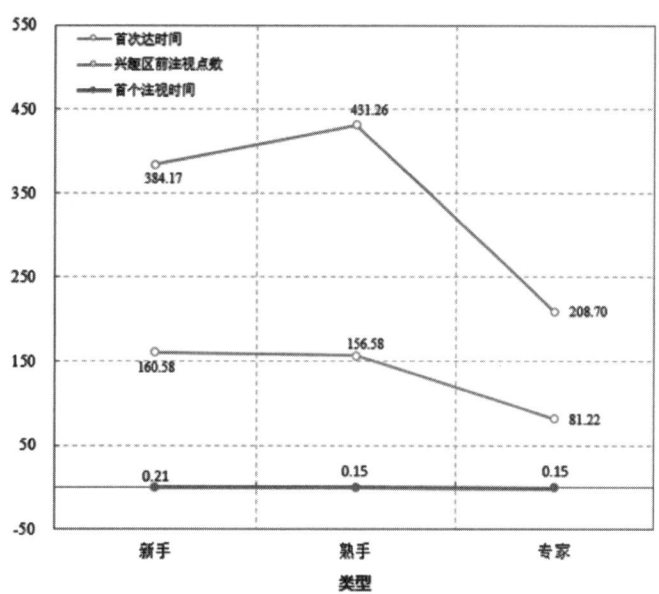

图3 三类教师的眼动结果比较

四、讨论与启示

1. 讨论

为比较不同发展阶段教师对躯体表情觉察的特点,采用视觉搜索方式,使用行为和眼动技术来了解三类教师在觉察躯体情绪中差异。行为结果发现,在一致和不一致两种条件下的正确率均表现为新手教师<熟手教师<专家教师,仅新手教师显著小于专家型教师,但熟手教师与其他两类教师之间的差异均不显著,初步表明经验会影响教师对躯体表情的觉察。依据情绪觉概念提出者莱恩(Lane)等人的理论,情绪觉察高低的本质在于其情感图式的分化和整合程度。[①]与新手教师相比,专家型教师觉察学生情绪的经验更为丰富,尤其是专家型教师还具有高反思能力[②],这无疑会丰富他们的情感图式,从而获得高情绪觉察能力。相关调查发现,在职教师的情绪觉察能力优于职前教师。[③]此外,研究还发现,高情绪觉察能力个体在识别情绪刺激的正确率更高、反应时更短。[④]由此,专家型教师觉察躯体表情正确率更高,不仅得益于其丰富的觉察学生情绪的经验,还有可能得益于其因丰富情感图式获得高情绪觉察能力对情绪刺激加工的促进作用。当然,专家型教师对躯体表情加工更高正确率的原因,还有待眼动结果的进一步验证。

以往有关视觉搜索的眼动研究主要采用"首次注视到达时间、首次进入兴趣区前的注视点个数、首个注视点持续时间"三个眼动指标,其中前两个指标表示个体对目标刺激的注意定向,到达时间越短、注视点个数越少,表明个体能更早和更快锁定目标刺激,而第三个指标则表示个体对目标刺激的注意维持,时间越短表明个体对目标加工越少。[⑤]眼动结果发现,在首次注视到达时间和首次进入兴趣区前的注视点个数两个指标上,专家型教师显著少于熟手教师和新手教师,但在首个注视点持续时间上三类教

[①] Chhatwal J, Lane R.-D, "A Cognitive-Developmental Model of Emotional Awareness and Its Application to the Practice of Psychotherapy", *Psychodynamic Psychiatry*, Vol. 44, no. 2 (2016), pp. 305-325.

[②] 连榕:《新手—熟手—专家型教师心理特征的比较》,《心理学报》2004年第1期,第47-55页。

[③] 汪海彬:《职前教师情绪觉察的特点及优化》,上海师范大学博士学位论文,2013年,第53页。

[④] 汪海彬,卢家楣,姚本先,等:《职前教师情绪复杂性对情绪面孔加工的影响——来自行为、ERP和眼动的证据》,《心理学报》2015年第1期,第50-65页。

[⑤] 王福兴,李文静,颜志强,等:《幼儿对威胁性刺激蛇的注意觉察:来自眼动证据》,《心理学报》2015年第6期,第774-786页。

师之间的差异不显著。依据上述三个眼动指标的心理意义可知,专家型教师能更早和更快地觉察到目标躯体表情,并且这方面的能力优于熟手和新手,这不仅与专家和新手放射科医生对医学图像视觉搜索结果一致[1],还与专家型教师在加工静态课堂教学场景和学生课堂行为的结果一致。[2] 综合行为和眼动结果可以认为,专家型教师觉察躯体情绪时表现出快速且高效的加工模式。究其原因可能正如莱恩等人的理论构想[3],专家型教师更为丰富的经验促使其通过丰富情感图式的方式来提升自身的情绪觉察能力,从而表现出快速且高效的注视模式。相关研究也证实,高情绪觉察能力个体由于自身丰富的情感图式表现出优先注意目标刺激(N100、P100 和 N170 的幅值更高)且采用快速的注视模式(注视时间更短)。[4] 综上,丰富经验有助于教师对躯体表情觉察能力的成长,不仅表现为更高的正确率,还表现为快速且高效的注视模式。

2. 启示

第一,应提高教师对躯体表情的重视程度,发挥躯体表情在把握学生情绪中的补偿功能。尽管研究者开始认识到躯体情绪在情绪识别过程中的补偿功能,甚至认为躯体情绪比面孔情绪更可靠,但与面孔情绪研究相比,躯体情绪研究还处于被冷落的地位[5],这极大限制了研究者和一线教育工作者对躯体表情的重视程度。相关访谈研究发现,教师在了解学生情绪时更多依靠的仍然是面部表情线索。[6] 另外,从本次实验中三类教师对躯体情绪觉察正确率整体不高的结果,也可以窥探出当前教师对躯体情绪重视程度不够:专家型教师在一致条件下和不一致条件下的正确率分别为 0.91 和 0.80,而新手教师在两种条件下仅为 0.82 和 0.71。需要说明的是,此次实验仅考察悲伤和中性两种躯体情绪,实验难度系数相对较低。因此,要提高教师对躯体情绪觉察的重视程度,积极发挥其在觉察学生情绪中的敏感器功能和补偿作用,以应对高学段学生面部表情表达的掩饰性,从而更准确把握学生在日常学习和生活中的情绪,以更好地促进学生的身心健康。

第二,应加强躯体情绪认知和躯体情绪体验练习,提升教师对学生躯体表情的觉察能力。莱恩等人构建的情绪觉察理论认为,个体情绪觉察水平高低的本质在于其情感图式的分化与整合程度。[7] 此次研究发现,专家型教师在躯体表情觉察过程中不仅表现为更高的正确率,还表现为快速且高效的注视模式,这表明专家型教师的丰富经验促使其躯体情感图式更为分化和整合。那么,教师如何丰富自身的情感图式呢?卢家楣提出情感产生的心理机制,认为认知练习和情绪体验是丰富情感图式的重要途径[8],并且这一理论还得到教育实验的验证。[9] 因此,在躯体情绪认知练习方面,教师不仅需要加强对学生基本躯体情绪的认知练习,还可以结合专家型教师在觉察躯体情绪过程中的眼动轨迹来针对性地练习,从而提升教师对躯体表情觉察的效率;在躯体情绪体验方面,教师尤其是新手教师则可以通过体验自身各种不同情绪下的躯体表现,以建立躯体表情与相应情绪体验的联结,从而丰富自身的情感图式,最终提

---

[1] 陈梅香,白学军:《事件率对专家与新手放射科医生医学图像视觉搜索的影响:来自眼动的证据》,《心理与行为研究》2017 年第 3 期,第 302-308 页。

[2] 王福兴,芦咏莉,段朝辉,等:《不同经验教师对学生课堂行为加工的眼动研究》,《心理发展与教育》2013 年第 4 期,第 391-399 页。

[3] Chhatwal J, Lane R.-D, "A Cognitive-Developmental Model of Emotional Awareness and Its Application to the Practice of Psychotherapy", *Psychodynamic Psychiatry*, Vol. 44, no. 2 (2016), pp. 305-325.

[4] 汪海彬,卢家楣,姚本先,等:《职前教师情绪复杂性对情绪面孔加工的影响——来自行为、ERP 和眼动的证据》,《心理学报》2015 年第 1 期,第 50-65 页。

[5] 丁小斌,康铁君,赵鑫:《情绪识别研究中被"冷落"的线索:躯体表情加工的特点、神经基础及加工机制》,《心理科学》2017 年第 5 期,第 1084-1090 页。

[6] 汪海彬,陈宁,丁宁:《"新手—熟手—专家型"教师情绪觉察结构的探索》,《现代基础教育研究》2020 年第 1 期,第 56-62 页。

[7] Chhatwal J, Lane R.-D, "A Cognitive-Developmental Model of Emotional Awareness and Its Application to the Practice of Psychotherapy", *Psychodynamic Psychiatry*, Vol. 44, no. 2 (2016), pp. 305-325.

[8] 卢家楣:《情感教学心理学》,上海教育出版社 2006 年版,第 115 页。

[9] 汪海彬:《职前教师情绪觉察的特点及优化》,上海师范大学博士学位论文,2013 年,第 53 页。

升教师对学生躯体表情的觉察能力。

Comparative Study on Awareness of Emotional Body Language among Novice, Proficient and Expert Teachers: Evidence from Eye-movements

WANG Haibin[1], SHI Shaoyan[1,2], LU Jiamei[3], CHEN Ning[3]

(1. School of Educational Science, Huangshan University, Huangshan Anhui, 245041; 2. School of Educational Science, Anhui Normal University, Wuhu Anhui, 241000; 3. College of Education, Shanghai Normal University, Shanghai, 200234)

Abstract: To compare the differences among novice, proficient and expert teachers in the emotional body language awareness, 23 novice teachers, 19 proficient teachers and 20 expert teachers were selected to participate in the experiment, using the visual search paradigm and a mixture of 3 (type: novice, proficient, expert) × 2 (condition: consistent, inconsistent) design and use the eye tracker to record the subject's visual search process. The results have showed as follows: the accuracy rates of expert teachers under both conditions were significantly higher than those of novice and proficient teachers, but there was no significant difference between novice and proficient teachers; in terms of eye movement results, expert teachers' elapse time of first fixation to AOI and the fixation counts before entering AOI were significantly shorter than those of novice teachers and proficient teachers, there existed no significant difference between novice and proficient teachers. Based on the research findings, it is proposed that teachers should pay attention to the compensatory function of emotional body language in grasping students' emotions, and they should enrich their emotional schema through cognitive exercises and emotional experience to improve their ability to be aware of emotional body language.

Key words: novice teachers, proficient teachers, expert teachers, emotional body language, emotional awareness, eye-movements

父母参与和子女学业成绩关系的元分析

范 勇

(华东师范大学 教育学部,上海 200062)

摘 要:为明确父母参与和子女学业成绩之间的关系,探明分歧成因,通过文献检索共获得31篇中英文文献,包括独立样本81个,总样本量167810。研究发现,父母参与和子女学业成绩呈现中等强度的正相关,表明父母参与度越高,子女学业成绩越好。调节效应检验进一步指出,参与类型、参与者和子女所处学段均影响父母参与和子女学业成绩的关系。为此,一方面,要以法为先,支持与保障父母参与"增量",同时大力推进父母参与"存量"改革;另一方面,要积极营造父母参与的教育共同体,发挥家校共育合力。

关键词:父母参与;学业成绩;元分析

一、问题提出

对城市4—12岁少年儿童及家长的调查结果显示:我国父母参与子女学业的时间不足,近七成家长在工作日的参与时间仅为1—3小时,仅有两成家长能够做到专心陪伴,且陪伴时间与孩子年龄呈反比。[1]子女学业进步是家庭和学校共同作用的结果,父母在家庭和学校中的教育参与对提高子女学习成绩至关重要。因此,探讨父母参与对子女学业成绩的影响尤为重要,一些研究表明父母参与能够显著提高子女学业成绩。[2][3]然而也有研究指出,父母参与对子女学业成绩存在混合影响;[4]有研究甚至得出截然相反的结论。[5]由于父母参与之定义的多元性和结构的多维性,导致父母参与对学生学业成就的

基金项目:本文系华东师范大学2020年优秀博士生学术创新能力提升计划项目"制度视域下的学校治理研究"(项目编号:YBN-LTS2020-002)、国家社会科学基金教育学重大课题"中国特色社会主义教育制度优势及转化为治理效能的实现路径研究"(项目编号:VGA200001)的阶段性成果。

作者简介:范勇,华东师范大学教育学部博士研究生,主要从事教育政策研究。

[1] 中青舆情监测室:《谁能深入"童"心——2020儿童观察报告》,《中国青年报》2020年第5期,第1页。

[2] Khajehpour M, Ghazvini S. D. "The Role of Parental Involvement Affect in Children's Academic Performance", *Procedia-Social and Behavioral Sciences*, no. 15(2011), pp. 1204-1208.

[3] Dotterer A. M, Wehrspann E, "Parent Involvement and Academic Outcomes among Urban Adolescents: Examining the Role of School Engagement", *Educational Psychology*, Vol. 36, no. 4(2016), pp. 812-830.

[4] Sebastian J, Moon J. M, Cunningham M, "The Relationship of School-Based Parental Involvement with Student Achievement: A Comparison of Principal and Parent Survey Reports from PISA 2012", *Educational Studies*, Vol. 43, no. 2(2017), pp. 123-146.

[5] Jeynes W. H, "The Relationship between Parental Involvement and Urban Secondary School Student Academic Achievement: A Meta-Analysis", *Urban Education*, Vol. 42, no. 1(2007), pp. 82-110.

影响呈现出复杂性。综合已有研究成果,结合社会资本理论与重叠域影响理论,本研究将"父母参与"划分为四种类型:第一种是一般父母参与,即原始文献中直接报告的整体父母参与,并未界定具体参与类型;第二种是家庭本位父母参与,指父母在家中与孩子交流、讨论、监督他们学习,以及带领孩子参加文化活动等;第三种是学校本位父母参与,即父母与学校教师沟通讨论,参加学校会议和学校活动等;第四种是父母期待,即父母对子女的未来教育期望。在参与者类型上,一些研究指出父母的性别差异会影响其教育参与行为的效果,麦布莱特(Brent A. McBride)等人通过比较父亲、母亲对5—12岁儿童的学习成绩的影响发现,父亲参与更能够显著提升孩子的学习成绩。[①] 此外,不同学段、不同文化背景下的父母参与效果也因时[②]、因地而异。[③] 由此可见,在父母参与和子女学业成绩关系的研究上尚未形成共识,不同研究之间存在较大差异。

元分析法能够针对以往研究结论不一致的情况,根据已有研究结果计算效应值,定量分析整体和系统,解释同类研究中的共性与分歧,从而得出普适性和规律性的研究结论。[④] 已发表的关于父母参与和子女学业成就关系的元分析研究主要包括两类:一类是从整体上探讨父母参与对子女学业发展的影响;另一类是深入讨论父母参与的几种形式与子女学业发展的关系,并考察参与类型、种族、家庭社会经济地位、参与者类型等变量的调节作用。[⑤⑥] 基于此,根据已有元分析研究不足,结合中英文实证研究成果,运用元分析技术,探讨父母参与和子女学业成绩的关系,同时进行调节变量分析,考察参与类型、参与者、子女所处学段、文化背景和测量工具对二者相关性的影响,以期为父母参与提供科学建议。

二、研究方法

1. 文献检索

文献检索共分为三步:第一步,将文献检索时间限定为2001年1月至2020年10月,在中国知网、万方、维普等中文数据库和 Science Direct、Web of Science、ERIC、SAGE、EBSCO、ProQuest、Google scholar 等外文数据库中进行大范围检索。中文检索关键词和主题词包括"父母参与""父母卷入""家长参与""家庭参与""家长期望""父母期望""学生学业成绩""学生学业成就""学校教育绩效""考试分数""子女能力"。在外文数据加中以"parental involvement""parental engagement""parental participation""family involvement""parental expectation""academic achievement""academic performance""school outcomes""student outcomes""child development""student impact"为关键词进行检索,初步建立父母参与和子女学业成绩的主题文献数据库。第二步,阅读文献摘要,对一些无法直接获得但符合研究主题的文献,通过图书馆文献下载、委托国外朋友等方式获得。第三步,对已获得文献采取引文回溯法,利用参考文献查找"引文",避免遗漏文献。

---

① Brent A. McBride, Sarah J. Schoppe-Sullivan, Moon-Ho Ho, "The Mediating Role of Fathers' School Involvement on Student Achievement", *Journal of Applied Developmental Psychology*, Vol. 26, no. 2(2004), pp. 201-226.

② Gonida E. N, Cortina K S, "Parental Involvement in Homework: Relations with Parent and Student Achievement-Related Motivational Beliefs and Achievement", *British Journal of Educational Psychology*, Vol. 84, no. 3(2014), pp. 376-396.

③ Hong S, Ho H. Z, "Direct and Indirect Longitudinal Effects of Parental Involvement on Student Achievement: Second-Order Latent Growth Modeling Across Ethnic Groups", *Journal of Educational Psychology*, Vol. 97, no. 1(2005), p. 32.

④ Bowman N. A, "Effect Sizes and Statistical Methods for Meta-Analysis in Higher Education", *Research in Higher Education*, Vol. 53, no. 3(2012), pp. 375-382.

⑤ Fan X, Chen M, "Parental Involvement and Students' Academic Achievement: A Meta-Analysis", *Educational Psychology Review*, Vol. 13, no. 1(2001), pp. 1-22.

⑥ Castro M, Expósito-Casas E, López-Martín E, et al, "Parental Involvement on Student Academic Achievement: A Meta-Analysis", *Educational Research Review*, no. 14(2015), pp. 33-46.

2. 文献入选标准及编码

（1）文献入选标准

对搜索的文献进行整理，这些文献需要满足以下要求：第一，研究对象必须是处于学前到高中阶段的学生，年龄范围在3—18岁，不包括婴儿和成人。第二，文章主题是关于父母参与和子女学业成绩的关系，并明确报告父母参与总体或各维度与子女学业成绩的皮尔逊相关系数（r值）或能转化成r的T值、F值，不包括运用回归分析、结构方程模型等其他统计方法的数据。第三，文献之间彼此的数据不重复，若在多篇文章中存在使用同一数据库的情况，则只纳入其中一篇。第四，父母参与的测量既可以用整体量度，也可以用单一维度，学生成绩主要用学校教学科目上的测试得分和平均学分绩点（Grade Point Average，缩写为GPA）来表示，排除以各种智力、技巧思维等非认知能力方面来表示学生成绩的研究。依据入选标准，最终获取文献31篇，其中英文文献27篇，中文文献4篇。其中包括30篇期刊论文，1篇博士论文。

（2）文献编码

本研究编码内容包括作者及发表年份、样本量、参与类型（一般父母参与、学校本位参与、家庭本位参与、父母期望）、参与者（父母、父亲和母亲）、子女所处学段（幼儿园、小学、初中、高中）、文化背景（中国文化背景和非中国文化背景）、测量工具（FIQ、PTIQ、EPIS、Other）和相关系数。其中，效应值的产生以独立样本为单位，每个独立样本编码一次，若一篇文献中包含多个独立样本，则分别进行编码。

本研究由作者独立编码，完成后让第二位编码者逐一检查校对。对比两位的编码结果发现，两次编码除极少数数据存在偏差外，其他编码均不存在明显差异，表明编码的一致性较高。

表1 元分析中纳入的原始研究

编号	作者及年份	样本量	参与类型	参与者	子女所处学段	文化背景	测量工具	学业成绩
1	Milad, 2011	200	PI	父母	小学	Iran	FIQ	数学
2	Aryn M, 2015	180	PI	父母	初中	USA	FIQ	GPA
3	Samuel, 2016	1895	PI	父母	小学	Nigeria	Other	GPA
4	Sira Park, 2017	914	PI	父母	小学	USA	FIQ	综合成绩
5	崔依冉, 2019	3366	PI	父母	小学	China	FIQ	数学、科学
6	David, 2010	158	SE	父母	幼儿园	USA	EPIS	综合成绩
7	Ming-Te, 2014	1056	SE	父母	高中	USA	FIQ	GPA
8	Eva Y, 2011	431	SE	父母	幼儿园	China	EPIS	阅读
9	Catherine, 2018	257	SE	父母	小学	USA	PTIQ	阅读、数学
10	Hsien-Yuan, 2011	8108	PI、FE	父、母亲	初中	China	FIQ	综合成绩
11	安桂清, 2018	6184	FE、SE、FQ	父母	初中	China	Other	综合成绩
12	Bo Lv, 2019	1890	FE、SE	父、母亲	小学	China	PTIQ	数学、阅读
13	Rubén, 2017	26453	FE	父、母亲	小学	Spanish	Other	数学、科学
14	Inna, 2011	1609	FE	父母	初中、高中	USA	FIQ	综合成绩
15	Ralph B, 2014	12101	FE、SE	父母	初中、高中	USA	FIQ	阅读、科学、数学
16	高燕, 2016	55782	PI、FE	父母	小学、初中	China	FIQ	语文、数学
17	Graham, 2016	2616	SE	父母	小学	Australia	PTIQ	阅读、数学
18	肖磊峰, 2016	7089	PI	父母	小学	China	Other	综合成绩
19	Katerina, 2011	475	SE	父母	初中	Greece	FIQ	综合成绩

(续表)

编号	作者及年份	样本量	参与类型	参与者	子女所处学段	文化背景	测量工具	学业成绩
20	Roy A, 2003	75	FE	父、母亲	高中	USA	Other	综合成绩
21	Chen, 2011	52	FE、FQ	父母	初中	USA	PTIQ	GPA
22	Fantuzzo, 2004	130	FE、SE	父母	幼儿园	USA	FIQ	阅读
23	Eleftheria, 2014	282	FE	父母	小学	USA	PTIQ	综合成绩
24	Scott, 2011	14951	FE、SE	父母	幼儿园	USA	EPIS	阅读
25	Nancy, 2004	463	PI	父母	小学	USA	PTIQ	语言、数学
26	Michelle, 2004	187	PI	父母	小学	USA	Other	科学
27	Lee, 2006	415	SE	父母	小学	USA	PTIQ	综合成绩
28	Moroni, 2015	1685	FE	父母	小学	Switzerland	Other	阅读
29	Dumont, 2012	1304	FE	父母	初中	USA	Other	数学、阅读
30	Karen, 2012	6134	PI、FE	父、母亲	高中	USA	Other	综合成绩
31	Adams, 2010	13111	PI	父母	幼儿园	USA	EPIS	阅读

注：(1)为节省篇幅，大部分文献只罗列第一作者。(2)参与类型分类如下：PI：一般家长参与；FE：家庭本位父母参与；SE：学校本位父母参与；FQ：父母期望。(3)测量工具分类如下：FIQ：包括基于学校参与、基于家庭参与和家校合作的三维结构；PTIQ：包括家长报告和教师报告两个版本的家长参与量表；EPIS：幼儿家庭参与量表；Other：根据相关理论自编量表。(4)学生成绩分为具体科目成绩、课程综合成绩和GPA。(5)在参与者中，"父母"与"父、母亲"不能统一为"父母"，因为有的研究将"父母"视为一个变量，有的研究将"父""母"分开讨论，视"父、母亲"为两个变量，二者在后续的效应量计算上不同。

3. 统计分析

研究采用相关系数 r 为效应值计算效果量，r 是文献中的单个相关系数。在编码过程中，一些文献没有直接报告父母参与和子女学业成绩的相关系数，而是呈现了 T 值或 F 值，但元分析统计软件 CMA 都可以将这些原始数据转换成相应的效应量，实现相关系数的合成。进而在计算过程中，先将每个 r 值转换为对应的 Fisher's Z 分数，然后对 Fisher 相关系数进行变换，计算出效应大小。$Z = 0.5 \times \ln\left(\dfrac{1+r}{1-r}\right)$，再将计算得出的 Z 值平均数转换为相关系数，其中 $r = \dfrac{e^{2z}-1}{e^{2z}+1}$，Z 的方差是 $V_z = \dfrac{1}{n-3}$，Z 的标准误是 $SE_z = \sqrt{V_z}$。[①] 此外，研究选用 CMA2.0(Comprehensive Meta Anslysis 2.0)专业版软件进行元分析。

三、研究结果

1. 异质性检验

异质性检验的目的是检验元分析中纳入的每个研究效应值是否异质。对父母参与和子女学业成绩相关性的元分析进行异质性检验，发现 $Q=7176.48, p<0.001$。Q 检验具有显著差异，表明选取随机效应模型是正确的。关于 I^2 的大小界定，25%、50%和75%分别被视为异质性的小、中、大界限。[②] 本研究的父母参与和子女学业成绩的 I^2 为 98.63%，表明在父母参与和子女学业成绩的关系上，由效应量的真实差异造成的变异占总变异的 98.63%，由于高异质性还表明可能会有调节变量对效应量产生重要的潜在

[①] Borenstein M, Hedges L V, Higgins J. P. T, et al：《Meta 分析导论》，李国春，吴勉华，余小金译，北京科学出版社 2013 年版，第 32 页。

[②] Borenstein M, Hedges L. V, Higgins J. P. T, et al：《Meta 分析导论》，李国春，吴勉华，余小金译，北京科学出版社 2013 年版，第 135 页。

调节作用①,所以需要进行调节效应检验。

2. 出版偏倚检验

研究首先通过漏斗图(funnel plot)来检查纳入元分析的出版偏倚,横轴是效应量 Fisher Z 值,纵轴是标准差(见图1)。从漏斗图来看,涉及本研究的元分析文献基本均匀分布于总效应量的两侧,这表明本研究的元分析数据存在出版偏倚的可能性较小。然而,漏斗图只能从主观上判断是否存在出版偏倚,为进一步验证是否存在出版偏倚,研究还进行了 Egger's 检验,发现回归方程截距(Egger's intercept)为 3.19,截距越接近0,表明存在出版偏倚的可能性越小。② Egger's 检验的 p 值不显著,所以存在出版偏倚的可能性较小。

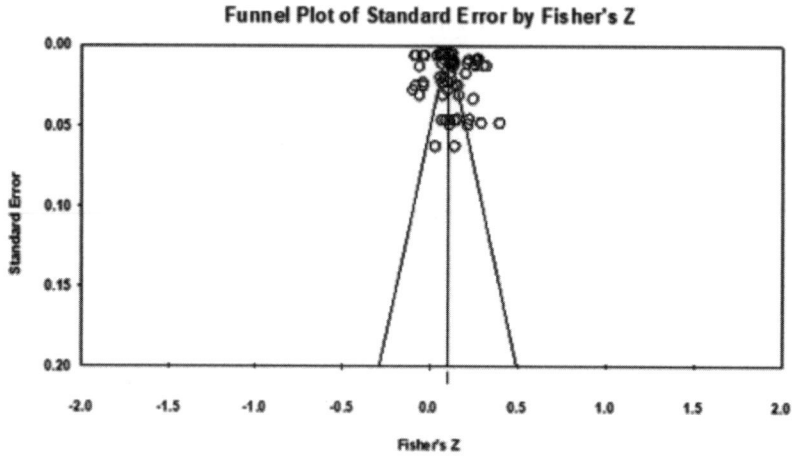

图1 父母参与和子女学业成绩关系研究的漏斗图

3. 父母参与和子女学业成绩的主效应检验

对父母参与和子女学业成绩的相关性进行主效应检验,随机模型分析结果表明,父母参与和子女学业成绩之间的主效应量 $r=0.187$(CI 为 $[0.167,0.206]$,$p<0.001$),按照二者相关性的效应量大小进行排序依次为:综合成绩>阅读成绩>数学成绩>科学成绩,两者具有显著的正相关。根据利普西(Lipsey M W)等人对效应量大小的界定,r 小于 0.10 时为弱相关,r 在 0.1-0.4 之间为中等相关,r 大于 0.4 则为高相关。③ 因此,父母参与和子女学业成绩及其子维度之间呈现中等强度正相关关系。这说明父母参与度越高,越能提高子女的学业成绩。

表2 父母参与和子女学业成绩相关性的主效应检验

学业成绩及其维度	k	效应值及95%置信区间			双尾检验	
		点估计	下限	上限	Z值	P值
AC	98	0.187	0.167	0.206	14.247	0.000
科学	7	0.115	0.003	0.223	2.019	0.043
数学	17	0.130	0.085	0.176	5.534	0.000
阅读	21	0.158	0.123	0.192	8.876	0.000
综合	36	0.188	0.145	0.232	8.278	0.000

---

① Cooper H. M, *Integrating Research: A Guide for Literature Reviews*, Sage Publications, Inc, 1989, pp. 60–65.
② Egger M, Smith G. D, Schneider M, et al, "Bias in Meta-Analysis Detected by a Simple, Graphical Test", *Bmj*, Vol. 315, no. 7109 (1997), pp. 629–634.
③ Lipsey M. W, Wilson D B, *Practical Meta-Analysis*, Sage Publications. 2001, pp. 82–96.

4. 父母参与和子女学业成绩的调节效应检验

父母参与和子女学业成绩总体关系的调节效应检验结果如表3所示,检验的调节变量包括父母参与的类型、参与者、子女所处学段、文化背景和测量工具五个方面,其中参与类型($p<0.05$)和参与者($p<0.001$)对父母参与和学生学业成绩相关性具有调节作用,子女所处学段对二者相关性的调节效应呈现边缘显著($p=0.051$),文化背景和测量工具对二者相关性不具有调节作用($p=0.269$和$p=0.214$)。

表3 父母参与和子女学业成绩相关性的调节效应检验

调节变量	异质性分析			类别名称	k	效应值及95%的置信区间			双尾检验	
	Q组间	df	P值			点估计	下限	上限	Z值	P值
参与类型	13.094	4	0.011	PI	20	0.137	0.114	0.160	11.392	0.000
				FE	36	0.141	0.100	0.181	6.696	0.000
				SE	20	0.156	0.114	0.197	7.282	0.000
				FQ	5	0.330	0.228	0.425	6.056	0.000
参与者	29.439	3	0.000	父母	61	0.184	0.163	0.205	16.609	0.000
				父亲	8	0.038	-0.015	0.090	1.388	0.165
				母亲	12	0.087	0.011	0.162	2.237	0.025
子女所处学段	9.638	4	0.051	幼儿园	7	0.276	0.193	0.355	6.333	0.000
				小学	31	0.144	0.107	0.181	7.570	0.000
				初中	16	0.156	0.125	0.186	9.804	0.000
				高中	27	0.143	0.092	0.193	5.496	0.000
文化背景	2.624	2	0.269	China	24	0.138	0.116	0.160	11.941	0.000
				N-China	57	0.173	0.134	0.211	8.692	0.000
测量工具	6.396	3	0.214	FIQ	33	0.157	0.121	0.196	7.964	0.000
				PTIQ	13	0.151	0.103	0.185	4.812	0.000
				EPIS	7	0.147	0.116	0.164	5.332	0.000
				Other	28	0.149	0.107	0.173	8.184	0.000

四、结论与讨论

1. 父母参与和子女学业成绩呈正相关

本研究运用元分析方法探讨父母参与和子女学业成绩的关系,主效应结果表明,父母参与和子女学业成绩之间呈现正相关,并且在效应值上达到中等程度相关,这说明父母参与水平越高,参与强度越高,子女的学业成绩则越好。研究发现,家长参与对学生成绩的总效应量为0.124,在具体学业成绩表现上,其相关性从高到低依次为综合成绩、阅读、数学与科学。这表明,父母参与对子女学业表现均具有积极作用,对综合成绩和阅读成绩的影响最大。这与Wilder的研究结果相似,瓦德尔(Wilder S)认为,成绩的测量方式虽未影响父母参与和学生成绩的正相关关系[①],但不同测量方式对二者的相关强度是不同的,采用学生的综合成绩或GPA来表示学业成绩,父母参与与其具有高度相关性,由于学生综合成绩是由各科成绩组合而来,且调查样本中学生综合成绩的样本较多,双重原因使得父母参与和学生综合成绩的相关性最高。

---

① Wilder S, "Effects of Parental Involvement on Academic Achievement: A Meta-Synthesis", *Educational Review*, Vol. 66, no. 3 (2014), pp. 377-397.

2. 父母参与和子女学业成绩关系的调节效应

(1) 参与类型对二者相关性具有显著调节作用

父母参与和子女学业成绩调节效应的随机模型结果显示，参与类型对二者相关性具有调节作用（$p<0.01$），且父母参与对子女学业成绩的相关性在具体类型上具有显著性。在具体参与类型上，其中父母期待的效应量最大，表明父母期待与子女学业成绩的相关性最强，其后依次为：学校本位参与（$r=0.156$）、家庭本位参与（$r=0.147$）和父母一般参与（$r=0.137$）。本研究发现，父母期望与子女学业成绩相关度最高，由于父母期望反映了父母对教师、学校以及教育整体的观念和态度，不仅影响家庭教育氛围，更渗透了父母的教养方式，子女更有可能同父母形成相似的观念和态度，因此，父母的高期望对于子女取得更好的学业成绩具有关键性作用。另外值得注意的是，学校本位参与的相关系数要高于家庭本位参与，表明学校本位的父母参与和子女学业成绩具有更高相关性。已有研究也表明，基于学校本位的父母参与通常与学生学业成绩具有正相关[1]，而基于家庭本位的父母参与和子女学业成绩间的关系呈现出复杂性。惠尔（Hill N E）和泰森（Tyson D F）认为，广泛而深入的家庭沟通与交流能够显著提升孩子的学习成绩，家庭监管和作业监督等形式不仅无益于成绩提高，还对孩子的学业成绩具有消极影响[2]。产生这一现象的原因可能是在家庭本位参与上，大多数父母并没有经过科学的教育训练，缺乏教育学和心理学的相关知识，没能采用科学的教学方法，并根据任务难度和子女接受能力进行有针对性的指导与协助，导致家庭教育参与多为无效或低效行为，孩子在其中获益较少。此外，一些在学业上有困难的学生更需要父母的参与，但一些父母在家庭中却对动力不足或在学业上表现较差的孩子显示出更强的控制与干预[3]，这样不仅难以提高子女的学业成绩，反而不利于他们的品德发展和人格养成。

(2) 参与者对二者相关性具有显著调节作用

调节效应的模型结果显示，父母共同参与和母亲参与对二者关系的调节均具有显著性差异（$p<0.05$），父亲参与没有通过调节模型的显著性检验（$p=0.165$）。由于传统文化的影响和社会分工的差异，母亲担负着更多"育儿""教儿"的使命，父亲则在子女成长过程中更偏向于提供经济支持和方向引领。并且已有研究也表明，在子女成长和学业发展上，母亲能够比父亲发挥更大的作用[4]。此外，研究结果还显示，父母共同参与的相关系数（$r=0.184$）要明显高于母亲参与的相关系数（$r=0.087$）。这说明，儿童的发展需要父母双方共同参与，父母共同"育儿""教儿"比单方参与效果更好[5]。

(3) 子女所处学段对二者相关性具有显著调节作用

关于不同学段父母参与和子女学业成绩的差异，结果显示，各学段均对二者关系具有显著调节影响（$p<0.01$），其相关性的效应值大小从高到低依次为幼儿园（$r=0.276$）、初中（$r=0.156$）、小学（$r=0.144$）和高中（$r=0.143$）。产生这一结果的可能性原因是：一方面，在低学龄阶段，如幼儿园和小学阶段，大多数父母能够对教学内容较为熟悉，自如地应对孩子在学习上的问题，并且小学是养成良好学习态度和习惯的关键阶段，父母会更加积极主动地参与子女学习。另一方面，由于初中生学业加重，同时也面临着更多的考核，孩子需要父母更多地参与学业，合理规划学习时间，制订学习计划。并且青春期的孩子比小

---

[1] Daniel G. R, Wang C, Berthelsen D, "Early School-Based Parent Involvement, Children's Self-Regulated Learning and Academic Achievement: An Australian Longitudinal Study", *Early Childhood Research Quarterly*, no. 36(2016), pp. 168-177.

[2] Hill N. E, Tyson D F, "Parental Involvement in Middle School: a Meta-Analytic Assessment of the Strategies that Promote Achievement", *Developmental Psychology*, Vol. 45, no. 3(2009), p. 740.

[3] McNeal Jr R. B, "Differential Effects of Parental Involvement on Cognitive and Behavioral Outcomes by Socioeconomic Status", *The Journal of Socio-Economics*, Vol. 30, no. 2(2001), pp. 171-179.

[4] Kramer K. Z, "Parental Behavioural Control and Academic Achievement: Striking the Balance between Control and Involvement", *Research in Education*, Vol. 88, no. 1(2012), pp. 85-98.

[5] Graves Jr S. L, Brown Wright L, "Parent Involvement at School Entry: A National Examination of Group Differences and Achievement", *School Psychology International*, Vol. 32, no. 1(2011), pp. 35-48.

学阶段更容易受到同伴压力的影响,这会驱动他们主动要求父母参与学业。① 同时,随着年级的增高,孩子的自主性逐渐提高,他们对父母意见的开放程度也逐渐下降,导致父母参与对中学阶段的孩子影响也随之下降。②

(4)文化背景、测量工具对二者相关性不具有调节作用

模型的结果表明,文化背景对二者相关性的调节效应不显著($p>0.05$),这与以往研究并不一致。③ 从结果来看,这可能是因为本研究将文化背景仅分为中国文化和非中国文化,并没有充分考虑到西方国家内部种族的多样性与文化异质性,且中国文化背景的样本较少,研究结论有待进一步探讨。此外,父母参与的测量工具对二者关系的调节效应也不显著($p=0.212$)。由于父母参与最常用的两类测量工具分别为 PTIQ 和 FIQ,其他部分量表也是在此基础上进行的小幅度改编,几类主要量表均测量了父母参与的类型与发生频率,各量表内容交叉较多,可能影响了调节效应的显著性。

五、建议

基于元分析的视角,审视当前父母参与和子女学业成绩关系的研究现状,理性思考"我们需要什么样的父母参与",能为父母更有效地参与子女学业成长提供指导建议。本研究的主要结论揭示了父母参与在子女学业成长中的重要作用,且这种作用从家庭延伸到学校,并始终伴随子女成长。为此,我们需要营造良好的制度环境来确保父母参与子女学业发展。

第一,以法为先,支持与保障父母参与"增量"。在子女学业成长中,保证基本的参与时间是父母参与的前提基础。然而在现实生活中,必要的父母参与反而愈发成为一种"奢侈品"。经济合作与发展组织在PISA2015测试中调查了18个国家或地区(包括中国香港、中国澳门)的家长参与现状,结果显示,多数家长由于工作繁忙无法脱身,导致未能参与到孩子成长中。④ 因此,需要完善政策与法律,积极推进家庭教育法的出台,明确家庭教育的义务、责任和内涵,确保父母履行基本的教育参与义务。同时,父母参与的"增量"改革远非政府部门的内部事务,它涉及家庭、学校和社区。因此,为了有效保障父母参与,尤其需要在法律保障的基础上建立学校、社区和家庭联动的制度,将学校、家庭和社区都纳入政府工作计划和考评标准中。⑤

第二,积极推进父母参与"存量"改革,有效提高参与质量。提高参与的有效性是父母教育参与的关键。尽管越来越多的家长逐渐意识并重视自身参与对孩子成长的积极作用,但在实际中依然存在如下情况:父母参与仅为机械式的看护与陪伴,停留在监督孩子完成作业与检查作业上,缺乏与孩子在学习内容、课外读物以及心智成长等方面的深度交流,并且参与的主体以母亲为主,父亲参与相对缺位。因此,一方面,需要家长转变参与行为和参与方式,加强亲子互动的深刻性,采用倾听、引导的方式了解孩子内心需求,如听孩子阅读,与孩子成为玩伴,增强亲子互动的质量,而不是简单的陪伴。另一方面,鼓励父亲更多地参与孩子学业,让父亲参与到家庭阅读、家庭沟通以及课外活动上来,扮演孩子的照顾者、引导者和玩伴,同时学校也要主动设计父亲参与的主题活动,为父亲参与提供平台和渠道,保障父亲参与的机会和质量。

---

① Boonk L, Gijselaers H. J. M, Ritzen H, et al, "A Review of the Relationship between Parental Involvement Indicators and Academic Achievement", *Educational Research Review*, no. 24(2018), pp. 10-30.

② 高燕:《父母教育卷入对中小学生学业成就的影响:家庭社会经济地位的调节作用》,《教育测量与评价》2016年第12期,第40-46页。

③ Steinberg L., Lamborn S. D., Dornbusch S. M, et al, "Impact of Parenting Practices on Adolescent Achievement: Authoritative Parenting, School Involvement, and Encouragement to Succeed", *Child Development*, Vol. 63, no. 5(1992), pp. 1266-1281.

④ Hartas D., "Patterns of Parental Involvement in Selected OECD Countries: Cross-National Analyses of PISA", *European Journal of Educational Research*, Vol. 4, no. 4(2015), pp. 185-195.

⑤ 吴重涵,张俊:《制度化家校合作的国际比较:政策、学校行动与研究支撑》,《中国教育学刊》2019年第11期,第31-38页。

第三,培育教育共同体,发挥家校共育合力。子女成长需要依托家庭、学校和相互构成的教育共同体来实现。营造家校共育生态,首先,需要父母对子女形成正确的教育期待,用发展的眼光来看待子女成长,根据子女不同阶段的学习表现,与他们深入沟通,了解他们的学习兴趣,科学制订学习规划,同时还要积极参加校内外活动,拓宽他们的视野,充分发挥家庭和学校优势,利用各种社区资源,提供支持家庭和学校儿童发展的计划和服务。[①]其次,要加强家校合作深度,发挥学校资源优势,向家长普及不同学段如何参与孩子学习的科学建议,以便家长与时俱进,科学参与。同时要进一步拓宽家校沟通渠道,创新家校合作方式与手段,除确保"家长开放日""家长会""家访""家长委员会"等常规家校沟通制度外,还要以鼓励家长参观并参与班级教学、开展教师—家长会议等,丰富家校合作内容,发挥家校合力,共同促进学生学业进步。最后,要为教师赋能,夯实教师的专业知识和专业技能,使其学会利用家庭和社区资源来辅助教学,并掌握一定的沟通方式和技巧,积极与家长沟通和互动,与家长协同为学生发展提供健康的学习环境。

A Meta-analysis of the Relationship between Parental Involvement and Children's Academic Achievement

FAN Yong

(Department of Education, East China Normal University, Shanghai, 200062)

Abstract: In order to clarify the relationship between parental involvement and children's academic achievement and explore the causes of differences, this paper has obtained 31 Chinese and English literature through literature search, including a total of 81 independent samples and 167810 participants. The research findings show that higher the parent involvement, the better the children's academic performance. The moderating effect test further points out that type of involvement, participants and student grades have significance in the relationship between parental involvement and children's academic performance. Therefore, we should set the rules first and carry out "increment" reform to guarantee the time of parental involvement; and we should also promote the "stock" reform of parental involvement. Moreover, we should build an educational community of parental involvement which can exert the joint energy in education between families and schools.

Key words: parental involvement, academic performance, meta-analysis

---

① Semke C. A., Sheridan S. M., "Family-School Connections in Rural Educational Settings: A Systematic Review of the Empirical Literature", *School Community Journal*, Vol. 22, no. 1(2012), pp. 21-47.

中小学生品德测评方法探索

——基于社会情感能力测评工具的分析

张幽桐

(上海师范大学 教育学院,上海 200234)

摘　要：评价是教育的重要环节,良好的测评工具是有效开展评价工作的重要保障。社会情感教育领域的研究者在测评工具的开发与应用方面取得了丰硕的研究成果。社会情感能力测评综合使用以下5种测评工具开展测评：量表、直接行为观察法、投射表达技术、访谈与社会计量法。我国在开展中小学生品德测评过程中,应进一步完善品德测评体系,关注测评工具的研发与推广,并通过提升教师的品德测评素养,让教师能够灵活运用多种测评工具开展有效的中小学生品德测评。

关键词：品德测评；测评工具；社会情感学习

一、问题的提出

1. 品德测评的必要性与挑战性

2020年10月13日,中共中央国务院印发《深化新时代教育评价改革总体方案》(以下简称《方案》)。《方案》明确提出,学校评价要"坚持把立德树人成效作为根本标准"[1],要求改革学生评价,以促进德智体美劳全面发展。在德育评价方面,要"根据学生不同阶段身心特点,科学设计各级各类教育德育目标要求,引导学生养成良好思想道德、心理素质和行为习惯"。[2] 德育评价是学校教育评价的重要内容,品德测评是德育评价的核心,对学生开展品德测评是德育工作中的重点与难点。

"品德测评是指测评者采用科学的测评手段(工具),有目的、系统地收集被测评者在某一时期内主要活动领域中的品德特征信息,针对某一测评目标体系做出数量或价值判断,或者直接概括与引发品德行为独特性的过程。"[3] 品德测评对德育具有诊断、反馈、激励和导向作用,是整个德育活动中的关键环节。我国历来重视中小学生的品德测评,但在实际的德育工作中,品德测评并未充分发挥其在德育工作中的作用。造成这一矛盾的原因主要有两个方面：一方面是品德本身的复杂性增加了品德测评的难度,

---

作者简介：张幽桐,上海师范大学教育学院博士研究生,主要从事教师教育研究。

[1] 中华人民共和国教育部：《中共中央国务院印发〈深化新时代教育评价改革总体方案〉》,载教育部官网：http://www.moe.gov.cn/jyb_xxgk/moe_1777/moe_1778/202010/t20201013_494381.html,最后登录日期：2021年5月25日。

[2] 中华人民共和国教育部：《中共中央国务院印发〈深化新时代教育评价改革总体方案〉》,载教育部官网：http://www.moe.gov.cn/jyb_xxgk/moe_1777/moe_1778/202010/t20201013_494381.html,最后登录日期：2021年5月25日。

[3] 肖鸣政：《品德测评的理论与方法》,福建教育出版社1995年版,第180页。

另一方面是缺乏可供实践者使用的具有良好信效度、操作性强的测评工具。尽管品德具有内隐性,但是外显的行为总会反映内在的思想道德,加之中小学生的思想道德与行为一致性程度较高,因此,教师依据评价标准,选择适宜、科学的测评工具,测评学生品德水平具有可行性。基于此,了解相关领域的测评工具,有助于我们打开视野,促进品德测评工具的开发与应用,进一步提高品德测评的实效性,发挥其在德育工作中的重要作用。

2. 品德测评工具研究的迫切性

我国的品德测评研究取得了诸多进展,在实践中也倡导综合运用多种测评工具开展测评工作,但总体而言,在测评工具的开发和应用方面还存在一些不足。"学生品德测量工具主要分为传统德育实践取向和心理学研究取向"[1],实践中大多采用传统德育实践取向的品德测评工具(操行评定与考试相结合)。由班主任主导的操行评定操作简单,但由于缺乏评分标准,容易受到教师个人主观感受的影响,难以全面、客观、公正地反映学生的品德发展状况,因此,单纯依靠操行评定作为评价工具存在较大的不合理性。还有的学校对学生品德评价采用积分制,罗列一系列具体的行为作为评分标准,当学生出现了相应的行为或达到相应要求时,根据评分标准加分。[2] 这种评价方式,看似通过列出具体的评价指标,排除了教师个人的主观性,力求客观性。但是品德本身具备特殊性,这种简单的测评工具无法评价复杂的品德发展状况,"这类简化的评价方式为评价工作乃至学生的品德培养与发展带来了更多的问题"。[3]

我国德育研究者与实践者一直努力尝试突破评价方式单一、测评工具不足的状况。然而在实践中,有研究者通过大量调研发现,尽管学校中的德育工作者普遍认同品德测评的价值,却鲜有人能够有效灵活使用多种测评工具对学生进行品德测评。[4] 出现这一现象的原因主要有两个方面:其一,品德本身的复杂性与敏感性,使其不具备像智育、体育一样的直接可测性;其二,一些测评工具由于过于专业,操作复杂,耗时较多,使得一线教师在实际教学工作中难以驾驭。因此,有必要在符合品德测评科学性的基础上,开发一系列具有良好信效度、操作性强、适合一线教师日常使用的测评工具,发挥品德测评在德育中的积极作用。

3. 社会情感能力测评与品德测评的相关性

品德是一个复杂的系统,如何有效地测评学生的品德发展状况,是教育研究中的重要问题与巨大挑战。在开展品德测评研究时,不能将视角局限于德育研究领域,同时也应关注国内外相关领域的研究成果。在相关研究中,社会情感学习(Social Emotional Learning,简称 SEL)与德育之间存在高度相关性。社会情感学习是"近20年来世界范围内提升基础教育质量和促进学生适应21世纪学习、生活以及未来工作的重要教育理论、研究与教学实践活动,也是当下体现中国基础教育发展方式转变、促进教育内涵发展、提升学生全面发展质量的重要途径"。[5] 虽然社会情感学习与我国德育所关注的内容各有侧重,但"当前国内无论是课程三维目标中的'情感、态度、价值观'维度,还是学生核心素养中对自主发展和社会适应的强调以及对关键能力的提倡,都与社会情感能力具有内部一致性"。[6]

尽管社会情感学习与我国德育之间不可等同,却可以将前者作为学校德育的一种有效辅助手段。了解并分析社会情感能力测评工具,能为我国开发品德测评工具、深化品德测评改革、完善德育评价,提供有益借鉴。

---

[1] 张冲:《中小学德育评价与创新研究:现状·问题·建议》,《中国特殊教育》2019年第11期,第75-80页。
[2] 王烨晖,辛涛:《当前我国德育评价的困境与出路》,《中国德育》2015年第11期,第24-27页。
[3] 张冲:《中小学德育评价与创新研究:现状·问题·建议》,《中国特殊教育》2019年第11期,第75-80页。
[4] 杨眉,张宏:《评价工具:学校德育工作的"参照系"》,《北京教育(普教版)》2018年第8期,第57-58页。
[5] 联合国儿童基金会:《社会情感学习资源》,载联合国儿童基金会官网:https://www.unicef.cn/documents/sel-resources,最后登录日期:2021年5月25日。
[6] 杜媛,毛亚庆:《从专门课程到综合变革:学生社会情感能力发展策略的模式变迁》,《全球教育展望》2019年第5期,第39-53页。

二、社会情感学习测评工具介绍与分析

社会情感学习是个体在成长和发展过程中,习得自我调适、适应社会所需的各项能力的过程,其核心能力包括认识与管理情绪、设定与实现积极目标、欣赏他人、建立和维持建设性关系、能够做出负责任的决策。① 从 20 世纪 90 年代社会情感学习正式诞生至今,已有超过 120 多个测评工具可用于学生社会情感能力测评。② 这些测评工具大多关注社会情感能力的某一特定方面,从不同的视角(学生本人/教师/家长/同伴)出发,使用不同的测评工具对学生的社会情感能力进行测评。当前学生社会情感能力测评常用的测评工具主要有以下 5 种:量表(Rating Scales)、直接行为观察(Direct Behavioral Observation)、投射表达技术(Projective-expressive Techniques)、访谈(Interviews)、社会计量法(Sociometric Approaches)。③ 本文将逐一介绍这 5 种测评工具,讨论各自的优点与局限性,在此基础上分析各种测评工具对我国品德测评的启示,以期促进我国品德测评工具开发与应用的优化与升级。

1. 量表

社会情感学习领域中最常使用的测评工具是量表。量表通常由一系列陈述句或问题组成,每个陈述句描述一种行为特征,要求被试根据自身情况做出回答。目前,已有一些可供教师和研究者直接使用的成熟量表,如表 1 所示。

表 1 常见社会情感能力评价量表

量表名称	关注领域	适用年龄或年级	使用者	题目数量
行为与情绪量表第二版(Behavioral and Emotional Rating Scale, 2nd Edition, BERS-2)	社会情感优势与职业兴趣	5-18 岁	教师、家长、学生	52 题
发展性资源量表(Developmental Assets Profile, DAP)	发展性资源的 8 个维度	6-18 岁	学生	58 题
Devereux 学生优势测试(Devereux Student Strengths Assessment, DESSA)	综合评价社会情感能力	幼儿园-8 岁	教师与家长	72 题
Bar-On 情商量表青少年版(Bar-On Emotional Quotient Inventory-Youth Version, EQOI-YV)	社会情感优势和情绪智力	6-18 岁	学生	60 题
社会情感资产和回复力量表(Social-Emotional Resilience and Assets Scales, SEARS)	社会情感资产和回复力	5-18 岁	教师、家长、学生	52-54 题

资料来源:Kenneth W. Merrell, Barbara A. Gueldner, *Social and Emotional Learning in the Classroom*, New York: The Guilford Press, 2008, p.133.

其中,社会情感资产和回复力量表(The Social-Emotional Assets and Resilience Scales,简称 SEARS)是由俄勒冈大学"强健儿童"项目组针对社会情感能力测评开发的成熟量表,其信效度均已得到有效验

---

① Weissberg R P, Durlak J A, Domitrovich C E, "Social and Emotional Learning: Past, Present and Future", *Handbook for Social and Emotional Learning: Research and Practice*, Durlak J A, Domitrovich C E, Weissberg R P, New York: Guilford Press, 2015, pp.3-19.

② Frydenberg E, Liang R, Muller D, *Social and Emotional Learning in Australia and the Asia-Pacific*, Singapore: Springer, 2017, pp.55-82.

③ Humphrey N, *Social and Emotional Learning a Critical Appraisal*, London: AGE Publications Ltd, 2013: p.69.

证。①该量表共包含4个分量表,分别是:其一,自陈量表SEARS-C(共计35道题),供3-6年级儿童使用;其二,自陈量表SEARS-A(共计35道题),供7-12年级青少年使用;其三,学生行为评定量表SEARS-T(共计41道题),供教师使用;其四,儿童和青少年行为评定量表SEARS-P(共计39道题),供家长使用。SEARS各个分量表的题目都包含"责任、自我管理、社会能力、同理心"4个维度的问题,4个版本的题目高度相关,根据发展水平差异,在问题背景与评分标准方面有细微区别。教师在学期开始和结束时,可以分别使用量表进行前后测,通过对比前后测的变化,直观地了解学生社会情感能力的变化。

同其他测评工具相比,量表方便施测、易于统计、经济高效,能够在相对较短的时间内收集所需关键信息,操作性强,适用于大规模测评。因此,经合组织(Organization for Economic Co-operation and Development,简称OECD)的社会情感能力调查项目组(The Study on Social and Emotional Skills,简称SSES)选择量表作为主要测评工具。②设计良好的量表通常还配有使用手册,教师在测评过程中可以参考使用手册和常模来判断测评对象的社会情感能力发展水平。此外,大多数用于社会情感能力测评的量表和SEARS一样,包含学生自己填写的自陈问卷和学生的重要他人(教师/家长/同伴)填写的行为评定问卷。施测者能够收集到来自不同评价主体的多方信息,有助于提高评价的客观性与有效性。

但是量表也存在一定的局限性,比如,当测评对象是小学低龄段的儿童时,就不适合使用自陈量表。自陈量表只适用于阅读能力更强、世界观更清晰的小学高年级及更高学段的学生。此外,自身社会情感能力较差的学生由于自我意识不良,往往容易高估或低估自己的能力,此时,就会出现布雷克特(Brackett)和梅耶(Mayer)研究中所发现的"自陈量表测出的测情商与实际情商之间相关性不足(r=0.21)"③的情况。除此之外,由他人(教师/家长/同伴)完成的评估量表由于情境和观察者角色的不同,也会出现"不同的观察者(教师/家长/同伴)在不同的情境下(学校/家庭)对同一被观察者做出的评分出现低相关(r=0.28)"④的状况。

在我国品德测评的研究与实践中,有研究者开发了态度量表、学生日常行为量表、学生道德行为综合量表⑤,以及初中学生品德行为自我评价量表⑥等工具供教师使用。但由于品德测评本身的复杂性、量表开发的专业性等原因,使得品德测评量表的研究进展较为缓慢,可供教师直接使用的优质量表仍属凤毛麟角。为进一步发挥量表在德育评测中的优势,研究者应关注品德测评量表的开发与验证研究,开发优质的品德测评量表,并通过大数据、云平台等新兴工具建立量表库。教师可依据测评目的、测评对象选择适合的量表开展测评工作,依据测评结果有针对性地改进德育工作的内容与方向。例如,在新学期开始时和期末分别使用量表进行前测和后测,通过对比两次测评结果,了解学生该学期的品德发展状况,考察德育工作实效,并依据测评结果制订下一阶段的德育工作计划。

2. 直接行为观察

直接行为观察是观察者使用标准化的方法,记录学生在一定时间段内某一特定行为的发生频率(如在课堂上举手发言的次数),或如何应对来自他人的评价(表扬或批评),或某种行为持续的时长等。为了便于观察、记录和编码,教师可以使用观察表,根据直接观察编码指南记录学生的行为(见表2)。通过直接观察法收集信息,能够发现学生的一些问题行为及其与周围其他人的互动情况。

---

① The Oregon Resiliency Project: *The Social-Emotional Assets and Resilience Scales (SEARS)*,载于强健儿童网站:https://strongkids.uoregon.edu/SEARS.html,最后登录日期:2021年4月27日。

② Kankaraš M, Suarez-Alvarez J, *Assessment Framework of the OECD Study on Social and Emotional*, Paris: OECD Publishing, 2019: pp. 17-21.

③ Brackett M A, Mayer J D, Warner R M. "Emotional Intelligence and its Relation to Everyday Behaviour", *Personality and Individual Differences*, Vol. 36, no. 6(2004), pp. 1387-1402.

④ Konold T R, Walthall J C, Pianta R C, "The Behavior of Child Behavior Ratings: Measurement Structure of the Child Behavior Checklist Across Time, Informants, and Child Gender", *Behavioral Disorders*, Vol. 29, no. 4(2004), pp. 372-383.

⑤ 何芳,等:《小学生思想品德素质评价研究文献综述》,《教育科学研究》1998年第3期,第1-6页。

⑥ 陈红兵:《学生品德评价方法的探讨——品德评价的量化表》,《学科教育》1994年第1期,第28-41页。

直接观察法在收集学生外显行为方面具有其他测评工具无法比拟的优势。首先,收集信息范围广,在课堂、操场、食堂等场所都能使用直接观察法收集信息;其次,直接观察法较少受到学生其他领域(如学业成绩)的影响和干扰,教师能够观察到学生最真实的社会情感能力。在我国德育测评中,直接观察法也是教师常用的测评工具,班主任在填写学生操行评语时,主要的信息来源就是通过直接观察法收集到的内容。

但是,直接观察法难以发现学生的内化问题行为,如学校中常常出现却容易被忽视的社交退缩行为(Social Withdrawal Behaviors),这一点在成绩好的学生身上表现得更加明显。[1]此外,在有限的时间内,通常不易观察到类似身体攻击这一类重要却不常见的问题行为,而这些行为恰恰是学生社会情感能力发展水平高低的重要标志。[2]直接观察法的最大缺陷是,它需要教师花费大量的时间精力才能完成评估,故只适合针对特定学生使用。

实践中,由于缺乏观测指标和易于使用的观察记录表,由教师主导的直接观察法容易陷入随意、主观的误区。社会情感能力测评为避免教师在直接观察过程中目的不明确、记录不及时等问题,开发了直接观察表用于解决该问题。在品德测评过程中,我们也可以通过制订具体的观察指标,根据不同的观察指标设计观察表,帮助教师更高效地记录学生的具体行为,了解学生的整体表现。

表 2 操场上的学生行为记录表

姓名与年级:贾斯汀·T(Justin T.),四年级　　　　日期:10月17日
地点:中心学校操场　　　　　　　　　　　　　　　活动:晨间休息
观测者:克里斯·汤普森 (Chris Thompson)　　　　起始时间:早晨 10∶05-10∶18
间隔时间:20秒

间隔	PA	VA	INT	ISO	间隔	PA	VA	INT	ISO
1				×	21				×
2				×	22				×
3				×	23				×
略					略				
20				×	40		×		

编码:
PA=肢体攻击(Physically Aggressive)　　　　VA=语言攻击(Verbally Aggressive)
INT=恰当的社会互动(Appropriate Social Interaction)　　ISO=被孤立(Socially Isolated)

资料来源:Sara A, Whitcomb, *Behavioral, Social, and Emotional Assessment of Children and Adolescents*, New York:Routledge, 2018, p.104.

3. 投射表达技术

投射表达技术是评估儿童和青少年心理健康状况的常用工具,在社会情感能力测评中占有十分重要的地位。"通过向受测者提供一些非结构化的、模糊的刺激情境,让受测者在不受限制的情况下,自由地对刺激情境做出反应,然后分析受测者的反应并推断其人格特征。"[3]它基于这样一个假设:"当对模

---

[1] Cook, C. R., Rasetshwane, K. B., Truelson, E., Grant, S., Dart, E. H., Collins, T. A., & Sprague, J, "Development and Validation of the Student Internalizing Behavior Screener: Examination of Reliability, Validity, and Classification Accuracy", *Assessment for Effective Intervention*, Vol. 36, no. 2(2011), pp. 71-79.

[2] Catherine Sanger Wolcott, Amanda P. Williford, "Teacher and TA Ratings of Preschoolers' Externalizing Behavior", *Topics in Early Childhood Special Education*, Vol. 34, no. 4(2015), pp. 211-222.

[3] 梁宝永,洪炜:《心理评估技术及其应用》,高等教育出版社 2014 年版,第 105 页。

糊的刺激做出反应的时候,个体会把自己无意识的感受和人格特点投射进去"[1],通过分析作品,可以了解被试内心的潜在想法。

社会情感能力测评中,使用范围较广的投射表达技术是主题测验、绘画技术和语句补写测试。常用的主题测验有:主题统觉测验(The Thematic Apperception Test,简称 TAT),儿童统觉测验(The Children's Apperception Test,简称 CAT),儿童罗伯茨统觉测验(The Roberts Apperception Test for Children,简称 RATC)。常用的绘画技术有:绘人技术(The Draw-A-Person,简称 DAP),肯尼迪克家庭绘图(Kinetic Family Drawing,简称 KFD),本德-格式塔测试(Bender-Gestalt Test,简称 BGT)。常用的语句补写题有:针对儿童的哈特语句补写测试(Hart Sentence Completion Test,简称 HSCT),针对青少年的华盛顿大学语句补写测试(Washington University Sentence Completion Test)。在这三种投射表达技术当中,主题统觉测验与绘画技术对施测者的施测水平与专业分析能力有较高的要求,使用者以专业的心理医生与心理咨询师为主。语句补写测试更适合中小学教师使用,可以在语文课或班会课上让学生补写句子(见表3),教师通过分析句子,了解学生内心深处的想法。

投射表达技术的刺激物和指导语通常都是非结构化的,施测者会让被试根据开放性的指导语完成一系列任务,比如"画一幅你和家人在一起做某件事的画"。通过被试的心理活动产品(如联想、回忆、绘画、故事、手工拼贴、笔记,甚至梦、笑话、短文等),施测者根据临床经验进行推论,间接地评估其中表现、反映、投射出来的被试的知觉、情绪、个性特征等。[2] 与其他测评工具相比,投射表达技术在使用过程中趣味性更强,对儿童和青少年也更有吸引力。[3]

表3 适合高年级儿童和青少年使用的语句补写题型示例

1.我希望_____。	11.我常常感到_____。
2.大部分人都害怕_____。	12.女孩们似乎_____。
3.发生_____时,我常常会很生气。	13.我最骄傲的事是_____。
4.如果我可以_____,就好了。	14.我的妈妈_____。
5.学校里_____。	15.当_____时,我感到很难过。
6.别的小朋友认为我_____。	16.小孩子应该_____。
7.当_____时,我特别开心。	17.老师们常常希望你能够_____。
8.我是_____。	18.最糟糕的情况可能是_____。
9.学校里最好的是_____。	19.我的爸爸_____。
10.爸爸妈妈在一起时,_____。	20.我睡觉时_____。

资料来源:Sara A, Whitcomb, *Behavioral, Social, and Emotional Assessment of Children and Adolescents*, New York: Routledge, 2018, p.262.

我国的《品德与生活课程标准(2011年版)》倡导使用作品分析作为评价方法,通过对儿童各种作品、活动成果的分析,了解儿童活动过程和发展状况。[4] 但由于投射过程是非结构化的,其产生的结果十分复杂,难以用一个标准化的指标对其进行分析。对同一个作品,不同的施测者常常会有不同的解释意见。并且由于习惯和偏见,投射表达技术的信效度常常被质疑,也因其缺乏标准化的施测与解释程序而遭到批评。但已有实证研究表明,投射表达技术的信效度并不像人们普遍认为的那样糟糕,比如,使用罗夏法开展的10多个测评活动所得到的测评结果,在信效度方面均令人满意。[5] 在我国的品德测评实践中,有学校在思想品德课中使用投射表达技术了解学生的心理发展状况,如重庆市南开中学总结了一

---

[1] Ellen Braaten, Gretchen Felopulos:《儿童心理测验——更好地理解孩子》,傅莉,郑铮译,中国轻工业出版社2008年版,第93页。
[2] 童辉杰:《审视与瞻望:心理学的三大测验技术》,《南京师大学报(社会科学版)》2002年第3期,第81-88页。
[3] Humphrey N, *Social and Emotional Learning a Critical Appraisal*, London: SAGE Publications Lt, 2013, p.70.
[4] 中华人民共和国教育部:《义务教育品德与生活课程标准(2011年版)》,北京师范大学出版社2012年版,第19页。
[5] 陈祉妍:《人格评估中的投射技术》,《心理学动态》1999年第4期,第54-58页。

套适用于人教版思想品德教材中"认识自我、交往与沟通"部分的投射表达技术使用方案。① 实践证明,尽管投射表达技术对施测者提出了较高的要求,但教师经过培训后,在学校中使用投射表达技术评价学生的品德发展状况是可行的。可以结合美术课、语文课的教学活动,针对测评目的开展相关测试,使用投射表达技术测评分析作品,了解学生的心理健康状况。

4. 访谈

访谈是社会情感能力测评中的一个重要工具,根据访谈对象不同,又可以进一步分为针对测评对象本人的访谈和针对测评对象的重要他人(家长/教师/同学)的访谈。通过访谈,施测者能够直接获得来自儿童和青少年,以及他们的家长、教师和同伴提供的信息。在访谈过程中,访谈者可以自主地控制访谈时间,结合儿童和青少年生活的常见领域(见表4),针对评价目的提出问题。必要时,访谈者还可以改变访谈的问题和方向,就测评对象当前最需要被关注的某一特定问题领域进行追问。对学生进行访谈能够收集到最直接、最具体的信息。此外,良好的访谈还能够帮助师生建立融洽的师生关系,为学生营造充满信任和安全感的氛围,有助于干预计划的顺利实施。②

表4 对儿童和青少年进行访谈的常见问题领域

内省功能	家庭关系	同伴关系	学校适应	社会参与
饮食和睡眠习惯; 情绪感受与问题归因; 特殊的经历(例如听到或看过什么东西); 情绪状态(抑郁、焦虑、内疚、愤怒); 清晰的思维/时间感和空间感; 洞悉自己的想法和关注点; 防御性/抱怨; 清楚访谈的原因	亲子关系质量; 兄弟姐妹关系质量; 家庭日常生活,责任,家务; 与亲戚相处的情况; 家庭支持的情况; 感受到的家庭矛盾	亲密朋友的数量; 喜欢和朋友一起做的事; 与同伴的冲突; 开始一段友谊的社交技巧; 同伴排斥和孤独	受访者所在年级、教师、所学科目; 对学校的整体感受; 以前和现在的学习成绩; 喜欢的科目或教师; 感到困难的科目或不喜欢的教师; 参与课外活动; 出勤情况; 在学校里的冲突或问题	参与社团或组织; 参与社区活动; 教堂/活动; 社区内的流动性水平; 兼职工作(适用于青少年); 与社区中其他人的关系

资料来源:Sara A, Whitcomb, *Behavioral, Social, and Emotional Assessment of Children and Adolescents*, New York: Routledge, 2018, p.173.

除了对学生本人进行访谈,对学生的重要他人(教师/家长/同伴)进行访谈同样十分重要。由于学生的重要他人能够在日常生活中观察到他们在自然状态下的行为活动,因此能够为测评提供一些更加真实和详尽的信息,而其他测评工具往往难以收集到这些重要信息。

但是,访谈也存在以下局限性:当访谈对象是低龄儿童时,得到的回答可能会受到儿童自我意识③与语言能力的影响。威格斯沃斯(Wigelsworth)和汉弗莱(Humphrey)的研究发现,儿童的语言能力与通过访谈得到的社会情感能力评分之间有较强的相关性。④ 换言之,与语言表达能力较弱的学生相比,语言表达能力强的学生往往会被认为人际交往能力更好,社会情感能力更强。儿童与成人思维能力的差异同样会影响访谈的结果,如果测评者不了解儿童在不同发展阶段的思维能力,就会难以理解他们的很多

---

① 薛玲玲:《绘画心理投射技术在思想品德课中的应用》,《中学政治教学参考》2016年第17期,第26-27页。
② Merrell Kenneth W, *Behavioral, Social, and Emotional Assessment of Children and Adolescents*, New Jersey: Lawrence Erlbaum Associates, 2003, p.119.
③ Denham S A, Wyatt T M, Bassett H H, et al., "Assessing Social-emotional Development in Children from a Longitudinal Perspective", *Journal of Epidemiology & Community Health*, Vol.63, no. Suppl 1(2006), p.63.
④ Wigelsworth M, Humphrey N, Kalambouka A, et al., "A Review of Key Issues in the Measurement of Children's Social and Emotional Skills", *Educational Psychology in Practice*, Vol. 26, no. 2(2010), pp.173-186.

回答。

访谈是我国品德测评实践中使用较多的工具之一,教师通过与学生、家长、其他教师开展各种形式的谈话,获得有关学生品德发展的信息。但这一测评工具对访谈者的访谈技巧、其本身的社会情感能力和道德水平、与被访谈者之间的人际关系状况、访谈时周围的物理环境等,都提出了较高的要求。在实践中,为避免因准备不足而导致访谈无效,教师在访谈前要做好充足准备:明确访谈目的,制订访谈提纲,并选择适宜的访谈时间与地点。在访谈过程中,要聚焦于学生当前亟需解决的问题,围绕主要问题进行谈话,尽可能通过访谈深挖问题产生的根源。

5. 社会计量法

"社会计量法,又称社会测量法,是社会心理学和社会学中常用的一种研究手段,是一种评估和测量某一社会团体中人际吸引或排斥的工具。"[①] 社会计量法,包含测量社会化群体中诸如社会地位、受欢迎程度、同伴接纳以及声誉等相关问题的一系列测评程序。

在中小学中,使用最多的是心理学家莫雷诺(Moreno)提出的"同伴提名"法。高年级的儿童可以通过填写表格或问卷的方式完成同伴提名,也可以使用同伴提名矩阵进行同伴提名(见表5),这一矩阵由横向的儿童名字和纵向的社会交往行为组成。学生在他们认为符合题项的其他学生的名字下面画"×",最后通过合计每位儿童获得的提名进行评分。

表5 同伴提名矩阵示例

老师_____

你上几年级了?_____

我是(画圈):男孩/女孩

指导语:为了解同学们能否注意到其他同学的行为活动特点,请你帮助我们回答以下问题。请朗读题目,并回答问题。选择一个你认为最符合题目中描述的同学,然后在他们的名字下画×。注意,答案没有正确或错误之分,没有成绩。其他同学和老师也不会知道你是如何作答的。如果有疑问或需要帮助,请举手示意。

	Tina	Jan	Cal	Ole	Ken	Tim	Kim	Sari	Jon
你希望谁是你最好的朋友?									
谁常常发怒和生气?									
你最想邀请谁到你家做客?									
谁会打架?									
谁和老师关系好?									
谁常常惹麻烦?									

资料来源:Sara A, Whitcomb, *Behavioral, Social, and Emotional Assessment of Children and Adolescents*, New York: Routledge, 2018, p.198.

以同伴提名为代表的社会计量法,通常能够真实地识别有内化问题和外化行为问题的儿童。在评估学生在同伴群体中的受欢迎程度方面,这是一种有效的测评工具,能够帮助教师了解学生的人际关系状况。作为一种行动式的测评工具,社会计量法易于操作,简便易行。但由于全体学生都参与到测评与被测评的全过程中,测评结果也直观地展示在大家面前,若教师处理不慎,可能会让个别学生在测评过程中受到伤害。为了避免出现这种情况,教师在使用这一测评工具时,要格外慎重。在测评正式开始之前,教师要结合测评目的与学生的实际情况,仔细推敲指导语,设计适宜的问题。在测评过程中,还要敏锐细致地关注学生的情绪变化,尤其需要注意那些可能有被孤立风险的学生,把社会计量法可能存在的

---

① 任宝崇,彭凯平:《社会计量法简介》,《北京大学学报(哲学社会科学版)》1986年第1期,第121-127页,第103页。

风险降到最低。

三、启示与展望

1. 构建具有可操作性的品德测评指标,完善品德测评体系

开展测评活动的前提条件是明确具体的测评内容与测评指标。我国德育工作一直强调品德测评的重要性,倡导使用多种测评工具,多方位开展品德测评。但在实践中,由于品德测评指标不够完善,教师大多还在使用评语鉴定法进行中小学生品德测评。评语鉴定法是教师根据其日常观察结果撰写操行评语。这种评价方式的有效性在很大程度上依赖于教师个人的教学经验与实践智慧,具有很强的主观性,这样的测评结果对改善德育工作的作用有限。通过分析社会情感能力测评工具发现,测评工具的开发与应用都是围绕着明确的测评指标而展开的,这为我们带来了以下启示:

其一,依据德育目标,确定测评内容。在社会情感能力测评中,不同的测评工具都紧紧围绕着社会情感学习的核心技能,始终指向社会情感学习的培养目标。科学的测评指标是依据教育目标制订的,而非随意主观臆测的产物。品德测评指标同样离不开德育目标,在制订品德测评指标时,要时刻以德育目标为导向,以德育内容为参照,避免出现测评内容与德育内容无关的现象。

其二,构建明晰、具体的品德测评指标。社会情感能力测评采用现代化的测量理论与测评工具,对学生的各项社会情感能力(如自我认知、人际关系技能等)展开测评,突破了以往情感、态度、人际关系等内隐的能力难以测评的困境。在使用测评工具开始正式的测评之前,社会情感学习研究者提出了清晰明确的测评指标。因此,在实践中,我国的品德测评可以参考社会情感能力测评,构建明晰、具体的品德测评指标,让教师明确知道品德测评的目的、内容以及评价标准。

其三,聚焦核心能力,选择适宜测评的观测点。社会情感能力的测评针对不同的核心技能,分别选择了外显的、便于测量的观测点,再将各个部分的测评结果相结合,构成学生社会情感能力发展的完整画面,进而能够全面分析学生整体的社会情感能力发展状况。在品德测评中,同样可以通过抽象概括品德发展的核心维度,提取观测点,根据不同核心能力选择适宜的测评工具,以点窥面,逐步了解学生的品德发展状况。

2. 关注测评工具的研发与推广

与社会情感能力一样,品德是一种复杂的结构,单一的评价方式无法考查学生品德发展状况的全貌。多元化的社会情感能力测评工具,为品德测评工具开发带来了以下启示:

其一,借鉴心理学研究成果,提升测评工具的多样性。分析发现,常见的5种测评工具中,量表、投射表达技术、社会计量法均是心理学的研究成果。在品德测评工具开发过程中,同样可以广泛借鉴心理学的研究成果,结合德育目标对其进行改造,生成符合德育目标的测评工具。

其二,注重测评工具的落地与推广。我国现有的品德测评工具通常是由高校和教育科研机构中的教育研究者开发和设计的,仅在试点学校进行小规模的试用,缺乏大规模的推广。因此,开发出良好的测评工具之后,不能让其局限于少数试点学校,应推广设计良好的测评工具,以帮助广大教师在实践中自由选择适切的测评工具,有效开展品德测评。

3. 提升教师品德测评素养,促进教师灵活使用多种测评工具

关于测评工具的研究,其研究构想最终要由教师承担起实践的任务。在实践中,教师会遇到更多复杂和烦琐的问题,这就要求教师必须具有良好的评价素养。评价本身就是教育领域的一个难题,关于道德、情感、态度、价值观的评价对教师提出了更高的要求。每一种测评工具都有其优势与局限性,在使用过程中就需要教师发挥自己的实践智慧,不能盲目和僵化地使用测评工具开展测评工作。社会情感能力测评研究表明,量表、直接观察法、访谈、投射表达技术、社会计量法在测评中都具有良好的信效度与可操作性,但各有其特点与局限性。教师需要根据测评目的、对象以及客观条件,灵活选择与评价目的

相匹配的测评工具。

在品德测评中,教师可根据测评的目的、对象、内容灵活选择适切的测评工具。比如,如果需要了解德育工作的实效性,可以在学期开始和结束时,使用量表进行前测和后测,学期结束后,通过对比前后测结果,分析学生的品德发展变化情况;如果要特别关注某一名学生在一段时期内的行为和情绪状态,可以使用直接行为观察法,使用观察表记录学生某一特定行为发生的场合与次数,根据观察结果进行详细分析;如果想要了解学生刚入学时的心理发展状况,可以使用投射表达技术,比如让学生在美术课上自由绘画,课后收集画作,由美术教师、班主任、心理健康教师共同分析学生的绘画作品,或在语文课上通过语句完成测试,了解他们无意中表达出的真实想法;如果要深入了解学生的内心活动,以及问题行为产生的原因,可以通过访谈法对学生本人、家长、同伴、任课教师进行访谈;如果要了解学生的同伴关系和人际关系技能,可以在班会课上使用社会计量法。通过提升教师的测评素养,可以帮助教师了解常见测评工具及其优缺点与适用范围,教师在品德测评时,方能灵活选择测评工具,有效开展品德测评。

品德测评的研究与实践,应积极参考国内外相关领域的研究成果,立足我国国情,结合实际情况,研发符合我国德育目标的品德测评工具,增强品德测评工具的信效度与可操作性。社会情感学习是一个相对新兴的研究领域,其测评工具的开发与使用同样处于探索阶段,但这一领域已有的研究成果能够为德育测评提供一些新思路。尽管社会情感学习与我国德育之间不可等同,但由于二者在培养目标、培养对象、培养方式等方面有诸多共通之处,我们可以将其作为德育的一种辅助手段,提升德育质量。教师在进行品德测评的过程中,应打开视野,将学生作为一个发展中的人,从学生完整人格成长的角度出发,在现行的学生综合素质评价框架内,针对学生的实际情况,灵活使用适切的测评工具,使评价结果尽可能准确地反映学生真实的品德发展状况。

An Exploration into the Methods of Morality Evaluation for Primary and Middle School Students
—Analysis Based on Social and Emotional Competence Assessment Tools

ZHANG Youtong

(School of Education, Shanghai Normal University, Shanghai, 200234)

Abstract: Evaluation is an important part of education. Good evaluation tools are very important for effective evaluation. Researchers in the field of social and emotional education have achieved fruitful research results in the development and application of assessment tools. Social and emotional competence is assessed through a combination of the following five tools: rating scales, direct behavioral observation, projective-expressive techniques, interviews, and sociometric approaches. In the process of moral evaluation of primary and middle school students in China, we should improve the moral evaluation system, pay attention to the development and promotion of assessment tools, and help teachers flexibly use various assessment tools to carry out effective moral assessment of primary and middle school students by improving teachers' moral assessment competence.

Key words: moral evaluation, assessment tools, social and emotional learning

基于前概念分析的小学数学个性化学习实证研究

张 琦

(上海市实验学校,上海 200125)

摘 要：前概念分析是学情分析的一个方面,该研究以实证的方法深入分析学生前概念,旨在了解其认知偏差及形成原因,且依据其类型提供个性化学习资源,进行个性化学习设计和实施,从而帮助学生更有效地学习。研究结果表明,基于前概念分析的个性化学习能有效促进学生发生概念转变,提高学习效率;个性化学习要以客观的学情分析为基础,要有多样化且动态化的形式;个性化学习要有及时客观的评价和反馈。

关键词：前概念;精准学情分析;个性化学习

一、问题的提出

习近平总书记在党的十九大报告中指出:"推进教育公平""努力让每个孩子都能享有公平而有质量的教育"。[①] 新时代的"高质量的教育公平"就是让每个孩子在最有天资、最感兴趣的领域,以最适合的学习方式、最正确的方法,实现个人的也是对社会的最大价值。[②] 2019年《中共中央国务院关于深化教育教学改革全面提高义务教育质量的意见》在"强化课堂主阵地作用,切实提高课堂教学质量"方面提出"精准分析学情,尊重差异化教学和个别化辅导"。[③]

笔者认为,"精准学情分析"是指对全体学生的知识、能力起点、学习风格、思维品质、学习兴趣等进行基于证据的分析,实现以学定教,以教促学。"前概念"是"学情分析"的一个方面。学生在学习新知之前并非一无所知,其头脑中或多或少存在关于即将要学习的知识的认知,即前概念。前概念如果是科学的,将会促进学生的学习;但如果前概念是不科学的,就会对新的学习产生干扰。所以,教师在教学之前了解学生的前概念十分必要,这也是学情分析的根本。教师只有对学生的已有认知有了正确的认识,才能给予学生个性化指导,提供多样化、个性化的学习方法,切实帮助学生更有效地学习。

从教学理论和实践来看,教育研究者和一线教师都越来越意识到学情分析的重要性。学习取向的

基金项目：本文系上海市教育科研市级课题"小学数学基于精准学情分析的因材施教实证研究"(项目编号：C2021034)的阶段性研究成果。

作者简介：张琦,上海市实验学校正高级教师,特级教师,主要从事小学数学教学研究。

① 习近平：《决胜全面建成小康社会 夺取新时代中国特色社会主义伟大胜利——在中国共产党第十九次全国代表大会上的报告》,载人民网 http://cpc.people.com.cn/n1/2017/1028/c64094-29613660.html,最后登录日期：2017年10月28日。

② 上海市特级教师特级校长联谊会：《成长解码——特级教师开课啦》,上海教育出版社2019年版,序言第1页。

③ 中共中央国务院：《关于深化教育教学改革全面提高义务教育质量的意见》,载中华人民共和国官网,http://www.gov.cn/zhengce/2019-07/08/content_5407361.htm,最后登录日期：2019年7月8日。

教学设计理论,把学习者的已知看作教学的起点和最重要的因素[1],并致力于考察学习者从初始状态到目标状态的转变过程。[2]但在具体操作中,学习取向的学情分析还是陷入以下三种状态:一是"想当然"的经验主义,教师对学生自以为是地推断;二是以教材分析取代学情分析;三是学情描述与整体教学内容和教学设计相互割裂。[3]根据维果茨基的"最近发展区"理论,精准针对个体的教学就是教师帮助学生弥合当前认知水平与潜在认知水平的差异。这也要求教师要明确教学真实的起点,用实证的方法有依据地去了解学生的学情,并根据学情分析,运用科学的方法,有针对性地设计教学,弥合不同学生的最近发展区。

个性化学习通过对特定学生的全方位评价,发现和解决其所存在的学习问题,为学生量身定制不同于他人的学习策略和学习方法,让学生有效地学习。每一个孩子都是与众不同的,有自己独特的天赋特性、偏好和天生优势,也有不同于他人的弱点。个性化学习以满足每位学生的学习需求为核心,促进每位学生个性发展和潜能开发。

基于此,我们试图侧重"前概念"对学生的学情进行深入分析,了解他们的认知状况及其形成原因,并根据学生的前概念分类,将学生分成若干小组,且依据学生的前概念及其类型进行个性化学习设计,提供个性化学习资源,分组进行个性化学习,从而有效促进学生发生概念转变,提高学习效率。

二、研究设计

本研究以四年级数学"中位数和众数"为例,予以论述和说明。"中位数与众数"在《义务教育数学课程标准(2011年版)》中位于第三学段,是沪教版教材八年级第二学期的学习内容,现将其放到小学阶段四年级第二学期来进行研究,主要有以下两个方面的思考:

其一,随着社会信息程度的日益提高,统计知识和全面地搜集、分析、运用信息的能力,已成为当今社会每一位公民不可或缺的基本素养。目前,小学阶段仅有的平均数、条形统计图、折线统计图等统计知识已不能满足学生的需求,这不仅限制了数据分析能力的发展,也无法激发深度学习、自主学习、培养创造力。尤其对于实验学校的学生而言,学校的各门课程对学生获取信息能力的要求相对较高。此外,随着学生信息量的不断加大,统计知识的匮乏,已使得学生在信息获得和运用上遇到瓶颈。

其二,学校承担了挖掘学生最近发展区潜在空间及激活潜能的研究任务。观察发现,笔者所在的上海市实验学校部分四年级学生在分析某些问题时已经用到了"众数""中位数"这样的统计量,学生虽然不完全清楚这些名称,但能用自己的语言进行大概描述。由此,本研究着眼于两个问题:(1)基于前概念分析的个性化学习是否可以推动小学生的认知和思维发展;(2)如何利用合适的个性化学习资源设计与实施,来帮助学生实现偏差认知,促进认知和思维发展。

1. 研究方法

本研究主要采用问卷调查法和准实验法。问卷调查法主要采用二阶诊断测试工具测查学生前概念,以便针对学生可能存在的前概念进行学习设计;准实验法是指在教师、教学环境、教学实践等研究条件基本不变的情况下,对实验组和对照组学生进行不同的教学干预,以便通过对比,检验实验班的教学干预效果。

2. 研究对象

(1)实验对象

选取上海市实验学校小学四年级的72名学生为研究对象。前测无显著性差异,然后,随机平均分

---

[1] Ausubel. D. P., *Educational Psychology: A Cognitive View*, New York: Holt, Rinehart & Winston, 1968.
[2] Snow R. E., Swanson J., "Instructional Psychology: Aptitude, Adaptation, and Assessment", *Annual Review of Psychology*, Vol. 43, no. 1(1992), pp. 583–626.
[3] 徐梦杰,曹培英:《精准针对学生差异的学情分析研究》,《课程·教材·教法》2016年第6期,第62-67页。

成3个教学班,分别为普通班、对照班、实验班。

(2)测查对象

本研究测查对象主要为上海市实验学校四年级学生。由于本校学生人数有限,故选取了上海市D校与本校四年级学生水平相当的五年级学生(1-3班一阶测查,4-7班二阶测查)进行前期测查,完善测查问卷。

3. 研究工具

研究工具采用二阶诊断测试问卷。先在D校五年级学生中进行前概念的测查与分类,获取学生的认知偏差情况。在此基础上,对学生给出的理由进行归纳合并,成为二阶诊断问卷中第二阶的选项,并在D校五年级学生及本校普通班学生中进行测试,迭代完善测查问卷,最后形成最终版的问卷用于对照班及实验班的测试。

4. 研究流程

本次研究流程设计(见图1)主要分为三个阶段:教学设计阶段、教学实施阶段、教学反思阶段。其中,教学设计阶段主要包括:一阶测查问卷编制、前后测试使用的二阶诊断问卷、前测、访谈、个性化学习资源设计。教学实施阶段包括:实验班教学与对照班教学、后测。教学总结反思阶段包括:实验数据处理与分析、访谈、撰写研究报告以及实验教学反思。

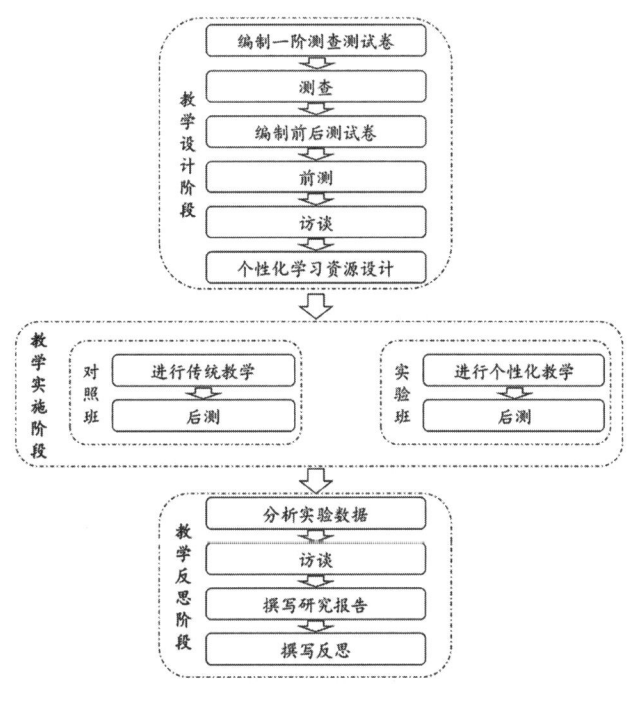

图1 研究设计流程

三、教学设计与实施

1. 实验组学生前概念认知偏差情况分析

根据实验组学生二阶选择问卷的答题情况,根据错误答案并结合访谈对实验组学生进行分析,大致可以将学生的认知偏差情况分为三类:概念模糊、规则混淆、理解泛化。概念模糊主要是学生对于概念定义的理解不准确,包括负迁移(如将中位数与中间数混淆)和对于概念的不完全定义(认为众数可以没有,也可以有多个);规则混淆主要是对于计算规则的认知偏差,即不清楚排序规则和计算方法(包括奇数个数和偶数个数,尤其是当有偶数个数时中位数的求法);理解泛化是指学生对于概念的某个特点的过度泛化,如有部分学生认为"众"不仅体现在数量上,还体现在值的大小上,所以在某个数的个数相等的情况下应当比较值的大小;也有学生认为众数不是一个数,而是一组数。理解泛化与概念模糊的区别在于,理解泛化是一种对于概念定义的错误具体化,而概念模糊则是概念定义的模糊或不完整。

2. 基于认知偏差的学习设计

针对实验组学生的认知偏差及其类型,研究团队认为,"众数和中位数"学习内容适合的教学方式为:针对个别化问题的分组个性化学习设计和针对共性问题的集体教学优化,二者相结合。

(1)针对个别化问题的分组个性化学习设计

本板块学习可以设计为:根据学生的认知偏差进行分组,提供不同内容、不同路径的学习资源,由学生进行自主学习,促进学习效率提高。

具体学习内容包括"自主学习模块"和"自主探究模块"。"自主学习模块"主要是根据学生不同的认知偏差,有针对性地对学生分组进行资源推送,通过"问题—针对性解释—题目测验"的流程,帮助学生纠正其认知偏差。完成上述学习后进入"自主探究模块",该模块由"中位数的学习""众数的学习""和电脑竞赛""进阶竞赛""自主探究"五部分组成,目的在于巩固学习内容,弥补知识盲区,培养学生的众数、中位数、平均数的综合应用能力。这些内容全部设计在学习支持系统中,旨在有效促进学生进行个性化学习。

在学习资源设计中,根据学生的认知偏差类型,有针对性地采用相关技术进行干预,如针对"概念模糊"认知偏差类型,主要采用可视化的呈现方式,通过数据统计图的形式帮助学生理解相关概念,从而形成有效的认知发展。针对"规则混淆"认知偏差类型,主要通过视觉强调的方式帮助学生纠正认知偏差。针对"理解泛化"认知偏差类型,主要通过举例和分解过程步骤的方式帮助学生学习。

(2)针对共性问题的集体教学优化

教师针对前测中发现的普遍性问题,在集体教学环节通过巧妙创设情境帮助学生更有效地理解感悟。如对于为什么要引进中位数,以及中位数与中间数的区别,通过创设内含极端数据的统计问题情境引发认知冲突,让学生通过计算发现用平均数表示一组数据的总体水平不合适,由此产生引进新的统计量的需求,并且在定义完善环节,先由7个数据大致概括出"中位数"的定义,再用8个数据提出质疑,从而引导学生由特殊到一般全面地思考问题;又如对于学生最难理解的"众数是否一定是一个数"的问题,则借助学生熟悉的生活情境(如鞋码问题、运动服销量问题等)进行比较,引导概念辨析,从而形成科学认知。

3. 个性化教学对比实验的实施

教学实施主要是对实验组和对照组采用不同的教学方式进行干预,其中实验组进行个性化学习设计的教学,而对照组则进行常规教学。实验组和对照组的学习内容相同,并且由同一位教师授课,授课的课时数相同,通过不同的教学干预来比较两组学生学业成绩的提高情况。具体实验班和对照班的教学过程,如图2所示。

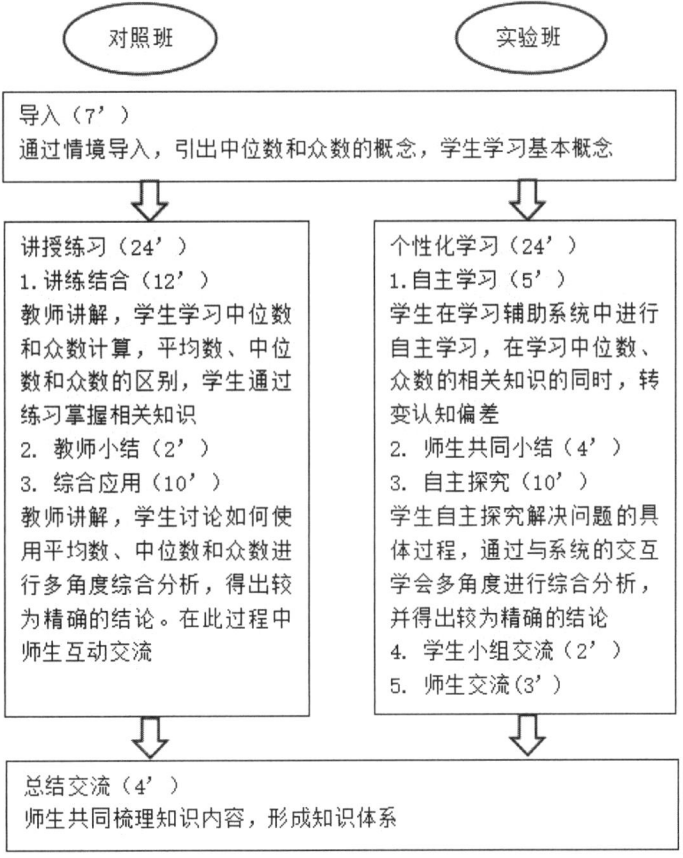

图 2 实验班与对照班教学环节设计

四、研究结果

1. 前后测平均成绩对比

通过对实验班与对照班的前后测试卷的分析,实验班、对照班的前后测试卷平均成绩,如表 1 所示。

表 1 实验班与对照班前后测平均成绩对比

测试类别	实验班	对照班	差值
前测	27.72	29.18	-1.46
后测	72.27	61.09	11.18
增长	44.55	31.91	12.64

在实验班与对照班前后测比较中,实验班前测为 27.72,对照班为 29.18,实验班比对照班低 1.46,通过 T 检验,两班无明显差异。实验班后测为 72.27,对照班为 61.09,实验班比对照班高 11.18,两班具有显著性差异。总体上两班教学后都有进步,实验班提升幅度较对照班更大,且有显著性差异,说明基于前概念分析的个性化学习实验方案是有效的。两班后测显著性分析具体如表 2 所示,$P=0.000<0.05$,两班具有显著差异。

表2 实验班与对照班后测显著性差异对比

➡T检验

组统计量

	班级	N	均值	标准差	均值的标准误
成绩	实验班	22	72.2727	9.40710	2.00560
	对照班	22	61.0909	7.77609	1.65787

独立样本检验

		方差方程的 Levene检验		均值方程的T检验					差分的95%置信区间	
		F	Sig.	T	df	Sig.(双侧)	均值差值	标准误差值	下限	上限
成绩	假设方差相等	1.506	0.227	4.297	42	0.000	11.18182	2.60211	5.93056	16.43308
	假设方差不相等			4.297	40.564	0.000	11.18182	2.60211	5.92504	16.43859

2. 实验班具体分析

通过对实验班实验教学分析,可得出以下相关分析内容:

(1)实验班平均成绩分析

本次实验,实验班前后测的成绩分别为27.72分和72.27分。通过前后测成绩对比,实验班前后测的成绩有所提高,显著性差异明显。显著性差异对比,如表3所示。

表3 实验班前后测显著性差异对比

➡T检验

成对样本统计量

		均值	N	标准差	均值的标准误
对1	前测成绩	27.7273	22	11.65039	2.48387
	后测成绩	72.2727	22	9.40710	2.00560

成对样本相关系数

		N	相关系数	Sig.
对1	前测成绩&后测成绩	22	−0.175	0.436

独立样本检验

		成对差分					T	df	Sig.(双侧)
		均值	标准差	均值的标准误	差分的95%置信区间				
					下限	上限			
对1	前测成绩—后测成绩	−44.54545	16.20325	3.45455	−51.72958	−37.36133	−12.895	21	0.000

(2)认知偏差转变分析

根据测查结果分析,实验班共存在概念模糊(中位数与中间数、是否存在众数)、理解泛化(众数的个数)、规则混淆(中位数与等差数列)等认知偏差。通过对后测内容存在认知偏差学生的具体分析,可以发现,17位学生的认知偏差得到转变,只有5位学生的认知偏差还没能完全转变,认知偏差的转变率为77.28%。

（3）授课教师的反馈

通过对授课教师访谈反馈，实验班的学生活跃度和之前正常上课相比提高不少。同时，由于分组和使用相关技术促进学习，学生学习知识点的积极性也较高。针对不同认知偏差的学生进行分组学习，小组与小组之间的任务是不同的，通过不同任务的学习，学生的学习更有针对性，也更有利于知识的掌握。

（4）实验班学生知识掌握整体情况

通过前后测成绩对中位数与众数的主要知识点进行分析，得到实验班和对照班的关系雷达图，具体如图3、图4所示。从雷达图可以看出，在学习之前，实验班和对照班对知识点的理解基本一致，但学习之后实验班整体掌握情况要优于对照班。实验班、对照班学生对中位数与众数基本概念知识点掌握都比较好，但在中位数与众数的计算、应用、与平均数的联系等方面，实验班的整体掌握水平要高于对照班的整体水平。

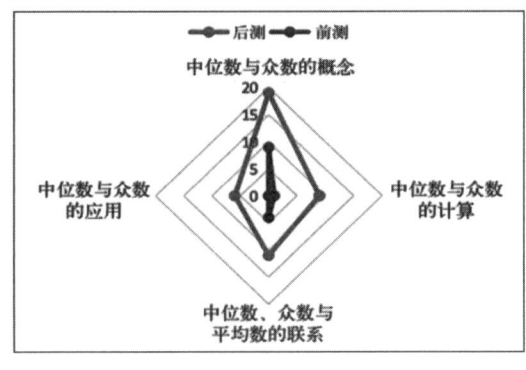
图3 实验班知识点掌握情况雷达图

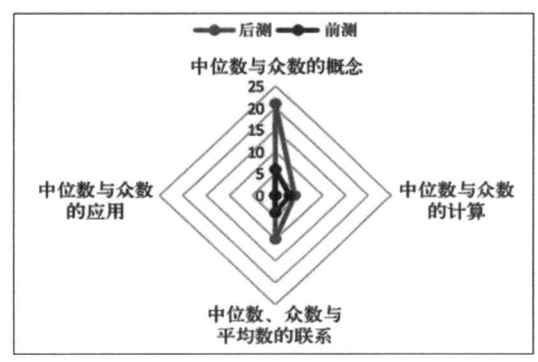
图4 对照班知识点掌握情况雷达图

（5）学生个体分析

具体学生情况主要从前后测成绩、对知识点的掌握程度等方面进行分析。通过对每位学生的具体分析，可以得到每位学生的知识点掌握情况。其中，前测存在认知偏差，同时前后测成绩差别较大的学生有10位，这些学生通过学习，后测成绩提升幅度较大。

本研究证明，基于前概念的个性化学习能有效纠正学生的认知偏差，促进学生概念转变，提高学习效果，实验结果达到预期的效果。前期的问卷和访谈，能帮助教师更客观地分析每一位学生的认知偏差；根据认知偏差的科学分组并提供相关个性化学习资源，能让学生的学习更有针对性。同时，由前期的问卷和访谈发现，学生的认知偏差与教师凭经验的预期有较大出入，从而体现了用实证方法研究学生认知起点的必要性和重要性。

五、研究结论

个性化学习的有效推进，离不开对学生精准的学情分析。基于前概念分析的个性化学习，有助于恰当提供个性化的学习资源和途径，以及及时的评价和反馈。

1. 个性化学习要以客观的学情分析为基础

个性化学习必须在了解学生个体数学学习差异的基础上进行，即分析学生的学情，包括学生的年龄特征、已有认知、学习倾向、学习能力、学习兴趣等。前概念分析是学情分析极其重要的一部分。学情分析离不开教师的经验，再加上量化的调查，才能使经验更加准确化、精细化和显性化。通过理性的前概念分析，教师能够更精准、科学地找到学生的认知困惑、认知需求，以便用更有效的方法来帮助学生弥合最近发展区。因此我们在设计"前测问卷"时，不仅会检测学生对概念的掌握情况，更会追究其结论背后的原因。不同答案的背后会隐藏着不同的理解，有时相同答案背后的理解也大相径庭。只有找准认知偏差的原因，才能从根本上帮助学生真正实现概念转化。

2. 个性化学习要有多样化且动态化的形式

量化的调查结果更有利于个性化学习的推进。教师能更精准地针对学生差异,根据学生的"已知"和"未知"提供各种学习机会,有效地将差异转变为学习资源,或针对不同的薄弱环节提供不同的学习方法。

个性化学习并不是个别化学习,教师既要照顾全体,也要兼顾个别。在集体教学中,依据调查结果,教师的提问可以更有针对性;问题设计可以更切中学生的薄弱点或易错点,且更加符合学生的实际认知水平;开放性的问题也能让学生充分展示个性;有效的师生互动、生生互动也都是很好的教学资源。当然个性化学习也离不开小组学习,对于前测中学生理解偏差较大的问题,可以进行分组学习。当然,分组类型也灵活多样:可以根据偏差类别进行同质分组,提供有助于纠正偏差的学习材料或学习方法,让学习更有针对性;也可以根据偏差类别进行异质分组,让学生在小组合作学习中互相提醒,互帮互助。

随着信息技术与教学的不断融合,个性化学习材料的提供、学习方式的引导也变得更加便捷和灵活,教师可以根据学生的认知偏差提供不同的学习资源、学习任务,学生也可以根据自己的学习进度,选择合适的学习内容、挑战级别。在信息技术环境下,小组的分配可以更加灵活,不受座位的制约。学生可以根据学习需求来促成学习小组,教师也可以根据学生的学习情况,随时调整分组,甚至还能根据课上完成任务的速度或认知差异来动态分组,让学生在学习中感受到其学习发展情况,有效激发其学习动力。

3. 个性化学习要有及时客观的评价和反馈

个性化学习离不开准确、及时的评价。技术的支持,让学生可以得到有效的学习反馈,客观了解自己的学习效果及不足。有时还能根据需要提供针对性的巩固练习,确保学生在扎实的基础上进一步学习。

素质教育追求人在各自不同资质基础上的最优发展,应避免只用一个尺度来度量,只用一个标准来规范。因此,个性化学习中教师的评价也尤为重要,及时、精准的评价可以使学生获得准确的反馈信息,焕发新的需求,从而提高学习的自信心,为下一步学习打下基础。评价还应以尊重学生的个性和可持续发展作为出发点,避免采用统一的评价标准,注重针对不同学生的具体情况,采用适当的差异性评价、激励性评价。

An Empirical Study of Personalized Learning of Primary School Mathematics Based on Preconception Analysis

ZHANG Qi

(Shanghai Experimental School, Shanghai, 200125)

Abstract: As preconception analysis is an aspect of students' academic analysis, this study has made an in-depth analysis of students' preconception with empirical methods to understand their cognitive biases and the causes of formation. Moreover, based on the different types, this study also aims to provide personalized learning resources and to carry out a personalized teaching design and implementation, so as to help students learn more effectively. The findings show that personalized learning based on preconception analysis can effectively promote students' concept transformation and improve their learning efficiency; and personalized learning should be based on objective academic analysis, should have diversified and dynamic forms, and should have timely objective evaluations and feedbacks.

Key words: preconception, precise academic analysis, personalized learning

智能化社会劳动教育的演进理路

王治东,张荆京,苏长恒,曾 璇,张 志,周继舟,张 鹏

(东华大学 马克思主义学院,上海 201620)

摘 要:劳动教育作为我国教育制度的重要内容,它旨在通过一定的劳动实践,使受教育者获得相应的劳动认识,最终实现受教育者主体塑造的育人目标。劳动教育作为人类劳动发展的产物,它的具体内容深受不同时代劳动形式的影响。传统的"教育同生产实践相结合"的开展形式在主体培养、认知建构、实践锻炼等方面与智能化社会下的劳动需求还存在着一定的差距。因此,有必要立足智能化社会劳动形式的变化,将教育同智能化劳动相结合,以主体创造性的培养、实践方式的革新、理论认知的架构等维度开展劳动教育的变革,构建适应智能化社会需要的劳动教育体系。

关键词:劳动教育;劳动变化;智能化

当前全面加强劳动教育,培养德智体美劳全面发展的劳动者已经成为共识。尽管劳动教育在具体实践上初显成效,但是对劳动教育的理论研究还有很大的探讨空间,尤其是基于智能化社会的劳动形态的演进对劳动教育的分析具有实践价值和前瞻意义。

一、劳动演进与时代发展的共生逻辑

1. 劳动教育是人类劳动发展的必然结果

劳动教育是我国教育制度的重要内容,在人才培养上发挥着至关重要的作用。但是劳动教育不是从来就有的,劳动教育是人类劳动发展到一定阶段的产物。

在原始社会,"生产力十分低下,教育是直接和生产劳动、社会生活溶合在一起的。人们把在谋得生活资料过程中积累的生产经验、劳动技能和社会行为、习惯一代一代地传授下去"。[①] 因此,"人的生产"就成了人类的第一要务。

随着生产力发展和劳动进步,原始社会逐步过渡为阶级社会。在这个过程中,随着部分人占有剩余劳动,教育也逐渐作为一种单独的职能从生产中分离出来。同时,教育的内容逐渐丰富,除了劳动技能可以由生产者代代相承和师徒传承外,与生产劳动联系不太紧密的哲学、政治、诗词、天文等逐渐成了教育活动的主要内容。自此以后

基金项目:本文系"挑战杯"全国大学生课外学术竞赛东华大学马克思主义学院课题组阶段性研究成果。

作者简介:王治东,东华大学马克思主义学院院长,教授,博士生导师,博士,主要从事马克思主义理论研究;张荆京,东华大学硕士研究生,主要从事马克思主义基本原理研究;苏长恒,东华大学马克思主义学院硕士研究生,主要从事马克思主义基本原理研究;曾璇,东华大学马克思主义学院硕士研究生,主要从事马克思主义基本原理研究;张志,东华大学马克思主义学院硕士研究生,主要从事思想政治教育研究;周继舟,东华大学马克思主义学院硕士研究生,主要从事马克思主义基本原理研究;张鹏,东华大学马克思主义学院硕士研究生,主要从事马克思主义基本原理研究。

① 夏瑞庆,魏志春:《马克思主义关于教育和生产劳动相结合的原理在中国的实践》,《安徽师大学报(哲学社会科学版)》1983 年第 1 期,第 25 页。

的很长一段时间内，接受教育和掌握文化就成为少数统治阶级的特权。

工业革命后，机器生产逐渐成为主流。但是机器生产一方面需要大量的劳动力，另一方面也需要劳动者掌握一定的现代自然科学知识，从这时开始，当代意义上所讲的学校劳动教育才逐渐产生。这一时期，包括洛克、卢梭在内的许多资产阶级思想家、教育家都提出了劳动教育的思想。1697 年，洛克为英国政府起草的《贫穷儿童学校计划》中就说："劳动人民的孩子是教区的一种经常性负担，社会绝对不能无偿地养活他们，根据法律的规定，应在每一个教区设立一所劳动学校，采取严厉的措施，强迫领取救济金的贫民把 3 岁以上 14 岁以下的子女送入这种劳动学校，并对进入劳动学校的儿童一律实行强迫劳动。"① 但是"对资产阶级弟子而言，洛克、卢梭的劳动教育思想中还包含强健身体、焕发心智、了解自然、自食其力的作用"。② 这与其对无产阶级的教育方式形成了鲜明的反差。因此，资产阶级面向无产阶级推行的劳动教育其实是劳动技能的教育，根本目的不在于促进劳动者的发展，而是为了资产阶级从无产阶级身上获取更多的剩余价值。

在马克思主义的理论中，教育和生产实践相结合，根本不同于资产阶级的"劳动教育"。他在分析空想主义者的社会实验时认为："从工厂制度中萌发出了未来教育的幼芽，未来教育对所有已满一定年龄的儿童来说，就是生产劳动同智育和体育相结合，它不仅是提高社会生产的一种方法，而且是造就全面发展的人的唯一方法。"③ 在这里马克思认为，只有教育和生产实践相结合，才能促进社会经济发展和实现人的全面发展。社会主义条件下的劳动教育以"促进受教育者德智体美劳全面发展"为导向，一方面，要使其掌握一定的生产知识和劳动技能，另一方面，要以马克思主义的劳动观念为思想引领，引导受教育者树立"劳动最光荣、劳动最伟大、劳动最美丽"的劳动认识，进而为实现人的全面发展创造现实条件。

同时，马克思不仅提出了劳动教育的重要育人作用，他更是依据 19 世纪的工厂劳动形式提出了劳动教育的具体方式。而智能化被认为将对人类产生空前影响，掀起新一轮的发展浪潮。因此，本研究将结合智能化社会中的劳动变革，探讨在智能化背景下如何更好地发挥劳动教育的效果。

2. 智能化社会的劳动变革

（1）劳动主体的变革

马克思主义认为，人类是自然界进化的产物，劳动在这个过程中发挥了决定性作用，"劳动创造了人本身"。因此人天然地是劳动主体。但在智能化社会，传统意义上人作为劳动主体的地位正在面临着挑战。

首先，人机边界逐渐模糊。哲学家哈拉维（Donna Haraway）发展了"赛博格"（Cyborg）的概念，即表现为一种人机混合体，"赛博格"是人机交互与杂合的产物。如今，医学和生物工程的发展，已经能使残疾人通过生物电信号凭借意念来控制假肢或者其他辅助器械为自己服务。"赛博格"的发展已经打破了主体与客体、自然和社会之间的界限，"人不断被物化，物却不断被人化，人与物之间的界限不断模糊，形成'后人类'"。④ 通过"赛博格"，工具作为客体，但是现在成了主体不可缺少的一个部分，人作为主体，但是现在却和工具紧密地结合在一起。那么在技术的加持下，智能系统和人体密切结合将不断突破人的自然边界，使其不断超越自然人的能力。到那时，什么才是人？什么样的人是生产生活的主体？这些都留下了非常值得思考的空间。

其次，主客体关系的变化。马克思认为，人作为劳动主体，"不是以单纯自然的，自然形成的形式出现在生产过程中，而是作为支配一切自然力的活动出现在生产过程中"。⑤ 在万物互联中以及网络去中心化的作用下，无论是人还是物，都被标记为数据成为网络中的一个节点，"人与物之间在物联网中的界限已经很难两分。物与物之间甚至可以相互协作，创建成组或网络，可以初始化的

---

① 滕大春：《外国教育通史》(6 卷)，第 3 卷，山东教育出版社 1990 年版，第 63 页。
② 徐辉：《从生产性到育人性：西方劳动教育思想的历史演变及启示》，《教育科学》2020 年第 5 期，第 30 页。
③ 《马克思恩格斯文集》(10 卷)，第 5 卷，人民出版社 2009 年版，第 556—557 页。
④ 王治东：《人工智能研究路径的四重哲学维度》，《南京社会科学》2019 年第 9 期，第 42 页。
⑤ 《马克思恩格斯文集》(10 卷)，第 8 卷，人民出版社 2009 年版，第 174 页。

交互,人被边缘化,甚至被对象化。对象化是主客体关系的重要印证,而人反过来被对象化就颠覆了人与物之间的关系基础"①,从而彻底改写人与物的主客体关系。这种情况打破了主客体的二分、自然与社会之间的界限。在网络中,人可以通过物的信息做出反馈,物也可以根据人制造的信息进行改变。物越来越具有人的特征,人越来越具有物的属性。

(2)劳动实践的变革

首先,由于人工智能技术和虚拟技术的发展,劳动分工实现了超专业化。所谓超专业化就是"基于互联网虚拟连接技术与虚拟平台的有机结合。借助这种虚拟连接技术与虚拟平台的有机结合,可以实现万物互联的效果,从而颠覆传统的分工逻辑,使得人、物之间发生更为广泛的关系"。②也就是说,虚拟技术和物联网促使具有不同知识的人进行跨界合作,从而突破传统分工的线性逻辑关系和时空局限。所以在超专业分工的条件下,人不再局限于特定时间、特定地点、特定任务的工作模式。它更强调跨界合作、知识共享以及整体控制,能够让各种生产要素尤其是人的智力因素在万物互联中实现充分流动。因此,劳动分工的超专业化将改善分工的外在强制性,从而为自发分工转变为自觉分工创造条件。

其次,劳动实践的非物质化,一方面表现为劳动的数字化,数字劳动成为一种全新的劳动形式。数字劳动并非狭义上所指的只有程序员的劳动才是数字劳动。福克斯认为,"数字劳动指ICT(信息通信技术)行业价值链中资本积累所必需的各种劳动"。③实际上,在数字劳动中,只要用户通过应用程序进行诸如收发邮件、浏览信息、刷微博和朋友圈的行为,都会产生大量数据,而这就形成了数字劳动。广大用户在数字劳动中创造了具有使用价值的数据商品,互联网公司处理这些数据并将其转化为交换价值。同时,劳动还表现为虚拟化。如果说数字化的劳动方式扩展了对生产劳动的认识,那么虚拟化则使人的劳动摆脱传统的现实世界。在传统哲学体系当中,人的实践活动标志着主体和客体相统一。尽管对象世界在经过人的实践活动之后成了人的对象,但是却不能创造或取消该物本身的客观实在性。所以,人的实践对象、实践产物,如果去除了人的实践加工,那么它总是还保留着天然的物质性。但是在虚拟实践中,人们是通过软件形成的界面作为中介来进行实践活动,实践对象就是人类知识经验的对象化,是知识的世界,因此,劳动的对象已经不是纯粹的感性物质世界。

(3)认知方式和认知内容的变革

在传统的认知中,人类必须在一定的现实空间条件下,通过感性经验才有可能获得对外部对象的认知。但是在虚拟条件下,主体是通过界面在人或人机共同制造的虚拟环境下进行认知活动的。人们的认识总是发生在主体与虚拟环境相互作用的过程之中,而在这个过程中客体是虚拟的,主体全身心地沉浸,两者之间通过界面的互动发生关系。④因此,在虚拟环境下,人们不是在现实空间中根据现象来获得认识,而是主体要通过一系列互动才能形成对这个虚拟存在的认识。所以,智能化社会人们的认知机制可能和从前大不相同,由此可能带来不同于在现实物理空间的认知获取方式。

同时,新的实践也会带来新的认识内容。首先,以超专业分工为代表的新型劳动模式,带来了强大的智慧集合能力,极大地提高了社会生产力。这就使得人们迷信于超专业分工的力量,从而忽视对客观规律的尊重,容易形成错误的价值判断,也会深刻影响人们的表达方式。其次,随着智能技术在生产中广泛应用,大量的重复性劳动都可以交由人工智能来完成。个性化、订制化的服务性劳动越来越多。劳动过程中越来越强调知识的付出和创新,这些个性化服务或产品不仅很难以社会平均劳动时间的方式来用一般等价物进行测量。那么,到底什么决定价值?什么才是价值的来源?再次,劳动将人类从自然界中提升出来,但是当智能化技术使人摆脱了谋生劳动,使劳动真正成为人自由自觉的活动时,人们该如何理解这

---

① 王治东:《"物联网技术"的哲学释义》,《自然辩证法研究》2010年第12期,第18页。
② 郭智健,荆晓静,马怡菲,赵炼,史鑫茹:《智能化社会劳动分工发展趋势研究》,《现代基础教育研究》2019年第3期,第6页。
③ 冯洁,周延云:《国外马克思数字劳动研究:概览与评析》,《贵州社会科学》2017年第12期,第33页。
④ 张怡:《数字化时代的认识论走向》,《江西社会科学》2004年第3期,第12-18页。

种劳动？该如何应对丰富的自由时间？如何展现人的属性？因此，智能化社会不单单是对人们的部分的劳动活动带来变革，它更是给人们原有的一系列认知带来全方位的挑战。

二、劳动形式变化对传统劳动教育的影响

劳动教育是发挥劳动的育人功能，教育学生热爱劳动、热爱劳动人民的教育活动。① 苏霍姆林斯基认为："我们相信，正是由于参加了真正的生产劳动，受教育者对学习才更加认真和自觉，并以严肃的眼光看待个人的生活。"② 因此，劳动教育旨在通过一定的劳动实践，使教育者获得相应的劳动认知，最终实现对受教育者主体培养的目标。而智能化下社会的劳动变革对主体的地位以及人类实践、认识的方式和内容都带来了巨大改变，这必然会对劳动教育的育人效果带来多方面的影响。

1. 智能化社会劳动形式的变化冲击了劳动教育的主体塑造

对人的塑造一直是我国劳动教育的首要目标，习近平总书记在全国高校思想政治工作会议上曾强调："重视实践育人，坚持教育同生产劳动和社会实践相结合，广泛开展各类社会实践，让学生在亲身参与中认识国情、了解、受教育、长才干。"③ 这不仅表明劳动教育的内涵更加丰富，也反映出劳动教育的重要育人作用。

从社会发展的大趋势可以看出，需要人亲自动手的劳动实践在社会生产中所占的比重越来越小。尤其在智能化社会中，智能机器的应用使人的劳动不断被替代，人在劳动中的主体地位逐渐被削弱。在万物的互联之网中，无论是人还是物，都被标记网络上的信息符号，人们已经很难判定一个信息的发出者是人还是程序，这也极大地模糊了主客体之间的界限。尤其是"赛博格"的出现更是带来了人工制造"第二主体"的可能性。在智能化社会中，新技术正在不断冲击着人们对于主体的传统认识。所以，凭借几次简单劳动很难实现劳动教育的培养目标。因此，教育者必须在智能化社会中寻求新的劳动教育主体塑造模式，使受教育者在劳动中确证自己的力量。否则劳动教育就会沦为简单的技能培训，从而丧失其独有的育人效果。

2. 智能化社会劳动形式的变化提出了劳动教育实践智能化的发展要求

当代意义上的劳动教育起源于西方并长期受到资本主义的统摄，内容上也主要侧重于劳动技能教育，目的在于让受教育者掌握一定的劳动技能，教育的对象往往以无产阶级的子女为主。19世纪英国的"产业学校""济贫区学徒制度"及其相联系的贫苦儿童教育机构，如"慈善学校""工读学校""乞儿学校"等都是这一理念的典型代表。④

在社会主义社会，劳动教育已经成为培养全面发展的人的重要手段。苏联的劳动教育认为，"劳动是一个复杂的过程，在这一过程中，使人产生满足感的不仅是体力上做出的努力，而且是他对个人的创造力和智力因素的认识"⑤，并认为生产劳动是教育学生热爱劳动和在道德上成熟起来的重要途径。同期，我国劳动教育的政策、措施很大程度上也借鉴了苏联的做法，也曾大力推行"劳教结合"，使受教育者广泛参与工厂劳动和农业劳动。从中可见，从事具体劳动，通过自己的双手运用简单的劳动工具，进而掌握一定的劳动技能，既是社会主义条件下开展劳动教育的必然要求，也是培养人才的可行手段。

但上述的劳动教育所立足的都是第一次和第二次工业革命中的劳动方式。在智能化社会中，智能机器、虚拟系统以及新的分工方式将大量取代旧的劳动实践方式。新型的劳动实践已经在我国的经济中占据重要地位，对日后社会发展起到显著作用。例如，凭借手机中的智能APP，人通过简单的语音指令就能使智能化家电完成一系列家

---

① 中华人民共和国教育部：《大中小学劳动教育指导纲要（试行）》，载中华人民共和国中央人民政府网：http://www.gov.cn/zhengce/zhengceku/2020-07/15/content_5526949.htm，最后登录日期：2021年4月16日。
② 苏霍姆林斯基：《苏霍姆林斯基论劳动教育》，萧勇，杜殿坤译，教育科学出版社2019年版。
③ 中共中央文献研究室：《习近平关于青少年和共青团工作论述摘编》，中央文献出版社2017年版，第77页。
④ 徐辉：《从生产性到育人性：西方劳动教育思想的历史演变及启示》，《教育科学》2020年第5期，第27-34页。
⑤ 苏霍姆林斯基：《苏霍姆林斯基论劳动教育》，萧勇，杜殿坤译，教育科学出版社2019年版，第189页。

务劳动。也就是说,在日常生产生活中,许多具体的劳动技能都被智能化的生产工具取代,人即使不掌握劳动技能也能够正常地生产生活。

综上,新型的劳动实践方式必将带来新的劳动认识。如果劳动教育的实践仍然停留在简单体力活动层面,而不去主动适应智能化社会的劳动实践模式,那就既不能给受教育者带来有效的劳动认知,又无法使受教育者在劳动中感到幸福,反而对劳动产生误解和排斥。那么,在智能化社会是否还有必要掌握劳动技能?智能化社会需要掌握何种基本的劳动技能?

3. 智能化社会劳动形式的变化冲击了劳动教育的认知培养

中华人民共和国成立后,随着社会主义制度的确立,马克思有关教育和劳动的理论原则也被应用到实践中。劳动教育也有了前所未有的重要意义。由于中华人民共和国作为社会主义国家,劳动人民是国家的主人,所以在劳动教育中使受教育者树立起对马克思主义劳动观的正确认识以及相关道德品质,就成为劳动教育的重要任务。

从历史背景看,马克思提出教育和生产实践相结合的理论构想以及我国对这一理论的实践主要都处在前两次工业革命的影响中,劳动过程的主体十分明显,人直接的具体劳动在财富生产中具有非常重要的作用。因此,在社会主义制度下,以这种生产模式为主要手段,推进教育和生产实践相结合,劳动教育能够使主体在直接的劳动过程中体验到劳动作用的发挥和价值的创造,并较好地发挥劳动教育的思想政治引领作用。

但是,随着智能化社会的到来,它引起的劳动关系的一系列变革极大冲击了原有模式。从认识的获取方式上看,人类依靠虚拟实践,认识活动脱离了现实物理空间的限制,并通过界面和人类的经验知识进行互动,极有可能改变人类传统的认知方式。随着万物互联的发展,人们越来越少地直接从事物质生产活动,每个人在社会劳动中的独立性和依赖性空前增强,所以,人类的认知取决于整个过程中的协同互动:既不是完全由人类认知者决定的,也不是完全由非人类的软件机器人或搜索引擎决定的,而是由相互纠缠的社会—技术等因素共同决定的。[①]但劳动教育却仍是完全基于传统的认知逻辑而展开的。

认识源于实践,智能化的劳动实践不仅使认知方式发生改变,也对原有的劳动认知内容产生了影响。互联网经济快速发展使直播带货、电子竞技等新兴产业成为新的经济增长点,但其与很大一部分人理解的劳动相去甚远,人们还没能以新观念来理解劳动的新变化。同时,随着"人机融合"、智能机器对人的劳动的超越和替代,引发了"什么才是劳动,劳动主体是谁,价值创造由谁完成"等一系列认知上的挑战。因此,依靠传统认知模式和认知内容的劳动教育方式的育人效果势必也会遭到一定的冲击。

三、智能化社会劳动教育的发展路径

1. 主体性维度:强化受教育者的主体意识

在智能化社会,劳动过程中人的自然属性和主客体关系的模糊,使得传统意义上人的劳动主体地位正在接受着严峻的挑战。在人的主体性正在面临削减的风险下,智能化社会的劳动教育要突破过去原有的劳动教育的单一性,深化教育对象对劳动本质和自身的认识,实现、完善、开发、延伸教育对象的内在主体性,引导受教育者在劳动过程中不断确认自身的主体地位,强调塑造受教育者的主体意识,避免"技术升级"而"主体降级"的局面。

其一,受教育者的主体性体现为受教育者的自创造性。劳动将人从自然界中提升出来,劳动者的主体性更可以被理解为"人作为社会存在所具备的能动性、创造性、主导性和意识性在劳动中的表现"。[②]在这种社会背景下,知识素养代替了技能熟练度,成为劳动者需要具备的首要能力。这样,"新生工作岗位将逆向而生,既不是产业链上重复机械工作的简单劳动,也不单单是掌握机械工作原理和机械技巧的蓝领,而是具备研发和

---

① 成素梅:《智能化社会的十大哲学挑战》,《探索与争鸣》2017年第10期,第47页。
② 杨伟国,邱子童:《人工智能应用中的劳动者发展机制与政策变革》,《中国人口科学》2020年第5期,第3页。

技术创新能力的高技术人员"。① 这就意味着,要以智能化社会的需求为导向,改变教育目标和教育观念,利用智能化、信息化、数字化等技术变革,为受教育者个性化、自主性、创造性的劳动提供支撑,以数字化、信息化网络空间为平台,开展多种形式的劳动教育活动。同时,结合智能化社会特点,不仅要提升受教育者的知识素养,更要在此基础上引导受教育者个性化发展,激发其创新性,使之能在利用技术自我建构和自我发展中更适应智能化社会的技术变革。

其二,受教育者的主体性体现为受教育者的自组织性。随着智能化社会中知识技能的培养和提升,个体完全有能力凭借自身的技术和核心竞争力,成为一个独立的自管理主体。一方面,智能化技术对时间、地域限制的解放,使人们从事劳动生产更加自由灵活。他们因此能够自主地支配自己的劳动时间、劳动方式和劳动强度;另一方面,随着劳动者受教育程度的提升,个体的自我意识不断觉醒,劳动者也会更加积极地捍卫自己对劳动的主导权。因此,在劳动教育过程中要强调受教育者自组织性的培养,具体体现在劳动教育过程中,教育者在基本劳动知识传递的基础上给予被教育者充分空间,受教育者利用自组织系统达到最终学习的目的,使受教育者的个性得以实现,激发受教育者参与劳动过程的主体性和积极性。

2. 实践性维度:革新劳动教育实践形式和内容

人类的发展来源于劳动,而在智能化社会,劳动的内容发生了深刻改变,人工智能呼唤着劳动教育实践方式的转变。

培养适应人工智能环境下的新劳动能力,首先必须明确劳动在人类社会存在和发展的基础性作用。从劳动对人的作用来看,劳动将人从纯粹的自然界中提升出来,是人成为人的重要标志,"劳动创造了人本身"。从人类社会的发展来看,"人们为了能够'创造历史',必须能够生活。但是为了生活,首先就需要吃喝住穿以及其他东西,因此第一个历史活动就是生产满足这些需要的资料,即生产物质生活本身"。② 再从物质生产的方面看,具体劳动作为使用价值的创造者,"是不以一切社会形式为转移的人类生存条件,是人和自然之间的物质变换即人类生活得以实现的永恒的自然必然性"。③ 因此,人类的劳动实践活动是无可替代的。"任何一个民族,如果停止劳动,不用说一年,就是几个星期,也要灭亡。"④ 但是,人类的劳动也不是一成不变的,劳动的实践方式随着生产力的发展和社会进步也在不断变革。到了现代,新的社会分工方式已经展露萌芽,新型的生产工具更是层出不穷。

因此,智能化社会下的劳动教育必须着眼于劳动实践方式的变化,做到继承性和创新性的统一。首先要重视劳动实践的重要意义,劳动教育离不开劳动实践活动,教育对象必须在劳动实践中得到锻炼。其次,要创新劳动教育的实践内容,面向智能化社会所需要的劳动技能开展劳动教育实践活动。这就要思考劳动技能存在的意义,把人机交互、程序编写、创新性思维作为未来必需的生存发展技能融入劳动教育的实践内容中去,将劳动工具运用教学转变为智能设备的使用教学。最后,创新劳动教育的实践方式。当下乃至未来的劳动教育实践方式可以充分利用人工智能的发展成果,例如实践的地点可以转移到智能生产的车间;以智能化课程教学和虚拟实践教学的学习方式,运用VR技术,在课堂教育教学过程中植入仿真的劳动实践训练。如教育对象在教师的指导下,"可以'操作'机床车床,进行切、割、磨、洗、钻等一系列劳动动作,像在现实工厂一样,锻炼自身的劳动技能,达到手、眼、耳在操作时的一致和协调"。⑤ 在此基础上,开展劳动理论学习和技能实践等。

3. 理论性维度:丰富劳动教育的理论体系

智能化社会对人类原有的一系列劳动认知形

---

① 张新春,董长瑞:《人工智能技术条件下"人的全面发展"向何处去——兼论新技术下劳动的一般特征》,《经济学家》2019年第1期,第46页。
② 《马克思恩格斯文集》(10卷),第1卷,人民出版社2009年版,第531页。
③ 《马克思恩格斯文集》(10卷),第5卷,人民出版社2009年版,第289页。
④ 《马克思恩格斯文集》(10卷),第10卷,人民出版社2009年版,第56页。
⑤ 王海建:《人工智能时代的劳动教育:创新与调适》,《思想理论教育》2021年第1期,第105页。

成了冲击,要以马克思主义为指导,在劳动教育中构建符合未来劳动发展趋势的认知培养模式和思想理论体系。

首先,在劳动教育中要正确对待工具理性和价值理性。智能化社会技术的力量得到了空前的发展,"由于人工智能过于追求技术的价值,过于强调技术带来的变化和技术的应用,容易消融社会的核心价值"。[①]这不仅会带来超专业分工导致的错误认知,更会导致技术对劳动教育的控制。因此,人工智能进入劳动教育不能凌驾于劳动教育的价值追求之上,而是要实现价值理性与工具理性的统一。这就要求在开展劳动教育过程中要始终坚持社会主义的育人导向,比如将人工智能技术运用于劳动精神的传承,既能通过人机交流和沉浸式体验学习劳动知识,又发挥了人工智能技术的先进性。

其次,纠正认识偏差,培养适应人工智能时代的劳动认识。在人工智能背景下,人们的生产生活方式发生了翻天覆地的变化。人工智能技术改变人们的认知,激发人们对未来的想象,同时也对人们原有的劳动认知产生巨大的冲击。所以,应当充分利用马克思主义的发展成果,用马克思主义解释当代劳动发展的新变化,诸如"人类未来是否需要劳动,人工智能是否创造价值,是否具有主体地位,人类如何理解劳动和休闲的关系"等相关问题,应该充分利用马克思主义的发展成果,合理解释当代劳动的新变化,达成理论与现实、当下与未来的辩证统一,使受教育者正确对待新的劳动形态。

最后,落实"立德树人"根本任务,除了要立足智能化社会的认知变化,也要坚持弘扬新时代劳动精神。铁人王进喜等劳动模范的光辉精神也应作为智能化社会劳动教育理论体系的重要组成部分,通过劳动历史、劳动内涵和劳动精神等教育彰显劳动的重要作用,肯定物理空间劳动和生产劳动的必要性,使受教育者能够理解和形成马克思主义劳动观,牢固树立"劳动最光荣、劳动最崇高、劳动最伟大、劳动最美丽"的观念,从而使受教育者既能够继承优良传统,又能够树立面向智能化社会的科学劳动认知,承担起社会主义建设者和接班人的重任。

The Evolutionary Path of Labor Education in an Intelligent Society

WANG Zhidong, ZHANG Jingjing, SU Changheng, ZENG Xuan, ZHANG Zhi, ZHOU Jizhou, ZHANG Peng

(School of Marxism, Donghua University, Shanghai, 201620)

Abstract: As an important part of education system, labor education aims to enable the educated to obtain the corresponding labor knowledge through certain labor practices, and finally realize the educational goal of the educated subject. Labor education is a product of human labor development, whose specific content is deeply influenced by labor forms in different eras. The traditional form of "combining education with production practice" still has a certain gap with the labor demand in an intelligent society in terms of subject training, cognitive construction, and practical training. Therefore, it is necessary to focus on the labor changes in an intelligent society, combine education with intelligent labor, and carry out labor education reforms in the dimensions of creative cultivation of the subject, innovation of practical methods, and the framework of theoretical cognition, so as to build a labor education system that an intelligent society needs.

Key words: labor education, changes of labor, intelligence

---

① 王海建:《人工智能时代的劳动教育:创新与调适》,《思想理论教育》2021年第1期,第107页。

适应性专长导向的教师成长校本项目：
环境设计和实施路径
——以上海市第二初级中学为例

崔 鹏[1,2]

(1. 华东师范大学 教师教育学院，上海 200062；2. 上海市第二初级中学，上海 200031)

摘 要："适应性专长"理论认为，教师既要掌握"如何做"的知识，又要具备"为什么做"的知识，教师要具备在各种复杂情境中学习和灵活处理各种问题的知识、能力与情感等。上海市第二初级中学立足学校情境，以"适应性专长"作为教师成长的导向，设计实施"适应性专长导向的校本项目"。设计具有自我导向性、日常持续性、情境生成性、互动建构性特征的校本学习环境，以问题解决为载体，以真实情境中问题驱动下的多模式学习为过程，以学校的学习领导为支撑，建立从问题到目标、内容、行动、评价、成果的实施机制，促进教师适应性专长的发展，实现教师的专业成长。

关键词：适应性专长；教师专业成长；教师学习；校本项目

一、问题的提出

1. 校本教师专业发展活动的困境与根源

上海市第二初级中学（以下简称"市二初级中学"）视教师为学校教育质量的关键因素，把教师的专业成长作为教学有效性和学生发展的基础性工作进行设计和推进，以课堂教学、课程建设、课题研究、资源开发等为内容，以听评课、作业设计与命题、论文撰写、论坛交流等为形式开展校本研修。学校建立校本研修的制度和流程，通过自"上"而"下"的方向引领、行政推动和机制保障，规定教师参与，规范相应活动的开展。实践显示，校本研修创设教师专业学习与提高的平台，指引教师自我发展的方向。但另一方面，这些校本专业发展活动的组织实施与成效，并未对教师解决实际问题的能力和主观能动性发挥产生显著的促进作用，其具有的指向校本、源自师生、贴近实践的特点并未充分转化成增强效能、激活创新的优势。已有研究认为，校本培训、校本研修等专业活动之所以效果不佳，是因为：研究问题宽泛与主体意识缺失；研修活动"量"和"质"失衡，"点"和"面"脱离，"深"和"广"冲突；缺乏整体思维，归因有失偏颇，专注于个别事件，停留在经验思维等。[1][2] 笔者以这些问题为线索展开调研和反思，发现市二初级中学已有的校本研修亦不同程度地存在这些问题。

进一步分析后发现，校本教师专业发展活动的内容选择并未与师生的日常情境、现实问题紧密结

基金项目：本文系 2019 年度上海市徐汇区教育科学研究一般项目"'校本项目'研究助推教师成长的学校实践路径探索"的阶段性成果。

作者简介：崔鹏，华东师范大学教师教育学院博士研究生，上海市第二初级中学常务副校长，中学高级教师，主要从事课程与教学、教师教育研究。

[1] 董晓群：《微课程：提升研修合力的有效途径》，《上海教育科研》2013 年第 2 期，第 75-77 页。
[2] 徐建文：《小学数学卷入式校本教研的实践探索》，《上海教育科研》2013 年第 12 期，第 55-57 页。

合,目标制定并未以满足未来人才的当下成长需要为重要依据,路径设计并未以教师自身终身学习为清晰定位,缺少明确的实践立场、问题导向和前瞻思考,带有一定程度的想当然甚至盲目性,暴露出缺乏有效理论支撑的根本问题。同时,制度安排或活动设计大都是外部的,并未强调教师的自觉发展和自我教育,从而并未改变教师的日常状态和成长生态,也就无法真正促进教师的专业成长。

2. 教师专业成长的突围之策

进入新时代,教育的内涵与外延不断扩展,教师要成长为什么样的人,才能适应社会和教育的持续革新？学校应如何构建适宜的环境,才能最大限度地承载教师的有效学习和成长？对这些问题的认识与教育教学专业的特质密切关联。

日本学者波多野(Hatano)与同事于1986年提出教师"适应性专长(adaptive expertise)"的概念,认为适应性专长的教师应同时具备程序性知识与概念性知识。[1]拥有概念性知识的教师不仅应知道如何做,还能够理解、解释这么做的原理与意义。因此,对教师适应性专长的发展要求已经突破学科的界限,涵盖了教师作为主动的实践者在工作中灵活处理各种领域复杂问题的知识、能力与情感判断等。[2]"适应性专长"论断的提出与发展,为教师学习与成长提供了新思路和新框架。

二、理论依据

1. 适应性专长视角下的教师专业成长

教师专业成长的环境与路径需要基于学校场域,在理论支撑下进行深层次思考和系统性设计,面向未来充分理解知识社会的特征及其对人才的要求。同时扎根学校场景关注教师的主体价值,激发教师立足自身的教育教学实践,觉察与思考现实中的问题和未来的变化可能,发展适应社会和教育持续变革的能力即适应性专长,旨在支持与帮助学生更好地学习和发展,具备迎接未来社会挑战的能力。

适应性专长具有四条关键性的核心特征：深度的概念性理解、在新情境中的适应性改变、学习的倾向以及元认知。[3]因此,适应性专长伴随着追求理解的内在动机,保持着探索问题本质和意义的状态,当面对复杂情境或真实问题时,反思、拓展、转化、升级旧知和关联、学习新知,做出适应性改变和创新性解决,并在这一过程中探索形成新的程序和概念。可见,适应性专长兼具知识与创新的双重成分,蕴含着"为未来而学习"的观念。特别是当人们清醒地认识到知识社会的到来及其变革性本质后,适应性专长逐渐被认为是值得知识社会中每个领域的学习者追求的目标。[4]

学校为未来而育人,应以发展学生的适应性专长为教育目标,适应性专长更应成为教师专业成长的重要目标。在适应性专长视角下,教师专业成长意味着,教师面对动态变化的情境、学生和不断更新迭代的知识与技术,以培养具有独立创新能力与精神的学生为己任,把教育教学过程作为自身学习和成长的时空,保持自我质疑与调控、协作拓展与创新,不断突破已有经验和专长,有能力创建新观念、新方法和新知识。学校则应创设激发教师发展和实现适应性专长的环境,为使教师成为具有适应性专长特质的终身学习者付出努力。

2. 适应性专长导向的校本项目(AESP)的内涵

研究表明,适应性专长发展的影响因素包括主体的兴趣与价值观、客体的随机性与多变性、境脉的激励性、共同体的积极作用。[5]根据适应性专长的核心特征和影响因素,市二初级中学设计并系统推进

---

[1] Hatano, G. & Inagaki, K., "Two Courses of Expertise", In H. Stevenson, H. Azuma, and K. Hakuta(Eds.), *Child Development and Education in Japan*, San Francisco: Freeman, 1986, pp. 267-272.

[2] 徐金雷,顾建军:《从知识到素养:教师适应性专长构成及发展——基于对技术教育教师的考察》,《教育发展研究》2020年第12期,第53-59页。

[3] 王美:《适应性专长与教师学习》,华东师范大学出版社2018年版,第36-38页。

[4] 王美:《什么知识最有价值:从常规专长到适应性专长——知识社会背景下对知识价值与学习目标的反思》,《远程教育杂志》2010年第6期,第62-69页。

[5] 王美:《适应性专长与教师学习》,华东师范大学出版社2018年版,第55-58页。

"适应性专长导向的校本项目"(Adaptive Expertise-oriented School-based Project,简称 AESP)。AESP 是基于学校情境中的真实问题与挑战任务,围绕学生的学习需求与成长目标,由教师发起、与学校协商后确定的实践与研究项目。学习在专长发展中发挥着重要的作用,适应性专长以知识创新作为学习的最高境界。[①] 适应性专长的发展要求教师以自主、自觉的主体身份投入持续的学习,并保持自我审视、觉醒、统整和超越,只有这样,教师才有能力跨越不同的情境,不断实现教学的差异性、多元性和创造性的转变。这与学校最核心的任务——学生学习高度契合。教师学习的内容取决于学生学习的需求与目标,教师学习的效果体现在促进学生更好地学习和自我实现,拥有信念和能力应对不断变化的情境和未来的挑战。AESP 与其他科研课题的相同之处在于,都对科学性、实践性和创新性有要求,不同之处在于,AESP 更贴近教师,更富灵活性和激励性,兼顾了研究引领的适应性专长发展和工作常态的任务完成,更好地平衡了"革新"与"效率"。故而,市二初级中学将 AESP 作为促进教师适应性专长发展的校本学习与研修机制。

三、环境设计

1. 目标

学校如何构建利于教师适应性专长发展的学习环境?市二初级中学基于 AESP 的校本学习环境设计的目标是,建构以问题解决为载体,以真实情境中问题驱动下的多模式学习为过程,以学校的学习领导为支撑的教师校本学习环境,帮助教师在不确定或复杂情境中灵活应用知识和创造性解决问题,促进教师在学校实践情境中的适应性专长的发展,创新扎根学校情境的教师学习形态。作为学生学习活动的激发者与促进者,教师深入学生的学习、生活与心灵,不断发展对学习过程、本质与机制的深度理解,教师在对教育教学活动的螺旋上升的反省转化和行动改进中成为具有适应性专长的学习者,随时应变图新。AESP 与学习的关系可以概括为:基于学习,通过学习,为了学习。

2. 特征

基于 AESP 的校本学习环境,具有以下特征:

(1)自我导向性

教师自身的内在成长需求被充分重视,学校着力激发教师的探索兴趣和成就动机。AESP 的主题来源于教师的自主思考与需要,而不是学校的规定与分工。在项目实施过程中,教师进行自我定位、自我设计、自我质疑、自我调节、自我反思,学校给予的是资源与经费的保障和环境与氛围的支持,因此,AESP 具有鲜明的自我导向性。"自我导向性"体现了对教师主体价值的充分尊重,激发了教师自我提升的内部动机,促进了教师的适应性专长发展。

(2)日常持续性

学校教育的问题和挑战最终要依靠教师的实践去解决,教师的实践每时每刻都在发生着、持续着。教师的教育理念和日常行为很大程度上决定着育人的质量,决定着学校这一实践场域革新的成败。已有的实证研究表明,适应性专长发展的前提是主体与客体、情境的深度互动,而且深度互动保持一定的频度才能促进主体的适应性专长发展。因此,对于教师来说,日常教学中保持着专注于自身学习和教会学生学习的知行状态非常重要。AESP 来源于教师日常所需,研究过程根植于教师日常实践,项目成果服务于教师日常工作的改进,牢牢扎根于日常又反哺于日常,这确保了教师适应性专长发展的持续性和生命力。

(3)情境生成性

教学专业实践的核心本质是问题情境的复杂性、不确定性和独特性,教师置身的是一个结构不良、不断变化的复杂领域。教学的专业特质决定了它的专业知识必然嵌于复杂的专业实践之中,因此,教师

[①] 王美:《适应性专长与教师学习》,华东师范大学出版社 2018 年版,第 203 页。

的专业成长也必然与日常的专业实践情境紧密相连,是生成的而非预设的。很多教师培训或研修就是因为没有与真实的实践情境关联,虽然主题明确、内容重要,但还是收效甚微。学校情境的特点决定了单纯依靠固有经验或已有理论、技术的直接应用是不行的。为寻求导向适应性专长的发展,AESP 强调教师在新情境中的适应性改变,深入各种复杂的教育现象和问题情境中开展探索性实践,寻求独特有效的解决方法和发展路径。

(4)互动建构性

要发展教师的适应性专长,从主体自身角度而言,需要主动寻求并利用与他人交流、互动的机会,使自身更具交互性和协作性,而从共同体角度而言,也应该鼓励、创造这种机会。[①] 因此,学校统整、拓展和挖掘各种资源,激发教师组成"学习社群",探索学校真实的复杂情境,围绕学习和学生的问题展开对话、合作、反思和协同行动。"学校组织"转为"学习社群",使学校从管理紧密而文化松散的组织转型成为管理松散而文化紧密的社群。[②] 学习社群强调集体学习的意义建构和协商联结,发挥加强支持、增进理解和有效沟通的作用。AESP 驱动下的学习社群,交流话题更聚焦、更深入,来自真实情境的经验与困惑的分享更具独特性、更细化。学校还邀请专家介入,带领教师注重应用理论和技术,推动问题分析、模式建构、行动创新与效果检验。很多教师不仅在自身学习上表现出能动性与自主性,具有清晰而明确的自我期许、自我规划、自主实践,还积极参与其他教师的学习,坦诚发表见解与建议,帮助其他教师拓展思维,影响并促进同伴的学习,这形塑着学校微观的学习生态。[③]

3. 教师学习模式

AESP 的实施是围绕真实情境中的问题解决而展开的,也是问题驱动下的学习过程,学习就发生在教师的工作现场和社群互动中。为使教师学习不断走向深度,市二初级中学从内容与方式两个维度,建构了以下教师学习模式群:理论感悟性学习、课堂观察性学习、情境分析性学习、观点分享性学习、研究发现性学习。每一种学习模式都有明确的学习规范和约定,并使用学习工具留下学习过程和记录,形成学习结果并加以呈现,以此确保学习品质,为适应性专长的发展提供中介与支架。教师个体或社群在 AESP 的进程中,综合使用各种学习模式,揭示和理解具体的 AESP 相关的知识或概念所蕴含的内在价值,对问题的存在与解决进行方法探寻、原理思考和意义追问,主动地洞察、反思、批判和感悟自身行动,使自身的学习不断深入和拓展,最终指向于在教学中更好地理解学生学习如何发生和如何深入的问题,指向于学生学习能力的培养和提升。[④]

表1 校本项目学习模式群

学习模式	学习过程	学习协商举例	学习工具	学习结果呈现
理论感悟性学习	文献检索	围绕同一个关键词或主题查阅文献数量不少于十篇	阅读笔记	文献综述、阅读报告
课堂观察性学习	教学研讨	进入课堂观察前了解教学设计和学情	课堂观察量表	课堂观察分析报告
情境分析性学习	聚焦问题,剖析其要素及要素之间的关系	厘清各要素的内涵和外延	思维导图	图表
观点联结性学习	个人认知形成集体智慧	倾听和理解他人的观点后要进行评议	观点评议单	研究日志

---

① 王美:《适应性专长与教师学习》,华东师范大学出版社 2018 年版,第 58 页。
② Sergiovanni, T. J, *Strengthening the Heartbeat: Leading and Learning Together in Schools*, San Francisco: Jossey-Bass, 2005.
③ 曾艳,黎万红,卢乃桂:《课程改革中教师成为学习领导者的路径探索——基于一项实证研究的探讨》,《教师教育研究》2014 年第 1 期,第 86-91 页。
④ 张燕,程良宏:《教师的深度学习如何深入:学习要素的视角》,《当代教育科学》2019 年第 8 期,第 45-51 页。

（续表）

学习模式	学习过程	学习协商举例	学习工具	学习结果呈现
研究发现性学习	加工事实、数据与经验，以形成结论与成果	事实、数据是真实的	各种研究方法	研究报告或论文

四、实施路径

1. 适应性专长导向的校本项目实施进程

教育教学复杂多变的实践情境是适应性专长发展的土壤，教师需要深植学校情境，对教育对象从"知其然"的了解状态发展到"知其所以然"的理解状态，对教育实践从"认知"的浅层状态发展到用"行动"表达和改变的深层状态。因此，AESP的实施流程尤其重视教师作为主体的敏锐感知、深刻理解、突破行动与独特表达，注重教师成长与学生发展、学校整体发展的内在逻辑联系。同时，学校调研学生、教师、学校实际，充分掌握教师学习与研究意向，发挥"自上而下"的理念引领和资源支持作用，兼顾品质与效率、多元角度与集聚效力，明确AESP的革新导向、管理程序、评价原则。市二初级中学基于以上认识建立了从问题到目标、内容、行动、评价、成果的传导机制，形成了可操作、有创新的校本项目的运行路径。真实、开放的学校实践使教师对校本项目的需求呈现丰富的内容和多样的形式，"自下而上"的学习与成长蓬勃而生。AESP运行的基本环节与实施进程，如图1所示。

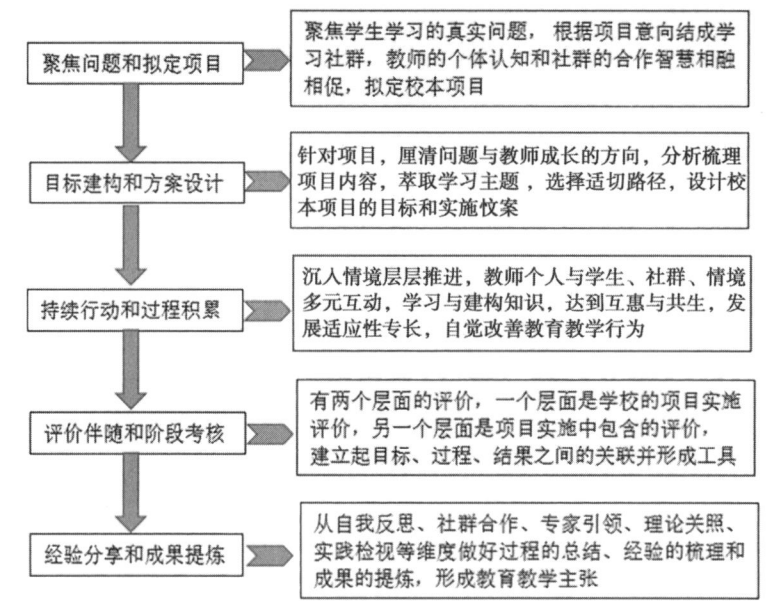

图1 校本项目的实施进程

在AESP实施的进程中，"校本项目"与"教师学习"相融相生，前者是后者的过程与路径，后者是前者的内涵与目的。学校主动对促进教师学习、引领教师成长负起责任，学校在管理层面聚焦于"学习"，把重心转向启动、支持与建设学习文化，创建支持教师学习的条件和环境。在市二初级中学，学校管理表现为对教师学习的指导和支持，通过引领与评价助推教师投入学习。学校完善内部教师专业进阶机制，调试外部环境，凝聚各方力量形成多重资源，使学校成为崇尚学习与学术的成长共同体和文化场，创设富有激励性的支持氛围，不断提升着教师的需要层次与内在动机。认同变革、积极创新成为教师的共识。学习和成长成为每一位教师工作和生活的长期目标和坚定信念，每一位教师都体验着其中的价值与快乐。

2. 适应性专长导向的校本项目实施案例

初中生在学习化学微观概念时，经常由于概念抽象和难以理解，导致学习效率降低。化学组教师在反复进行"讲解—练习—反馈—订正"的常规教学后，未满足于学生作业的优化。他们通过对作业的跟踪分析和与学生的对话，了解学生的学习体验，再进行类型化和追溯式分析，同时借鉴已有理论和高中物质结构知识的学习要求，提出了新的解决方案：设计与实践阶梯形"问题链"，从而突破学习障碍、建构认知模式,实现初中化学物质微观结构知识教学的优化。教师学习共同体还启动了校本项目"阶梯形'问题链'优化微观概念教学的设计与实践",并以"化学微观概念的知识价值与教学价值"为主题展开了学习与研究,形成了"创境生疑、析变悟生"的教学主张。

道德与法治课教师把统编教材和新中考政策作为自身专业学习和改进学生学习的契机,指向学科核心素养,着眼课程视域,选择并加工社会生活中的真实事件,将其作为教学案例设计进单元学习"学历案",用于日常教学,开发了《社会议题"学历案"的设计与实施》,引导学生关注和思考社会现实,为了理解和应用而学习。教师置身于学生的角度思考问题与决策,置身于学校的立场考量经验与理论,不仅关注学生群体的学习进程,还关注学生个体的学习表现,包括兴趣、认知、行动、情感、信念、心理等方面,尊重学生多元而整体的发展过程。

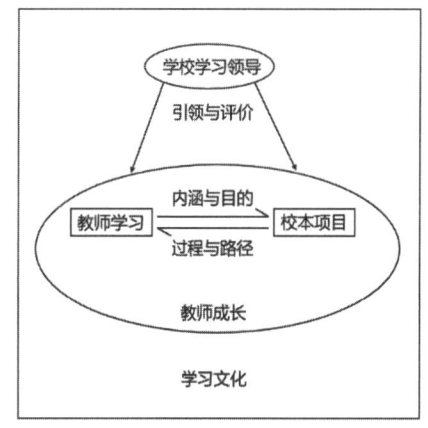

图 2 学校的学习引领

此外 AESP 的内容设计与过程实施带给教师沉入浸润式的学习与革新,不仅改变了教师的日常教学样态,还逐渐演进为一种"知情意行"系统优化的成长状态,增强了教师的专业获得感和幸福感。经过几轮实施,深入参与其中的教师感受到了作为专业工作者的独立性和创造性,成为可持续发展的、不断成长的学习者、实践者和创造者。适应性专长导向型校本项目的实践探索和深入研究,一定能对教师成长产生更大的促进作用。

Adaptive Expertise-oriented School-based Project on Teacher Professional Development with regard to Teacher Learning Environments Design and Implementation Path
—Exemplified by Shanghai No. 2 Junior Middle School

CUI Peng[1,2]

(1. Faculty of Education, East China Normal University, Shanghai, 200062;
2. Shanghai No. 2 Junior Middle School, Shanghai, 200031)

Abstract: According to Adaptive Expertise Theory, teachers need to acquire both how-to-do and why-to-do knowledge. They are supposed to be equipped with various knowledge, competence and emotions to learn effectively and deal with all kinds of problems flexibly in a variety of complicated contexts. Based on its own situation, Shanghai No. 2 Junior Middle School has designed and implemented an adaptive expertise-oriented school-based project (AESP) as the guidance for teachers' development. This project aims to design a school-based learning environment featuring self-orientation, daily continuity, situational generation and interactive construction. With problem solving as its carrier, multi-modal learning driven by problems in real situations as the process, and school learning leadership as the support, this project has established an implementary mechanism covering problems, goals, content, action, evaluation and results to promote the development of teachers' adaptive expertise and help teachers realize professional growth.

Key words: adaptive expertise, teacher professional development, teacher learning, school-based project

公益普惠导向下政府扶持普惠性民办园省思

高 敬

(上海师范大学 教育学院,上海 200234)

摘 要:当前我国正在全面建设公益普惠的学前教育公共服务体系。在此进程中,普惠性民办园的建设成为重中之重,也是难点之所在。民办园主动并长期稳定提供普惠性服务的关键,取决于政府对普惠性民办园扶持责任的认知和担当。故政府在扶持普惠性民办园中,要充分认识和明确自身的主导责任,更要讲究扶持政策的科学规划、制定和有效执行,做到扶持中基于办园成本核算,根据普惠性学位的数量、办园质量及招生对象实施差异化扶持,组合人、财、物、事等维度的多途径支持方式,努力提高政策的执行度和效能。唯有如此,才能以国家初步实现的普惠园覆盖率的目标为新起点,通过政策的杠杆作用达成对公益普惠目标的不懈追求,促进普惠性民办园实现"普惠"和"优质"的共赢。

关键词:公益;普惠;扶持;民办幼儿园

根据 2010 年国务院颁布的《关于当前发展学前教育的若干意见》(以下简称《国十条》),我国学前教育发展坚持公办民办并举的方针,以缓解公办幼儿园学位紧张的局面,解决适龄儿童的"入园难"问题。然而由于一些地方政府缺乏系统管理,再加上公共财政经费的有限和适龄幼儿人数的增多,地方政府过多地让社会力量参与投资,市场提供成为学前教育的重要供给方式,"入园贵"问题日益突出。[①] 为此,普惠学前教育逐渐进入政策视野,并持续推进。如 2017 年《教育部等四部门关于实施第三期学前教育行动计划的意见》指出,学前教育要"坚持公益普惠。到 2020 年,全国普惠性幼儿园覆盖率达到 80%";2018 年《中共中央国务院关于学前教育深化改革规范发展的若干意见》(以下简称《若干意见》)明确指出,坚持"学前教育普及普惠安全优质发展"的指导思想。全面建设普惠性学前教育公共服务体系是我国目前关于学前教育事业的重要战略规划和部署。[②]

在当前学前教育普惠政策的推行中,许多省份主要采取限价策略,要求普惠性民办园降低收费,以支持政策扶持普惠性民办园,以帮助民办园应对普惠后面临的各种危机。那么,在我国学前教育事业坚守公益普惠的新战略目标下,政府该如何看待自身对普惠性民办园的扶持之责?又该如何承担扶持之责,以引导普惠性民办园主动、长期提供学前教育资源并使自身得以健康可持续发展呢?以上问题需要政府予以省思和明确,唯有如此,才能凸显我国学前教育对公益性和普惠性

基金项目:本文系 2020 年度上海市政府决策咨询研究课题"民办托幼机构的成本与支持政策研究"(项目编号:2020-Z-R10)的阶段性成果。

作者简介:高敬,上海师范大学教育学院教授,博士,主要从事幼儿园课程与教学、学前教育政策研究。

① 刘颖:《明确和落实政府责任是〈学前教育法〉的根本规约》,《中国教育报》2020 年 9 月 13 日,第 2 版。

② 姜勇,等:《普惠性学前教育的内涵辨析与发展路径创新》,《学前教育研究》2019 年第 11 期,第 13-21 页。

不懈的价值追求。①

一、提高对普惠性民办园扶持责任的认知

首先,从当前普惠性民办园在我国学前教育发展中,特别是普及普惠中不可替代的地位和作用来看,政府作为国家社会管理的机关,不能因为普惠性民办园不属国家办学的性质而推卸扶持之责。自《国十条》提出公办民办并举"两条腿走路"的学前教育发展方针以来,我国民办学前教育事业取得了快速发展。在减轻政府投入学前教育的公共财政压力、保障幼儿的受教育权和增加学前教育普惠性资源的总量等方面,社会力量发挥举足轻重的作用,帮助政府实现了"幼有所育"和"普及普惠"的目标。据2021年3月教育部发布的2020年全国教育事业统计结果,至2020年底,全国共有在园幼儿4818.26万人。其中,普惠性幼儿园在园幼儿4082.83万人,普惠性幼儿园覆盖率达到84.74%,国务院确定的"到2020年全国普惠性幼儿园覆盖率达到80%的学前教育普及普惠的目标",总体上得到实现。②普惠园构成中,普惠性民办园也占了一定的比例。很多民办园积极申请认定,实现身份转型,主动加入普惠园行列,补充和完善了学前教育公共服务体系。因此,普惠性民办园需要被政府所认可,理应与公办园一样享受政府扶持的政策红利。

其次,政府要牢牢把握学前教育公益普惠的主导方向,从而达成公益普惠的目标。在国家初步实现学前教育80%的普惠性幼儿园覆盖率的目标后,持续提升普惠性学前教育公共服务水平则成为新的使命。这其中,普惠性民办园的建设已成为实现学前教育公益普惠目标的重要途径,也是重点难点所在。而民办园是否主动申请加入普惠园的认定,收费标准是否愿意接受政府指导价,很大程度上取决于政府的支持政策和执行度。③由此,政府亟须以公正科学、全面系统的支持政策为杠杆,保护社会力量愿意举办和长期驻守普惠园行列的积极性和信心。

此外,学前教育不仅可以给个人和家庭带来巨大的经济收益,而且还具有广泛的利益外溢性特点。④根据传统经济学的分析,具有外溢性产品的供给如果只由私人来提供的话,当私人收益小于社会收益时,将使按私人边际收益和成本进行决策并追求效用最大化的个人供给量小于社会最优的供给量,从而造成效率的损失。⑤因此,政府有必要将幼儿教育纳入公共财政领域,提供财政支持。我国的学前教育整体上属于一种准公共产品。从公共产品理论出发,政府掌握着社会主要的公共资源,应在公共事务治理过程中扮演关键性的角色。而且,在学前教育公共服务体系中,普惠性民办园又属于典型的非营利组织⑥,政府应承担起对普惠性民办园财政投入的主体责任。如果公共财政投入达不到一定水平的话,民办幼儿园也难以实现真正意义上的普惠。⑦

二、扶持基于成本核算,力求提高政策的公信力

学前教育的"普惠性"对于幼儿家庭来说,最关心的就是其"低价位"的特点。普惠政策落实力度主要也是在价格层面,于是地方政府大多通过限制保教收费的方式来推行普惠政策。

就政府对普惠性民办园的投入和支持政策而言,中央层面对于如何扶持普惠性民办园发展等问题并未涉及,由此,政策具有高模糊性⑧,没有清晰的标准和依据。"公共财政"是国家或政府为市

---

① 冯晓霞:《大力发展普惠性幼儿园是解决入园难入园贵的根本》,《学前教育研究》2010年第5期,第4-6页。
② 中国教育报刊社基础教育中心:《2020中国基础教育年度报告》,《人民教育》2021年第2期,第9-15页。
③ 魏聪,等:《普惠性民办幼儿园与非营利性民办幼儿园的关系辨析及路径选择》,《学前教育研究》2019年第3期,第54-70页。
④ 蔡迎旗,冯晓霞:《政府财政投资幼儿教育的合理性——来自国外的教育经济学分析》,《比较教育研究》2007年第4期,第44-48页。
⑤ 崔世泉,袁连生,等:《政府在学前教育发展中的作用——来自经济学理论和实践经验的分析》,《学前教育研究》2011年第5期,第3-8页。
⑥ 刘焱,郑孝玲:《关于普惠性学前教育公共服务属性定位的探讨》,《教育研究》2020年第1期,第4-14页。
⑦ 王东:《构建普惠性幼儿园成本合理分担机制》,《教育科学》2017年第3期,第78-84页。
⑧ 刘颖:《普惠性学前教育政策的执行偏差:表现、原因及对策分析》,《教育发展研究》2016年第6期,第18-24页。

场提供公共服务的分配活动或经济活动①,这一分配活动对于政府管理者而言,必须做到有根有据,以此确保政策的公信力。有关调查表明,当前学前教育的公共财政资源未能做到公平分配,政府在对普惠性民办园资助扶持的对象、额度、内容等方面还存在较大的随意性,没有客观的依据标准。即使有扶持依据的,也主要是以班级规模、办园等级等外部条件为衡量标尺,缺乏内部成本结构的标准。这将产生学前教育扶持中的"马太效应",最终不利于普惠性民办园质量的整体提高。②

在地区政府发挥扶持普惠性民办园的主体责任中,要提高政府支持普惠性民办园政策的公平性,不可回避的就是办园成本核算问题。因为办园成本是政府向学前教育机构拨款、制定补助资金标准和政策的重要数据,成本核算成为政府科学制定普惠性民办学前教育财政补助和其他人、物等方面投入的必要前提。③

为此,学前教育公益普惠主导方向下,各地政府要强化管理职能,科学核定办园成本,以提供普惠性学前教育服务为衡量标准,统筹制定财政补助。④

三、扶持宜差异化和多途径

政府对普惠性民办园的支持政策不仅在于其政策规划的意愿,也在于其财政实力。在有限的财政实力下,如何将扶持之责惠及所有的普惠性民办园,这就涉及政府扶持政策如何制定的问题。因为任何一项政策执行本身是一个极为复杂的过程,其中政策制定对政策执行的效果至关重要。⑤

政府规划设计的普惠性民办园扶持政策,首先要力求对确定的扶持对象采取相应的具体措施,忌"一刀切",提倡差异化扶持。政府在经费、物质、人员等投入的过程中,对各类普惠性民办园要有一定的区分度。政府应根据普惠性学位的数量、办园质量及招生对象,实施差异化扶持,多倾斜普惠性学位多、办园质量高、对象为2—6岁幼儿的托幼一体化的普惠性民办园,以此激励普惠性民办园扩展招生对象,多提供普惠性学位,朝公益普惠的方向持续发展;同时,也激发普惠性民办园利用政府财政投入提升办园质量的积极性,在民办园的社会力量办学群体中,获得"价廉"和"质优"并存的良好声誉和社会影响力。

当前各地普惠性民办园的认定和管理中,尚存在"政府支持不到位,合理的办学盈余重新投入办学的需求不能得到满足,一次性的财政补贴不利于持续发展"等问题。⑥同样,根据笔者对上海市普惠性民办园收入的调研,2018和2019年,普惠性民办园的收入多来自自身所提供的保教服务,政府补助收入均只占全园总收入的6%。基于政府公共财政经费投入少的现状,在我国学前教育经费总体还不够充足的国情下,政府需合理统筹各类扶持政策,多管齐下,组合财、人、物、事等多途径支持方式,全方位补贴普惠性民办园,以缓解办园经费不足的窘境和巨大的成本压力,助推民办园普惠后在困境中生存与发展。

第一是"财"。政府对普惠性民办园最主要的支持当为公共财政经费投入。坚持以财政拨款为主,是保障国家对人才培养宏观控制力与教育公益性的基点。⑦因为普惠性民办园完全依靠收取家庭缴纳的保教服务费用,没有任何政府投入,只能导致低收费、低质量,显然与普惠园的"有质量"特点相违背。所以,促使普惠性民办园实现"普惠"和"优质"共赢的关键突破口仍然是政府公共财政投入职责的落实和保障,也成为今后政府扶持普惠性民办园政策的题中之意。

第二是"人"。"人"方面的支持也是政府对普惠性民办园扶持的重要方面,其目的着眼于对普惠性民办园人员队伍待遇地位的提高和专业发展的保障。相对稳定的、优秀的教师队伍,是幼儿园

---

① 张启春:《公共财政学教程》,中国经济出版社2004年版,第3-4页。
② 王雅君,何昱锡:《我国普惠性民办幼儿园扶持政策分析——以15份政策文本为研究对象》,《广东第二师范学院学报》2018年第1期,第5-11页。
③ 黄月云:《学前教育民办幼儿园成本核算管理研究》,《会计师》2018年第2期,第72-73页。
④ 刘颖:《明确和落实政府责任是〈学前教育法〉的根本规约》,《中国教育报》2020年9月13日,第2版。
⑤ 丁煌:《政策制定的科学性与政策执行的有效性》,《南京社会科学》2020年第1期,第38-44页。
⑥ 刘颖:《普惠性学前教育政策的执行偏差:表现、原因及对策分析》,《教育发展研究》2016年第6期,第18-24页。
⑦ 张力:《中国教育发展与规划的政策要点》,《教育发展研究》2010年第7期,第36-38页。

办园质量的保证,更是幼儿健康成长的基础。

第三是"物"。幼儿园装备有较高的规范和要求,故普惠性民办园的正常运营离不开各种"物"的保障,政府需要建立和完善必要的设施设备、图书、玩教具等方面的支持政策,提高园所结构性质量。普惠性民办园扶持政策的制定者不仅要从入园机会的角度来考虑"惠及",还应从教育质量的角度来考虑。因为幼儿期是不可复制的,质量和机会同样重要,要将学前教育的普惠与质量统一起来,即普及必须是有质量的普及。①

第四是"事"。对普惠性民办园"事"方面的扶持政策,可从提供普惠性民办园专门的宣传、招生等政策活动入手。政府应加强对转型的普惠性民办园性质的宣传,提高普惠性民办园的社会知晓度,降低民众对普惠性民办园的不信任感。同时,政府还应将普惠性民办园与公办园一并纳入教育局招生统筹计划,以保证普惠性民办园的招生规模和生源,保证其保教服务的正常收入。

四、扶持要适度而有张力,兼顾多元的价值诉求

学前教育实现"普惠性"目标意味着"让所有儿童在自愿的基础上都能有机会接受由公共财政支持的学前教育"。②政府对普惠性民办园的扶持在政府和社会投入中保持适度的张力,坚持"适度",即"适度普惠"的基本原则。③因为公共服务实质可分为基本和非基本两种类型,当前,我国普惠性学前教育公共服务的政策定位尚属于非基本公共服务,而不是基本公共服务。④言下之意,政府对普惠性民办园的扶持职责既不能缺位,也没必要越位。

政府在不断加大对普惠性民办园支持力度的同时,也要防止投入过度,做到适度,不干扰民办园发展自身优势,如体制的灵活性、市场反应的敏感性等。⑤同时,需要有效发动民间资本,"公民办并举"发展学前教育方针,以此避免给地方政府增添财政负担和压力,丧失普惠性民办园的独特地位和作用。与此同时,政府对普惠性民办园的扶持适度,表现在财政经费的投入方面,要兼顾政府、民办园举办者和家长等多元的价值诉求,采用多主体参与的成本分担原则,基于办园成本核算,构建政府、市场、消费者共同分担学前教育费用的成本分担机制。⑥

五、追求对普惠性民办园支持政策的效能

政府要立足长远,力求维持较高的效能,从而保障我国学前教育公共服务体系,体现在以下两个方面:

一方面,政府要确保支持政策能够得以执行并落实,以体现政策的价值,实现政策的目标。从公共政策视角看,政策执行会有偏差,存在替换性执行、象征性执行、选择性执行、附加性执行等多种表现形式。⑦如,对普惠性民办园的扶持政策并非以"组合拳"的方式全面执行,而是选择性执行。又如,仅以表面性的挂牌和少量的经费资助作为手段支持。故为防止政府普惠性民办园支持政策执行出现偏差,政府要加强对政策实施情况的调研,及时调整和完善,确保政策得到有效落实,提高普惠性民办园扶持政策的执行度。

另一方面,政策的规划建立其最终目的是产生所期望的结果,体现其应有的效用和功能,即追求应有的政策效能。提供政府对普惠性民办园扶持政策的效能,充分发挥"组合拳"政策的最大效益,关键在于建立和健全促进普惠性民办园可持续发展的监管机制。完善各级学前教育管理机构,切实加强对普惠性民办园的日常监管。政府应设置专门的管理机构和人员,加强对普惠性民办园财政投入经费和资助使用的监管,特别是要对经费使用的原则、范围、内容予以明确规定,使

---

① 苏令:《虞永平谈学前教育新发展:追求高度、力度和速度》,《中国教育报》2014年4月13日,第3版。
② 冯晓霞、蔡迎旗,等:《世界幼教事业发展趋势:国家财政支持幼儿教育》,《学前教育研究》2007年第5期,第3-6页。
③ 姜勇,等:《普惠性学前教育的内涵辨析与发展路径创新》,《学前教育研究》2019年第11期,第13-21页。
④ 刘焱、郑孝玲:《关于普惠性学前教育公共服务属性定位的探讨》,《教育研究》2020年第1期,第4-14页。
⑤ 魏聪、王海英,等:《促进普惠性民办幼儿园的非营利转向更适合中国国情》,《中国教育学刊》2018年第7期,第12-16页。
⑥ 王海英:《普惠性民办园扶持政策不能回避三问》,《中国教育报》2015年10月11日,第3版。
⑦ 刘颖:《普惠性学前教育政策的执行偏差:表现、原因及对策分析》,《教育发展研究》2016年第6期,第18-24页。

普惠性民办园所接受的财政资金专款专用,全部用于改善办园条件和提升质量。将普惠性民办园的财政经费使用汇报结果公布于政府网站,公开透明,加大社会的监督。同时,加强第三方财政专项审计,以及对政府普惠性资助经费的绩效管理,防止学前教育资源浪费严重,提高各类资金和资助的使用效益,确保每一份投入取得最大实效。

Reflection on Government Support for Inclusive Private Kindergartens in the Direction of Public Welfare and Universal Benefit

GAO Jing

(School of Education, Shanghai Normal University, Shanghai, 200234)

Abstract: At present, our country has put forward the principle of adhering to public welfare and universal benefits, and constructing the public service system of preschool education in an all-round way. In this process, What seems to be the most important yet difficult is the construction of inclusive private kindergartens. The key to their proactive and long-term stable delivery of inclusive services depends on the government's correct cognition and responsibility of supporting the inclusive private kindergartens. Thus the government should fully understand and clarify their major responsibilities, and should pay more attention to the scientific planning and effective implementation of supporting policies based on the cost of running a kindergarten, the prospective number of children to go to such kindergartens, the quality of service and the different background of enrolled children. They should also adopt a multi-channel support method in the dimensions of people, finance, materials, and businesses, and strive to improve the implementation and effectiveness of policies. Only in this way, can the government take the goal of the initial coverage rate of inclusive private kindergartens as a new starting point, unremittingly pursue the goal of inclusive public welfare through the leverage of the policy, and help inclusive private kindergartens achieve "universal benefit" and "high quality".

Key words: public welfare, universal benefit, support, private kindergartens

普惠性学前教育公共服务体系建设：
困境与突破路径

宋丽芹

(北京师范大学 教育学部，北京 100875)

摘 要：建设普惠性学前教育公共服务体系是党中央对教育事业提出的新要求，也是我国学前教育事业砥砺前行的新坐标。然而普惠性学前教育公共服务体系仍存在诸多困境：普惠性资源总量不足，供需矛盾突出；财政投入体制未能起到促进公平的作用；优质普惠性资源供给不足，分配不均。现实困境的根源在于制度供给与需求不匹配。在以供给侧改革引领的转型发展中，制度创新与制度供给成为改革的关键突破口，应建立与完善激励与约束机制、财政制度、健全监管与评价制度等，以此形成推进普惠性学前教育公共服务可持续发展的制度框架。

关键词：普惠性学前教育；制度供给；制度创新

一、普惠性学前教育公共服务体系建设：价值与意义

自《国家中长期教育改革和发展规划纲要（2010—2020年）》首次对全国"基本普及学前教育"的工作进行部署以来，学前教育开启了"普及普惠"的新征程。为了全方位地应对学前教育事业面临的挑战，党和政府把"幼有所育"列为多项民生事业之首，作为保障和改善民生的重要内容。2018年《中共中央 国务院关于学前教育深化改革规范发展的若干意见》（以下简称《若干意见》）提出，"要全面贯彻党的教育方针，推进学前教育普及普惠安全优质发展"。[①] 这一政策进一步确立了"坚持公益普惠，构建普惠性学前教育公共服务体系"的基本方向；也充分表明中央政府对发展普惠性学前教育的重视，以及对建构普惠性学前教育公共服务体系的鲜明态度和坚定决心。构建普惠性学前教育公共服务体系，将成为对发展普惠性学前教育、答好"幼有所育"时代新命题的有力回应。

二、普惠性学前教育公共服务体系建设：现实困境

1. 普惠性资源供给不足，供需矛盾仍旧突出

《若干意见》把"扩大普惠性资源供给，补齐民生短板"作为普惠性学前教育公共服务体系建设的题

作者简介：宋丽芹，北京师范大学教育学部博士研究生，主要从事学前教育基本理论与幼儿园教育质量评价研究。
① 中华人民共和国中央人民政府：中共中央国务院关于学前教育深化改革规范发展的若干意见，载国务院官网：http://www.gov.cn/zhengce/2018-11/15/content_5340776.htm，最后登录日期：2021年7月28日。

中要义。虽然2020年普惠性学前教育覆盖率已实现80%的预设目标,但从现实发展来看,"入园难""入园贵"依旧是困扰家长的难题。①尤其在部分中西部欠发达地区,普惠性学前教育资源扩容建设仍困难重重。例如,在中部地区的河南省,2019年普惠性幼儿园覆盖率仅为65.26%②,已有的供给水平与预设目标仍存在一定距离,"入园难""入园贵"依旧是民生短板。

普惠性学前教育资源供给不足的直接原因在于供给主体动力不足,这体现在两个方面:第一,地方政府缺乏供给普惠性学前教育的能力与意愿,这可从公办幼儿园的发展情况反映出来。从近几年公布的统计数据来看,公办幼儿园在园幼儿占比维持在43%左右,增长幅度呈现忽高忽低的不稳定趋势。第二,社会力量参与普惠性服务供给的动力不足。在公办学前教育资源短缺且扩充困难的情况下,各级政府寄希望通过发展普惠性民办园满足公众需求。在分类管理背景下,已有的政策与制度安排未能充分考虑普惠性民办园的现实诉求,使普惠性民办幼儿园不具有与公办幼儿园相对等的政策环境,打压民办幼儿园举办者提供普惠性服务的积极性。

2. 财政投入体制未能发挥促进教育公平的作用

财政是政府通过再分配以解决公平问题的有效方式。均衡的财政投入是实现教育公平的重要前提。③普惠性学前教育公平有质量的发展,既取决于教育经费投入的充足性和有效性,也取决于教育经费公平的分配机制。伴随着政府对发展普惠性学前教育的高度重视,财政性学前教育经费的投入逐渐呈稳步增长态势。2019年财政性学前教育经费达到2009亿元,较2010年的244亿元增长7.2倍,财政性经费占比从1.7%提高到5.3%。④财政性学前教育经费的增加,对教育经费的使用效率,尤其是财政性学前教育经费分配的公平性提出了新要求。在公共财政转型背景下,普惠性学前教育公共服务的财政投入应以公平性与公益性作为基本原则。但受限于我国的财政制度与财政能力,在已有的财政体制下,我国财政性学前教育经费投入呈现明显的"公办园倾向性"。2007年以前,学前教育财政性经费在教育部门办园和其他部门办园分配的比例为100%,2010年以后,虽然财政性教育经费逐步向民办幼儿园倾斜,但学前教育财政性经费在教育部门办园和其他部门办园分配的比例仍在90%以上。在财政经费投入力度不断提高的情况下,财政经费分配的不公平则意味着教育的公平性减弱。

3. 优质教育资源供给不足,分配不均

当前我国普惠性学前教育总体供给质量偏低,存在严重的供需错配,即供给侧所提供的教育服务不能有效满足人民群众对安全优质教育的需求,体现在两个方面:一是高质量教育服务有效供给不足。在结构性质量上,近1/3的普惠性幼儿园未达标;在过程性质量上,普惠性幼儿园师幼互动质量总体处于中等偏下水平,教学支持最为薄弱。⑤由此反映,我国高质量普惠性学前教育服务供给不足。二是普惠性民办幼儿园教育质量低于公办幼儿园。虽然近年来政府不断加大对普惠性民办幼儿园的扶持力度,但由于普惠性民办幼儿园原有基础比较薄弱,民办幼儿园在总体教育质量、师资水平、师幼互动等方面依旧低于公办幼儿园⑥,特别是游戏活动的支持与引导质量最差,近一半的民办幼儿园处于不及格

---

① 肖罗:《毛入园率达八成的背景下再看"入园难"》,载光明日报网:https://epaper.gmw.cn/gmrb/html/2020-09/21/nw.D110000gmrb_20200921_3-11.htm,最后登录日期:2021年1月22日。
② 河南省教育厅:《河南省教育厅关于印发2019年河南省教育事业发展统计公报的通知》,载河南省教育厅网站:http://jyt.henan.gov.cn/2020/04-21/1653228.html,最后登录日期:2021年1月22日。
③ 沈有禄:《中国基础教育公平:基于区域资源配置的比较视角》,教育科学出版社2011年版,第1页。
④ 中华人民共和国教育部:《关于政协十三届全国委员会第三次会议第2238号(教育类199号)提案答复的函》,载中华人民共和国教育部网站:http://www.moe.gov.cn/jyb_xxgk/xxgk_jyta/jyta_jijiaosi/202011/t20201120_500967.html,最后登录日期:2021年5月9日。
⑤ 洪秀敏,朱文婷,钟秉林:《不同办园体制普惠性幼儿园教育质量的差异比较——兼论学前教育资源配置质量效益》,《中国教育学刊》2019年第8期,第39-44页。
⑥ 洪秀敏,朱文婷,钟秉林:《不同办园体制普惠性幼儿园教育质量的差异比较——兼论学前教育资源配置质量效益》,《中国教育学刊》2019年第8期,第39-44页。

水平。①

三、普惠性学前教育公共服务体系建设:制度原因分析

从表象来看,普惠性学前教育公共服务体系面临的诸多困境与问题,由普惠学前教育产品供不应求、供需失衡引起。从根本来看,已有的诸多问题与现实困境,最终都可以还原为政策与制度问题,即制度供给与需求之间的不匹配。具体体现在以下方面:

1. 政府间财政事权与支出责任的不对称

地方政府普惠性学前教育资源供给动力不足,受制于供给能力与供给意愿。从客观供给能力来看,供给能力不足的直接根源为:政策与制度设计未能清晰地划分学前教育的事权与支出责任。目前,学前教育事权与支出责任划分仅有"地方为主,中央奖补""省级(市)统筹,以县为主"等原则性规定。2019年《教育领域中央与地方财政事权和支出责任划分改革方案》对于学前教育只提出"总体为中央与地方共同财政事权",并未明确划分各级政府的分担比重。由于基层政府的事权与财力不匹配、地方政府动力机制不完善等,致使地方政府缺乏供给普惠性学前教育的能力。即便中央和省级政府通过分项目、按比例的专项转移支付项目提供资金资助,但目前地方学前教育经费供需短缺问题依然十分严重。

从主观供给意愿来看,已有的财政转移支付制度未能调动地方政府提供普惠性学前教育的积极性。2015年,中央把以往的"学前教育发展专项资金"采取"以奖代补、奖补结合"的方式改为"支持学前教育发展资金",这一专项转移支付制度把专项资金的分配权下放到省一级,强化省级统筹作用。但中央层面的专项资金只是围绕着学前教育的短期性目标。分配专项资金的行政部门有时会优先确保公办幼儿园的建设与发展,导致专项资金在调节普惠性学前教育均衡发展方面存在很大的局限性;此外,这类专项资金使地方政府热衷于学前教育的基建类投入,而忽视提升教育质量的资金投入。

2. 激励与约束机制的结构性失衡与强度不足

2016年新《民促法》规定,民办学校需要自行选择非营利性或营利性。虽然国家层面没有通过立法的形式明确规定普惠性幼儿园必须为非营利性,但已出台的部分政策法规均有这种倾向。2020年《县域学前教育普及普惠督导评估办法》明确提出,"普惠性民办园是指通过教育部门认定、面向大众、质量合格、接受财政经费补助或政府其他方式的扶持、收费执行政府限价的非营利性民办幼儿园"。②非营利性将成为普惠性幼儿园继"公益性、普惠性"这些基本属性后又一新的特性与发展方向。

在非营利导向下,普惠性民办幼儿园发展的积极性呈现低迷状态。究其根本,激励与约束机制存在明显的结构失衡与强度不足,使政府在与普惠性民办幼儿园博弈中各方参与主体的利益无法得到充分保障。地方政府认为,非营利性是保障民办幼儿园提供普惠性学前教育服务的重要前提和最有效方式;而民办园举办者则认为,要提供普惠性服务,政府必须加大财政投入,用"所得"平衡其"所失",双方都想在博弈中为自己谋取最大的利益。尽管新《民促法》规定了非营利性的操作性标准,并为非营利办学提供了一些宏观性的制度保障框架及原则,但缺少对关联交易的限制规定③,民办幼儿园分类登记中财产规则缺失④,具体的保障性措施仍难以落地。在非营利性约束与激励机制不完善,以及民办幼儿园以投资办学为主的现实情境下,政府与普惠性民办园之间博弈带来的结果是:政府担心公共财政落入举办者"私人腰包",在对普惠性民办园的资源要素投入与分配上仍按照"公办园偏向型"的思路进行,从而忽视

---

① 刘焱、郑孝玲、宋丽芹:《财政补贴对普惠性民办幼儿园教育质量的影响路径》,《教育研究》2021年第4期,第25-34页。
② 中华人民共和国教育部:《教育部关于印发〈县域学前教育普及普惠督导评估办法〉的通知》,载教育部官网:http://www.moe.gov.cn/srcsite/A11/s6500/202002/t20200228_425372.html,最后登录日期:2021年7月28日。
③ 魏建国:《"非营利"内涵的立法界定及其对民办教育发展的意义——从〈慈善法〉出台到〈民办教育促进法〉修改》,《华中师范大学学报(人文社会科学版)》2017年第1期,第157-164页。
④ 金锦萍:《为什么非得非营利组织——论合约失灵场合中社会公共服务的提供》,《社会保障评论》2018年第1期,第92-102页。

了普惠性民办幼儿园的现实诉求,难以激发普惠性民办幼儿园参与普惠性学前教育公共服务供给的积极性。

3. 财政资源配置的双轨制

在普惠性学前教育资源配置的制度安排中,双轨制特征仍很显著。双轨制是指在不立即革除过去体制的情况下,在过去的体制外建立一种新的体制,通过新体制的发展和旧体制的相对萎缩来逐渐改变整个事业的性质。① 在"双轨制"制度下,公办幼儿园的运营由财政性经费给予保障,在编教师属于财政供养人员行列,民办幼儿园则主要依靠向家长收费维持运营,非在编幼儿教师并不在公共财政供养目标之列。尽管政府也逐步加大对普惠性民办幼儿园的财政补贴,但普惠性学前教育资源要素的供给与分配机制,未能打破"公民办分立"的设计思路,使普惠性民办园在财政投入、教师队伍、质量保障方面未能享受与公办幼儿园相等的政策环境。普惠性民办园举办者为在市场竞争中求得生存,难免会削减办园成本、减少对幼儿园玩教具设备以及专业人员的投入等,从根源上造成公办幼儿园与普惠性民办园在"价"与"质"上的差异,使"入园难""入园贵""质量低"的问题未能在供给总量增加的情况下得到有效缓解。普惠性学前教育公共服务体系的建设,若不能从根源上突破已有制度存在的体制障碍,不仅会出现普惠性教育服务的低效供给,还会进一步加剧"入园难""入园贵""质量低"的供需结构失衡局面。

四、普惠性学前教育公共服务制度建设:基本逻辑与路径选择

1. 制度供给与制度创新的基本逻辑

在以供给侧改革引领的转型发展中,制度创新与供给成为普惠性学前教育供给侧改革的重中之重与突破口,其前提是发现支持普惠性学前教育公共服务体系建设的基本逻辑。

(1)明确政府责任与角色是基本前提

中央与地方的职责分工关系到普惠性学前教育公共服务的资源配置、供给效率与供给质量、公共利益的有效保障等重要问题。政府已有的投入水平和结构都无法为普惠性学前教育公共服务体系的建设提供充分的保障与支持。因此,在制度设计上,一方面,要明确政府责任,尤其明确中央与地方政府在普惠性学前教育公共服务中的财政事权范围,平衡中央与地方政府的权、责、利,规范中央和地方政府的财政事权与支出责任分担方式。另一方面,要通过制度创新,吸纳社会力量参与普惠性学前服务供给,发挥政府作为规划者与协调者的角色。

(2)扩大普惠性资源供给是首要任务

普惠性学前教育的生产与供给是重要的制度安排。在分类管理办法及非营利制度未能系统呈现之前,不同区域的政府将面临不同的困境:对于普惠性资源供给不足的区域,地方政府的主要困境是如何引导民办幼儿园选择非营利性、提供普惠性服务;对于普惠性资源供给相对充分的区域,地方政府的主要困境是如何确保原有的普惠性资源在分类登记改革中继续保持和发展。从当下来看,扩大资源供给依旧是基本制度设计的首要任务。因此,基本制度的设计与完善应立足于现实、着眼于未来,把普惠性资源供给作为切入点与突破点,重点是如何协调政府与举办者在供给与生产中的利益关系,提高普惠性学前教育公共服务供给结构对需求变化的灵活性和适应性。

(3)优化资源配置、促进公平发展是重点

目前,由学前教育刚性需求推动的供给侧改革尽管使普惠性学前教育供给总量不断增加,然而,普惠性学前教育发展不充分、不平衡的问题依然突出,普惠性学前教育资源在区域、城乡、园所以及不同人群之间存在明显的配置不充分、不均衡问题。优化普惠性学前教育配置,促进普惠性学前教育向公平与均衡方向发展,是实现学前教育公平而有质量发展的基本思路,也是制度设计的重点。普惠性学前教育

---

① 曾晓东:《我国幼儿教育体制改革的困难和可能选择》,《教育导刊(下半月)》2006年第1期,第7-11页。

资源配置优化的核心是分配制度改革,具体包括财力、人力、物力资源在不同群体、不同供给主体之间的分配。

(4)提高供给质量和效率是根本目的

鉴于普惠性学前教育公共服务体系的现状与面临的"入园难""入园贵""质量低"三大难题,基本制度的设计应进一步强化普惠性学前教育公共服务的公共产品属性与政府的主导责任,健全和完善普惠性学前教育公共服务供给机制,改革创新供给,提高政府作为普惠性学前教育公共服务供给主体的供给能力、动力,加强普惠性学前教育供给的监管与评价,提高供给质量和效率,满足人民群众对普及普惠、安全优质的教育的需求。

2. 基本制度供给与创新的路径选择

(1)建立与完善激励与约束机制

普惠性学前教育信息不对称的特性,决定了在市场机制很容易发生契约失灵。亨利·汉斯曼认为,在市场信息不完全的情况下,公共服务的供给必须通过"非分配约束"机制抑制服务生产者实施机会主义行为的动机,维护消费者利益。[1] 普惠性与非营利的结合,将是提高普惠性服务有效供给的最佳路径。在民办学校分类过渡期,现存民办学校举办者都在观望、评估地方政府扶持政策的价值和力度。[2] 唯有建立与完善普惠性幼儿园激励与约束机制,才是解决问题的关键。激励与约束机制的设计,应从保障普惠性学前教育公益普惠的角度出发,提高幼儿园提供普惠性服务的积极性和动力。

激励机制的主要目标,是提高普惠性民办幼儿园提供普惠性服务的供给意愿与能力。现阶段"收费合理"和"收益不得分配"的约束机制与普惠性民办园享有的激励不对等,难以支撑其提供优质的教育服务。鉴于此,为了满足幼儿园的资金需求,防止其提供优质普惠性服务时能力不足,政府应当对已有的激励政策做出适当的优化与调整。优化路径可从两个方向展开:一是直接财政资助,完善普惠性民办幼儿园生均财政性经费投入制度,提供配套的人员经费、专项经费(如教师培训、玩教具设备投入),以维持幼儿园正常运转。二是优化间接资助方式,降低活动成本。具体而言,一方面对普惠性民办幼儿园进行税收减免优惠,降低幼儿园的活动成本;另一方面,为了鼓励向普惠性民办幼儿园提供资助,可以减免相关企业、个人、组织等相应的税收,扩充幼儿园资金来源。

约束机制的本质是对举办者"不以营利为目的"行为的约束与监督。虽然非营利幼儿园在弥补政府失灵与市场失灵方面具有先天性优势,然而,这种优势在其运营过程中也存在一定弊端。尤其在非营利性监督与管理机制不健全的情况下,部分普惠性幼儿园会与其承担的公益使命相违背。鉴于此,应建立并完善相应的约束机制。制定普惠性民办幼儿园关联交易准则,界定普惠性民办幼儿园的重要关联方与管理交易行为类型,明确关联交易行为的性质与识别原则,建立关联交易行为的责任追究制度、信息披露制度,尤其对涉及幼儿园往来业务的信息应真实、准确、及时、完整地向政府、社会、第三方机构等其他利益相关者予以公开。加强教育、民政、工商、税务等部门对普惠性民办幼儿园交易信息的监管与审计。

(2)改革财政供给与分配制度

财政制度是学前教育事业改革和发展资源投入的重要制度保障,也是建构普惠性学前教育公共服务体系的核心纽带。在普惠性学前教育经费投入制度中,需要解决的核心问题是政府、家庭、社会对普惠性学前教育公共服务的分担关系,以及不同层级政府在其中的财权与事权分担关系的制度安排。建立并完善成本分担机制,将是财政制度首要解决的问题。此外,还应进一步完善学前教育资助制度,明确资助责任主体、资助经费筹集和分担、资助资金的配置与监管等,确保不让一名幼儿因家庭经济困难而丧失入园机会。

明确成本分担责任后,政府如何向普惠性幼儿园分配财政性教育经费亦为财政制度的重要组成部

---

[1] 吴东民,董西明:《非营利组织管理》,中国人民大学出版社2003年版,第37页。
[2] 郑雁鸣,刘建银:《现存民办学校向非营利性过渡的政策分析》,《教育科学》2018年第2期,第11-16页。

分。分配制度主要明确教育经费的分配主体、分配模式。在已有的现实条件下,普惠性学前教育分配制度需要解决的核心问题是:依据什么样的标准和模式向普惠性幼儿园分配经费,以提高财政资源配置的公平性和效率。在完善分配制度之前,应逐步建立普惠性幼儿园公共财政制度,探索普惠性幼儿园财政分配标准和模式。

当前,中央与地方政府在学前教育财政事权与支出责任上的划分,成为制约普惠性学前教育资源供给不足、分布不均的一个重要因素。因此,必须通过完善财政转移支付制度改变这一现象,此外,还应明确中央与地方政府在转移支付体制中的角色,按照简政放权的思路,强化省级政府在转移支付中的统筹作用。完善区域普惠性学前教育经费均衡的监测与评价体系,把各级政府普惠性学前教育供给数量与质量、普惠性学前教育投入努力程度、经费分配公平性、经费使用效率等,纳入各级政府财政经费投入的考核体系,加强对各级政府教育投入的监管力度。

(3)健全监管与评价体系

制定普惠性学前教育督导评估指标体系,聚焦普惠性学前教育公共服务的供给主体、供给对象、供给目标、供给内容、供给环境、供给制度等,重点考核普惠性学前教育公共服务供给主体的办园行为、政府的决策与管理行为。加强教育督导与评估队伍建设,明确督导与评估人员的任职资格、工作职责与内容、考核标准等,强化教育督导与评估的监督、专业化指导、服务等功能,重视教育督导与评估的发展性与教育性功能。进一步加强学前教育督导与评估自身的制度建设,完善监督检查机制,建立健全教育督导公报制度、评估制度、举报制度、激励制度、责任追究制度等。

The Construction of Public Service System of Inclusive Pre-School Education: Dilemma and Breakthrough Path

SONG Liqin

(Faculty of Education, Beijing Normal University, Beijing, 100875)

Abstract: Constructing the public service system of generally beneficial pre-school education is the new requirement of the Central Committee of the Party for education, and it is also a new coordinate for the development of pre-school education in China. However, there still exist many challenges and dilemmas: the beneficial pre-school resources is insufficient, and the contradiction between supply and demand is prominent; the financial input system fails to promote fairness; there is an insufficient supply of high-quality resources and an uneven distribution. The root of the above dilemmas lies in the mismatch between system supply and demand. In the transformation and development of pre-school education led by supply-side reform, system innovation and supply have become the most important and key breakthroughs. We should establish and improve the incentive and restraint mechanism, financial system, and improve supervision and evaluation system in order to form an institutional framework to promote the sustainable development of inclusive preschool education public services.

Key words: inclusive pre-school education, system supply, system innovation

教育惩戒的困境分析与对策研究

卢长智

(上海师范大学 教育学院,上海 200234)

摘 要:教育惩戒是中央关心、社会关注、群众关切的热点问题。教育惩戒在现实中面临的困境,与社会对教育惩戒的价值、教育惩戒主体的身份、教育惩戒的合法性与合理性等的疑虑密切相关。教育惩戒问题困境的化解,需要从多方面切入,统筹进行:引导各主体形成正确的教育价值观,重建教师专业身份、社会地位的民众认同,不断健全完善相关法律法规等。

关键词:教育惩戒;体罚;困境;对策

一、教育惩戒的困境

"教育惩戒问题长期以来一直是中央关心、社会关注、群众关切的热点问题。"[①] 教育惩戒成为"热点",与中小学教育中教育惩戒缺失或教育惩戒异化,并由之而导致家校关系紧张、师生关系紧张以及一系列社会矛盾密切相关。一些教师在教育过程中因"未能细致区分带有惩罚性质的教育惩戒和体罚的本质差别,以致将教育惩戒混同于体罚。这不仅引发教师内部关于教育惩戒的争议与分歧,而且使得社会各界对失范学生实施教育惩戒抱有怀疑甚至恐惧"。[②] 近些年来,因教师批评、惩戒或体罚而导致的学生轻生等极端事件的报道频见媒体;学生因教师批评而殴打、报复教师的恶性事件也屡见不鲜。师生都是异化教育的受害者。但社会舆论一边倒,教师往往会沦为"息事宁人"的牺牲品。久而久之,教师心存畏惧,不愿管、不敢管。其结果是,学生的成长偏离了人的规范发展的轨道,"巨婴"频现。因此,教育惩戒到位而不缺位,规范而不越位,成为家庭、社会、国家都关心、期盼与重视的问题。

2020 年 12 月,教育部出台了《中小学教育惩戒规则(试行)》(以下简称《规则》),"《规则》第一次以部门规章的形式对教育惩戒做出规定,系统规定了教育惩戒的属性、适用范围以及实施的规则、程序、措施、要求等,旨在把教育惩戒纳入法治轨道,更好地推动学校全面贯彻落实党的教育方针和立德树人根本任务"。[③]《规则》出台后,社会各界争议不断。《规则》的出台是教育惩戒问题解决的良好开端,标志着国家开始着手推进教育惩戒问题的解决。各地开始陆续出台办法,2017 年山东省青岛市的政府规章《青岛市中小学校管理办法》,2019 年河北省人大常委会的《河北省学校

作者简介:卢长智,上海师范大学教育学院博士研究生,上海师范大学商学院助理研究员,主要从事高等教育与教育哲学研究。

① 中华人民共和国教育部:《教育部颁布〈中小学教育惩戒规则(试行)〉——教育惩戒,有"法"可依》,载教育部官网:http://www.moe.gov.cn/jyb_xwfb/s5147/202012/t20201230_508113.html? authkey=boxdr3,最后登录日期:2020 年 12 月 30 日。
② 闻志强:《教育惩戒的中国问题及其应对》,《大连理工大学学报(社会科学版)》2020 年第 2 期,第 106 页。
③ 中华人民共和国教育部:《教育部颁布〈中小学教育惩戒规则(试行)〉——教育惩戒,有"法"可依》,载教育部官网:http://www.moe.gov.cn/jyb_xwfb/s5147/202012/t20201230_508113.html? authkey=boxdr3,最后登录日期:2020 年 12 月 30 日。

安全条例》,2020年广东省人大常委会的《广东省学校安全条例》等,都是地方国家权力机关、政府尝试通过地方法规、规章的制定来推动教育惩戒问题的解决。教育惩戒问题产生的成因是多方面的,它的治理亦需要多渠道、全方位、有序地推进。

二、教育惩戒困境的成因

教育惩戒所面临的困境,其成因是复杂的。本文拟从教育惩戒价值、教育惩戒主体身份、教育惩戒合法性及合理性等方面来加以探讨。

1. 教育惩戒价值存疑

改革开放以来,功利主义价值观对中国社会经济发展产生了巨大的影响,中国迅速地发展成为仅次于美国的世界第二大经济体。但功利主义有其自身的局限性,容易蜕变为唯功利主义——只注重功利而排斥其他价值。具体到教育中,唯功利主义秉持"德育无用""考试万能"的信条,片面强调智育的价值,以提高考试成绩为唯一追求,充斥着量化数据、量化标准,导致标准化、分数遮蔽了学生的生命价值。学生成绩、教学质量成为教师日常工作的中心、重心。教育惩戒的价值仅局限于正常的教学秩序的维持,而非指向其育人功能。

在学校教育异化的同时,家庭教育也偏离了正轨。在家庭教育中,家长重智育而轻品德,忽视对子女行为习惯的培养。更有甚者认为,品德的好坏是细枝末节的事情,决定孩子成败的是学习成绩。在此认知下,他们并不认同学校里的教育惩戒,认为那是小题大做,只有成绩好才是真正的硬道理。

近些年来,教育民主化使师生关系中的权威主义成为教育变革的焦点之一。师生关系中的权威主义是"教师在师生交往中具有绝对的权力和不容置疑的威信,并要求学生永远处于被支配和服从的地位"。① 有一种声音认为:"教育活动中的权威主义的存在使学生的人格、尊重被忽视,学生的主动性、创造性受到压抑,并因此产生师生心理上的距离与师生关系的淡漠或疏远。"② 教育教学活动中,教师挖苦、嘲讽、打骂学生的行为,教师的"一人堂""满堂灌"的行为都是权威主义的表现,它对学生的个性、主体性、人格等的确立和形成会产生负面效应,打破它进而重构一种民主和谐的师生关系就有了其正当性、迫切性。但事与愿违,在纠正权威主义的过程中出现了"矫枉过正"的现象,教育惩戒被视为师生关系中的权威主义,并因这种关系的不平等而被冲击和反对。师生关系中的权威主义与树立教师的权威,实际上是两个概念。"从本质上说,教育必须是一种权威性活动"③,教师权威是"教师在教育教学中使学生信从的力量或影响力"。④ 教育工作的顺利进行,不仅不能弱化教师的权威,相反,应该确立和强化这种权威。反对教师教育惩戒,一味地追捧悦纳、赏识、表扬等手段在教育中的作用,实质上是弱化教师的权威,它是师生关系民主极端化的表现,有违教育民主的参与原则,以对教师的非民主来换取对学生的所谓民主。教师失去在道德上、人格上要求和影响学生的权威性与合法性,成了"束手无措"的旁观者,学生的道德养成、人格塑造都面临失范的风险,学生极易成为"精致的利己主义者"。教育以何育人,育之何人,教育意图、教育价值诉求都在遭受着巨大的挑战。

2. 教育惩戒主体身份存疑

在中国古代社会,教师的教育惩戒主体的身份为社会普遍所接受。首先,在中国传统文化中,"君师者,治之本也"⑤。教师是文明与文化的传承者、传播者,担负着人类文明薪火相传的重任。"天地君亲师",教师职业具有神圣性,受人推崇、景仰。其次,教师承担着"传道"的职责,上承天道,教化社会,对封建王朝统治的巩固、延续起着举足轻重的作用。古代统治者把教师纳入官僚体系,用制度、法律来确立教师的地位,保障教师的权益。教师有官籍,享职官待遇。教师承"天"教化民众,具有法定权威性。再次,古代教师往往以

---

① 石中英:《教育中的民主概念:一种批判性考察》,《北京大学教育评论》2009年第4期,第68页。
② 王枬:《教育原理》,广西师范大学出版社2007年版,第205页。
③ 涂尔干:《教育与社会学》,马和民译,华东师范大学出版社2002年版,第3页。
④ 吴康宁:《教育社会学》,人民教育出版社1998年版,第209页。
⑤ 王先谦:《诸子集成二之荀子集解》,中华书局1954年版,第233页。

"人师"自律,以自身的人格魅力来影响和塑造学生的人格,并以其自身的才情与品性给予学生一种潜移默化、终身受益的感化。最后,"学高为师",教师掌握着知识的话语权,是儒家经典教化、传承的桥梁,教师是"专业人士"。正是基于"传统的、法定的、感召的、专业的"[①]这四重因素,在中国古代社会中,"师道尊严"被奉为圭臬,家长约定俗成地让渡教育惩戒权给教师,认可、接受教师对自己孩子的教化、惩戒甚至体罚。

中国社会自近代以后,教师所承载的"天道"被瓦解,教师走下神坛、圣坛,成为纯粹的"教育业从业者""知识的贩卖者"。改革开放后,受拜金主义的影响,教师一度成为"贫穷""失败者"的代名词,其德性的感召力弱化。对教师德性感召更具毁灭性打击的是近些年来的针对教师的网络污名化。网络环境所特有的"传播效应的聚焦性、传播逻辑的非常规性和传播走向的不确定性"[②]等特征,使个别教师在教育惩戒中的失范行为被无限放大,导致整个教师群体陷入舆论困境。再加上"知识爆炸"时代的到来,教师仅剩的知识话语权也被进一步弱化。受以上诸多因素的冲击,中国社会对教师的教育惩戒主体身份普遍不信任、不认可。

3. 教育惩戒的合法性、合理性存疑

教育部政策法规司负责人指出:"《教育法》《义务教育法》《教师法》《未成年人保护法》等法律虽然没有直接使用教育惩戒的概念,但这一概念已经约定俗成,被社会和教育界普遍认同,符合我们的文化传统和教育实践,也是教育权的题中应有之义。"[③]说明在相当长的一个时期内,我国没有相关的法律对"教育惩戒"这一概念做清晰的界定,以致今天这一概念仍然相当模糊。"是什么"的问题尚待明晰,"为什么""如何做"等问题的解答则更是任重而道远。我国一些相关法律、法规中有一些与教育惩戒相关的表述、规定。《中华人民共和国教育法》第29条规定了学校及其他教育机构"对受教育者进行学籍管理,实施奖励或者处分"的权力;《中华人民共和国教师法》第7条规定了教师拥有"指导学生的学习和发展,评定学生的品行和学业成绩"的权力;教育部制定的《小学管理规程》和《普通高等学校学生管理规定》规定了"学校及其他教育机构可以对学生进行处分"的权力。《小学管理规程》规定,"处分的形式包括警告、严重警告和记过处分"。[④]但是问题在于,处分与教育惩戒是同一概念吗?教师可以评定学生的品行,但是否可以处分、惩戒学生?处分、惩戒的主体到底是学校还是教师?显然目前现存的法律法规都不足以回答这些质疑。《中华人民共和国教师法》《中华人民共和国义务教育法》《中华人民共和国未成年人保护法》等明文禁止体罚,但在现实操作层面上,体罚与教育惩罚的边界难以区分。概念的模糊、法律法规对教育惩戒的留白,以及体罚与教育惩戒的边界不清晰,使教育惩戒的合法性备受质疑。

教育惩戒的合理性问题是质疑声的另一个方面。教育惩戒不是一种简单的教育行为,它的实施对象是有着复杂年龄、心理特征的学生。同样是惩戒,但针对不同年龄、心理、性格以及不同成长背景的学生,惩戒的度应该有所区别。谁来执行教育惩戒也是一门艺术,教育惩戒由学科教师、班主任、教导主任或校长实施都会产生不同的效果。此外,时至今日,对于什么是"体罚"、什么是"变相体罚"、什么是"侮辱人格尊严的行为"等核心概念,现有的法律、法规体系都缺乏必要的界定。概念的模糊,使得人们在现实中无法对体罚与教育惩戒做出正确的区分,导致认知混乱。稍有不慎,教育惩戒就变为体罚,给学生身心造成伤害。教育惩戒不是一般的教育行为,它的对象具有复杂性和具体性,因而,如何评估教育惩戒人员的资质、监督教育惩戒的实施、厘定教育惩戒的形式与度,在这些问题没有得到妥善回答、解决之前,教育惩戒难以令人信服。

---

① 吴康宁:《教育社会学》,人民教育出版社1998年版,第209页。
② 岳涛:《网络生态视域下的师德舆论困境:生成与化解》,《国家教育行政学院学报》2019年第9期,第69页。
③ 中华人民共和国教育部:《教育部颁布〈中小学教育惩戒规则(试行)〉——教育惩戒,有"法"可依》,载教育部官网:http://www.moe.gov.cn/jyb_xwfb/s5147/202012/t20201230_508113.html?authkey=boxdr3,最后登录日期:2020年12月30日。
④ 劳凯声:《教育惩戒的合法性及其在教育中的适用》,《人民教育》2019年第23期,第14页。

三、教育惩戒问题的对策分析

鉴于教育惩戒所面临的困境及其复杂性,在应对、治理对策方面,应全盘统筹,多管齐下。

1. 引导各主体形成正确的教育价值观

教育惩戒要走出困境,关键在于人的思想的转变,在于人的正确教育价值观的形成。党的十八大报告提出,要把"立德树人"作为教育的根本任务。这一根本任务的达成,需要国家、政府举全国之力,系统地推进。首先,政府要切实改变将"公共政策的伦理价值消融于经济价值之中,并引致全社会形成逐利动机"①的现状,将经济发展的终极价值目标指向人的全面发展。社会要切实打破把文凭、职业、职位作为衡量人格尊严、公民自信的标准,以及作为薪酬分配基准的传统,建立以实际能力为衡量标准,以按劳分配为主、多种分配方式并存的分配制度,使教育中唯学历、唯资历、唯论文的功利主义价值取向,失去其赖以生存的外部环境。其次,教育行政部门应改变教育质量评价中唯分数、唯升学率的做法,树立正确的政绩观、教育发展观,将多元评价的理念、措施真正贯彻、落实到学校教育质量评价中去。教育行政部门还应成为家庭教育理念革新的积极组织者、参与者,通过卓有成效的家庭教育指导机制的建立、运作,切实转变家长教育理念,使家庭教育从"一切为了分数",转变到"以人为本",以学生的全面发展为指向,尊重学生作为人的存在、价值与意义,为学生人生的成功、幸福奠定基础。再次,通过宣传、教育、引导,使教师和家长都能理性看待教育惩戒在人的成长中的作用,认可、运用好教育惩戒这一教育方式。对于教师而言,要使他们认识到教育惩戒在"立德树人"过程中的不可或缺的作用,理解教育惩戒是基于理性、智慧与情感的育人手段,忌简单粗暴;对于家长而言,要使他们能从自己的孩子健康、全面发展的角度理性看待教育惩戒,清楚地知晓教育惩戒与体罚之间的界限,能把教育惩戒与责任担当关联起来,重智育,更重孩子的品行,积极地支持、配合教师合理、合法、合规的教育惩戒行为。政府、学校、家庭统一思想、步调一致,才有可能从根本上扭转教育价值取向,改变教育中的功利主义现象,将教育从极端的利益考量转向"以人为本"的诉求,追求功利与人文的统一。

2. 重建教师专业身份、社会地位的民众认同

习近平总书记指出:"自古以来,中华民族就有尊师重教、崇智尚学的优良传统。"②尊师重教的良好社会风气的形成,先决条件是教师自身素养具备高标准、高水平。另外,国家、政府、社会对教师专业身份、社会地位的认同、支持、引导与推动都是必不可少的。

首先,要推动教师队伍的专业化建设与发展,使教师成为名副其实的专业人士。"学高为师,身正为范","学高""身正"应成为教师队伍专业化发展的方向。一方面,教师要立足"内修",自我提高:执着于"志于道"的教育理想与信念,坚持不懈地自我完善、自我发展,追求高尚人格的健全;不断强化、提升"健全的理性意识、基本的理性能力、强烈的理性精神和正确的理性观","为学生理性的发展创造人性化的空间","容许青少年学生在理性认识过程中犯错误,确保他们不至于因为犯错误而受到惩罚"。③教师要有超越世俗与物欲的精神,珍视自己与学生的生命价值,促进人的发展。另一方面,要系统推进教师队伍的专业化建设。在职前环节,加强高等师范院校师范生的心理、法律等课程体系建设,围绕教育惩戒实施相应的案例教学、情景教学、微格教学,使职前教师的知识储备与技能提升并举。在入职环节,把心理素质、情感认知、道德品质等非智力因素作为师资选拔的重要依据。在职后环节,推动教师不断更新专业理念,优化专业知识;加强教育惩戒技能技巧培训在师训环节中的比重,通过案例的研讨、情境的体验来增强教师在教育过程中创造性实施教育惩戒的意识与能力,加大教育惩戒策略的储备。

其次,国家、政府、社会各界应推动尊师重教的良好社会风气的形成,提升教师的社会地位。一是从传统文化中汲取养料,承袭优良传统。处于转型关键时期的中国"必须立足自身、正本清

---

① 崔浩:《功利主义价值取向的公共政策及其实践反思》,《浙江社会科学》2009年第4期,第47页。
② 习近平:《全面贯彻落实党的教育方针努力把我国基础教育越办越好》,《人民日报》2016年9月10日,第1版。
③ 石中英:《教育哲学》,北京师范大学出版社2007年版,第185-186页。

源、继往开来,对接融合中西文化,塑造一种新的世界文化"。① 使尊师重教的优良传统在现代社会得到传承。二是政府及相关职能部门应通过顶层设计,采取切实的措施,不断增强教师职业的尊严感、幸福感、认同感、责任感,形成教师乐教、爱教,积极进取、奉献的良好局面。三是构建良好的网络生态,净化网络环境,做好尊师重教的价值引领,打破当下师德舆论困境。借助各种媒介渠道,聚合多方力量,在全社会逐步营造尊师的舆论环境,重建民众对教师的理解、信任与尊崇。学校、各级教育行政部门在应对网络舆情时应积极作为,既要惩戒教师个体的失德、失范行为,又要保障教师声誉清白和合法权益。

3. 不断健全完善相关法律法规

《规则》目前仍定位为"试行","试行"一词本身就说明了该《规则》的先行探索的性质,不尽完善并不是《规则》要刻意规避的问题。作为部门行政规章,《规则》对教育惩戒的概念、内涵、外延、规则、程序、措施、要求等都有所涉及,这些方面多是基于教育惩戒现实困境的一种考量、反思,实践层面上的效果究竟如何,还需要假以时日,用事实来检验。《规则》制定者需要根据《规则》在后续实施过程中出现的情况、面对的现实需要进行完善,对教育惩戒权行使的前提、惩戒对象、惩戒使用范围、惩戒方式、惩戒原则、惩戒尺度等进行清晰的界定或规范,使教师的教育惩戒权的行使真正成为合法、合规的行为。此外,《规则》只是部门行政规章,要完善与教育惩戒相关的法律法规,就意味着《规则》的"上位"和"下位"法律法规也需要不断完善。向"上",应该使教育惩戒在国家立法中有所体现。对于学校、教师的教育权,相关的国家立法已经有所体现,但对作为教育权的下位概念,或者说对作为教育权的延伸的教育惩戒权,却从未有所涉及。《规则》缺乏具有高阶效力的法律依据,在后续执行、实施甚至司法诉讼中将处于不利境地。向"下",应当使《规则》在学校内部规章制度中进一步细化。校规校纪是法律法规赋予学校的一项权力,学校可以根据自身实际情况制定符合本校实际与教育现实且易于执行的内部规定。

Study on the Dilemmas of Educational Punishment and Its Countermeasures

LU Changzhi

(School of Education, Shanghai Normal University, Shanghai, 200234)

Abstract: Educational punishment is a big concern to the central government, the society, and the public. Its dilemmas in reality are closely related to the social doubts about its value, the identity of its subject, and its legitimacy and rationality. To solve such dilemmas, great efforts from various aspects should be committed in a coordinated manner. Specifically, we should guide all subjects to form correct educational values, reconstruct public recognition of teachers' professional identity and social status, and constantly improve the relevant laws and regulations.

Key words: educational punishment, corporal punishment, predicaments, countermeasures

---

① 潘建雷,张英姬:《传统文化:百年历程与现代价值》,《新视野》2012年第6期,第120页。

从"预设"到"生成":我国教师发展研究范式的主体性转向

马 飞

(西北师范大学 教育学院,甘肃 兰州 730070)

摘 要:教师发展研究范式在主体性不断确证的过程中由"预设论"转向"生成论",教师的主体性从对象化的实体转向生成性的主体,并以主体间性超越主体性,从而实现了教师发展研究范式的主体性转向。这种转向是主体间性哲学之于主体性哲学的超越在教师发展层面的延续和升华,它不仅完善了以技术理性为核心的主体性发展,同时也确证了主体间意义的教师主体性,澄清了教师发展的复杂性、过程性和生成性,对教师主体性的回归具有本体论意义,从而为教师发展研究提供了新的哲学范式。

关键词:教师发展;主体性;主体间性;研究范式

经过40余载的转型,我国教师发展研究范式正在主体性不断确证的过程中由"预设论"转向"生成论",由对象化的实体转向生成性的主体,从而走向关注实践、反思、生成的教师发展观,不断激发教师反思性的智慧和情境性的机智,促使教师发展一种指向原点的价值取向。[①] 这也推动了对"教师专业发展"和"教师发展"概念的全新认知:教师在"专业"的追求中并没有找到"发展"的内容、途径和方式而产生实质性的改变[②],需回归教师发展的原点,采用历史与逻辑相统一的方法,从教学活动的实践性、情境性、复杂性和主体间性把握教师发展的内在特征和规律,即以"关系""活动"为框架,把教师发展过程置于交往实践的关系和活动中,从单一的主体性转化到交互的主体性,强调主体间的沟通和交往行为,并以主体间性超越主体性。如此,从主体性到主体间性,不仅修正了教师发展中长期被异化的主体性,同时也确证了主体间意义的教师主体性,澄清了教师发展的复杂性、过程性和生成性,从而促进了我国教师发展范式的主体性转向。

一、哲学思维的转向:教师专业发展与教师发展的分野

按照学术规范,研究者在谈论教师专业发展的方法论问题时,必先厘清本体论所涉及的概念

基金项目:本文系西北师范大学2020年度研究生科研资助项目"后脱贫时代民族地区国家通用语言文字教育的文化生态问题研究"(项目编号:2020KYZZ001009)的成果。

作者简介:马飞,西北师范大学教育学院博士研究生,主要从事课程与教学论研究。

① 马克斯·范梅南:《教学机智——教育智慧的意蕴》,李树英译,教育科学出版社2014年版,第11页。
② 李瑾瑜:《"教师专业发展"的概念特质与实践要义》,《中国教师》2017年第11期,第26-29页。

内涵。从历史上看,我国教师专业发展研究可以说是围绕着本体论的建设和反思展开的。因此,先厘清教师专业发展的概念内涵及其嬗变,才能避免"游谈无根"的现象。而就其本质而言,无外乎"实体思维"与"关系思维"之间的分野。

1. 实体思维取向的教师专业发展观

实体思维是指把预设的某种实体作为终极性的本原,并以此诠释一切事物的思维。①主张从实体的意义理解教师的"专业发展",并以实体为依托,试图在教育以外,预先设定某一逻辑基点来建构教师专业发展的理论体系,重视的是教师学科知识、教学技能等各种专业素养和能力的获得,属于专业取向的教师发展,亦即"教师专业发展"。这是一种以本质主义、理性主义哲学为基础的教师专业发展观,具有较强的逻辑性、抽象性、客观性,它预设了与教师主体及其实践绝对无涉的"事物本身",将教师看成是对象化的实体或与其他事物一样的客体,关注的是教师专业发展的结果,②具有终极性、静止性、简单性等特点。

从研究范式来看,基于实体思维的教师专业发展观秉承主客二分的科学理性主义思维方式,在实践中形成了教师专业发展研究范式的"预设论",并以实体本体论的方式来理解和研究教师专业发展。于是,教师专业发展变成超越时空且适用于任何教师的本质规定活动,它不仅预设了教师所应具备的知识、技能,而且将教师主体及其教育实践活动排除在外③,然后按照预设的目标、策略、方法开展研究。"预设论"研究范式试图超越教师现实发展困境,这种实体思维不断消解教师的主体性,形成了以技术理性为核心的主体性发展,隔离了教师与现实生活世界的关系,从而将教师发展研究引向一种封闭和孤立的状态,导致教师发展的价值理性和人文性被消减,整体上呈现出"他者"的镜像,沦为单向度的主体。

2. 关系思维取向的教师发展观

关系思维就是从事物与事物的关系中去理解事物,并以此为前提,诠释一切的思维④,是一种以开放性、复杂性、过程性和生成性为特征的立体思维方式。⑤柏格森的生成哲学、怀特海的过程哲学、现象学、主体间性哲学采取的都是典型的关系思维。关系思维主张从"关系"的视角理解"人"或"存在"的意义与教师发展的存在,强调教师作为"全"发展的可能性,即教师发展并非预设的发展,而是一个不断生成、溢出、浮现自我,彰显自我生命价值的过程,教师"存在"的关键在于他的自我超越性。⑥因此,教师发展观回归教师发展本身,关注生命、生活、行动、反思。

从研究范式来看,基于关系思维的研究范式主张采用多元的视角和方法来认识教师存在方式的本质问题,在实践中形成了"生成论"教师发展研究范式,它以"关系""活动"为框架,将教师发展过程置于主体间的各种关系与实践活动的交互作用中,强调教师发展是教师主体性不断自我澄明、自然显现、自我超越的生成过程。⑦于是,以教师的"存在"为基本立场,以教师和教育实践的主体间关系为逻辑前提,以教师发展的主体性为价值追求,倡导教师发展的交往与生成思想,并不局限于教师在各领域所具备的知识与能力,打破教师以工具理性为核心的主体性发展,形成主体间意义的教师主体性,是"生成论"教师发展研究范式的基本主张。这对教师发展具有本体论意义和生命价值,而且确证了教师发展是教师自然生命和价值生命存在的基本方式,体现了两者的和谐统一。以至教师被视为"反思实践者""课程参与者"等;⑧特别是"生命·实践"教育学派的教师发展观——一个表达了"彻底的生命关怀"的理论,并

---

① 孙美堂:《从实体思维到实践思维——兼谈对存在的诠释》,《哲学动态》2003年第9期,第6-11页。
② 姜勇:《人类学视野中的教师专业发展研究新转向》,《外国教育研究》2009年第10期,第29-33页。
③ 姜勇:《从实体思维到实践思维:国外教师专业发展新取向》,《外国教育研究》2005年第3期,第1-4页。
④ 孙美堂:《从实体思维到实践思维——兼谈对存在的诠释》,《哲学动态》2003年第9期,第6-11页。
⑤ 曾素林,陈上仁,王从华:《哲学思维方式变革视域下知识与经验的关系新探——从"实体思维"到"关系思维"》,《教育学术月刊》2015年第10期,第10-14页。
⑥ 姜勇:《论教师发展的"存在"之路》,《教师教育研究》2010年第1期,第1-5页。
⑦ 姜勇:《现象学视野中的教师发展观》,《全球教育展望》2007年第2期,第44-47页。
⑧ 李琼,倪玉菁:《从知识观的转型看教师专业发展的角色之嬗变》,《华东师范大学学报(教育科学版)》2004年第4期,第31-37页。

通过"研究性变革实践"为教师发展找到了一条鲜活的生命之路①,形成了一种思想和逻辑上内在一致的教师发展观,体现了主体与客体的统一和交会,实现了我国教师发展研究的理论创新。②

3. 从"预设论"到"生成论":教师发展研究范式的转向

如此,从主体性到主体间性的超越和转化,促使教师发展研究范式在主体性不断确认的过程中由"预设论"转向"生成论",由对象化的实体转向生成性的主体,这种转向竭力消解"预设论"教师专业发展的逻辑性、抽象性和客观性,从而确证了教师发展的开放性、复杂性、过程性和生成性。换言之,从"教师专业发展"到"教师发展"的演变,抽离了"教师专业发展"这个西方概念话语的模糊性和笼统性,使教师发展获得了实践上的基点和意义。③一是从素质发展转向整体发展,将还原论视角下的教师专业发展推向整体论视角下的教师发展,厘清了教师发展的内在规律,赋予了教师丰富、真实、鲜活、智慧、创造的价值属性。二是从简单的线性思维转向复杂的非线性思维,将教师发展置于复杂的教育活动中,以复杂性思维理解作为教师的"人"的发展,直面教育情境中人的生存方式。三是从抽象、模糊的教师专业发展转向与人的存在和实践活动有关的实践路向,摆脱了本质主义、技术理性的教师发展逻辑,确证了教师发展的生成性。四是以"人的生命和为了人的生命"为基点,把教师发展视为对人的生命自觉的探索,并从主客的关系转为主体间的交往关系,摆脱了建立在主客认识关系中的主体性④,实现了教师发展的主体性转向,即从主体性到主体间性。一言以蔽之,倡导主体间性对于教师发展的价值追求,强调主体间教师发展与教育实践的相通性、主体的共在性以及实践的关联性,确证了主体间之于教师主体性回归的本体意义,从而为教师发展研究提供了新的哲学范式和方法论原则。

二、主体性危机:"预设论"教师专业发展研究范式的批判

秉承理性主义哲学的思想方法,以人的主体性为教育立法,成为"现代性"教育理论的核心理念,它存在试图从某种既定的逻辑框架出发讨论如何培养理想个体的企图,即"预设一个框架对教育进行规范的研究范式"。⑤"预设论"教师专业发展研究范式就是在这种技术理性化教育理论的指导下形成的,它以其高度的抽象性和唯我性代替人在发展过程中的交互生成性,并以实体本体论的方式来理解和研究教师专业发展,逐渐演变为以技术理性为核心的主体性发展。

1. 主体性的旁落:现代教学理论对教师主体性的忽视

在理性主义思潮的影响下,现代教育理论被技术理性化,成为实现效率、数量、速度等工业化的工具⑥,教师成为科学、理性和真理的代言人,教师的任务是塑造、训练、传道、授业、解惑;教师的称谓充满着工业化、科学化甚至宗教色彩的隐喻,如园丁、蜡烛、人类灵魂的工程师。⑦因此,教师专业发展的主体性旁落首先是由"现代教育理论"和"主体教育理论"自身的缺陷所致。

一方面,现代教学理论以人的理性和主体性为内在逻辑,提倡发展学生的主动性是现代教育的特点。赫尔巴特从"目的—手段"出发构建的教学理论体系,以"教育性教学"为原则,以学生的"专心"和"审思"为基础,提出了著名的"四阶段教学"框架⑧,从而形成了以"教师、教材、课堂"为中心的传统教学模式,使得教师的认识被局限在传统教学活动领域中,变成知识、技能的传递者;凯洛夫的教学论以教学计划、教学大纲和教科书为

---

① 叶澜:《"生命·实践"教育学论丛第一辑——〈回望〉》,广西师范大学出版社 2007 年版,第 141-149 页。
② 阮成武:《中国当代教师发展研究的理论创新——兼论"生命·实践"教育学派的教师发展观》,《课程·教材·教法》2012 年第 10 期,第 103-109 页。
③ 李瑾瑜:《"教师专业发展"的概念特质与实践要义》,《中国教师》2017 年第 11 期,第 26-29 页。
④ 冯建军:《主体教育理论:从主体性到主体间性》,《华中师范大学学报(人文社会科学版)》2006 年第 1 期,第 115-121 页。
⑤ 刘旭东,吴银银:《超越理性主义:实践的教育理论的发展路径》,《西北师大学报(社会科学版)》2012 年第 3 期,第 7-12 页。
⑥ 刘旭东:《教育的学术品格与教育理论创新》,中国社会科学出版社 2017 年版,第 158 页。
⑦ 于伟:《理性与教育》,安徽教育出版社 2009 年版,第 4 页。
⑧ 赫尔巴特:《普通教育学》,李其龙译,人民教育出版社 2015 年版,第 14 页。

教学蓝本,将知识、技能的传授发展至极致,在实践中对教师的教学观念和行为产生了根深蒂固的影响①;赞可夫的发展性教学理论,从学生个体发展角度论述教学,教师个体的发展则成为盲点。②现代教学论在实践方面形成了较为稳定的传统模式,都以教学或学生发展的视角理解教学,致使教师和研究者对"课堂教学"活动缺乏整体性的认识,这种静态、简单、片面的思维方式忽视了教学中人与人之间交互的复杂性③,使得教师的发展被认为是业已完成的事情,教师作为"全人"的发展被遮蔽在教学理论的视域中,导致教师发展的主体性遭遇"旁落"的境地。

另一方面,从我国主体性教育理论的发展来看,我国主体教育以发展学生的主体性为起点,为推动素质教育实现人的全面发展,确立了以主体教育为核心的现代教育观念。④然而,由于主体性自身的缺陷,导致主体性教育理论陷入了困境,无法更好地揭示和解决当代教育问题。⑤于是,在教师专业发展领域,教师的主体性在"专业"的追捧中被异化为以技术理性为核心的主体性,教师在发展中沦为单向度的人。

2. 主体性的异化:技术理性对教师专业发展主体性的遮蔽

工具理性把自然科学研究范式在认识论上的普适性、还原性等观念及思维模式推广到教师专业发展领域时,以此为旨趣的理论、模式、制度等都不可避免地打上了急功近利的烙印,技术理性的滥觞也就逐渐凸显出来。教师的专业发展变成"可预设"的,手段被视为目的,教师发展的主体性被淹没,复杂性被抽离。教师作为"生命的存在"和"人的发展"被忽视,教师专业发展因而受到了多方批判。

一是工具化取向的教师专业发展。这种"由外而内"的模式认为教师最重要的是拥有"学科知识"和"教育知识"⑥,以此演变出知识本位和技能本位的教师专业发展观。前者将教师视为"知识的容器",后者将教师视为"熟练的技师"。⑦其在本质上都是受工具理性支配的,主要表现为对教师的控制和改造,从而导致知识、技能对教师主体性的压制和奴役,这不仅弱化了教师发展的空间和意识,而且抑制了教师的主动性与创造性,导致教师在发展过程中出现"失语"现象。

二是被动化取向的教师专业发展。这种"自上而下"的模式持"外烁论"的观点,它从宏观的制度层面为教师的专业发展提供了支持性的外部环境⑧,注重外部力量对教师专业发展的促进作用,⑨但相对忽视了教师的主体意识与主观能动性。企图"彻底"解决教师的发展问题,追求培训的有效性,从而抑制了教师内心自主、自发的精神诉求。⑩这种模式撇开了教师主体与实践主体之间的联系性和复杂性,具有明显的技术理性思维,消解了教师专业发展的内在动力。

三是标准化取向的教师专业发展。专业标准通常由专家和教育行政部门决定,更加重视那些抽象的、脱离情境的理论性知识,而教师的实践性知识不太被重视,造成教师发展理论与实践之间的脱离。⑪而且把教师视为社会控制的对象⑫,对教师的主观能动性、专业特殊性以及教育的情境性缺乏充分的关注。⑬因此,这种标准化模式抽离教师发展的复杂性和不确定性,从而导致教师

---

① 叶澜:《让课堂焕发出生命活力——论中小学教学改革的深化》,《教育研究》1997年第9期,第3-8页。
② 王长纯:《教师专业化发展:对教师的重新发现》,《教育研究》2001年第11期,第45-48页。
③ 叶澜:《让课堂焕发出生命活力——论中小学教学改革的深化》,《教育研究》1997年第9期,第3-8页。
④ 武思敏:《主体教育的理论与实验——访北京师范大学裴娣娜教授》,《教育研究》2000年第5期,第50-54页。
⑤ 冯建军:《主体教育理论:从主体性到主体间性》,《华中师范大学学报(人文社会科学版)》2006年第1期,第115-121页。
⑥ 教育部师范教育司:《教师专业化的理论与实践》,人民教育出版社2003年版,第28页。
⑦ 何菊玲:《教育教师范式研究》,教育科学出版社2009年版,第84-87页。
⑧ 汪明帅:《从"被发展"到自主发展——教师专业发展的现实挑战与可能对策》,《教师教育研究》2011年第4期,第1-6页。
⑨ 姜勇:《论教师专业发展的后现代转向》,《比较教育研究》2005年第5期,第67-70页。
⑩ 操太圣,卢乃桂:《教师专业发展新范式及其在中国的萌生》,《教育发展研究》2002年第11期,第71-75页。
⑪ 陈向明:《从教师"专业发展"到教师"专业学习"》,《教育发展研究》2013年第8期,第1-7页。
⑫ 张华:《论教师发展的本质与价值取向》,《教育发展研究》2014年第22期,第16-24页。
⑬ 胡定荣:《教师专业标准的反思》,《高等师范教育研究》2003年第1期,第38-41页,第48页。

发展的整体性、生命性、丰富性被僵硬、具体的清单式目标所替代。

如上所述，一方面，强调教师发展的主体性是近40年来我国教师专业发展研究的热点之一，并在理论、实践及其政策上取得了重大进展，但由于现代教育理论的缺陷和技术理性的急剧扩张，导致教师专业所面临的"主体性危机"也是根深蒂固的。有关教师专业发展的各类理论、模式等无法避免技术理性的束缚，逐渐演变为以技术理性为核心的主体性发展，呈现出"他者"或"客体"的镜像，生命的丰富性内涵在"专业"的追捧中被遮蔽，教师发展呈现出技术化、被动化、标准化以及去情境化等特征。另一方面，"主体性危机"也是教师专业发展的必然结果，因为主体性是在主客关系中获得的规定，属于认识论的主体性，教师获得的是关于客体的知识①，可见"预设论"教师专业发展研究范式忽视了"生成论"意义上主体间教师发展的价值和意义。因此，转换研究思路，代之以主体间性来解决教师专业发展的"主体性危机"，深化对教师发展外在价值和内在意义的理解，或许才是实现教师发展主体性转向的根本选择。

三、主体性回归："生成论"教师发展研究范式的转向

教师发展及其研究的脉络可以说是教师专业发展内涵的演变、分化最终向教师作为"人"的发展转变过程，为彰显和丰富教师发展的主体性指明了方向。关系思维的哲学转向在促使"生成论"教师发展研究范式生成的同时，也必将实现教师发展的主体性转向，即从单一主体性向主体间性的超越和转化。

1. 主体间性哲学："生成论"教师发展研究范式转向的理论基础

主体间性哲学是一种典型的关系思维，强调主体与主体之间的内在相互性、统一性和关联性。②它以主体性为根基和源泉，是人的主体性在主体间的延伸③，同时也是对主体性的超越与保留，它超越了主体性的自我化倾向和对自我的异化，而又保留了个人主体性的根本特征，并强调认识论意义上的相通性、存在论上的共在性、实践论上的关联性，澄清了对主体性所赋予的工具理性危害。④⑤对教师发展研究而言，主体间性对于主体性的超越不仅是一种新的思维转化，更是一种新的态度和价值取向。主体间性哲学使得主体间性的讨论变得具体化且可以检视，最终变成教师发展的一般性理论。

以主体间性为基础的"生成论"教师发展研究范式，致力于消解以技术理性为基础的"预设论"教师专业发展研究范式，以教师发展的主体性转向为旨趣，强调教师发展的流转变化本性和生命复归，使教师发展研究的重点更多地转向对人的生存方式、生命状态的关怀上。此亦即"生命·实践"教育学派视野中的教师发展观，它不拘泥于重视教师发展对于其他目标的工具价值，并以整体的发展观确立了教师发展的主体性、生命性、创造性和统一性。⑥⑦正如鲁洁所言，超越性的存在，既是教育的人学依据，也是教育之所期待。⑧因此，主体间性理论为教师发展研究提供了新的哲学范式与方法论原则，从而在实现新的思维转化的同时，丰富和发展了主体间教师的主体性内涵。

首先，以主体间性为基础的教师发展是对以预设论、技术理性取向的教师专业发展的修正和改造，它将还原论的教师专业发展推向整体论的教师发展，以复杂的非线性思维代替线性思维，丰富与发展了教师发展的主体性内涵，实现了教师发展的主体性转向。其次，以主体间性超越主客关系下的主体性，强调个体与生活世界及个体与自我关系之间意义的相通性、主体的共在性以及实践的关联性，从而将教师发展研究的重心更多

---

① 冯建军：《主体教育理论：从主体性到主体间性》，《华中师范大学学报（人文社会科学版）》2006年第1期，第115-121页。
② 尹艳秋，叶绪江：《主体间性教育对个人主体性教育的超越》，《教育研究》2003年第2期，第75-78页。
③ 郭湛：《论主体间性或交互主体性》，《中国人民大学学报》2001年第3期，第32-38页。
④ 岳伟，王坤庆：《主体间性：当代主体教育的价值追求》，《华东师范大学学报（教育科学版）》2004年第2期，第1-6页，第36页。
⑤ 冯建军：《主体教育理论：从主体性到主体间性》，《华中师范大学学报（人文社会科学版）》2006年第1期，第115-121页。
⑥ 王建军，叶澜：《"新基础教育"的内涵与追求——叶澜教授访谈录》，《教育发展研究》2003年第3期，第7-11页。
⑦ 叶澜：《让课堂焕发出生命活力》，《教育研究》1997年第9期，第3-8页。
⑧ 鲁洁：《超越性的存在——兼析病态适应的教育》，《华东师范大学学报（教育科学版）》2007年第4期，第6-11页，第29页。

地转向主体间的交往、理解、沟通、融合,并强调主体间人的生存方式和生命状态,为教师的"生成"与"重构"提供了可能。再次,以主体间性为研究视角是对教师作为"全人"的一种本真追溯和更为深刻、全面、准确的认识,同时是对教师主体性内涵更为彻底的揭示,对教师主体性的发展具有本体论意义,它不仅确证了教师发展研究的逻辑起点——"人的生命和为了人的生命",而且彰显了教师发展本身的价值和意义。

2. 主体性复位:主体间性对教师发展主体性的澄明

基于技术理性对于教师专业发展的钳制,消解教育理论的抽象性,改变预设论的思维方式,面向更为丰富多彩的实践是生成性教育理论的学术旨趣。[①]因此,回归教师发展的原点,彰显教师发展的主体性,以主体间性为基础对于确证和重构教师发展的生成性具有本体意义,并为理解教师发展的本真提供了研究范式。

(1)以教育理论与教育实践的关系为视角是一种重要范式

在我国,教师专业发展"技术化"盛行的关键是理论与实践的脱节。[②]从理论看,教师的主体性被抽象的概念遮蔽;从实践看,主体性被复杂多变的教学活动神秘化。于是,在研究中便形成了理论性知识和实践性知识分野的教师发展观。

为了跨越理论与实践的鸿沟,陈向明通过质疑"理论联系实际"之于教师专业发展的适用性,指出理论性知识与教师的工作缺乏足够的亲和力,所以更应该将教师置于生动、具体、完整的场景中,遵循教师自身复杂的、动态的、非线性的发展轨迹,建构属于教师自己的实践性知识[③],并以此作为教师发展的知识基础。[④]如此,这种不仅具有明显主体性,而且具有明显主体间性的教师实践知识[⑤],为研究教师发展提供了新的思路与视角,进一步拓展了教师发展研究的空间,成为大家普遍关注的一种重要范式。

在此范式下,实践性知识成为研究教师发展问题的重要路径。有研究认为,教师实践性知识是一种"转识成智"之后的教育机智,培育教师实践知识不仅是教师发展的价值取向,更是促进教师发展的有效途径。[⑥]还有研究指出,实践性知识在本质上是一种具有行动者主体性的知识,而且是教师根据教育情境即兴地创造教育性事件,持续不断浮现自身主体性并改进实践的知识,它不仅是教师主体性的外化和实践表达,更是教师主体性发展的重要源泉,两者共生共融、相互转化,共同促进教师主体性的浮现,唤醒教师发展的潜在本质。[⑦]相反,也有研究从理论性知识的视角出发,认为理论性知识是实践性知识产生的基础,更是教师有效应对复杂多变的教育情境的前提,因此不宜过分夸大实践性知识在教师发展中的作用,也不能以此为由贬低或看轻理论性知识对教师成长和发展的影响与作用。[⑧]

由此反思,以理论性知识和实践性知识为分野的教师发展观,其本质还在于探讨教育理论与教育实践相脱离的问题。理论与实践关联的性质,从本质上看是人的认识与实践的关系问题,都与作为认识主体和实践主体的人相关。[⑨]所以,无论从理论性知识抑或实践性知识来理解教师发展,研究的重心永远都应集中在作为主体的教师身上,辩证地看待理论性知识和实践性知识。但不可否认的是,以实践性知识为取向的教师发展,不仅促进了教师主体性的发展,而且超越了建立在对象化活动基础上的主体性,它将教师发展置于以"行动、沟通、交往"等为特征的"关系"之中,通过创建有效的多元对话空间,不断拓展教师发

---

① 刘旭东:《从思辨到行动:教育理论的时代转向》,《西北师大学报(社会科学版)》2014年第1期,第100-104页。
② 钟启泉:《"教师专业化"的误区及其批判》,《教育发展研究》2003年第Z1期,第119-123页。
③ 陈向明:《理论在教师专业发展中的作用》,《北京大学教育评论》2008年第1期,第39-50页。
④ 陈向明:《实践性知识:教师专业发展的知识基础》,《北京大学教育评论》2003年第1期,第104-112页。
⑤ 曹正善:《论教师的实践知识》,《江西教育科研》2004年第9期,第3-6页。
⑥ 王鉴,徐立波:《教师专业发展的内涵与途径——以实践性知识为核心》,《华中师范大学学报(人文社会科学版)》2008年第3期,第125-129页。
⑦ 魏戈,陈向明:《主体性的浮现:教师实践性知识的教育性意义》,《教育学报》2019年第4期,第72-79页。
⑧ 夏正江:《不宜过分夸大实践性知识在教师专业发展中的作用》,《中国教育学刊》2020年第2期,第72-77页。
⑨ 叶澜:《思维在断裂处穿行——教育理论与教育实践关系的再寻找》,《中国教育学刊》2001年第4期,第3-8页。

展的主体性边界。如此，教师并不占有知识，而是通过实践去创造知识。可以说，教育理论与实践鸿沟的经久存在，也使得教师发展一直散发着迷人的学术魅力。

（2）以人的生命发展和生命自觉为视角是一种普遍范式

教师发展的生命观取向是对教师作为"全人"的一种本真追溯，它以"人的生命和为了人的生命"为逻辑起点，关注主体间人的生存方式、生命状态的共在，强调对学生生命的自觉与关怀。如此，教师发展不仅是学术话语，更蕴含着对教师人格和职业的赞美。

"生命·实践"教育学派多年来将"探索人的生命自觉"之路作为自己的实践使命，创造性地打通了教师"生命"与"实践"的内在联系，使得"生命"与"实践"的关系问题变成了教师发展的本真问题和原点问题，实现了我国教师发展研究的本土转向。正如叶澜所言："如果一个教师一辈子从事学校教学工作，就意味着他（她）生命中大量的时间和精力，是在课堂中和为课堂教学而付出的，因此每一堂课都是教师生命活动的一部分……无论是教师还是学生都是以整体的生命参与到学校教育活动中去的。"① 这一论述从原点上澄清了对教师发展的理性认识：一是以整体的生命观把教学过程中师生的生命活动和发展有效地整合、联系起来，奠定了教师发展的内在逻辑——"以人的生命和为了人的生命"；二是把对教师发展的认识置于课堂教学中，把教学过程看作教师生命价值及其自身发展的体现，课堂才是教师发展的起点；三是通过课堂教学的复杂性，澄清了教师发展的情境性和生成性，以此来审视教师发展的生命价值和实践价值，最终以复杂性思维理解教师作为"人"的发展。

对教师发展过程的再认识，重在对教学过程的再认识。叶澜继而又明确指出，要将"教学"作为一个分析单位，来认识教学过程中师生活动关系的内在不可分割性、相互规定性和交互生成性，这些关于教学过程性质的再认识已成为促进教师发展的重要理论力量，呈现出实践的生命力。② 换言之，"生命·实践"教育学派的教师发展观在深化教师发展的主体性转向，促使主体间性哲学成为教师发展的一般性理论的同时，也为教师发展提供了哲学的立场、眼光和尺度。

在此范式下，从生命整体发展的视角研究教师发展普遍被认可和关注。如有研究基于教师发展的生命意义，认为生命意义不仅是人存在的本质，更是教师做好育己育人的前提，有助于厘清教师发展的目的性、整体性、实践性和超越性。③ 还有研究采用直观主义方法论，认为只有直观才能指向教师生命的深处，教师发展并非知识与技能的简单集合，也并非预设的，而是生成的，教师发展不仅是其理性内省能力的提升，也是教师"生命直观"精神的不断生成。④

由此反思，这种范式所蕴含的价值取向既是时代和社会所赋予的，同时是中国传统文化的精神气质所在，也是个体生存发展所必需的。⑤ 它以"人的生命和为了人的生命"为基点，通过回归教师发展的原点，从而将教师发展置于多主体间的关系中，以探索人的生命自觉为出发点和归宿，并强调主体间教师发展意义的价值取向，在不断深化对教师发展的主体性认识的同时，也确证了主体间意义的教师主体性，实现了对教师发展的完整认识。

四、结语

随着人工智能、大数据等信息技术的全面渗透，教育已然成为技术深度参与的人类活动，但教育作为一种复杂的社会现象，其本质仍是一场饱含生命之思的主体性探索。⑥ 因此，在智能时代如

---

① 叶澜：《让课堂焕发出生命活力——论中小学教学改革的深化》，《教育研究》1997年第9期，第3-8页。
② 叶澜：《课堂教学过程再认识：功夫重在论外》，《课程·教材·教法》2013年第5期，第3-13页。
③ 于泽元，田慧生：《教师的生命意义及其提升策略》，《课程·教材·教法》2008年第2期，第82-87页。
④ 姜勇，华爱华：《柏格森"生命哲学"视野中的教师发展观》，《外国教育研究》2010年第1期，第62-66页。
⑤ 吴黛舒：《"新基础教育"教师发展指导纲要》，广西师范大学出版社2009年版，第29页。
⑥ 鲁子箫：《从"社会"到"人"：40年教育理论研究的主体转向——以"教育"概念界定为视角》，《教育学术月刊》2020年第6期，第3-8页，第37页。

何重新理解教师发展的意义,守护教师发展的主体性价值,在技术超越和生命存在的张力之间寻求一种有效的平衡,是教育回归本体在教师发展层面的延续和升华。所以,重新认识教师发展的主体性转向,并以此为基础,深化对智能时代教师发展主体性问题的认识和理解,必将成为教师发展研究的关键所在。

From "Presupposition" to "Generation": The Subjectivity Turn of Teacher Development Research Paradigm in China

MA Fei

(College of Education, Northwest Normal University, Lanzhou Gansu, 730070)

Abstract: The paradigm of teacher development research changes from "presupposition theory" to "generation theory" in the process of continuous confirmation of subjectivity, and teacher subjectivity changes from objective entity to generative subject, and surpasses subjectivity with intersubjectivity, thus realizing the subjectivity change of teacher development. This turn is the continuation and sublimation of the transcendence of intersubjectivity philosophy to subjectivity philosophy at the level of teacher development. It not only improves the development of subjectivity with technical rationality as the core, but also confirms the inter-subjectivity of teacher subjectivity, clarifies the complexity, process and generative nature of teacher development, and has ontological significance for the return of teacher subjectivity. Therefore, it provides a new philosophical paradigm for the study of teacher development.

Key words: teacher development, subjectivity, intersubjectivity, research paradigm

基于培训迁移理论的教师培训质量提升策略探析

陈 霞

(上海市师资培训中心,上海 200232)

摘 要:基于培训迁移理论的视角,观照已有教师培训项目或培训活动,发现无论在培训观念还是在培训设计上,部分教师培训项目或活动还存在孤立片面、各自为政、理论缺失等问题。当下提高教师培训质量迫切需要加强三个关键举措:从前中后一体化的视角规划培训活动;加强理论学习与实践操作之间的密切结合;基于学员需求实现多元主体间的有机协同。

关键词:培训迁移理论;教师培训;质量

教师培训是促进教师专业发展的重要途径之一。各级各类政府在教师培训上均投入了大量的资金与资源,也取得了显著的成效。然而从培训真正促进教师理念与行为方面来看,仍有较大的提升与改进的空间。

一、培训迁移理论的主要模型

在人力资源领域,人们很早就重视各级各类员工的培训,然而培训对个人或组织带来的实际成效却饱受争议,引发了学者对培训迁移的研究。研究发现,培训迁移应用的成效与学员个人、培训活动设计与工作环境均有密切的关系。

1. 鲍德文和福特的培训迁移模型

根据鲍德文(Baldwin)和福特(Ford)的定义,培训迁移指"在培训中习得的知识、技能、态度在工作场所的应用,以及在一段时间之后仍能保持"。[①]他们在对大量文献进行分析后,得出了影响培训迁移的因素及其相互关系,比较早且系统地提出了培训迁移模型(见图1)。[②]

在该模型中,培训结果包括培训输出——"学习与保留"、迁移情况——"推广与保持"。培训输入和输出因素,通过6条途径对培训迁移情况产生直接或间接影响。"学习和保留"即培训的即时所获,对迁移有直接影响(途径6),受训者特征和工作环境,对培训迁移有直接影响(途径4和5)。培训输入的三

基金项目:本文系2018年度上海市教育科研市级课题"学习领导理论关照下的校本研修重构路向与策略"(项目编号:C18114)的成果之一。

作者简介:陈霞,上海市师资培训中心研究员,博士,主要从事教师教育研究。

① Timothy T. Baldwin, J. Kevin Ford, "Transfer of Training : A Review and Directions for Future Reserch", *Personnel Psychology*, Vol. 41, no. 1(March 1988), pp. 63-105.

② Timothy T. Baldwin, J. Kevin Ford, "Transfer of Training : A Review and Directions for Future Reserch", *Personnel Psychology*, Vol. 41, no. 1(March 1988), pp. 63-105.

个因素——受训者特征、培训设计和工作环境通过影响"学习与保留"而对培训迁移产生间接影响(途径1、2和3)。①该模型简洁易懂,解释性强,故一直被广泛应用。但由于其缺乏实证、对工作环境等因素揭示不够深入,后来的学者,如罗伊勒和古德斯坦(Rouiller & Goldstein)、特雷西与提乌斯(Tracey & Tews)等人均又做了进一步的研究,提出了培训迁移气氛模型,揭示了组织环境中的管理支持、工作支持与组织支持对培训迁移持续而稳定的影响。

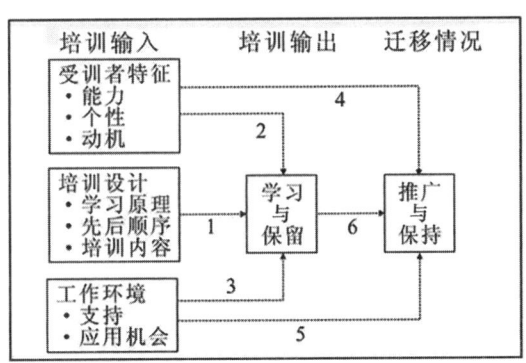

图 1 鲍德文和福特的培训迁移模型

2. 霍顿的人力资源开发研究与评估模型

1996 年,霍顿(Holton)在前人研究的基础上提出了培训迁移模型,即人力资源开发研究与评估模型(见图 2)。②

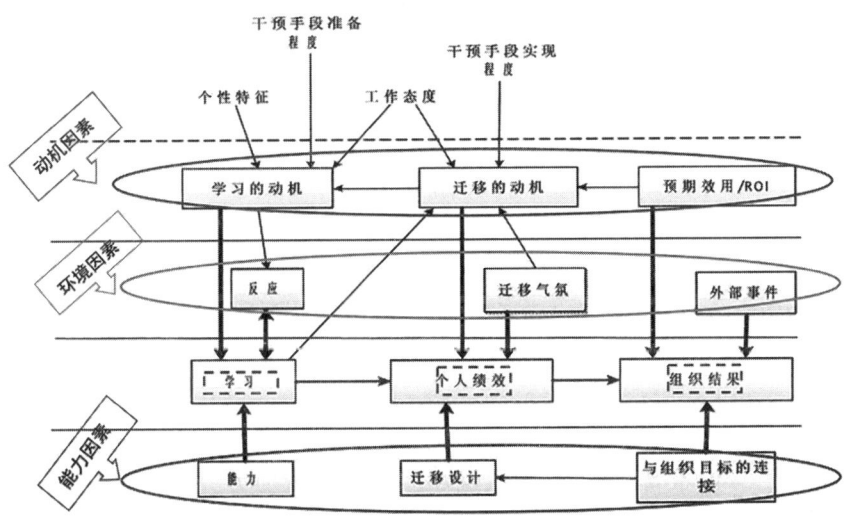

图 2 霍顿的 HRD 培训迁移模型

在该模型中,培训结果包括学习、个人绩效及组织结果三类。培训结果的一级影响因素有三类:动机、能力与环境。学习结果受到个人学习动机、能力与培训支持的影响;个人绩效受到学习结果、迁移动机(学员将知识运用到工作中的态度与愿望)、迁移气氛(阻碍或促进学员将培训所学运用到实际工作中

---

① 郑秀慧:《西方培训迁移评估模型述评》,《职教通讯》2014 年第 4 期,第 24-27 页。
② Elwood F. Holton, "The Flawed Four-Level EvaluationModel", *Human Resource Development Quarterly*, Vol 7, no. 1(Spring 1996) pp:5-21.

的组织环境)、迁移设计(与学员工作需求相匹配且教给学员如何将知识迁移至工作中的培训设计)的影响;组织结果受到个人绩效、预期效用、外部事件与组织目标的影响。

3. 从理论中获得的启示

第一,从培训迁移的视角来看,培训的过程不仅仅包括培训中的"学",还包括培训后回到工作岗位的"应用"。第二,培训的最终成效不仅受培训设计的影响,而且还受到学员个人特征、学员所处工作环境的综合影响。提高培训成效需要培训方、学员与送培单位的协同努力。第三,培训迁移气氛和组织文化是组织环境中影响培训迁移的重要因素。在具有持续学习文化的工作环境中,员工有更多的获取与应用新知识和新技能的机会[1],员工使用新技术、新方法会得到鼓励,因此更有利于培训迁移。[2] 第四,学员由在培训中获取的知识到最终产生长远迁移,需要经历一定的过程与阶段,其间任何一个步骤缺失均会导致整个"迁移链条"的断裂。根据霍顿和鲍德文提出的"迁移距离"过程[3],该过程大致要经历以下6个阶段:获取知识;知道如何使用知识;通过实践应用将知识转化为初步的能力;多次熟练地在工作中应用知识;知识不断被重复运用与巩固;不自觉地融入相应的工作中,成为自身知识的一部分,从而得到长远的迁移。

二、教师培训中的主要问题

运用培训迁移理论模型观照当下的教师培训实践,后者存在比较突出的问题。只有切实解决这些问题,培训促进教师理念与行为转变的功效才能得到进一步彰显。

1. 培训学习与岗位应用缺乏一体化规划

根据培训迁移理论,培训结果既包括即时学习结果,也包括应用与泛化。完整的培训过程至少包括培训场景中的学习与工作岗位中的应用。这就要求培训方在规划整个培训活动时,从培训学习与岗位应用一体化的视角来规划培训的目标、内容与考核等。虽然,近些年来随着培训的专业化程度不断提升,越来越多的培训机构与培训者意识到了这一点,但在一些培训实践中,仍然存在"重培训情境中的学习,轻岗位应用跟踪指导"的现象,导致很多参训教师"培训时很激动,走在路上很冲动,回去后一动不动"。究其原因,有培训观念比较陈旧的问题(如还停留在"知识灌输""知识补偿"上),也有培训理论与知识不足的问题,没有在思想认识上真正厘清培训促进教师专业发展的价值,也没有真正把回到工作岗位后应用作为培训活动的一个重要阶段,对迁移设计和应用等后期服务与支持跟进不够。

我们曾通过承担的培训班对来自全国各地的约200名教师培训者做过调查,针对"参训教师在什么情况下才有可能将培训所学应用到实际工作中"这一问题,88%的教师都提到3个因素:培训内容切合教师实际需求,单位领导与条件支持,个人有主动性。调查也发现,一些学员所在单位或主管部门也缺乏对学员应用培训所学知识与技能的足够重视,对学员在培训期间的表现、学习成效、应用设想等不够关注,在工作岗位上是否应用培训所学完全凭学员个人的意愿与能力。意愿强、能力强又恰遇工作中有应用机会与条件,培训迁移便可能发生,否则,培训迁移则难以发生。

2. 理论学习与操作转化之间缺乏有机结合

根据培训迁移理论,培训迁移大致经历以下过程:在培训中获取知识,知道如何使用知识,将知识转化为初步的实践应用能力,多次熟练地应用,知识与能力不断被重复运用得到保持,不自觉地融入相应

---

[1] Joyce W. F, Slocum J. W, "Collective Climate: Agreement as a Basis for Defining Aggregate Climates in Organizations", *Academy of Management Journal*, Vol. 27, no. 4(Spring 1984), pp: 721-742.

[2] 卞忠滕:《西方主要的培训迁移理论以及霍顿LTSI量表在国内某企业的运用》,华东师范大学博士学位论文,2016年,第22页、第30页。

[3] 卞忠滕:《西方主要的培训迁移理论以及霍顿LTSI量表在国内某企业的运用》,华东师范大学博士学位论文,2016年,第22页、第30页。

的工作中成为自身知识的一部分。在这一过程中,"知道如何应用知识"的操作体验与多次应用知识的直接实践是促进学员由"知"到"融会贯通"的重要环节。

我们在培训结束时对1350名教师进行了以"请写出你收获最大的方面以及最欣赏的一个培训活动的安排"为题的调查。调查可知,学员在培训内容方面的收获各有差异。近90%的教师都提到,带有体验性与操作性的培训活动能够让他们现场体验或应用。然而,从当前的一些培训实践来看,不仅在培训情境中存在"重理论学习与知识讲授,轻实践操作或体验应用"的问题,而且在参训学员回到工作岗位后,实践操作与应用体验也较少跟进。总之,在当前的培训中,理论学习与操作体验还没有充分结合,先进理念还缺乏相应的行为跟进。

3. 培训相关主体间缺乏有机协同

培训相关主体依据其角色可以分为培训方、参训学员、送培方三类。培训方包括培训组织管理者、授课教师团队等;参训学员包括学员个体与学员群体;送培方包括主管部门、学员所在单位等。根据培训迁移理论,培训成效是学员个人、培训设计与学员工作环境三类因素综合作用的结果,这就意味着培训效果的最大化需要培训方、参训学员与送培方的协同努力。

然而,从一些教师培训实践来看,培训方与送培方之间的沟通在时间上、内容上往往是不充分的。学员名单迟迟送不上来,调查的工具也仅仅是一些问卷,前期很难深入全面地了解参训学员的真实需求。培训结束时,培训方也鲜有将学员培训学习表现、学习收获以及对其回到工作岗位后的应用要求主动与送培方沟通。学员与送培方之间的沟通也是不全面、不充分的。在调查中,大约有一半的学员反馈说,培训结束回到单位后没有安排分享培训所学。即使在培训方内部,组织管理者与授课教师团队之间的沟通也是不全面、不充分的,组织管理者有时只是告诉教师上课的主题与地点,很少将学员的构成情况、需求等详细而充分地告知授课教师,授课教师与学员之间在授课之前彼此不了解,由此造成培训内容缺乏针对性。

三、提升培训质量的三个关键策略

针对当前教师培训中的主要问题,依据培训迁移理论,可以从如下三点切入,以提升教师培训的质量。

1. 贯通:从前中后一体化的视角规划培训活动

从培训迁移的视角来看,任何正式的教师培训活动,其培训前、培训中与培训后是一个不可分割的整体。无论是培训方、送培方还是参训学员,均需对此形成清晰而深刻的认识。

对于培训方而言,在制定培训目标与考核评价办法时,应该把学员回到工作岗位后对培训所学的应用考虑进去,如在评价考核中包含培训迁移应用任务,或将培训部分作业后置,让学员在培训结束后3个月或半年内提交应用实践案例或示范辐射情况。也可以在培训前让学员提交一个基于个人迫切需要解决的问题而设计的实践项目,带着项目来参加培训,培训结束后应用培训所学完善与实施实践项目,在培训结束后的半年内对项目研究成果进行汇报展示。上海市师资培训中心在举办的"教师培训者培训课程设计能力提升研修"系列以及"教育经验的萃取与课程化设计能力提升研修"系列中,培训前要求参训教师提交自己拟开发的课程或拟提炼的经验主题;培训中要求他们一边学习,一边应用培训所学,修改、完善甚至重新设计自己的课程或经验萃取成果;培训结束时每位参训教师均要向专家与所在单位的领导分组汇报学习成果;培训结束3个月到半年之间,师资培训中心还会举行参训学员重聚交流研讨活动,分享培训后的应用与收获。如此,就把培训过程贯通成线,以问题解决为中心,把培训前对实践问题的思考、培训中的学习、培训后的实践应用有机统一起来,从而促进参训学员理念与行为的统一、理论与实践的统一。

对于送培方而言,不仅应重视培训前学员的遴选工作,还应重视临行前的"出征仪式",让学员充分意识到培训机会的来之不易,增强培训的责任感与使命感,尤其要重视学员培训结束回到工作岗位后的培训学习分享、应用培训所学的计划等,给予参训学员鼓励,并为其提供必要的应用支持。

对于学员来说,既在培训中认真学习与思考,更要把培训学习与自己的工作实践结合起来,切实改进自己的教育教学行为,为教育的优质增效做出实实在在的贡献。只有培训各方在思想上与行为上把作为"点"的培训变成一条"线",贯穿培训的前、中、后,才能真正发挥培训促进教师理念与行为改变的作用。

2. 联结:加强理论学习与实践操作之间的密切结合

根据培训迁移发生的过程,"知道如何应用知识"的操作体验与多次应用知识的直接实践是促进学员由"知"到"融会贯通"的重要环节。在培训活动中,仅有知识的单向灌输是远远不够的,重要的是创设"做中学""用中学"的情境,让学员不仅获取"是什么""为什么"的知识,而且知道"如何做",从而构建起初步的实践能力。

这一过程在哲学家哈瑞(Harre R.)的社会建构主义学习环路模型中,可以得到很好的解释(见图3)。哈瑞将学习过程描述为"内化—转化—外化—习俗化"四环节不断循环推进的过程。

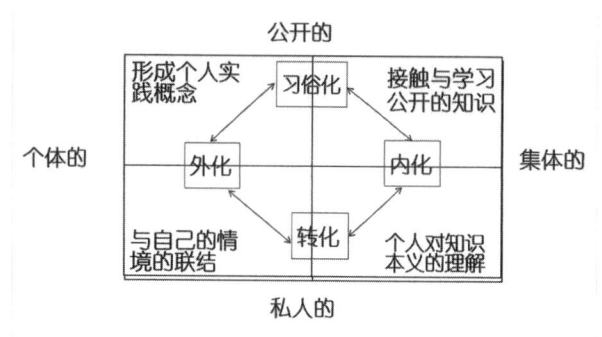

图3 哈瑞的学习环路模型

内化(internalize)是学习者根据已有的经验理解所接触的公开的知识,实现知识从公共层面向个人层面的转换。转化(transformation)是指学习者根据自己使用知识的情境,依托所内化的知识,设计新的行动方案,从而使所内化的个体知识与情境相结合,实现其向具体情境和行动计划的转化。外化(externalize)是指学习者将转化后的知识以可见的行为表现出来。习俗化(customize)是指当个体通过不断应用形成成熟的行为方式后,通过与他人的交往而扩散到群体之中,使之成为大家共同学习的对象和遵守的行为习俗,成为新一轮学习之旅中各学习者个体进行学习的新资源。四个环节循环推进,促进学习者持续的学习与成长。①

在外在知识转化为个人实践智慧的过程中,"外化"也就是实践操作是最为关键的一环,即使在培训场景中也应该尽量设计直接体验或实践操作的环节,让学员真正体悟到理论或理念在实际情境中是如何使用与体现的,为"外化"做好必要的铺垫。"转化"环节也十分关键,越来越多的培训注重培训迁移设计,把其作为培训的重要构成部分,如有的培训在培训内容中要求学员根据自身特点和特长制订个人迁移计划,为学员以后运用培训所学提供具体支持。

上海市师资培训中心承办的"上海市区域教师培训课程建设指导者研修工作坊",采用了"学习转化线与实践外化线并进"的课程设计思想。"学习转化线"围绕教师研修课程开发的理论与技术,学员在授课教师的示范引领下学习系统的理论,参与同伴研讨,完成研修课程主题的拟定、提纲的撰写、素材的收集、讲义的撰写、课程的制作等学习内化与转化学习。"实践外化线"要求学员把自己设计的"培训课程开

---

① 毛齐明,张正琼:《教师学习中"学以致用"的困境与突破——兼论"学""用"关系的重构》,《教育研究与实验》2017年第1期,第54-57页。

发"指导方案进行实际实施,指导自己团队的教师开发具体的见习教师规范化培训课程。研修班有25位学员,每位学员又带教6位区学员,最后研修工作坊管理团队评审通过了85门课程。学员对工作坊的最大感受是"学用结合""实用实战""参与度高、互动性强、强度大"。

3. 协同:基于学员需求的多元主体间有机协同

根据培训迁移理论,培训成效的最大化需要培训方、参训学员与送培方的协同努力:

首先,培训方与送培方需要有机协同。培训方在关键时间节点需主动与送培方沟通,既互通信息也可以获得他们的支持与配合,如在学员名单确定后,可通过网络咨询等多种方式了解他们的真实需求,征求送培方对培训方案的意见与建议;在培训中学员交流展示或结业环节,邀请送培方的关键人员一起参与观摩指导;培训结束时,主动向送培方反馈学员培训情况,并提请学员所在单位给予相应的支持。

其次,培训方与授课团队之间需要做到有机协同。送培方在选择与确定授课专家团队时,要提前把学员构成、需求及授课要求等重要信息告知授课专家,便于其围绕学员需求精心备课,提高授课的针对性与实效性。例如,湖南省的"市级培训师培训项目"、北京教育学院开展的研修项目等,在邀请授课专家时,培训前会详细与授课专家沟通学员的构成与学习情况、整体课程安排情况、希望授课专家在内容与培训方式上的关注点等,这对授课教师是一种引导也是一种压力,这些都有助于克服"内容针对性差""拼盘化"等突出问题。上海市师资培训中心的多个研修项目,在培训前会开展授课专家线上线下共同备课活动,尽量将研修班类的项目做到课程化设计,摒弃"拼盘化"的做法。

再次,学员与学员之间也需加强相互学习与交流。成人教师具有丰富的经验,每位学员均是培训资源的一部分,同伴间可以相互学习借鉴很多切实有效的经验。培训方要搭建便于学员间交流分享的多种平台,鼓励与促进同伴间的相互学习。

最后,学员与所在单位之间需要加强沟通与联系。学员培训结束回到工作岗位后,应将自己的学习情况和培训所学应用方面的设想等主动汇报给单位相关领导,以便取得领导的理解与支持。

An Analysis of the Strategies for Improving the Quality of Teacher Training Based on the Theory of Training Transfer

CHEN Xia

(Shanghai Teacher Training Center, Shanghai, 200232)

Abstract: From the perspective of training transfer theory, this paper with a focus on the existing teacher training projects or activities has found that in terms of training concepts and training design, some teacher training projects or activities still have such problems as lack of overall design, no close connection with other training projects, and lack of guiding theories. At present, there are three key measures which need to be urgently taken in order to improve the quality of teacher training: designing the training activities with an overall integration of front, middle and back planning; strengthening the close combination of theories and practices; and realizing synergy among multiple subjects based on the needs of trainees.

Key words: training transfer theory, teacher training, quality

事实下的主体建构：中小学教师负担研究路径的探析与展望

赵钱森，石 艳

(东北师范大学 教育学部，吉林 长春 130024)

摘 要：教师教育要落实以教师为本的发展理念，减轻教师过重的工作负担，利于为教师从教创建优质的职业环境。在教师负担内涵方面既有关注客观事实层面的"时间说"，也有重视主观体验层面的"压力说"，教师减负的研究路径主要侧重从外在制度评价体系方面为教师的减负，立足教师个体层面为其专业发展增能。教师负担研究可以通过关注客观事实中的主体建构的方式来关照两种教师负担取向，寻求突破二分法来讨论教师负担和减负的可能，并最终实现改善教师的工作环境的目的。

关键词：教师负担；减负；事实；主体

2019年12月印发的《关于减轻中小学教师负担进一步营造教育教学良好环境的若干意见》，进一步强调要重视教师工作，为教师安心、静心、舒心从教创造更加良好的环境。但是，在日常工作情境中，教师仍然会上囿于各种与教学无关的事务，无法安心从教。客观回顾并理性分析教师负担内涵及相关的研究成果，利于为减轻中小学教师日常工作的负担提供新导向，对构建教师工作负担转化的支持体系具有重要意义，有助于促进教师潜心教书、静心育人，激发教师应有的专业能动性。

一、教师负担内涵研究取向的多维分析

"负担"是一个具有统摄性的概念，既可以指负担承受者的价值判断或心理感受，也可以指给个体带来心理压力的客观事物，"教师负担"的概念本身囊括客观层面的事实，也包括教师个体主观的体验，这使得人们在研究教师负担方面形成不同的研究取向。

目前学界对教师负担内涵的认识主要有"时间说"和"压力说"。"时间说"侧重于从客观的时间层面衡量教师的工作量，认为教师负担即过重的工作量；"压力说"强调教师负担主要是个体主观层面感受到工作压力，是教师由于受到过重的工作压力的影响而出现的职业倦怠。

1. 客观事实：基于"时间说"的教师负担研究

"时间说"倾向于以客观的时间来衡量教师的工作量，进而将教师的工作量等同于工作负担。对于学校管理者而言，强化教师的工作量意味着教师要用更少的时间和资源完成更多的工作。学校时间是一种制度时间而非自然时间，其具有约

作者简介：赵钱森，东北师范大学教育学部博士研究生，主要从事教育社会学研究；石艳，东北师范大学教育学部教授，博士生导师，博士，主要从事教育社会学研究。

束性和规范性,教师的身心活动要遵守学校制度时间的规范,例如教师应在规定时间内上课、参加会议、完成行政工作等,这导致教师在学校内自由支配的时间越来越少,其中"近60%用于学生管理、家校沟通和临时性行政事务的处理上"。①大量的实证调查研究以时间为切入点来考察中小学教师的工作量,结果显示,教师处于超负荷工作状态已成为事实性问题。②西方的教师负担研究认为,国家实施的教育问责制,强化了政策制定者和管理者对学校和教师的控制,使得教师的日常工作量不断增加,但现实中教师没有充足时间去完成这些工作。③对于教师而言,学校时间并非一种客观性的自然时间,而是一种学校管理者的理性技术时间、微观权力时间以及教师的个人主观体验时间和社会政治时间④,这些时间维度之间相互关联,且共同作用于教师的日常工作,时间成为衡量教师工作量的重要因素。

基于"时间说"的教师负担研究,其研究假设将教师工作负担视为一种可以测量的客观存在"物",尤其当教师工作支出的时间难以匹配教师日常工作追求的目标时,工作时间成为增加教师负担的重要原因。时间不仅成为学校日常运作的资本,而且也成为研究者衡量教师工作负担的重要依据。教师负担研究的"时间说"受理性行动理论(rational action theory,RAT)的影响,认为"人类行为受成本—收益原则的支配,因此,行动者寻求实现其目标的最有效方式,即用最少的'支出'(无论是金钱、时间,还是体力等)得到最人回报"。⑤

由于学校时间是一种能够通过理性计算的制度性时间,研究者更倾向于采取客观中立的研究立场,以"他者"的研究视角,运用量化研究方法,宏观把握中小学教师的负担与工作时间之间的关系,在以"时间说"为代表的实证研究中,时间成为测量教师工作量的重要手段,客观的数据能够将教师负担的总量显性化。

然而,将时间作为衡量教师的工作负担的单一手段,这容易忽略教师工作时间背后复杂的社会意义与价值。教师职业具有育人的特殊性,在日常工作情境中教师时常会选择追求利他的工作方式,非严格依据理性计算方式支配个人工作时间,这会导致教师可能将工作时间视为非工作负担的影响因素。教师所有劳动价值并非都可以用时间来计算,如教师的"情感劳动"⑥需要研究者与教师共同建构其中的价值和意义,学校时间还能成为实施权力规训的有效途径。⑦综上分析,学校时间可以作为研究教师负担的切入点,但重点需要洞悉学校时间的内涵和教师职业的特殊性,这有助于深层次诠释教师负担的社会内涵。

2. 主观体验:基于"压力说"的教师负担研究

"压力说"主要将教师负担描述为教师在工作中主观体验到的压力。"压力是一种假设的结构,它表示个体对环境需求的反应与实际环境之间存在的一种平衡状态。"⑧教师个人不能适应外部环境而出现负面情绪就会产生压力⑨,具体表现为教师由于某种事实而产生的紧张、焦虑、愤怒、委屈、

---

① 张小菊,管明悦:《如何实现小学教师工作量的减负增效——基于某小学教师40天工作时间的实地调查》,《全球教育展望》2019年第6期,第97-109页。
② 李新翠:《中小学教师工作量的超负荷与有效调适》,《中国教育学刊》2016年第2期,第56-60页。
③ Ballet K, Kelchtermans G., "Workload and Willingness to Change: Disentangling the Experience of Intensification", *Journal of Curriculum Studies*, no. 1(2008), pp. 47-67.
④ Andy Hargreaves., *changing teachers, changing times: Teachers' Work and Culture in the Postmodern Age*, London: Cassell Wellington House, 1994, p. 96.
⑤ 尼克·克罗斯利:《走向关系社会学》,刘军,孙晓娥译,上海人民出版社2018年版,第14页。
⑥ 高晓文,盛慧:《教师情感劳动:概念、机制与扮演策略》,《教师发展研究》2017年第3期,第67-74页。
⑦ 桑志坚:《超越与规训》,南京师范大学博士学位论文,2012年,第142页。
⑧ Michael J., "Fimian. What is Teacher Stress?", *The Clearing House*, no. 3(1982), pp. 101-105.
⑨ Cameron Montgomery, André A. Rupp., "A Meta-analysis for Exploring the Diverse Causes and Effects of Stress in Teachers", *Canadian Journal of Education*, no. 3(2005), pp. 458-486.

失望的情绪。① 学校管理者倾向于让教师用最少的资源完成更多的工作，并给予最少的奖励和回报，导致教师可能会认为自身的努力与所预期的效果未能成正比，其主观体验到工作压力逐渐加重，并成为影响教师工作的负担。

为此，教师压力主要受到个人自我预期与外在环境的契合程度的影响，教师压力是教师个体对负面影响的反应和消极体验，也是自我无法适应预期角色的结果。② 教师职业倦怠是教师压力的重要体现，也是教师主观体验到工作负担后的一种外在表现。有研究者根据 C. Maslach 和 M. Leiter 的研究成果提出教师职业倦怠模型。③ 该模型认为教师职业倦怠主要受到多种因素交互影响，一方面受政治、政策、经济背景、学校生态等外在社会环境影响，另一方面受教师个人工作能力影响，多种因素共同作用于教师的日常教育教学行动，导致教师精疲力竭，并弱化教师职业成就感，最终出现职业倦怠。

基于"压力说"的教师负担研究，其研究假设主要将教师负担视为教师个体内在的主观体验，强调回归到教师日常生活中关注教师的内心体验，其研究目的在于通过激发教师内在的主观能动性来减轻工作负担。"压力说"的研究者主要采用"移情"的研究路径，力图成为中小学教师群体的"局内人"，回到中小学教师的实践场域中洞察教师的负担来源，期望通过增能赋权来促进教师专业发展，让教师真正成为自我专业发展的主导者。教师负担"压力说"的研究路径主要为，回归到教师实践中分析教师负担的多种来源，将作为客观存在物的教师负担转化为教师主观体验物，研究者主要采用观察、访谈等质性研究方法，以及心理学的量化研究方法，探究教师个体内在的压力来源，以此来解构教师日常工作的负担。

教师既是压力的承受者，同时也是压力的生产者。教师研究由于受到自然科学寻求客观规律研究范式的影响，众多有关教师负担的研究习惯于将其从社会历史背景和学校情境中剥离出来，运用研究"工具"将教师作为孤立的研究对象，但常常忘却教师的关系性存在。美国课程社会学研究专家迈克尔·W. 阿普尔认为："只有扎根于学校和工作场所真实地观察所发生的一切，只有深刻审视教育与国家、文化与经济等相互之间的关系，才能真正地揭示学校教育与经济、文化与政治权力的关系。"④ 关系性地审视学校教育和学校中的教师生存状态，有助于发现人的多样性，解释教师与学校组织结构之间的相互作用。教师负担是教师个体与群体之间关系网络中的产物，教师研究需要进一步挖掘教师职业背后的结构性力量，从而为教师专业发展提供更加适切而有效的减负举措。

二、减量与增能：两种研究取向下的教师减负路径

吴康宁将教育研究区分为教育事实研究、教育取向研究、教育工程研究。⑤ 教育取向研究主要侧重于教育的应然方向和目标达成的研究，而教育工程研究涉及教育实践的策略、方法等研究，教育取向研究与教育工程研究相辅相成。学界对于教师负担研究取向主要形成教师负担"时间说""压力说"，教师负担的工程研究遵循相应的教师负担研究取向，来分析应如何减轻教师过重的负担，并积极采取相应解决措施。作为教育工程研究的教师减负研究必定会受到"时间说""压力说"研究取向的影响，而目前有关教师减负路径的分析主要体现在"减量"与"增能"两个方面。

---

① Marcela Verešová, Dana Malá., "Stress, Proactive Coping and Self-Efficacy of Teachers", *Procedia-Social and Behavioral Sciences*, no. 55(2012), pp. 294-300.
② 田国秀，邹佳婷：《实习教师压力的来源与表现：中外研究的比较》，《教师发展研究》2019年第1期，第55-61页。
③ Roland Vandenberghe, A., *Michael Huberman. Understanding and Preventing Teacher Burnout: a Sourcebook of International Research*, New York: Cambridge University Press, 1999, p. 4.
④ 迈克尔·W. 阿普尔：《教师与文本——重思教师专业性》，杨跃译，南京师范大学出版社2019年版，第8页。
⑤ 吴康宁：《我们究竟需要什么样的教育取向研究》，《教育研究》2000年第9期，第51-54页。

1. 减量：基于客观标准的边界划定

"减量"路径侧重于从外在制度结构层面减轻教师外在的负担,该研究视角认为教师负担是外在结构制约教师身体和心理的结果。由于外在组织结构对教师个体赋予过高的工作要求,强控制下的管理方式使得教师很少能够自主参与学校决策,教师在学校组织结构的强控制下缺乏应有的自主权。其研究假设为在教师个体工作能力稳定的前提下,教师感受到来自外在组织结构的管控压力,并在身体和心理上转化为负担,如教育行政管理体系、学校内部制度考评、社会文化等制约导致教师负担过重。① 另外,有研究立足于国家政策的宏观层面,发现教师负担还受到来自社会改革与学校教育政策调整的影响,教育决策主要采取市场经济的管理方式,将教育视为学校的一种产品,并不断扩大学校教育的社会功能,以学生的学业成绩作为评价教育质量的标准,这成为家长、学生和政府所追求的评价方式。②

教师的日常工作状态和自身利益会受到决策者、监督者、家长和专家等的制衡,这不仅使得教师感受到多方的监督与控制,而且容易受到多元利益主体的制约,使得教师话语权和专业自主权出现不同程度的削弱。研究认为,教师受到外在社会结构的强控制而出现过重的负担,学校需改变教师日常工作烦琐的管理评价体系,减掉教师超负荷的工作任务,尤其应合理调控教师工作时间,可以为中小学教师建立精准的负担检测体系、法律保障体系③;从制度层面入手来优化学校制度对教师的考评体系,减少对教师过多而烦琐的功利性评价,创建相对轻松且自由的工作环境。对于教师个体而言,政府、学校应重视变革教师利益补偿的原则、标准和方式,满足教师基本的物质需求、精神需求④,可以采取相应的补偿措施来减轻或缓解教师过重的心理压力。

2. 增能：基于主体建构的压力转化

"增能"的教师减负逻辑强调激发教师个体工作的能动性,通过内在增能和外在赋权来提升教师的抗逆力,如增强教师的教育教学能力、时间管理能力以及自我效能感,促使教师能够积极适应外在环境,最终达到减轻教师心理负担的效果。"压力说"研究认为,教师个体能力难以匹配学校工作要求时,教师会出现焦虑或较低的职业成就感,外在的工作要求会转化为教师的负担并出现职业倦怠。该研究假设认为,在教师的外在职业环境不改变的前提下,教师负担主要取决个体内在特质,尤其是教师个体主动适应外在环境需求的状态,例如教师的专业化水平、自我效能感、情绪、信心、性格特质、抗逆力等因素。

如果教师能够发挥上述的个人内在特质,就会顺利地适应学校组织结构环境,而且教师个人的工作能力也会在一定程度上化解教师的工作负担。当教师的个人工作能力无法满足职业需求时,学校的日常教育教学工作会成为教师的负担,并产生职业倦怠。田国秀等研究认为,"增能"在于发挥教师的主体性,提升教师的自我效能感,"赋权"侧重落实教师自主权,提升教师自身的影响力,也可以充分调动教师认知、情感、行为因素,将职业幸福感作为教师抗逆力运作的情感催化剂。⑤通过培养教师个体的抗逆力,弱化教师对外在困境的感知,进而淡化教师个体主观感受到的压力感,并激发个体的专业能动性来提升职业幸福感。

三、客观事实下的主体建构：教师负担研究的可能路径

教师负担不仅涉及教师在日常工作中身心主观体验的压力负担,而且涉及教师承载的工作时

---

① 戴吉亮,李保强：《中小学教师负担偏重的现实问题、原因与对策》,《教育理论与实践》2004年第6期,第31-33页。
② Ballet, K., Kelchtermans, G., "Struggling with Workload: Primary Teachers' Experience of Intensification", Teaching and Teacher Education, no. 8(2009), pp. 1150-1157.
③ 付睿：《论中小学教师减负》,《河北师范大学学报(教育科学版)》2019年第2期,第13-16页。
④ 孙翠香：《学校变革主体动力研究》,华东师范大学博士学位论文,2010年,第177页。
⑤ 田国秀,李冬卉：《激活抗逆力：教师增能赋权的路径选择》,《华南师范大学学报(社会科学版)》2019年第3期,第58-64页。

间、工作量、评价制度等外在客观存在的负担,可见,教师负担是一种主体与客体交互过程中形成的复杂的社会现象。教师负担研究不仅应充分认识"时间说""压力说"的优势与局限,而且需要认识我国中小学教师的工作方式、校园文化等特征,以教师为负担的主体来开展研究,弥合"时间说"与"压力说"研究取向的不足,并将教师工作客观事实作为突破口,融合"减量""增能"的减负路径,从而有针对性地提出减轻我国中小教师负担的策略。

1. 研究立场上:以教师为主体的系统研究视角

回归到以教师为主体的负担研究,有助于超越工具理性主义取向的教师减负路径局限,将教师减负的归宿指向教师个体的自由获得和能动性的激发。教师作为自然生命个体的"人",在学校日常工作中不仅要适应职业规则,而且需要基本的生存条件、情感的慰藉和自我效能的满足。"工具理性主义主张的是以理性的态度将对象工具化,以达到控制的目的。"① 为避免教师负担研究出现单向强调外在结构控制,功利性地减去教师工作时间、工作量,教师负担研究应回归到教师在实践中的自主行动上。调适教师个体与外在环境的契合程度,使得教师在行动上达到"增能赋权"的效果,这样教师能够自由支配合理的资源和规则,不断拓展教育教学的诸多可能的发展空间,进而弥合"时间说"与"负担说"之间张力。

新时代的教师教育不仅需要为教师提供更多专业化的知识和技能培训,而且还要落实"以教师为本"的教师教育发展理念,改善教师的境遇,减轻其日常工作中过重的负担。教师负担研究以教师为主体,融合"时间说"与"压力说"的负担研究取向,需要以教师在学校工作中的真实状态为逻辑起点,回归到教师日常工作情境中,去洞察教师对负担的体验和感受。

2. 研究场域上:聚焦学校情境下教师的事实负担

以教师工作事实来圈定负担边界,需要从教师在学校的日常工作情境中发现教师客观与主观事实层面的负担。首先,需要从客观事实层面对教师负担量进行测评,减去外在结构层面教师承担的负担。教师客观事实层面"量"的负担涉及工作时间、工作类型、学校制度等因素。第一,工作时间是衡量教师工作量的重要指标,通过时间测量来呈现的教师工作量,能够客观展现教师在学校中的负担。"在现代性背景下,线性时间观念和多元时间观念并置于学校中。"② 教师在学校中的任何行动都无法摆脱时间控制,如教学时间、参加会议时间、批改作业时间。教师一方面受到学校管理的线性时间控制,另一方面教书育人的工作需要多元时间的支持,教师在两种时间的冲突中常常身心俱疲,因此,通过时间来测评教师工作量有助于明确教师负担的总量。第二,厘清教师学校场域中的负担类型,为教师减负提供适切的目标。教育教学是面向人的社会实践活动,使得教师在现实情境中承担不同类型的工作,教师需要与不同的行动者互动来完成教育教学工作。除了教学活动外,学校教育活动需要教师与同事、家长、管理者等进行互动来完成各种非教学工作,为此,划定教师负担类型能够为减轻教师负担提供清晰的方向。第三,学校制度因素是基于宏观层面把握教师负担的外生性因素。学校组织结构并非静态,学校的制度规则和权力会时刻影响着教师的行动。教师在监督和考评下工作,制度的合理性决定教师在学校中的工作状态,因此,应重视学校管理制度给教师带来过重的负担。

教师主观事实层面的压力是教师负担的重要体现。教育教学工作是一种个人化的实践活动,教师主观层面的压力并非静态呈现,而是在教师个体的心理特质与情境的互动之间发生变化。要获取教师在主观层面的负担,除了利用量化研究获取客观层面的事实性数据的支撑,还需要将教师负担置于教师日常工作的动态过程中把握。从关注教师工作结果性的负担转向发现教师工作过程性的负担,研究教师过程性的负担需要研究者

---

① 伍叶琴,李森,戴宏才:《教师发展的客体性异化与主体性回归》,《教育研究》2013年第1期,第119-125页。
② 李存金:《身体芭蕾——日常生活视野下的新教师成长研究》,华东师范大学博士学位论文,2018年,第61页。

以"主观"经验来发现、解释、建构教师理解的负担,运用质性的研究方式分析教师在工作中的多种负担,对教师负担的日常经验研究,能够为教师减负研究提供依据。

吉登斯认为,行动者的能动意识之下的反思监控也在时刻改变着外在的结构体系,规则和资源在行动者的能动作用下转换为行动,行动者既受到来自外在规则的制约,同时也时刻在重构规则。就中小学的日常管理实践而言,应最大限度地激发教师专业自主发展的能动性,学校在各项制度改革与措施推动过程中,需要反省和厘清组织制度的科学性和适切性,慎用法理性制度权威单向地约束教师自主发展的权限;在现实的学校管理实践过程,管理者制定的任务应避免逾越中小学教师自主发展的底线。在教师专业培训方面,教育组织部门、学校管理者除了向中小学教师提供必要的专业性的知识、技能,提升教师专业能力以消解工作负担,还需要重视培养教师的职业抗压能力、时间管理能力,以及通过外在的科学手段给予教师适当的心理干预和扶持,例如改善教师的心智模式、树立专业发展愿景、为教师提供减压的物理环境和制度环境等举措,帮助中小学教师形成适度的专业发展角色定位,将工作的"外压"转化为个体专业发展的内在驱动力。

Subject construction in fact: Analysis and Prospect of the Research on the Burden of Primary and Secondary School Teachers

ZHAO Qiansen, SHI Yan

(Faculty of Education, Northeast Normal University, Changchun Jilin, 130024)

Abstract: Teacher education should implement the development concept of taking teachers as the foundation, reduce the heavy workload of teachers, and help create a high-quality professional environment for teachers to teach. In terms of teacher burden connotation, there are both "time theory" at the level of objective facts and "pressure theory" at the level of subjective experience. The research path of teacher burden mainly focuses on reducing the burden of teachers from the external system evaluation system, based on individual teachers Enhance its professional development. Teacher burden research can pay attention to the two teacher burden orientations by focusing on the subject construction in objective facts, seek to break through the dichotomy to discuss the possibility of teacher burden and burden reduction, and ultimately achieve the goal of improving the teacher's working environment.

Key words: teacher burden, burden reduction, facts, subject

百年名校价值观教育实践研究

李啸瑜

(上海市南洋模范中学,上海 200032)

摘 要:上海市南洋模范中学作为百年名校,价值观教育一直是学校育人工作的核心。从公民道德教育到素质教育,再到人格教育,学校积累了丰富的经验,形成了独特的价值观教育体系:以"青锋精神,模范追求"为一个精神核心,体现"公、智、能"三大特质,建立三学院育人载体,构建六中心组织架构,培养学生"家国情怀、国际视野、责任担当;学业扎实、勇于创新、善于学习;健康生活、审美情趣、劳动意识"九种能力。学校价值观教育的实施主要从"胸怀天下""追求卓越""情趣高雅"三个方面设计高中价值观教育阶段性目标框架,将价值观教育贯穿于各学段中。总结出如下实践准则:学校价值观教育需要紧跟国家政策,立足校本文化,沁润校园生活,以及加强制度建设,落实细节工作。

关键词:价值观教育;百年名校;人格教育;上海市南洋模范中学

价值观教育已成为国际基础教育变革的共同趋势。高中阶段是学生人生观、世界观、价值观形成的关键期,科学的价值观的形成对其未来的发展至关重要。因此,价值观教育研究具有重要的理论价值与实践意义。

上海市南洋模范中学(以下简称"南模中学"或"南模")是中国人自己创办的最早的新式学堂之一,始终坚持模范办学的理念,以师资优良、校风纯正享誉沪上,成为为中华民族培育出三万栋梁的百年名校。学校在对百年办学积淀的总结与凝练中发现,不断坚持和发展的价值观教育是学校办学成功的重要因素。

一、百年名校价值观教育沿革

南模中学能随着时代的变革不断调整育人方式,推行适切的教育模式。不同的教育模式对应不同时代的人才培养需求,而这些模式中都有一个共同的核心贯穿其中,即价值观教育。南模中学在不断变革中,从无意识到有意识,以道德教育、素质教育、人格教育为抓手,大力推进价值观教育,并逐渐总结出价值观教育的核心,即人的内在精神的丰满和人格的健全。[①]

1. 爱国自强,开展公民道德教育

道德教育是指对受教育者有目的地施以道德影响的活动,其根本是道德原则、道德理想等,即道德价值观。公民道德教育是以公民的本质特征为基础和核心而建立起来的教育目标体系。以培育平等健

作者简介:李啸瑜,上海市南洋模范中学高级教师,硕士,主要从事教育管理研究。
① 王平:《价值观育人的情感教育阐论》,《教育研究》2020年第10期,第33-44页。

全的独立人格为立足点，以追寻公民权利与义务高度统一的自由境界为教育取向，以倡导人与人之间遵守普遍道德契约的和谐状态为目标。①公民道德即自由、平等、和谐。公民道德需要被每位公民认同，并内化为道德价值观和道德信仰，来发挥其作用。所以价值观形成需要价值观教育作为手段，通过显性与隐性的课程安排、校园文化，使学生历经"价值理解—价值认同—价值选择—价值整合"的价值观形成过程。

辛亥革命后，新文化运动兴起，南模中学倡导爱国自强，积极开展公民道德教育，其中道德价值观教育即为价值观教育的一部分。在课程上，开设童子军课，重视培养学生爱国爱民、为社会服务的意识。在校园文化上，相对宽松、民主的氛围和活跃的课外活动，使得爱国强国、崇尚民主、追求进步、服务社会的小气候在校园中逐渐形成。南模中学地下党和进步学生运动蓬勃发展，先后共有地下党员135名，被誉为上海中学界的"民主堡垒"。1946年，学生自发创办民众义务夜校（简称"南模民校"），增强了学生的社会的责任感，强化了为人民服务的意识，是南模中学在办学理念上民主、进步的标志。

2."四实"校风，提出素质教育

素质教育是培养人的各种素质发展的教育，是促进人的全面发展的手段。人的素质是多方面的，可以分为道德素质、文化素质、体育素质，而素质教育就是通过有目的的教育活动，使受教育者具备这些素质，而这些素质的培育与价值观教育紧密相连。②

20世纪70年代末，南模中学学生出现学风差、基础弱的情况，学校领导全面总结教学与管理工作，提倡素质教育，重提"四实"校风，即学业扎实、工作踏实、生活朴实、身体结实，提出人的素质主要包括三个方面：道德素质、文化素质和体育素质。而素质教育即为价值观教育的一部分。时任南模中学校长赵宪初先生指出，学校青少年成才分为两个层面：第一是做人，第二是成才。他教育学生要爱国自强，做好人，不害人。在每年开学典礼上都讲南模校史、校训、南模烈士事迹，弘扬南模精神，传承、创新南模文化，进行爱国主义教育。

此外，利用课程和课堂进行价值观教育、认同学生是学习活动的主体，特别重视在课堂教学、课外活动、学生自学中引导学生多见多闻、增广知识，增强学生吸收知识、分析知识的能力，培养学生创造性设想的胆量，提倡独立的思考和创新的见解，在思辨中形成正确的价值观。

3. 勤俭敬信，推行人格教育

人格教育是学校通过有组织的认识活动与环境影响来塑造学生健全的心理品质和行为规范的一种现代教育模式。③人格教育最重要的核心仍为价值观教育。20世纪80年代，"应试教育""唯智力论"以及轻视德育、缺乏人性的"机械操演"等现象愈演愈烈，南模中学根据时代对于人才的需要，意识到知识只有与品格、意志、价值观等非智力因素相结合，才能实现完美人格，造就有用之才，因而提出"人格教育"这一现代教育设计构想。

南模中学将人格教育目标分解为三个交互作用的子系统目标：意向领域，热爱祖国、忠信任孝、独立自主、适应竞争；认知领域，积极学习、注重联系、探究科学、修养性情；行为领域，有所作为、遵守公德、务实上进、强健儒雅。

南模中学主张并实行利用整个学校的教育组织促进学生践行人格目标的原则，提出"三无""三更"行为守则：人格教育无闲人，人人育人；人格教育无小事，事事育人；人格教育无空地，处处育人。而实施人格教育的教师，既传学问之道，更传做人之道；既授课堂学业，更授立身基业；既解攻书之惑，更解成长之惑。这是南模中学"实践导向"的基本命题。

---

① 曹辉：《公民道德教育的三个基本理念》，《中国教育学刊》2005年第7期，第29-31页。
② 刘道玉：《论素质教育的本质特征与实施途径》，《华中师范大学学报（人文社会科学版）》2015年第3卷第54期，第147-153页。
③ 张茂昌：《把电教作为深化"人格教育"的重要手段》，《中国电化教育》1996年第4期，第16-17页。

二、价值观教育的意蕴

1. 价值观教育的一般内涵

价值观是指个体或群体在行动时所依据、选择和遵循的正当性原则。而价值观教育是探讨人们如何行动才是"正当的""对的"或者"好的"的教育,是有关人们行为正当性原则的教育,也就是有关培养正直的、真正的、有良好品格的人的教育。[①]价值观教育的内容可以分为三个主要的部分,它们之间相互交叉:第一部分是人类基本价值观教育,第二部分是社会主义核心价值观教育,第三部分是民族优秀传统价值观教育。

2. 价值观教育的校本解读

南洋模范中学从核心理念、育人目标、办学愿景等方面全面构成了南模"13369"育人体系,即一个核心价值与理念,三大南模特质,3个学院,6个中心,9种学生能力(见图1),具体如下:

(1)以"青锋精神,模范追求"为一个精神核心。"青锋"是核心精神,既有"青年先锋"的称谓,又有"锋利宝剑"的寓意;"模范"是价值追求,由办学的模范逐步丰富发展为:学校要成为锐意创新、改革探索的模范,学生要成为气质卓越、全面发展的模范,教师要成为人格高尚、教艺精湛的模范。

(2)体现"公、智、能"三大南模特质:以培育"敢为人先,胸怀天下;崇尚一流,追求卓越;精神富有,情趣高雅"的人作为育人目标。具有服务社会的为公意识,要敢为人先,胸怀天下(家国情怀、国际视野、责任担当);具有适应未来社会的智慧,要崇尚一流,追求卓越(学业扎实、勇于创新、善于学习);具有选择和创造美好生活的能力,要精神富有,情趣高雅(健康生活、审美情趣、劳动意识)。

(3)建立"青锋学院、学科教学研究院、南模公学院"三个学院育人载体。

(4)构建"教务中心、学生发展中心、教师发展中心、校务中心、后勤保障中心、信息技术教育中心"六个中心组织架构。

(5)培养学生具备"家国情怀、国际视野、责任担当;学业扎实、勇于创新、善于学习;健康生活、审美情趣、劳动意识"九种能力,设计高品质课程,创设高品位课堂,培育高素质人才。

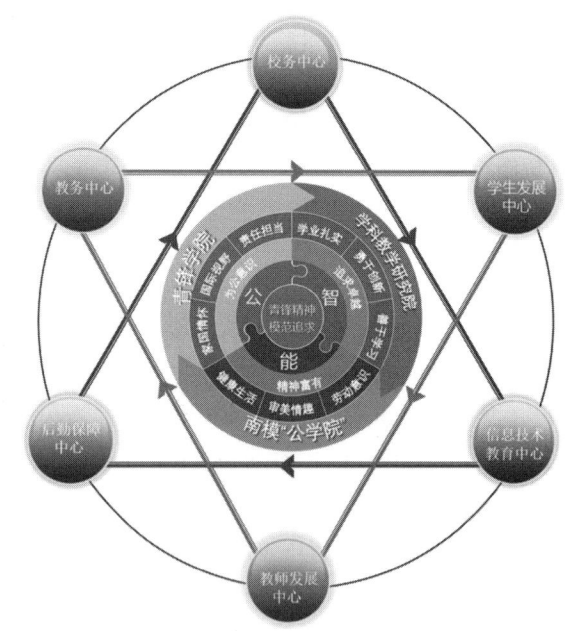

图1 南模中学"13369"育人体系

三、价值观教育的基本原则和阶段性目标

为探索高中价值观教育的有效形式和路径,设计高中价值观教育阶段性目标框架,南模中学围绕中国学生发展核心素养,以及社会主义核心价值观,从"胸怀天下、追求卓越、情趣高雅"三个方面展开,从"认知领域、情感领域、行为领域"三个领域入手,将价值观教育贯穿不同学段之中,通过阶段性目标帮助学生完成价值观学习。

1. 基本原则

(1)整体性原则

---

① 石中英:《关于当前我国中小学价值教育几个问题的思考》,《人民教育》2010年第8期,第6—11页。

价值观教育方法理论的内在逻辑结构可以确认为认知逻辑、情感逻辑和行为逻辑这三个维度。有效的价值观教育方法必须让认知逻辑、情感逻辑和行为逻辑协力发挥作用,才能在受教育者的身上形成稳定的、优秀的价值观。①认知、情感、行为三者缺一不可,这就要求学校在制订框架时考虑三个维度的内在关联性和一致性。例如:高一新生入学要学习校史、学唱校歌、学习优秀校友的故事等。通过丰富的校史教育,不仅让学生统一认识,感受学校的发展与中华民族的发展息息相关,更让学生在情感上贴近学校,激发学生情感认同,在日后的行为中引领他们爱国荣校,将学校的优良传统转换成日常的实际行动。

(2)系统性原则

在目标框架制订的过程中,要充分考虑中学生身心发展的阶段性特点及社会生活的具体内容和要求,明确价值观教育不是教价值观,而是通过价值观教、在价值观中教。应掌握系统性与循序渐进性。在实施过程中,价值观教育分三个阶段:第一,认同阶段,使南模学子认同国家、民族、学校的核心价值观,理解并接受学校的核心价值观内容;第二,认知阶段,使南模学子在不同的、有差异的价值观中树立正确的是非观,理性地判断和认知,达成价值观共识,遵守价值观规则;第三,继承(传承)阶段,一代又一代的南模学子传承和建构自我的价值观,将百年教育延续下去。例如:学校要对三学年的价值观教育活动进行顶层设计和整体打造,在"胸怀天下"的阶段性目标上,高一学生通过聆听南模校友故事,阅读爱国主义经典作品,认同热爱祖国的核心价值观;高二学生通过参加模拟联合国等,围绕国际及国家发展中的热点问题、敏感问题进行讨论,在差异中树立正确的是非观;高三学生通过参观龙华烈士陵园,在国际交往中代表中国形象,发出中国声音,建构与传承自身的价值观。

(3)主体性原则

在价值观教育的过程中,学习的主体是学生,教师扮演引导的角色,设计相关的活动,创设环境,家长与社会起到辅助作用。因此,制订目标框架时应充分考虑主体性原则,调动学生与教师的积极性,充分发挥其各自的主体作用。同时,应发挥家长与社会的积极作用,构建价值观学习的社会网络。例如,学校应积极发挥学生在"青锋班"的主体作用和为人民服务的意识,学员以小组为单位开展相关研究型课题,聘请本年级党员教师担任课题指导教师,并提交一篇完整调研报告。

2. 阶段性目标

南模中学价值观教育阶段性目标框架,主要围绕南模核心精神"青锋精神、模范追求",从胸怀天下(家国情怀、国际视野、责任担当)、追求卓越(学业扎实、勇于创新、善于学习)、情趣高雅(健康生活、审美情趣、劳动意识)三个方面出发,包含三个领域:认知领域、情感领域、行为领域。

(1)"胸怀天下"价值观教育的阶段性目标

"胸怀天下"的内涵:其一,有远大的理想抱负,具有国家意识,拥有文化自信,爱国爱党,为中华民族伟大复兴不懈奋斗;其二,具有全球意识和开放的心态,能够理解、尊重、包容多元文化,关注人类面临的全球性挑战;其三,自尊自律,热心公益,乐于奉献,崇尚自由平等,具有强烈的社会责任感和人文关怀。具体见表1。

表1 "胸怀天下"价值观教育的阶段性目标

目标维度	学段		
	高一(10年级)	高二(11年级)	高三(12年级)
认知领域	深入了解祖国历史,及内在的价值取向;阅读南模校友的传记,学习校友身上的爱国精神;学习我国港、澳、台的发展历史,分析其形成原因及文化取向	学习中国特色社会主义的基本理论;理解国家个体和中华民族认同的含义;围绕国家改革和发展中的重大问题展开研究性学习	结合18岁成人仪式,明确意识到"我是中国公民";初步理解我国治国思想;认识国家认同与国际理解的关系,辩证理解个人、国家和世界之间的关系,了解全球性问题

---

① 吕金函:《国外价值观教育方法理论的路向及其启示》,《思想理论教育》2019年第4期,第52-58页。

（续表）

目标维度	学段		
	高一（10年级）	高二（11年级）	高三（12年级）
情感领域	走进历史，喜爱中华民族的优秀文化传统和经典作品；愿意向身边的榜样和杰出南模爱国校友学习；树立民族团结、两岸团结、港澳团结的价值观念	初步形成为祖国而努力学习的志向；对我国悠久的文化产生荣誉感和自豪感；了解改革开放获得的成绩，并由衷产生努力奋斗迎接祖国伟大复兴的自豪感	了解我国的社会制度——中国特色社会主义制度，并认同；以实现祖国伟大复兴作为学习的动力，为祖国崛起而读书；了解中华民族团结奋斗，历经磨难，建设祖国的伟大历程，形成人类命运共同体的理念
行为领域	阅读传承爱国主义精神的经典作品，参加"爱国"主题相关辩论赛；参加"南模校史我来演"活动，重温南模校史；参加"歌唱祖国"班级合成比赛	围绕国家改革发展中的热点问题、敏感问题，举行辩论会；具有全球思维，国际视野，以及中国意志；参加模拟联合国等活动，关心人类，建立人类命运共同体的理念；热心公益，积极参加志愿服务及社区实践活动，了解所在地社区的经济社会发展现状	成人仪式上向国旗庄严宣誓；参观龙华烈士陵园等爱国主义教育基地；在国际交往中（旅游、境外交流等）能主动维护祖国形象，传播中国声音，有礼有节，体现国人应有的风范

（2）"追求卓越"价值观教育的阶段性目标

"追求卓越"主要包括以下几方面的内涵：其一，有扎实的学业基础，强大的理性思维能力，深厚的人文积淀，突出的语言表达能力；其二，具有青年的锐气，不断变革，敢于质疑，具有好奇心和想象力，追求科技、人文的创新；其三，正确理解学习的价值，养成良好的学习习惯，勤于反思，具有信息意识。具体见表2。

表2 "追求卓越"价值观教育的阶段性目标

目标维度	学段		
	高一（10年级）	高二（11年级）	高三（12年级）
认知领域	参加入学规范教育，了解多种学习方法；阅读南模院士传记，学习他们刻苦学习、勤于思考的精神；聆听科技讲座，了解创新的重要性	逐渐了解学习的重要性；参加研究型课题，学习科学研究范式；明确科学研究中实事求是、严谨认真等科学态度；阅读名人传记，理解其崇尚一流、追求卓越的人生追求	了解当今世界的不断变化性和不确定性；通过课堂训练、课题研究等途径，明确质疑的重要性；学习产权等概念，明确独创性的意义
情感领域	养成一定的学习习惯，具有规则意识；愿意向有优良学习习惯、刻苦努力的同学和杰出南模校友学习；树立创新是第一生产力、崇尚科学、崇尚真理等观念	初步建立终身学习的理念；乐于在科学研究中探索未知事物，勇于变革；树立敢为人先、追求卓越的理念	尊重知识，尊重产权，拒绝抄袭，严谨治学；持有质疑精神，不迷信权威
行为领域	能按时上交作业，完成学校指定的各项学习活动；初步形成良好的学习习惯；参加学术节、科技节等活动	实验记录数据时能做到实事求是；参加创新大赛等科技赛事，逐步养成创新性思维	完成研究型课题，并能按要求做到严谨认真、一丝不苟

（3）"情趣高雅"价值观教育的阶段性目标

"情趣高雅"主要包括以下三个方面的内涵：其一，理解生命的意义与人生价值，自信自爱，懂得生活，体质强健，身心健康；其二，识美、赏美、尚美，具有良好的审美修养、高雅的生活情趣、优雅的个人气质、非凡的领导才能；其三，具有积极的劳动态度，主动参加公益活动和社会实践，积极改进、创新劳动方式。具体见表3。

表3 "情趣高雅"价值观教育的阶段性目标

目标维度	学段		
	高一（10年级）	高二（11年级）	高三（12年级）
认知领域	学习一到两项体育专项技能；通过艺术鉴赏课程，了解艺术史；学习精工、木工等专项技能	学习健康饮食、健康作息的知识；掌握交响乐的基本知识；学习计算机及编程相关知识	理解生活的意义与价值；提高审美能力、审美情趣；了解劳动的深层含义
情感领域	有快乐体育、热爱运动的意愿；对"美"有追求，喜爱"美"的事物；形成积极的劳动态度与劳动光荣的理念	了解健康生活的积极意义；对学校浓郁的艺术氛围产生荣誉感和自豪感；体悟"工匠精神"，明确工作中一丝不苟、精益求精的态度	热爱生活，爱惜身体；崇尚高雅的生活情趣，优雅的个人气质；具有积极的劳动态度，主动改进与创新劳动方式
行为领域	参加"南模杯"篮球赛；参加"艺术节"，并积极参与歌唱、表演、舞蹈等多种展示；参加社会实践与职业体验活动	每天坚持锻炼身体，做到早睡早起；参加校本化美育课、美的创意与表达等课程；参加学农活动	养成良好的生活习惯；养成良好的审美情趣，懂得生活；主动参加公益活动

四、价值观教育的实践准则

价值观教育的实践准则是学校价值观教育持久保持生命力的关键。南模中学价值观教育的实践准则：

1. 紧跟国家政策，传承祖国文化

在实践学校价值观教育的过程中，学校不断学习与总结"培养什么人""为谁培养人"的指导方针。同时，学校的价值观教育与人类基本价值观和社会主流价值观相契合，具体而言，如传承中华民族悠久历史传统和美好的价值追求；坚持开展"党员教师进课堂"精品课堂活动，由年级支部组织党员教师到所有的班级课堂现场授课；结合重要时间节点，组织党员教师集体备课，讲中国革命精神，向学生展现中国共产党百年历史中的经验与成就，使学生深刻认知国家政策与祖国文化。

2. 立足校本文化，挖掘历史宝藏

在实践学校价值观教育的过程中，学校立足校本文化，用好学校百年历史传承下来的宝贵经验，挖掘南模特色的价值观，使学生具有南模特质、南模品格；追溯南模的历史，从最初"为中华崛起而读书"的爱国自强到推行人格教育的探索实践，从"四个模范"人格特质的塑造到"两型两化"学习场的构建，南模一直紧跟时代的脉搏，以超前的眼光，引领价值观教育的探索实践；比如，打造南模"校史课堂"，创作排演《青锋从军》等剧目，将红色故事和革命事迹打造成"价值观教育"系列课程；开展"沸腾吧，民族血液"吟诵会；推出一批学校文化与爱国主义教育相结合的精品微课。

3. 沁润校园生活，贯彻价值教育

学校价值观教育贯穿学生在校生活的方方面面，通过课程、课堂、课外活动等全方位地将价值观教育的内容传授给受教育者,从而潜移默化地塑造高中生价值观念及价值行为目标。具体而言,其一,优化校园环境和课堂环境,建设"美丽校园",重新打造校史馆,对学校环境进行总体布局,通过隐性途径体现南模精神;其二,倡导和谐平等的师生关系、民主自由的课堂环境,注重全方位育人,从学生核心素养培育到学科核心素养养成,从主课堂学习到科学研究,将"价值观教育"渗透教育的全过程;其三,丰富校内外实践活动,引导学生在亲身体验、感受的过程中把价值观理念内化为精神追求,外化为自觉行动,例如以国防教育活动锻炼体魄,磨炼意志;以学农活动品味耕作的艰辛,感受劳动的快乐等。

4. 加强制度建设,落实细节工作

学校的政策制度是指为适应社会发展需要,学校以教育观为指导,依法民主、自主管理,促进学生、教职工、学校、社区协调和可持续发展的一套完整的政策制度体系。[①]政策的制定饱含思想和价值韵味,是国家和社会价值观的表征。价值观教育的贯彻需要职能运作保障实施。南模的行政管理具有一整套有力的治理措施和方法,通过日常工作中的价值观教育,做到管理有序、教学规范、行为规范、后勤落实。如学校建立了"三院六中心"等保证价值观教育顺利推进。

A Practical Study on Values Education in a Century-old Prestigious School

LI Xiaoyu

(Shanghai Nanyang Model High School, Shanghai, 200032)

Abstract: As a school with a history of more than 100 years, Shanghai Nanyang Model High School has always attached great importance to values education and has accumulated rich experience from civic moral education to quality education, and to personality education, and formed. Therefore, it has formed a unique value education system: treating "the spirit of perseverance and the pursuit of moral value" as the spiritual core, demonstrating the three special characteristics of "fairness, wisdom and competence", establishing the education carriers from three colleges, constructing an organizational structure with six centers, and developing students' nine qualities of "family and national sentiment, international perspective, responsibility bearing; solid academic performance, the spirit of innovation, and diligent learning; healthy life, aesthetic taste, and awareness of labor". Moreover, the school's implementation strategies of values education includes designing the target framework of high school values education from three aspects of "thinking about the world", "pursuing excellence" and "developing an elegant taste", and then implement values education throughout each high school period. Finally, this paper has summarized the following criteria of practice: values education needs to closely follow the national policies, focus on the school-based culture, penetrate into the campus life, build a better system, and do the detailed work.

Key words: values education, century-old prestigious schools, personality education, Shanghai Nanyang Model High School

---

① 武淑梅:《当代美国大学生价值观教育研究》,中国地质大学博士学位论文,2020年,第83页。

基于集团化办学的初高中思政课衔接

——以南模教育集团为例

陆建梅

（上海市南洋模范中学，上海 200232）

摘 要：目前的初高中思政课衔接存在如下问题：缺乏较完善的管理保障落实机制，教学目标、教学内容衔接出现裂痕，教学活动轻视纵向衔接和横向贯通，不能充分地共融共享教学资源，评价设计少纵向跟踪和学科融合等。集团化办学具有管理机制协调有效、教学资源调配有序、课程构建纵横清晰、评价全过程全方位等优势。基于集团化办学的优势，提出初高中思政课衔接的路径：构建协调且有效的管理保障落实机制，项目化推进初高中衔接的教学设计，打造资源共享基础上的教学活动新范式，完善纵向衔接、横向贯通的评价体系。

关键词：集团化办学；优势；初高中思政课衔接；路径

构建思想政治课（以下简称"思政课"）的共同体，即在尊重差异性的基础上，注重初中、高中两个学段思政课管理机制的协调性、教学设计的系统性、资源利用的共享性、评价方式的整体性，形成初高中思政课有机衔接的共同体。

一、大中小学思政课一体化与初高中思政课衔接的关系

学者在定义思政课大中小学一体化的内涵时强调整体性与统一性，而整体性与统一性目标的实现必须基于各组成部分或各发展阶段作用的发挥。初高中思政课对完成"立德树人"的教育目标起至关重要的作用。初中思政课注重体验式学习，高中思政课以常识性学习为主，注重培养学生的责任感与使命感，初高中的学习起承前启后的作用，连接小学与大学的思政教育。

列宁说："人的认知不是直线，而是无限地近似于一串圆圈，近似于螺旋的曲线。"[①] 只有初高中思政课的衔接工作做得好，才能保证人的认知似一串螺旋上升的曲线而不至于出现断痕，才能保证思想政治课的有效性、连续性、发展性，从而实现大中小学思政课一体化的总体目标。

二、初高中思政课衔接存在的问题

2019年3月18日，习近平总书记在学校思想政治理论课教师座谈会上强调，要循序渐进、螺旋上升地在大中小学开设思想政治课。此后，上海市在落实该要求上进行了相关实践。比如2020年9月26日，以"史鉴初心，学汇未来"为主题的区域大中小幼思政课一体化建设推进会在徐汇区举行；上海市师资培训中心牵头的以落实思政课大中小学一体化为目标的教师培训课程亦在全市开展。

为贯彻落实习近平"创新驱动发展"的思想，2020年12月，南模集团下的初中以"时代需要弘扬创新精神"为主题，高中以"创新发展呼唤高素

作者简介：陆建梅，上海市南洋模范中学高级教师，主要从事高中思想政治教学研究。

① 列宁：《列宁全集》第38卷，人民出版社1986年版，第411页。

质的劳动者"为主题，拍摄了系列微课。笔者调查并访谈了相关指导专家和初高中的思政课教师，发现初高中思政课衔接存在诸多问题：

1. 完善的管理保障落实机制较为缺乏

在教学实际中发现，一些"一体化"的大型活动流于形式，活动的效果值得商榷。据笔者了解，那些有职业追求和职业敏感性的思政课教师确实在自觉践行"一体化"的思政课堂，但如果没有必要的约束和管理机制，要求每位思政课教师都将"一体化"转变成自己的日常自觉，恐怕有一定难度。无论是从价值引领、师资配备、课程设置还是评价的角度，真正要将"一体化"的要求落到实处，目前还缺乏较完善的管理保障落实机制。

2. 初高中教学目标、教学内容衔接出现裂痕

初中思政课的教学设计包括教学目标和教学过程两个部分；高中思政课包括课标要求、教材分析、学情分析、学习目标、重点难点、教学过程。教学目标必须依据课程标准。但据笔者所观察的思政课堂来看，初中的教学目标没有对课程标准进行分析，仍以三维目标，即知识、能力、情感态度价值观目标的方式呈现；高中则使用了外显、具体的行为动词来描述学生的学习结果，比如"阐述""归纳""运用"，同时尽量使得教学目标行为化，目标表述比较明确、具体、容易操作，方便检测评价。初中的教学目标过于笼统，没有考虑到与高中教学目标的衔接。

除此之外，教学内容问题也十分突出。教学内容是基于对教材的分析而定的。初中的教案中教材分析环节是缺失的，而教材内容是初高中思政课衔接的重要载体，是核心要素，教师如果忽视了这一点，在教学的过程中就难以促成初高中思政课的衔接。

若教学目标、教学内容衔接出现裂痕，那么，往往是展示的形式大于内容，教师并没有将"一体化"的任务贯穿于备课与教学的过程中。

3. 教学活动轻视纵向衔接和横向贯通

在初中与高中的思政课教学中，存在轻视纵向衔接和横向贯通的现象。例如，初中的教学环节一是：分享科技成果，感受时代发展，呼唤创新；高中的教学环节一是：播放我国科技创新的视频，让学生感悟国家在科技创新方面的成就。初中的分享采取的是小组以PPT的形式展示，而高中则是学生直接观看教师准备的视频资料，可以说，两者出现了难度的倒置。初中至少需要学生具备搜集、整理、剪辑等方面的能力，而这种活动形式达成的教学目标一个是"感受"，另一个是"感悟"，都是情感、态度、价值观的层面。因为高中教师忽视了初高中的教学活动设计环节的衔接，直接导致教学目标简单重复，没有"螺旋上升"的递进。

就横向贯通而言，高中教师在教学中用到了"华为困境"的案例，其中的芯片制作流程着实让缺乏物理知识储备的教师头疼了一阵。横向贯通需要思政课教师有综合的学科知识背景，否则，确实不易实现。

4. 教学资源不能充分实现共融共享

充分地挖掘身边真实教学资源，可以达到高效的教学效果。然而，实际教学情况却不尽如人意。如，为了让初中学生体会大国工匠的风采与精神，让高中学生在真实情境中感悟人是创新最关键的因素，教师都用到了中国运载火箭总装负责人崔蕴的事例。而南模老校友、汉字激光照排系统之父、有"当代毕昇"之称的王选院士科技成果的产业化和应用，在南模校史中有详细的记载，初高中学生入校之处都参观过校史馆，无论从激发学生兴趣、提升课堂效果，还是跟进过程评价来说，对初高中思政课的衔接都应该能起到很好的促进作用，但在这次初高中两个学段围绕同一个主题——"创新驱动发展"教学的过程中，南模教育集团内的两位初高中教师并没有挖掘身边的这一好素材，没有意识到要对校内现成的共有资源进行共融共享。

5. 评价设计缺少纵向跟踪和学科融合

初中生的自我意识开始萌芽，逐步形成独立人格，因此，初中思政课的评价需要注重这一阶段学生的身心和认知特点，强调对学生感悟能力或者感悟情感的评价，高中生的思辨与行动力强的特点明显，教学上更注重高中生政治素养的形成，评价上应侧重分析问题、解决问题能力的考察。

近年来，上海市各级各类学校在相关部门的组织和领导下，对思政课评价的一体化做了积极有益的探索。但由于目前各学段思政课建设仍然存在各自为政的现象，系统完善的考核评价机制尚在形成中。评价一体化需要基于课程标准、教材内容、教学资源、教学方法等的初高中一体化。

然而,在初高中评价纵向衔接和跟踪上依旧有较大的裂痕或交叉重复的现象。上海市初中道德与法治2021年有一道中考模拟题是关于垃圾分类的,上海市的垃圾分类取得了明显的成效,但也存在不少问题,如,上班族下班比较晚,这个群体投放垃圾存在时间上的问题;又如,有居民对垃圾投放点距离自己的房子比较近散发异味颇为反感,题目要求学生针对上述现实存在的问题,提出有针对性的建议和操作措施。大部分学生基于生活经验答题则无法将所学知识迁移到特定的情境中来。究其根本,在初中思政课的教学中教师注重对学生"感悟"能力的培养,所以学生从生活经验出发答题也不足为怪了,然而建议的针对性和可操作性更侧重于分析和解决问题能力的评价,如果初高中一体化的教学内容和教学方法没有很好地衔接起来,这样的评价显然有"越位"的嫌疑。

初高中一体化评价在强调"纵向衔接"的同时,不能忽视"横向贯通"。在高中统编教材中,思想政治、语文、历史三科出现了共产党的领导、逻辑思维、劳动等相关内容的交叉。如果说"纵向衔接"是经,那么"横向贯通"便是纬,"纵横交错"的评价方能促进初高中思政课一体化建设的推进。

三、集团化办学的内涵与优势

1. 集团化办学的内涵

当前,"上好学校"的需求与"好学校"的供给之间出现了矛盾,学生对"好学校"的需求远远大于"好学校"的供给,为解决学生"上好学校难"的现实问题,基础教育集团化办学应运而生。集团化办学是通过新建、合并等一系列方式建立教育联合机构的办学模式,它通过统一的教育价值理念、学校文化、教学管理等,促进教育资源由松散向集约管理的方向发展,并不断扩大名校的品牌效应,使现有教育资源在一定时期、特定区域内实现最大程度的优化配置。目前集团化办学主要集中在基础教育阶段。[1]

2. 集团化办学的优势

2012年,南模初高中实现"一体化"管理;2015年,上海市南模教育集团成立(南洋模范中学为中心校,还包括南洋模范初级中学、民办南模中学和西南模范中学)。纵观南模基础教育集团化办学的历程,可以概括出集团化办学的优势:

其一,管理机制协调有效。集团化办学内部治理结构有三种类型:紧密型、松散型、复合型。[2]南模集团属于复合型,实行名校长领衔制,集团内的各成员如南模公立初中不具有独立法人资格,其他各成员有独立的法人资格。即便如此,南模高中仍然对其他成员校有着很强的引领示范作用,这有利于集团内部机制的激活和优化,从而促进办学效益的提升。

其二,教学资源调配有序。2015年上海市民办南模初级中学成立之初,师资力量基本与南模高中是共享的。现在,南模高中的思政课教师同时教授高中和民办初中的思政课;初高中教师集体备课、集体教研。这有利于集团内部共享教育资源,优势互补,相互促进。

其三,课程构建纵横清晰。南模集团有这样的传统做法:基础课上无法解决的问题,在兼顾教师特长和学生兴趣的前提下,可以借助拓展课继续延伸;拓展课上遇到的棘手问题,借助社会调查或实践,通过研究型课程来弥补。基础课—拓展课—研究课系列课程,不仅可以实现初高中衔接,也可以促进同一学段横向贯通。

其四,教学评价贯穿全程。在基础教育阶段就近入学政策的影响下,大部分学生在以集团化办学的学校内部、学校之间适度流动,如此,对学生全过程的跟踪评价就具有较强的可操作性。另外,同一学段的不同学科教师的跨学科视角评价也变得简单易行。

四、基于集团化办学的初高中思政课衔接路径

1. 构建协调且有效的管理保障落实机制

南模高中作为南模集团的中心校,管理层在落实初高中思政课的衔接过程中,在价值引领、课程设置、师资配备、评价等方面大有作为。

分管教学的校长要认真领会习近平总书记"3.18讲话"等相关文件的精神,真正意识到思政学科对立德树人的关键作用,明确在中学思政课

---

[1] 乔慧莲:《基础教育名校集团化问题研究——以北京九中为例》,中央民族大学硕士学位论文,2012年。
[2] 钟秉林:《关于基础教育集团化办学的若干思考》,《中国教育学刊》2017年第12期,第40-57页

时间紧、任务重的现实面前，初高中衔接可以节约成本、提高教学效益，并在集团内宣传。比如，在初高中一体化的教工大会上对思政课衔接的紧迫性和重要性进行宣讲，全面增强思政课领导决策主体的行动力，并将思政课的衔接变成硬指标。①

因为中考、高考评价的"指挥棒"效应，学校在课程设置上往往会出现重"大三门（语、数、外）"，轻"小三门（生物、地理、物理、化学、政治、历史中任何三门的组合）"的现象。南模集团中心校在"基础课""拓展课""研究课"三类课程整体性和系统性上下功夫，既考虑初高中的纵向衔接，又考虑同一学段的横向贯通，与语文、历史等学科相融合。

实践证明，一位教师若同时教授初高中的思政课，就能做到既了解初中的课标、教材、学情，又了解高中的教学目标、教材内容、教学手段，这对思政课的初高中衔接非常有价值。有从南模集团内初中考进南模高中的学生，见到了初中的思政教师出现在高中课堂的时候，欣喜之情溢于言表，随后他们在"小三门"的选择中通常选择该学科。南模集团在师资配备时，在条件允许的情况下，应尽可能地让同一位教师同时担任不同学段的思政课，也可以让教师在不同学段间轮岗流动。这样的方法也有利于教师对学生进行跟踪评价。

2. 项目化推进初高中衔接的教学设计

在初高中思政课衔接过程中，仍然存在初高中各自为政、自成体系、脱离学生身心发展规律的问题，以及"一体化"流于形式的问题，关键原因在于教学设计没有得到衔接性的具体落实。基于教学经验，笔者认为，这里的教学设计主要涉及课标的解读、教材内容的厘清以及活动的设计。将初高中思政课衔接的教学设计作为南模集团的共同项目来完成，有利于发动初高中思政课教师的力量，具有现实可行性。②

首先，比较初高中思政课的课程标准。初中《道德与法治》的课程标准将这门课的课程宗旨描述为：促进初中学生道德品质、健康心理、法律意识和公民意识的进一步发展，形成乐观向上的生活态度，逐步树立正确的世界观、人生观、价值观。高中思想政治学科核心素养主要包括政治认同、科学精神、法治意识和公共参与。其中初中的"法律意识"和高中的"法治意识"、初中的"公民意识"和高中的"公共参与"具有衔接性，这将成为后续整合初高中思政课教材内容的依据。

教材是教学内容体系的基本载体，也是有效衔接初高中思政课的重要保证。③初高中思政课教师一起研究13本教材（初中《道德与法治》6本，高中《思想政治》7本），梳理初高中交叉点，厘清教学内容。从宏观角度看，高中的思政课既涉及道德知识体系，又有大量的法治内容，这恰好与初中道德与法治形成交集，便于实现"课程标准—教材内容"一体化，处理好"纲"和"本"的关系。接下来教师要注重课堂内容表达的螺旋上升，即，就同样的内容而言，初中应该讲到什么程度，高中应该讲到什么程度。最后，在厘清教学内容的基础上，进行初高中一体化的教学活动设计，从而实现初高中思政课的衔接。④

3. 打造基于资源共享的教学活动新范式

南洋模范中学的历史可以追溯至1901年，校史中的人物、事件为初高中思政课的衔接提供了重要的资源。2021年，为纪念学校诞辰120周年，南模集团的初高中思政课教师拟以"争做青锋模范，共建精神家园"为主题共上一节课，南模的"红色基因"、"勤俭敬信"的校训、毛泽东的"青锋"题词、江泽民的"四个模范"题词、30多位院士的丰功伟绩等，都为初高中思政课一体化提供了极好的南模优秀文化素材。同时，南模集团初高中思政课教师将共同编写系列教学资料，构建与统编教材内容相配套的教学辅助资源体系，供初高中学生在思政拓展课上使用，并努力形成资源共享的初高中思政课程资料库，方便教师在考虑思政课教学衔接时有根可寻，有据可查。⑤

---

① 郑建斌,李鑫大:《中小学思想政治理论课一体化管理机制建设初探》,《思想理论教育》2019年第11期,第23-28页。
② 高国希:《大中小学思政治理论课一体化建设的思考》,《思想理论教育》2019年第5期,第22-27页。
③ 万美容,陈迪明:《内容：大中小学思政课一体化建设的核心要素》,《北京工业大学学报（社会科学版）》2020年第1期,第17-19页。
④ 于漪:《立德树人,推动大中小幼一体化德育体系建设》,《现代教学》2019年第2期,第1页。
⑤ 成勇,张凤池:《大中小学思政课一体化建设策略研究》,《学校党建与思想教育》2020年第8期,第36-37页。

4. 完善纵向衔接、横向贯通的评价体系

初高中学生的起点分别在哪里？学生要学会什么？怎样达到学习目的？基于集团化办学的优势，从课堂学习评价和社会实践活动评价两个方面着手，更易于实现初高中思政课评价一体化。在课堂学习评价方面，尝试构建基于初高中学生不同特点的表现性评价的逆向教学设计，具体操作遵循这样的路径：确定所期望的结果—确定该结果的适当证据—安排教学活动。在社会实践活动评价方面，要注重初高中社会实践活动的衔接性，比如初中生14岁生日、高中生18岁成人仪式都是在龙华烈士陵园举行，从学生写给自己的一封信到瞻仰烈士墓，实践活动相似。但不同学生群体的成长特点不同，追求的教育价值不同：14岁生日仪式结束后，初中思政课教师可以吩咐学生珍藏这封信。等到18岁成人仪式，高中思政课教师再让学生拿出这封信，引导学生发表感想，教师点拨评价。前面提到的"争做青锋模范，共建精神家园"活动结束后，针对学生设计的校园微景观作品，学校组织集团内初高中历史、语文、艺术、地理等不同学科的教师从不同的专业角度进行多元化评价，从而实现对学生个性化评价，以及阶段性、综合、立体的评价，这更符合"核心素养培育需要跨学科横向贯通"的要求。①

The Connection of Politics Courses in Junior and Senior High Schools Based on Group School Running
— Take Nanyang Education Group as an Example

LU Jianmei

(Shanghai Nanyang Model High School, Shanghai, 200032)

Abstract: At present, there exist the following problems in the connection of politics courses in junior and senior high schools: a lack of a comprehensive management guarantee implementation mechanism, some flaws in the connection of teaching objectives and teaching content, little attention paid to vertical connection and horizontal combination of teaching activities, inability to fully integrate and share teaching resources, less vertical tracking and discipline integration in evaluation design. Group school running has such advantages as coordinated and effective management mechanism, orderly allocation of teaching resources, clear vertical and horizontal curriculum construction, and all-round assessment with a complete procedure. Based on such advantages, this paper puts forward the following path for the connection of politics courses in junior and senior high schools: building a coordinated and effective management guarantee implementation mechanism, improving the teaching design for better connection between junior and senior high schools by means of projects, creating a new paradigm of teaching activities based on resource sharing, and improving the evaluation system of vertical connection and horizontal combination.

Key words: group school running, advantages, connection of politics courses in junior and senior high schools, paths

---

① 阎俊：《思想政治课"理论探究类"作业研究——以统编教材"必修1"为例》，《教育参考》2020年第2期，第12-17页。

反思能力的培养：高中生价值观养成的路径
——班主任实践视角的审视

杜嘉陵

（上海市南洋模范中学，上海 200032）

摘　要：高中生正处于价值观养成的重要阶段，需要班主任的关注和引领。目前，高中生由于对自我个体价值的认知局限，导致价值观缺失；由于对多元价值的盲目包容与接纳，导致价值观模糊；由于对传统主流价值观的怀疑与批判，导致价值观困惑。针对这些问题，班主任可借助反思能力的培养，引领高中生养成正确的价值观，具体策略包括：培养高中生的自省性反思能力，使其通过自省明晰自我的价值追求；培养高中生的辨析性反思能力，帮助他们明辨是非，建构正确的价值观；培养高中生的批判性反思能力，使其养成健康、积极的价值观。

关键词：反思能力；价值观；高中生；班主任

一、高中生正确价值观养成的必要性

价值观对学生的成长意义重大，影响和决定着他们人生的方向。故而，引领高中生养成正确的价值观是一项重要且必要的工作。

1. 高中生健康成长的需求

青少年学生正处于价值观走向成熟的关键阶段。其价值观，一方面遵循生长的自然节律，正在自由发展，另一方面又受到同伴、家庭、社会、时代生活等的影响而发生改变。而随着高中生成长涉足范围的扩展，外部环境对其价值观的影响不断加大。如果缺乏引导，高中生的成长就会受到制约。比如，若受功利主义价值观的影响，唯分数论英雄，那么学业成绩不够理想的学生就会丧失自我价值感；若受享乐主义价值观的影响，学生往往缺乏学习动力；若受个人主义价值观的影响，学生则难以与团队开展协作等。

2. 学校办学理念的追求

学校办学应以全面育人为宗旨，培养具有正确价值观的人。笔者所在的上海市南洋模范中学（以下简称"南模中学"），秉承"青锋精神，模范追求"的核心理念，追求培养"公""智""能"的优秀学生，"公"指的是服务社会的为公意识。只有培养学生正确的价值观，才能承载这样的价值追求。而班主任是育人过程中实现学校办学理念追求不可替代的重要角色，《中小学班主任工作规定》指出："班主任是中小学日常思想道德教育和学生管理工作的主要实施者，是中小学生健康成长的引领者，班主任要努力成为中小学生的人生导师。"[1]

3. 未来社会角色担当的需要

杜威在《教育与社会的关系》中指出，教育的基本观念、目的和方法都须为社会服务，教育是为社会谋求幸福的教育。[2] 教育面向的是未来，是为未来社会培养人才。因此，青少年的价值观，将

作者简介：杜嘉陵，上海市南洋模范中学高级教师，主要从事班主任工作研究。

[1] 《中小学班主任工作规定》，载中华人民共和国教育部官网：http://www.moe.gov.cn/srcsite/A06/s3325/200908/t20090812_81878.html? isappinstalled=0，最后登录日期：2021年5月1日。

[2] 杜威：《杜威在华教育讲演》，教育科学出版社2014年版，第5页。

直接影响他们未来的选择和走向,以及未来的社会角色担当。

总之,处于青少年时期的高中生,如果价值观出现问题却得不到及时的关注和引导,那么后果不堪设想。故而,亟须关注高中生价值观存在的问题,并分析其产生的原因。

二、高中生价值观存在的问题及原因分析

1. 对自我个体价值的认知局限,导致价值观缺失

高中生对自我个体价值的认知局限一般体现在两个方面:一是对个体价值的认识过于功利化,缺乏对自我价值的正确审视,缺乏对全面发展的追求;二是局限于个人价值的实现,缺乏对自我社会价值的认识,缺乏更长远的追求。具体表现为:仅以学业成绩来评价个体价值,将追求分数作为唯一目标,对时代、社会的需求并不关注,等等。这样的认知局限必然带来价值观的缺失。

家长对成绩的看重,学校对升学率的追求,社会对高考的关注,都在潜移默化地影响着高中生的价值观,并传导给高中生"分数是王道"的价值认识,由此引发其对自我的多重价值认识不足,对分数之外的其他价值追求选择性忽略。个人成功学的流行,媒体对成功人士的追捧,让高中生对个体生命价值的认知窄化为世俗意义上的成功。此外,高中生局限于较为单一的生活空间,缺乏与社会生活的真实联结,更加加剧了这种认识的固化。家长也往往只要求孩子学习好,强调其对自我负责,并不要求其承担对家庭和他人的责任。总之,多方因素导致高中生价值观不完整,有所缺失。

2. 对多元价值盲目包容与接纳导致价值观模糊

处于成长期的高中生善于学习吸收,往往能接纳社会中流行的热点。纷繁复杂的现实世界中,价值观的多元化,价值评判的不一致,都会映射到校园生活中,使得高中生价值观模糊。比如,认同集体主义精神的价值,但又追求自由主义、利己主义;认为诚信很重要,但落实到具体问题上又觉得不必坦诚;认同努力奋斗的价值和意义,但又摇摆于享乐主义的价值观等。

受网络世界、同伴群体、家庭环境等诸多因素影响,高中生接触的外部环境愈加广阔而复杂,价值观的来源渠道更加多元,主要包含外来文化所蕴含的价值观,市场经济追逐利益的价值观,泛娱乐文化带来的享乐价值观等。这些价值观必然对原来的价值观产生冲击,使得处于未成熟期的高中生摇摆不定,加之缺乏独立的思考能力和价值判断,易于陷入价值观模糊的状态。

3. 对传统主流价值观的怀疑与批判导致价值观困惑

对于传统的价值观,高中生持怀疑甚至批判的态度。这样的怀疑和批判与学校、社会正面的倡导相背离,批判之后如果没有及时建构,易于引发价值观困惑。

网络文化的影响是产生价值观困惑的重要原因,网络中的负面言论对高中生形成了不小的影响。他们还不能很好地区分情绪宣泄和理性批判,容易被情绪带动。从儿童时期过渡到青少年时期,往往会产生逆反心理,这是身心发展的不平衡带来的冲突,也是个体成长的必然阶段。然而,逆反情绪摒弃了理性的参与,建构的缺失给高中生带来了价值观困惑。

三、反思能力的培养:价值观养成的必经之路

1. "反思能力"的内涵

在中国的文化语境中,反思蕴含着自省的含义,即主体对自身的观念、行为等进行思考。反思还可指"回过头去思考",即对已经发生的行为、事件或生活经历等进行复盘式思考。杜威认为反思是个体对问题进行的反复的、严谨的、持续的思考[①],它是一种有目标的、有逻辑条理的思维活动。本文所谈到的反思,综合以上三层意思是指自我反思、回首思考和反复思考,反思能力指的是反省、探究、批判的能力。

2. 反思能力培养与价值观养成

班主任可以引导高中生积极开展反思活动,培养反思习惯,使其逐渐习得反思的能力。这对高中生正确价值观的养成有如下重要作用:

(1)有助于发挥高中生的主体性作用

随着年龄的增长、阅历的增多,青少年独立意

---

① 杜威:《我们怎样思维·经验与教育》,人民教育出版社2005年版,第11页。

识、自主意识增强。以学生作为主体的反思活动，满足了青少年被尊重、被认可的心理需求，可以充分发挥他们的主体性。反思活动不是说教、灌输，而是班主任引导下的探寻求知。只有这种探索得出的结果、蕴含的价值，才可能真正走入学生的内心，从而形成价值认同。

(2) 有助于高中生增强自我认知和选择的能力

认识自我、探索生命方向是青少年面临的难题。班主任引导高中生对自身进行更全面深入的反观性思考，避免用单一功利的价值标准衡量自身，充分审视自我的价值，从而能够更好地发展自我、建构自我。引导青少年反思自我的观念、行为，探索自我选择的价值依据，可以帮助他们厘清认识，明晰思想，走出迷惑，从而调整、修正或坚定自我的价值选择。持续的反思可以增强内驱力，帮助高中生在正确价值观的引领下更好地学习生活，收获生命的价值感和意义感。

(3) 有助于高中生进行价值澄清

在班主任引导下开展的反思活动是有目标、有意识的反思，能够引导高中生全面思考问题，深入地探寻本质，而非囿于表象。有效的反思能避免价值观模糊带来的混乱，让高中生形成正确、明晰的价值观。

(4) 有助于高中生形成价值判断能力

在班主任引领下，对某些价值观问题进行反思，可以扩展高中生的生命体验，加深他们对社会生活的关注和思考，培养他们思考与评判的能力，为他们成长为具有批判思维的未来公民打下坚实的基础。当然，前提条件是班主任具有清晰的角色意识和强烈的责任担当，并且对青少年存在的价值观问题有洞察力、判断力和引导力。

3. 培养反思能力的策略

班主任要善于从学生表现和班级生活中发现问题，洞察问题背后的价值观偏差，并及时做出判断。班主任要在此基础上设计活动，引导学生进行反思，培养学生的反思能力，从而帮助其养成正确的价值观。针对高中生的价值观问题，班主任在实践中可采取以下几种策略：

(1) 培养自省性反思能力

班主任可以在日常生活中培养高中生自省性反思的能力，引导他们全面发掘自我价值，从关注自我的个体价值到关注自我的社会价值，并以自省来强化自我生长的力量，助力其价值观养成。

比如，开展"种反思树"活动，创设树木形状的反思支架、思维导图来引导学生进行反思。树形图相较于文字更加直观形象、条理清晰，有趣味性。班主任可引导学生画出自己的反思树，用长树枝、短树枝分别代表优势、弱势，借鉴加德纳的多元智能理论，引导学生多方面地发掘自身价值。价值有显性、隐性之别，学生可分别用深浅不同的颜色填涂树枝，去发现自己的潜在价值，找到提升方向。画树的过程就是梳理盘点、反省自我的过程，为学生更好地认识自我、发展自我提供助力。班主任还可以引导学生利用"反思树"作为决策平衡工具审视自我的兴趣爱好、能力擅长、个性特点、人生追求，同时关注时代需求、专业设置、家庭期待、师长建议等，在全面客观的理性反思基础上，明晰自我的价值追求，帮助他们做出选择。另外，班主任还要鼓励学生把自我价值的实现与社会价值的追求结合起来，担起社会责任，让生命走向更广阔的境界。

(2) 培养辨析性反思能力

针对学生价值观模糊的问题，班主任需要引导高中生回头反观校园生活的某些问题，开展辨析性的反思活动，帮助他们明辨是非优劣，建构正确的价值观。

比如，搭建反思互动平台，引导学生经常开展"晓讨论"。班主任可在这个公共讨论的互动平台上发布价值探讨话题，让学生利用碎片化时间，三言两语地发表看法，大家的表达彼此可见，可点赞、留言，亦可反对或争论，但要求有观点、有阐释、有论据、有支撑。这虽然只是简短的表达，但是意见之间相互参照、借鉴、拼接，就可以形成更完善的观点、更明晰的结论。班主任还可积极鼓励学生关注学校生活，参与话题的收集和筛选，力求呈现真实的价值问题，激发学生进行辨析性反思，让学生在同伴交流中获得启迪，在班主任的小结评价中强化认知。总之，这种碎片化时间开展的反思活动，让思考经常发生，让学生的辨析性反思能力渐渐强化，能够助力高中生正确价值观的养成。

(3) 培养批判性反思能力

网络世界中的批判性言论，青春期的逆反性

情绪,有时会引起高中生的质疑与批判,导致价值观困惑。班主任引导下的反思活动,力求对问题进行一种反复的、严谨的、持续的探索,可培养高中生的批判性反思能力。真正的批判性思维,需要学习区分理性和情感,区别事实和观点,识别有些观点论据的不足,识别某些论证的逻辑错误等,这些都需要在探究中慢慢习得。

比如,设置反思典型情境,开展以"价值认同"为旨归的班级会议,组织学生进行价值反思。它基于班主任发现的学生的问题,用情境化的呈现引发学生思考,用讨论的方式引导学生反思,以期达成价值共识。可借鉴杜威的反思五步法,即创设情境、明确问题、设想方案、推理演绎、实操验证。首先要基于问题创设一个典型的情境,然后引导提炼出蕴含价值冲突的典型问题,接下来围绕问题让不同立场的学生分别发表意见,找出价值共识,寻求解决办法,并通过意见表决或课后反思写作来落实。① 具体如"雷锋离我们有多远"的班级会议上,班主任可设置反思的典型情境,让学生对学雷锋活动进行探讨,通过批判性的反思讨论让大家达成共识:雷锋精神在当代亦有重要价值与意义,而学雷锋的方式可以与时俱进,不断创新。又如"与你同行"的班级会议上,可让学生反思探讨"三观不和"的现象,从而让学生对"和谐"有更深的理解,让"和而不同"的价值理念走进学生心中。总之,这样的批判性反思活动,通过不断的追问加深思考的深度,让学生在价值观认识上有更大的收获,超越情绪化的表达,逐渐建构起更健康的价值观。

综上,面对高中生出现的价值观问题,班主任可引领学生开展反思活动,培养反思能力,积极营造良好的班级文化氛围,从而对学生个体和班级群体的价值观建构形成良性的影响。以上三种培养策略,可伴随高中生的成长而循序渐进,使反思的范围逐渐扩大,由对自我的反思走向对学校生活、社会生活的反思;从高一到高三,进阶发展,逐步培养高中生的自省性反思能力、辨析性反思能力和批判性反思能力。

当然,高中生的价值观常常表现出不稳定性、不平衡性,因而,以上呈现的培养层级只是各个阶段的侧重点,还需要根据情况做出适时的调整。价值观具有日常性、长期性和反复性的特征,必须在日积月累的培养中慢慢养成。实践证明,坚持把反思能力的培养作为高中生价值观养成的路径,必然有助于高中生调整认知,改善行为,养成正确的价值观。

A study on the Development of Reflective Ability:
A Path to the Cultivation of High School Students' Values
— From the Perspective of Head Teacher Practice

DU Jialing

(Shanghai Nanyang Model High School, Shanghai, 200032)

Abstract: Senior high school students are in the critical period of cultivating their values, which needs the attention and guidance of the head teacher. At present, high school students tend to lack values owing to the limitation of recognition of their individual values, to have unclear values because they blindly tolerate and accept diverse values; and to feel confused at values because of their consuspicion and criticism of the traditional mainstream values. For such problems, the head teacher can use the training of reflective ability to help high school students cultivate correct values. The specific strategies may include the following: developing the students' introspective ability, so that they can clarify their value pursuits through introspection; cultivating their self-reflective competence for differentiation and analysis in order to help them distinguish right from wrong and cultivate correct values; and improving their critival thinking skills to help them cultivate healthy and positive values.

Key words: reflective ability, values, senior high school students, head teachers

---

① 杜威:《我们怎样思维·经验与教育》,人民教育出版社2005年版,第11页。

"以劳树德"的理论蕴涵、现实观照与行动路向

冯建波[1], 陈 辉[1,2], 伍 醒[1]

(1. 浙大宁波理工学院 马克思主义学院, 浙江 宁波 315100; 2. 浙江大学 马克思主义学院, 浙江 杭州 310058)

摘 要: 文章从马克思主义劳动理论出发, 在劳动建构道德的命题探讨中理解并揭示"以劳树德"的理论内涵, 构建研究的理论基础; 在新时代公民道德建设的场域下, 观照道德的主体性、成长性与目的性等问题, 赋予劳动积极的道德价值, 厘清"以劳树德"的现实关照; 从"注重德育社会主体价值与个人主体价值的统一, 注重德育主体性、系统性和生成性的统一, 注重德育内在规定性和价值性的统一"三个方面, 明确"以劳树德"的行动路向。

关键词: 以劳树德; 劳动; 道德; 德育

"以劳树德"源自2020年3月中共中央、国务院发布的《关于全面加强新时代大中小学劳动教育的意见》, 文中指出劳动教育具有树德、增智、强体、育美的综合育人价值, 进言之, 劳动教育以"树德"为首要价值。劳动被赋予积极的道德价值, 对于推动实现教育"立德树人"根本任务具有战略意义。在此背景下, 进一步理解"以劳树德"的深刻内涵成为时代之需, 其既是提升"劳育"学理认识的内在要求, 也是推动"立德树人"实际工作的现实需要。

一、劳动建构道德: "以劳树德"的理论蕴涵

马克思主义理论体系将劳动理论置于历史唯物主义的核心地位。正因为如此, 恩格斯曾言, 马克思主义是在"劳动发展史中找到了理解全部社会史的锁钥的新派别"[①], 由此可见, 对道德内涵进行本体意义的辨析, 也须遵循"用劳动发展史理解全部社会史"这一马克思主义的独创视角。

1. "劳动建构道德"的认识逻辑

理解道德"是什么"、道德"源自何处"等本体论问题, 需要对道德本源认识做出澄明。一般认为, 道德的原型是古代那些刻在石碑上的、体现神的命令或意识的"德目表", 道德是神的情欲和意志的体现。在对道德不只是对神的"服从", 还在于对"人的自然之善"的追求的思索下, 古希腊哲学家亚里士多德提出道德的核心是"德性", 即人的"合乎理性原则的活动"或人的"自然本性"的流露[②]; 英国近代哲学家休谟和法国近代哲学家卢梭主张道德是由情感决定的, 如休谟指出"理性是而

基金项目: 本文系浙江省教育厅2020年一般科研项目"以劳促育: 新时代高校思政理论课程育人理论与路径研究"(项目编号: Y202043963)、宁波市社科基地课题"'以劳树德'视域下学校德育实践教学一体化理路研究"(项目编号: JD5-PY10)的成果。

作者简介: 冯建波, 浙大宁波理工学院马克思主义学院副研究员, 硕士, 主要从事马克思主义哲学研究; 陈辉, 浙大宁波理工学院马克思主义学院讲师, 浙江大学马克思主义学院博士研究生, 主要从事学生德育与价值观教育研究; 伍醒, 浙大宁波理工学院马克思主义学院教授, 博士, 主要从事大学德育与高等教育基本理论研究。

① 《马克思恩格斯文集》第4卷, 人民出版社2009年版, 第313页。
② 赵敦华:《西方哲学简史》, 北京大学出版社2012年版, 第89-91页。

且应该是激情的奴隶"①,卢梭认为情感与人的"自然理性"紧密相连,人的"良心"是由道德情感形成的。②德国古典哲学创始人康德对"情感道德"所具有的"不确定性"进行批判,提出道德是独立于个人感情或个人利益之外的"理性原则的产物",人们通过对理性的觉察而践行"善良意愿"。③英国近代功利主义道德论者边沁和穆勒主张,要使道德恢复为寻求个人"满意、快乐"的生活上④;西方现代存在主义道德论者萨特认为,道德源于人们的价值选择,没有"真正的"道德,只有人们"自愿承担"的道德等。马克思主义奠定了道德认识的科学唯物论根基。在《关于费尔巴哈的提纲》中,马克思与一切唯心主义包括旧唯物主义划清了界限,指出对对象、现实、感性等要从主体性的"感性的人的活动",从实践去理解⑤;在《德意志意识形态》中,马克思、恩格斯指出:"德国哲学从天国降到人间;和它们完全相反,这里我们是从人间升到天国"⑥,从"从事实际活动的人"出发,道德等诸多意识形态便不再保留独立性的外观了,要深刻认识到意识形态神圣外衣下,由不同劳动关系所结成、反映人们"阶级利益"真实动因的道德。

2."劳动建构道德"的历史逻辑

道德"如何产生"、道德"由何决定"等问题是对道德本质规定性的进一步追问。由于劳动关系形态以及劳动伦理的纷争,劳动建构道德具有多重历史内涵。在生产力发展水平较低的原始社会,人类主要通过共同劳动(如狩猎、采摘等)方式谋求生存,劳动是解决人类生存挑战的必需活动,原始社会的劳动关系体现了劳动作为人生存工具性的必然,因此基于生存目标的道德形态规范引导着人们的生活。随着生产力的发展,人类逐步进入阶级社会,"轻劳而获,少劳而获,尤其是不劳而获,构成统治阶级的生存常态"。⑦如在古希腊时期,亚里士多德所言:"使用奴隶与使用家畜的确没有什么很大的区别。因为两者都是用身体提供生活必需品"⑧,劳动成为奴隶的"专属"。在中国封建社会,劳动生产者被称为"鄙夫",请教农事被视为"小人"之举,"劳心者治人,劳力者治于人;治于人者食人,治人者食于人,天下之通义也"⑨成为封建社会劳动关系下劳动道德观的写照。进入资本主义社会后,资产阶级对劳动群众的剥削愈发加深,集中体现在这一制度造成了劳动的不断异化。正如马克思在《1844年经济学哲学手稿》中所言:"工人在自己的劳动中不是肯定自己,而是否定自己,不是感到幸福,而是感到不幸,不是自由地发挥自己的体力和智力,而是使自己的肉体受折磨、精神遭摧残。"⑩在资本主义劳动关系下道德表现为一种异化的劳动道德观,其所鼓吹的如勤劳、节约的美德,仅仅是针对劳动者的"伪道德",其所倡导的所谓自由、平等、人权等方面的道德只是资本所有者享有的权利罢了。因此马克思批判了资本主义私有制下的"异化劳动",主张消灭资本主义私有财产,通过对私有财产的积极扬弃,重塑社会劳动关系,实现人对自身本质力量的全面占有和人的劳动类本质的复归。正如马克思在《关于费尔巴的提纲》中指出的:"全部社会生活在本质上是实践的。凡是把理论引向神秘主义的神秘东西,都能在人的实践中以及对这种实践的理解中得到合理的解决。"⑪社会主义制度使社会劳动关系得以重塑,主张只有通过"劳动解放"才能实现"人的解放",实践的劳动道德观才能得以确立。

---

① David Hume, *Enquiry Concerning the Principles of Morals*, La Salle, IL: Open Court, 1912. 中译本见:休谟:《道德原则研究》,曾晓平译,商务印书馆2004年版,第22页。
② 北京大学哲学系外国哲学史教研室:《西方哲学原著选读》下卷,商务印书馆1982年版,第86页。
③ 康德:《实践理性批判》,韩水法译,商务印书馆1999年版,第88页,第93页。
④ 崔宜明:《道德哲学引论》,上海人民出版社2006年版,第99页。
⑤ 《马克思主义经典著作选读》,中共中央党校出版社2018年版,第2页。
⑥ 《马克思主义经典著作选读》,中共中央党校出版社2018年版,第8页。
⑦ 田方林:《劳动道德价值赋义生发历史的伦理逻辑》,《伦理学研究》2020年第5期,第22-23页。
⑧ 《亚里士多德全集》第9卷,苗力田主编,中国人民大学出版社2003年版,第11页。
⑨ 《孟子》,梁海明译注,远方出版社2007年版,第71页。
⑩ 《马克思恩格斯文集》第1卷,人民出版社2009年版,第159页。
⑪ 《马克思恩格斯文集》第1卷,人民出版社2009年版,第501页。

3. "劳动建构道德"的实践逻辑

道德"有何作用"及"如何作用"等问题是对道德价值性的终极审问。通过道德的规范和引导,人类在不断的"道德完善"中逐步接近"幸福生活"。在人类社会发展进程中,对塑造"道德完善"的人的不同理解形成了不同的道德发展观,具有代表性的是"德性论"和"规范论"两种道德发展观。德性论,也称美德论,主张通过修"德"塑造理想人格,从而实现人的自我完善。如中国古代儒学主张,"修身"是齐家、治国、平天下的前提和基础,孔子提倡"克己复礼为仁"①,孟子主张"善养吾浩然之气"②等。有"德性"才可能有"德行",如古希腊亚里士多德所言:"一个被称为公正的人或节制的人,却不是仅仅因为做了这样的行为,而是因为他像公正的人或节制的人那样地做了这样的行为。"③"德性论"道德发展观看到了塑造人的内在道德品质的重要性,但这些产生于阶级统治需要,且脱离社会现实生活的具有普遍性的"德性"理想却成了少数"上等人"的专利。随着资本主义生产关系的兴起,市场经济的发展要求每个人都成为一个自由、独立的个体,对每个人普遍性的"德性"要求成为人们的"思想枷锁",侧重于考察人的行为是否符合普遍的道德规范的"规范论"道德发展观展现了生命力。"现代世界的整个思想方法是越来越强调反对社会有权决定个人适合做什么和不适合做什么,以及允许他们做什么和不允许他们做什么"④,对人们的道德规范要求限制在了社会公共领域,而在人的自我道德修养等方面获得了空前的"道德自由"。新时代下,基于马克思主义的"知行合一"道德发展观直面"德性论"和"规范论"产生的"价值困境",在社会主义新型劳动关系下,"劳动是成就美好生活的基础,是奠定幸福生活的要途,从而劳动幸福本质地构成了美好生活的核心和要义"。⑤道德之于人的"内在要求"和"外在规范",在中国特色社会主义伟大劳动事业进程中得以"知""行"合一建构。

二、新时代公民道德建设:"以劳树德"的现实观照

"以劳树德"所建构形成的道德形态必然是社会主义道德,对劳动的深刻彰显是社会主义道德区别和优越于其他社会形态道德的根本。"以劳树德"理念对道德主体性、道德成长性和道德目的性的观照,为新时代推进中国特色社会主义伟大事业提供了强大的物质力量和精神力量。

1. "以劳树德"对道德主体性的观照

在人类历史发展中,依据不同的本体论前提,对"道德来自哪里"等道德主体性问题形成了不同的回答。不管是从作为社会性存在的人的角度,还是从现实性存在的人的角度,劳动都是人的社会性和现实性存在的基础。其一,通过劳动,人与人之间产生了劳动联系,结成了一定的劳动关系,劳动使人具有了与动物相互区别的"类本质",因此作为类存在的人,即社会存在的人,劳动是赋予了人的社会性的本质规定,劳动是社会性的人应该具备的基本道德。其二,从现实存在的人来讲,单个的人是自然属性和社会属性的集合体。人的自然属性的满足建立在人通过劳动满足衣食住行等基本需要,同时人是有意识有目的的存在,对劳动的理解是人的精神世界的重要内容。

"以劳树德"是对"以劳动为类本质的人"之道德主体性的关照。道德不仅体现出人的主体能动性是自主自觉的行为,是具有内在价值判断的行为,同时道德产生于人类的劳动实践活动中,体现出了主体对社会客观规律的把握。诚然,正如马克思主义所认为,工人在异化的劳动活动中,不可能体会到劳动作为人的类本质的积极作用,不可能体会到劳动作为主体性的人的道德规定。因此,拒斥劳动、鄙视劳动等不道德思想或行为需要引起全社会高度关注,旗帜鲜明地反对不劳而获是当前社会应该具有的道德判断和选择。

2. "以劳树德"对道德成长性的观照

对道德成长性的关照是对诸如"道德如何存

---

① 胡适:《中国哲学史大纲》,华东师范大学出版社2013年版,第76页。
② 《孟子》,杨伯峻译注,中华书局2018年版,第66页。
③ 亚里士多德:《尼各马可伦理学》,廖申白译,商务印书馆2003年版,第42页。
④ J. S. 密尔:《代议制政府》,汪瑄译,商务印书馆1982年版,第141页。
⑤ 陈学明,毛勒堂:《美好生活的核心是劳动幸福》,《上海师范大学学报(哲学社会科学版)》2018年第6期,第15页。

在""道德如何把握"等道德观的思考。显然,道德具有成长性。道德的成长性是指道德主体和道德本身二者的共同成长。其一,作为道德主体的人,在一定程度上讲,是具有历史性的劳动实践和现实性的劳动创造的受造物,"历史不过是追求着自己目的的人的活动而已"①,"思想要得到实现,就要有使用实践力量的人"。②在劳动中,作为道德主体的人发挥着主观能动性和创造性,同时要不断地审视自身与自然、自身与他人、自身与社会等各方面的关系,在这个过程中,调节人与自然、人与社会、人与自身等关系的道德认识得以产生,道德观念得以形成,道德精神得以塑造。因此,作为历史主体的人同时也是作为道德主体的人而存在,在认识世界和改造世界中,促使道德主体自身不断成长。其二,在作为主体性的"劳动的人"的能动性和创造性的实践活动中,道德内容、道德价值及道德精神等具有了成长性。劳动是体现人的主体性、能动性和创造性的活动。人类的发展历程从一定程度上讲是人类劳动创造的历程,人类社会发展规律也就是对人类劳动创造发展的规律。在劳动活动中,人们对"为什么劳动""怎么样劳动"等问题的思考构成了道德的基本内容,形成了不同的道德价值,建构起道德精神内核。

"以劳树德"是对具有道德成长性的道德主体与道德自身的观照。正如习近平总书记所指出的:"正是因为劳动创造,我们拥有了历史的辉煌;也正是因为劳动创造,我们拥有了今天的成就"③,"美好生活靠劳动创造"。④从劳动创造的视角,我们不仅要明白劳动对物质财富的创造,更要明白劳动是精神财富的源泉,是道德主体与道德自身具有成长性的动因。因此,那些否认历史活动的道德,脱离现实生活世界的道德,都是否认道德成长性的不科学的道德。从劳动视角审视道德主体及道德自身的成长性,有助于加深对"明大德、守公德、严私德"的理解和把握。

3. "以劳树德"对道德目的性的观照

对"道德来自哪里""道德如何存在"等问题的回答,势必引起人们对"道德去往何处"等道德目的性的追问。当然,"道德是为了更好地生活、更幸福地生活"等观念已成为人们的共识。追求幸福是人类永恒的目标,但对"何为幸福""如何实现幸福"的不同回答,则构成了对幸福与道德关系的不同理解。在《论语·里仁》中,孔子讲"君子喻于义,小人喻于利",主张"唯义无利";在《孟子·滕文公上》中,孟子感慨"为富不仁,为仁不富";到了宋明理学"存天理,灭人欲"的禁欲主义,利益与道德之间成为相互否定的存在。纵观西方道德哲学史,亚里士多德认为,幸福是对德性的不断追求和人格的自我完善。西方功利主义认为,人的本质是"欲望的集合体",幸福是人的欲望得以满足所产生的心理体验。康德认为,"至善"的德性带来幸福,"德行和幸福被思想为必然地联结在一起的,因此,实践理性若不能够认定其中一项,另一项也就不属于至善"⑤,但由于不能正确看待德行与幸福之间的关系,幸福最终沦为抽象的理性自觉。当然,幸福不能仅仅理解为人"对于人具有工具价值的物"的占有,这样容易使人陷入"物欲"旋涡,成为"物的奴隶",同样幸福也不能片面地理解为拒斥现实利益追求的对"物的否定"。正如马克思在《关于费尔巴哈的提纲》中所述:"全部社会生活在本质上是实践的。凡是把理论引向神秘主义的神秘东西,都能在人的实践中以及对这种实践的理解中得到合理的解决。"⑥幸福是人在"对于人具有工具价值的物"占有的劳动实践中不断自我完善的过程。学者何云峰指出,"劳动幸福是指人通过劳动确证类本质,进而得到深层愉悦体验的过程"⑦,劳动幸福是人本真的幸福。

"以劳树德"是对道德目的性及其如何实现的观照,正如习近平总书记所讲:"劳动是财富的源泉,也是幸福的源泉。"⑧《新时代公民道德建设实

---

① 《马克思恩格斯文集》第1卷,人民出版社2009年版,第295页。
② 《马克思恩格斯文集》第1卷,人民出版社2009年版,第320页。
③ 习近平:《在庆祝"五一"国际劳动节暨表彰全国劳动模范和先进工作者大会上的讲话》,《人民日报》2015年4月29日。
④ 习近平:《紧跟时代 肩负使命 锐意进取 为共同理想和目标团结奋斗》,《人民日报》2016年4月30日。
⑤ 康德:《实践理性批判》,韩水法译,商务印书馆1999年版,第124页。
⑥ 《马克思恩格斯文集》第1卷,人民出版社2009年版,第501页。
⑦ 何云峰:《劳动幸福论》,上海教育出版社2018年版,第19页。
⑧ 习近平:《在同全国劳动模范代表座谈时的讲话》,《人民日报》2013年4月29日。

施纲要》中指出,要让全社会懂得"劳动最光荣、劳动最崇高、劳动最伟大、劳动最美丽的道理"。①劳动幸福回答了"何为幸福""如何实现幸福"等问题,劳动幸福是对道德本真的肯定。在实现道德的目的性即幸福中,劳动既是目的也是手段,因此劳动幸福是劳动过程与劳动结果的有机统一,道德的目的性既体现在劳动过程中,又存在于劳动结果中。在现实生活中,要重视在劳动活动的过程和结果等方面体现道德,避免"重结果而轻过程"或者"重过程而轻结果"的道德教育。

三、走向劳动德育:"以劳树德"的行动路向

从劳动建构道德的理论蕴涵,到劳动生成道德的现实观照,"以劳树德"的理念变革是深刻的,行动路向是清晰的。笔者认为,可以从"注重德育社会主体价值与个人主体价值的统一,注重德育主体性、系统性和生成性的统一,注重德育内在规定性和价值性的统一"三个方面,走向劳动德育。

1. 注重德育社会主体价值与个人主体价值的统一

德育是构建"德智体美劳"全面培养教育体系的重要组成部分,在落实"立德树人"教育根本任务中发挥着举足轻重的作用。德育在长期的实践发展中,育人效果成效显著,但是也存在诸多不足。当前,德育面临的诸多"德育困境"影响了德育效果。

劳动德育是新时代德育的新阐发。劳动德育,指在德育中发挥劳动对人的生成、发展和完善的独特育人价值作用,使受教育者在获得有积极意义的价值体验中"树德",不断深化道德认知,增进道德情感,强化道德意志,推动道德实践,最终实现思想道德教育目标的活动。德育是知情意行的统一,其核心不仅在于道德知识的传授,更在于道德精神的建构和实践。"劳动"作为人的本质存在,是人的合目的性和合规律性的统一,劳动不仅通过创造对象化的世界确证了人的存在方式,同时在劳动中"使得人成为一种自我创造、自我生成、自我超越的存在"②,劳动不仅是经验性活动的展开,也是人的有意识的创造性活动。劳动德育从作为德育主体的人的本质出发,通过劳动德育将道德之于人的"内在要求"和"外在规范"在劳动教育实践中达到统一。在劳动德育中,劳动"对人的本质生成"的独特价值与劳动德育"对人的生成与发展"基本价值达到统一,在此基础上实现德育社会主体价值与个人主体价值的统一。

2. 注重德育的主体性、系统性和生成性的统一

"道不可坐论,德不能空谈",能够产生深层次意义的德育一定是产生主体性体验的教育。德育是一项融思想性、政治性和道德性为一体的教育活动。因此,开展劳动德育需要从德育的主体性、系统性和生成性三个方面着手。

其一,劳动德育的主体性。首先,从劳动德育的目的来看,劳动德育以"劳动的人"的思想道德成长为出发点和落脚点,旨在培养学生对社会主义的道德认知、道德情感,强化道德意志,推动道德实践,彰显劳动德育对人的价值的肯定、对人的尊严的维护,凸显学生主体性。其次,从劳动德育的过程来看,学生是劳动德育的主体,因此,应在劳动德育中,重视学生主体的自主选择、自主活动和自主体验等,在体验中反思,在反思中提升,焕发劳动德育的独特魅力。此外,从劳动德育的内容来看,学生的日常生活、生产生活等都是劳动德育的内容载体,能使学生在不同的劳动生活中形成对道德价值的主体性认知和体验。

其二,劳动德育的系统性。首先,从劳动德育目标来看,劳动德育旨在实现德育"知情意行"的统一,在积极意义的劳动价值体验中,使道德的认知、情感、意志和实践达到内在的统一。其次,从劳动德育内容来看,人们生活所形成的"劳动世界"是德育的场域,人们无时无刻不受到德育场域的影响,在不同的劳动活动中形成有内在联系的劳动德育系统性内容。

其三,劳动德育的生成性。首先是主体道德价值的生成。劳动德育重在于劳动教育活动中形成道德价值体验,进而生成道德价值认同。其次是德育目的的生成。劳动德育直面"德性论"和"规范论"在德育中面临的"价值困境",从合道德目的性和道德规定性相统一的劳动出发,将道德

---

① 中共中央国务院:《新时代公民道德建设实施纲要》,《人民日报》2019年12月19日。
② 毛勒堂:《马克思的劳动正义思想及其当代启示》,《江汉论坛》2018年第12期,第28页。

之于人的"内在要求"和"外在规范"在劳动德育活动中得以"知""行"合一。

3. 注重德育内在规定性和价值性的统一

有学者指出:"德育工作中一直存在着愈益明显的碎片化和系统化的冲突和张力","德育面临着碎片化、分散化、条块化的种种风险"。①此外,在德育工作中,也出现了德育的"泛生活化""形式化""片面化"等问题。因此,立足新时代历史方位,培养"德智体美劳"全面发展的时代新人,需要对德育进行不断完善。

开展德育应立足新时代下培养"德智体美劳"全面发展的时代新人,聚焦"立德树人"教育根本任务的价值遵循,既要看到德育作为公民个体"道德成长"的道德教育作用,也要看到一定社会经济条件下社会发展对德育的规定性。

从劳动建构道德的理论蕴涵,到劳动生成道德的现实观照,"以劳树德"的理念变革是深刻的。正如恩格斯所讲"我们拒绝想把任何道德教条当作永恒的、终极的、从此不变的伦理规律强加给我们的一切无理要求"②,"以劳树德"理念呼唤对德育理念进行重新审视。德育是"知、情、意、行"的统一,其核心不仅在于道德知识的传授,更在于道德精神的建构和实践。劳动德育从作为德育主体的人的本质出发,通过劳动德育将道德之于人的"内在要求"和"外在规范"在实践中达到统一。正因为如此,"以劳树德"将劳动活动作为德育的主要手段和目的,将师生作为劳动德育的主体,引导教师完善德育理念,通过开展劳动德育活动实现育人目的。

当然,劳动德育囊括了家庭、学校和社会等各类德育活动,践行"以劳树德"理念不仅意味着推动德育理论的不断完善,还意味着开发各领域的劳动德育资源和劳动德育活动等,应将具有德育教化功能的劳动资源纳入"以劳树德"行动的视野。如此看来,"以劳树德"的确是一项系统性的德育工程,如何将"以劳树德"建构成具有中国特色的德育路径,还需在理论与实践层面深入探索。

The Theoretical Implication, Realistic Reflection and Action Direction of "Moral Cultivation through Labor Education"

FENG Jianbo[1], CHEN Hui[1,2], WU Xing[1]

(1. Marxism College, Zhejiang University Ningbo Institute of Technology, Ningbo Zhejiang, 315100;
2. School of Marxism, Zhejiang University, Hangzhou Zhejiang, 310058)

Abstract: From the Marxist labor theory, this paper has explored and demonstrated the theoretical implication of "moral cultivation through labor education" in the discussion of the proposition of morality construction through labor, and construct the theoretical basis for the research. In the field of civic moral construction in the new era, this paper considers such issues as subjectivity, growth, and purpose of morality, endows labor with positive moral value, and clarifies the realistic reflection of "moral cultivation through labor education". It shows a clear action direction of "moral cultivation through labor education" by focusing on the unity of social subject value and individual subject value of moral education, the unity of subjectivity, systemicity and productiveness, and the unity of inherent regulation and value within moral education.

Key words: moral cultivation through labor education, labor, morality, moral education

---

① 叶飞,檀传宝:《德育一体化建设的理念基础与实践路径》,《教育研究》2020年第7期,第50页。
② 《马克思恩格斯全集》第34卷,人民出版社1972年版,第163页。

新时代道德治理问题的凸显及应对

杨 园，毛勒堂

（上海师范大学 哲学与法政学院，上海 200234）

提 要：道德治理作为道德建设与社会治理的有机构成和重要环节，其实质是利用综合手段、采取综合措施对社会道德领域的突出问题进行系统整治，其旨趣是化解道德危机，重建道德秩序。道德治理是一项历史性的社会治理活动。随着中国特色社会主义进入新时代，新时代的道德治理问题成为一个迫切的现实课题和思想任务凸显出来。切实开展新时代的道德治理工作，有赖于我们大力规制资本逻辑以拒斥唯利是图，加大法治力度以构筑道德保障，加强舆论监督以弘扬道德正气，大幅提高失信成本以营建诚信社会，深入批判消费主义以自觉践履消费正义。

关键词：新时代；道德治理；公民道德建设

2019年10月，《新时代公民道德建设实施纲要》（以下简称《纲要》）指出，"道德建设既要靠教育倡导，也要靠有效治理"，"要组织开展道德领域突出问题专项治理，不断净化社会文化环境"[1]，并通过深化道德领域突出问题治理，提高全社会道德水平，为我国社会文明进步发展提供强有力的道德支持。由此，新时代的道德治理便引起了人们普遍关注，同时成为学术界的热点话题。基于此，揭示新时代道德治理的意涵和旨趣，追问新时代道德治理问题突显的存在论境遇，探寻新时代道德治理可能的现实路径，对于科学把握道德治理的意涵和意趣，切实开展新时代的道德治理实践，具有重要的意义和价值。

一、道德治理的意涵和旨趣

审视新时代语境中的道德治理及相关问题，必须厘定道德治理的概念。而对道德治理概念的厘定和把握，又必须以对道德和治理的必要认识为前提。

1. 道德及其本质

作为一种意识形态和行为规范的道德，是人们在社会生产过程中所形成的人与人、人与社会之间的利益关系特别是经济利益关系在观念上的反映和思想表达。马克思、恩格斯认为，"正确理解的利益是整个道德的基础"[2]，"一切以往的道德

基金项目：本文系2019年度国家社科基金一般项目"资本逻辑语境中的劳动正义及其当代中国意义研究"（项目批准号：19BZX006）的研究成果。

作者简介：杨园，上海师范大学哲学与法政学院博士研究生，主要从事马克思主义哲学研究；毛勒堂，上海师范大学哲学与法政学院教授，博士生导师，博士，主要从事马克思主义哲学、经济哲学研究。

① 中共中央国务院：《新时代公民道德建设实施纲要》，《人民日报》2019年10月28日。
② 马克思，恩格斯：《马克思恩格斯全集》（第2卷），人民出版社1957年版，第167页。

论归根到底都是当时的社会经济状况的产物"①,所以"人们自觉地或不自觉地,归根到底总是从他们阶级地位所依据的实际关系中——从他们进行生产和交换的经济关系中,吸取自己的道德观念。"②由于道德植根于社会生产活动和经济交往关系中,因而其具有社会性、历史性的特征。事实上,道德作为一种观念上层建筑形式,对经济基础和政治上层建筑皆具有强有力的影响和作用:它一方面为自身根植其中的经济基础和与之相适应的上层建筑提供合理性论证和合法性辩护;另一方面则对危害自己的经济基础和政治上层建筑的思想观念进行批判、抵制和解构,并因此在一定程度和范围内为人们供给有关是非善恶的道德观念、道德价值和道德原则,以调节和规范人们之间的利益纠纷和行为冲突,为社会交往活动提供秩序规范基础和行为原则。

2. 治理及其内涵

在何谓治理的问题上,也存在不尽一致的观点和看法。譬如,法国学者阿尔坎塔拉认为,"治理"一词指的是在特定范围内行使权威,它常作为对范围广泛的组织或活动进行有效安排的同义语。③美国学者詹姆斯·罗西瑙则把治理定义为"一系列活动领域里的管理机制,它们虽未得到正式授权,却能有效发挥作用"。④全球治理委员会发布的《我们的全球伙伴关系》研究报告认为:"治理是各种公共的或私人的个人和机构管理其共同事务的诸多方式的总和。它是使相互冲突的或不同利益得以调和并且采取联合行动的持续的过程。这既包括有权迫使人们服从的正式制度和规则,也包括各种人们同意或以为符合其利益的非正式的制度安排。"⑤瑞典学者皮埃尔和美国学者彼得斯认为,对治理这个概念的思考,意味着我们要特别关注和思考如何引导经济和社会以达成集体目标的问题,意味着政府能否继续通过制定和执行政策而成功地统治社会。在欧洲,治理主要是强调治理过程中的社会参与,而在美国,治理更多地保留了起初的引导调控之意涵。⑥法国学者皮埃尔·卡蓝默则指出:"治理指的是社会产生调节的能力——调节社会内部与相邻的社会及其环境关系,这些调节为社会的生存和发展所必须。"⑦我们从上述关于治理的各种定义和理解中可以发现,治理的基本含义是指主体在一个既定的范围和社会关系中,借助自身的权威或权力去引导、调控和规制人们的思想与行为,以最大限度实现和满足公众利益的活动及其过程,其中政府占据核心地位并扮演关键角色。

3. 道德治理的意涵及旨趣

对于道德治理的本质意涵,我国学界主要有三种代表性的观点:一是从治理指向和治理对象的方面规定和理解道德治理,认为道德治理就是借助各种力量和手段,特别是通过政府和公权力对社会上突出的道德问题进行治理,因而道德治理就是"对道德问题的治理"。在这种理解中,道德治理的核心内涵是对社会道德问题的治理,道德问题构成治理的指向和对象。二是从工具和手段层面规定和理解道德治理,认为道德治理就是以道德为工具和手段实施对社会问题的治理,因而道德治理就是"以道德去治理"。在这种理解中,道德治理的实质在于借助道德中介、运用道德力量去实施和实现社会问题的治理和化解。三是从态度和情感角度规定和理解道德治理,认为道德治理是指以合乎道德的态度、合乎道德情感的方式进行社会治理,因而道德治理就是"道德地治理社会问题",对道德治理做了情感和态度层面的规定和描述,将道德治理的核心视为一种社会治理的态度和情感。在这种理解中,道德治理的核心在于治理行为和治理方式上的道德性。基于历史唯物主义的视野,结合前文对道德与治理的界定和理解,笔者认为,第一种解释更具包容性和合理性。道德治理是利用综合手段、采取综合措施

---

① 马克思,恩格斯:《马克思恩格斯文集》(第9卷),人民出版社2009年版,第99页。
② 马克思,恩格斯:《马克思恩格斯全集》(第20卷),人民出版社1971年版,第102页。
③ 俞可平:《治理与善治》,社会科学文献出版社2000年版,第16页。
④ 俞可平:《治理与善治》,社会科学文献出版社2000年版,第264页。
⑤ 俞可平:《治理与善治》,社会科学文献出版社2000年版,第4页。
⑥ 乔恩·皮埃尔,B. 盖伊·彼得斯:《治理、政治与国家》,唐贤兴译,格致出版社2019年版,第1-7页。
⑦ 皮埃尔·卡蓝默:《治理的忧思》,陈力川译,三辰影库音像出版社2011年版,第1-2页。

对社会道德领域突出问题的系统整治，其中既包括借助道德手段并以道德的方式治理道德问题，也包括利用社会政治法律等规范和手段治理道德问题。

道德治理的根本旨趣和意向在于通过对社会生活中普遍存在的道德冲突、道德风险、道德失范、道德腐败等不良现象以及错误的道德观念进行有效的整治和调控，以化解道德危机、重建道德秩序，从而为人们生活供给有效的道德原则，引领人们的道德观念并规范其社会行为，建构和谐有序的社会交往关系和生活秩序，进而为实现幸福生活提供良善的道德观念和秩序基础。《纲要》对新时代道德建设和道德治理的旨趣做了精炼的表达："中国特色社会主义进入新时代，加强公民道德建设、提高全社会道德水平，是全面建成小康社会、全面建设社会主义现代化强国的战略任务，是适应社会主要矛盾变化、满足人民对美好生活向往的迫切需要，是促进社会全面进步、人的全面发展的必然要求。"[①] 即通过切实有效的道德治理，为全面建成小康社会提供有力的道德支持，为全面建设社会主义现代化强国提供有效的道德支撑，为实现人民美好生活提供强大的道德支援，为促进社会全面进步和人的自由全面发展提供持久的道德守护。

二、新时代道德治理问题凸显的背景分析

为切实有效地开展新时代的道德治理工作，需要进一步追问新时代的道德治理问题凸显的背景和根据。对此，我们从时代演进、实践要求、道德情势三个方面进行考察和分析。

1. 时代演进凸显道德治理

新时代的道德治理问题的凸显，根本上缘于中国特色社会主义进入新时代，它是当代中国社会发展演进的结果。随着人类生产方式的变迁和社会经济结构的变化，作为观念形态的道德观念和调节人们行为关系的道德规范，发生相应的变化和改进，以适应新的生产方式和经济关系的要求，而道德治理正是为了满足这一要求而实施的重要环节。社会的演进和时代的发展，客观上呼唤新的道德标准，并提出新的道德治理要求。今天，之所以颁布《新时代公民道德建设实施纲要》，并强调要加强和深化道德治理实践活动，就是因为中国特色社会主义进入新时代。新时代意味着新的历史方位、新的社会矛盾变化、新的时代目标和发展要求，需要对道德领域突出的问题进行严厉整治和强力治理，建构与新时代相一致的道德观念和规范体系。因此，中国特色社会主义进入新时代，是新时代道德治理问题凸显的现实基础。

2. 新时代的实践任务呼唤道德治理

为全面建成小康社会，全面建设社会主义现代化强国，实现中华民族伟大复兴的中国梦，既需要大力发展社会主义先进经济，切实推进高度的社会主义民主政治，亦需要加强社会主义核心价值体系建设、社会主义核心价值观建设和道德建设，用马克思主义道德观立根铸魂，积极建构高度的社会主义精神文明，为新时代的中国实践提供重要的价值支撑和良善的道德基础。由此，《纲要》指出，新时代要紧紧围绕"四个伟大"，"着眼构筑中国精神、中国价值、中国力量，促进全体人民在理想信念、价值理念、道德观念上紧密团结在一起，在全民族牢固树立中国特色社会主义共同理想，在全社会大力弘扬社会主义核心价值观。"[②] 由此可见，新时代给人们提出了更多更高的道德要求，这就迫切地需要我们采取有力措施，对当前我国社会生活中存在的道德问题与道德领域中突出的问题进行有效治理，营建充满新风正气的道德环境，引导人们讲道德、尊道德、守道德，培养具有优秀道德素质的时代新人。可见，民族复兴的伟大实践要求和新时代人们对美好生活的向往，对新时代的道德建设和精神文明建设提出了切实的要求，进而提出了对道德治理的迫切呼唤。所以，道德治理是新时代道德建设的内在要求，是新时代道德要求的现实呼唤。

3. 新时代的道德状况需要道德治理

《纲要》指出，我国"道德领域依然存在不少问题。一些地方、一些领域不同程度存在道德失范现象，拜金主义、享乐主义、极端个人主义仍然比较突出；一些社会成员道德观念模糊甚至缺失，是非、善恶、美丑不分，见利忘义、唯利是图，损人利己、损公肥私；造假欺诈、不讲信用的现象久治不

---

① 中共中央国务院：《新时代公民道德建设实施纲要》，《人民日报》2019年10月28日。
② 中共中央国务院：《新时代公民道德建设实施纲要》，《人民日报》2019年10月28日。

绝,突破公序良俗底线、妨碍人民幸福生活、伤害国家尊严和民族感情的事件时有发生。这些问题必须引起全党全社会高度重视,采取有力措施切实加以解决"。① 可见,新时代道德治理问题的凸显,与当前我国社会一定范围内存在的道德腐败、道德失范、道德危机、道德冲突的等现实问题直接关联。换句话说,现有的道德现实不能满足新时代的道德需要,与新时代的实践要求存在差距,因而迫切需要加强社会主义道德建设,深化道德领域突出问题的治理。所以,当前我国道德领域普遍存在问题的现实,需要新时代道德治理的出场。

三、新时代道德治理问题的应对之策

开展新时代的道德治理工作,需要多措并举、多管齐下,尤其需要做好以下几个方面的工作:

1. 规制资本逻辑,拒斥唯利是图

人们的道德观念、道德追求、道德行为通常与其所处的社会经济利益关系紧密关联。可以说,一个社会的经济结构、经济运行秩序、经济利益获取方式在很大程度上影响并决定着人们的道德观念和道德行为。而在今天的经济生活乃至社会生活中,资本逻辑深刻影响着人们的道德观念和道德生活。由于资本逻辑的核心在于追逐剩余价值,在于实现无限的增值,因而在资本逻辑的影响下,人们的道德观念遭遇紊乱,道德心理严重受伤,道德信心备受打击,道德行为萎靡不振,从而严重损害了社会的基本秩序和大众的幸福感。因此,在新时代的道德治理实践中,需要深入经济生活的资本逻辑中,警惕资本逻辑对道德生活的肢解和破坏,进而为资本及其逻辑的运行提供合理的边界和规范基础,积极遏制拜金主义和享乐主义的泛滥,拒斥唯利是图的价值观念和行为原则,从而创造和谐友善的道德世界、理性自觉的道德生活以及崭新美好的道德人生。

2. 加大法治力度,构筑道德保障

道德受同为政治上层建筑的法律制度及其运行秩序的直接影响。《纲要》指出,"法律是成文的道德,道德是内心的法律","要发挥法治对道德建设的保障和促进作用",把实践中广泛认同、较为成熟、操作性强的道德要求及时法律化。② 通过严格执法、公正司法,营建新时代的道德环境,以法治的力量推进新时代的道德建设和道德治理,是一个有效的途径。其原因在于,尽管道德和法律作为调整人们行为的规范体系皆受制于社会的经济基础,但道德行为是一种内在约束行为,主要依靠主体的内在自律而维系,其在本质上是一种主体因对社会公德秩序的自觉认同和自主遵守而采取的自律行为,从而具有自主、自律和向善、劝善的特点。然而,道德自觉对其主体的思想意识和行为具有更高的标准和要求,所以在实践层面,与守法行为比较,守德行为自觉性程度更低、自律性更弱。道德行为的养成是一个外在规范艰难内在化的过程,需要法律法规的支撑乃至强制并使人们的道德意识和道德行为由外在的强制他律逐渐转变为内在的自主自律。所以,道德治理固然需要道德教育,但更离不开法律的外在支撑和法治保障。事实上,现实中很多突出的道德问题,不仅严重违背社会"道德底线",而且实属构成违法行为。新时代的道德问题错综复杂,所以亟待加强法律规制,加大法治力度,尽快把突出的道德问题法律化。唯其如此,新时代的道德治理才能落地,其效度才能显现。

3. 加强舆论监督,弘扬道德正气

道德作为一种调整人际利益关系和规范人们行为的体系,其作用的发挥不仅有赖于法律的后援和法治的支撑,同时更广泛地依靠社会舆论。社会舆论往往通过一定社会的"是非""善恶""美丑"等观念和标准,对人们的言行进行道德评判和价值评价,以此隐形地规范与引导人们改邪归正、去恶从善,从而达到抑恶扬善之目的。所以,加强新时代公民道德建设、深化道德领域突出问题的治理,同样亟须加强舆论监督。为此,首先,需要激发公众的舆论监督积极性;其次,要充分运用互联网技术,构筑良好的道德环境;再次,要特别注重和加大对领导干部、公众人物的舆论监督,因为他们具有比普通民众更大的社会示范效应。概言之,通过加强舆论监督,匡扶社会道德正气,弘扬社会主义道德风尚,营建良好的道德环境和文明氛围,是新时代道德治理的重要手段和现实路径。

---

① 中共中央国务院:《新时代公民道德建设实施纲要》,《人民日报》2019 年 10 月 28 日。
② 中共中央国务院:《新时代公民道德建设实施纲要》,《人民日报》2019 年 10 月 28 日。

4. 提高失信成本，营建诚信社会

《纲要》指出，诚信是社会和谐的基石。的确，诚信作为社会交往关系中行为主体应当遵循和恪守的道德规范，是现代市场经济乃至现代契约社会得以建立和有效运行的重要道德基础。诚信是人们对契约的践行及其在道德上的体现，是对他人人格的充分尊重，是对基本道德义务的自觉遵循。现代社会是一个契约社会，其需要法治的守护，更需要诚信的支撑。无论是个人还是对社会而言，诚信都具有特别重要的意义和价值：诚信是人的一种内在高尚人格，是其得以安身立命的存在之本和成就良善生命的品质基础。诚信是一个社会和谐有序的基础，是衡量一个社会文明程度的尺度，也是一个社会能否长久兴盛和繁荣的支撑点。然而，当前我国社会的诚信状况令人担忧，而之所以存在不讲诚信、背信弃义的行为，重要原因之一是失信成本过低，背信弃义的人往往能够在违背诚信的行为中获得巨大的私利，而其担负的成本则很少甚至没有。因此，诚信建设不能仅仅依靠道德教育，更需要社会舆论、技术手段的强力监督乃至法律层面的严厉制裁，大幅增加失信成本，构建起覆盖全社会的征信体系，让诚实守信成为一种自觉的内心道德法则乃至道德信仰。

5. 批判消费主义，践履消费正义

绿色发展、生态道德是现代文明的重要标志，因而我们要增强节约意识，树立健康的消费理念，并积极践行绿色的消费方式。然而，我们不得不承认，在追求现代化的过程中，"消费至上"的价值观念出现在了现代人的生活观念里，甚至有一部分人将其作为首要选择，盲目崇拜高消费的生活方式。由此导致的后果是，过度的消费欲望没有受到有效的限制，社会中出现了诸如超前性消费、炫耀性消费以及病态性消费等不健康的消费行为。此类消费行为不仅严重败坏了人们的消费道德文化，而且大量引发了诸如享乐主义、奢靡之风等危害社会良序的不正之风。同时，人类无所顾忌的消费行为极大地影响了自然生态环境，导致人与自然之间的深刻危机和严重冲突，并不时遭遇大自然的严厉报复，严重危害人民大众的生命财产和社会经济发展、生活秩序、社会安定。因此，深入批判消费主义，严厉规制不道德的消费行为，成为新时代道德治理和道德建设中重要而迫切的任务。为此，我们要大力倡导消费正义的价值理念，宣扬和营建理性健康消费的社会文化环境，以合乎经济理性、生态理性与道德目的性、价值目的性的消费正义观念和价值原则，规范和引导大众培育健康、合理、文明的道德消费行为，构建正义的消费价值理念和消费文化，营建与新时代美好生活需要相契合的道德理念和道德环境。

The Prominence of the Problems of Moral Governance in the New Era and Its Counter Measures

YANG Yuan, MAO Letang

(School of Philosophy and Law-Politics, Shanghai Normal University, Shanghai, 200234)

Abstract: Moral governance is an organic component and important link of moral construction and social governance. Its essence is to systematically rectify outstanding problems in the social moral field by using comprehensive means and taking comprehensive measures, and its purpose is to resolve moral crises and rebuild moral order. Moral governance is a historic social governance activity. As socialism with Chinese characteristics enters a new era, the problems of moral governance in the new era has become an outstanding urgent realistic topic and ideological task. Effectively carrying out the work of ethical governance in the new era depends on the following aspects: vigorously regulating capital logic to reject profiteering, strengthening the rule of law to build moral protection, strengthening public opinion supervision to promote moral integrity, greatly increasing the cost of dishonesty to build a trustworthy society, and strongly criticizing consumerism to consciously practice consumption of justice.

Key words: new era, moral governance, civic moral construction

"三新"背景下高中育人方式变革的实践研究

干亚清

(华东师范大学第三附属中学,上海 201514)

摘 要:"三新"是指新高考制度、新课程、新教材。"三新"背景下的育人方式变革是教育改革的重要任务,是落实"立德树人"教育根本任务的重要举措。当下,教师、学生与社会均存在诸多问题,导致学校教育针对性不强,学生问题增多。"走进学生,融合育人"是育人方式变革过程中学校的一种新探索。"走进学生"的方法主要有:了解学生的家庭背景情况,参与学生主题教育活动,提升教师学科教学能力,开展个性化辅导等。"融合育人"的方法主要有:加强班规建设,进行生涯辅导、社会实践与主题教育等。此外,还需要补齐当前存在的学科核心素养短板、学科德育短板、劳动教育短板。

关键词:"三新";高中育人方式;走进学生;融合育人

育人方式变革是新时代教育改革的核心问题。《国务院办公厅关于新时代推进普通高中育人方式改革的指导意见》明确指出,"深化育人关键环节和重点领域改革,坚决扭转片面应试教育倾向,切实提高育人水平,为学生适应社会生活、接受高等教育和未来职业发展打好基础,努力培养德智体美劳全面发展的社会主义建设者和接班人",这是育人方式变革的指导思想。[①] 高考新政的全面实施,引导了素质教育的持续深入;新课程的逐步推进,明确了学生课程学习后应达成的学科核心素养;新教材的使用,强化了教师的学科德育意识。[②] "三新"的推进,为育人方式变革提供了条件,华东师范大学第三附属中学(以下简称"华师大三附中")在"三新"的实践和研究中,形成了"走进学生,融合育人"的育人新格局。

一、实现育人方式变革是"三新"的基本要求

国家在推行、总结、完善新高考制度之后,及时推出了新课程和新教材。新高考、新课程、新教材的根本目的是推进素质教育,实现育人方式变革。

1. 新高考的目标导向是进一步推进素质教育

新高考把学生健康成长成才作为改革的出发点和落脚点,扭转片面应试教育倾向,坚持正确的育人

作者简介:干亚清,华东师范大学第三附属中学校长,中学高级教师,特级校长,主要从事高中教育管理研究。
① 《国务院办公厅关于新时代推进普通高中育人方式改革的指导意见》,载中华人民共和国中央人民政府网:http://www.gov.cn/zhengce/content/2019-06/19/content_5401568.htm,最后登录日期:2021年1月8日。
② 《普通高中课程方案(2017年版2020年修订)》,人民教育出版社2020年版,第4页。

导向,践行社会主义核心价值观,深入推进素质教育。[①]新高考建立了高中学生综合素质评价制度,引导学校积极开展基于创新精神和实践能力提升的探究活动,学生可以形成与自己的兴趣相匹配的专业选择和职业倾向,促进全面而有个性的发展。

2. 新课程的着力点是培养学生核心素养

新课程把培养学生的核心素养作为主要任务,通过对必修课程、选择性必修课程和选修课程的调整优化,强化学生的基本知识和基本能力,在保证公共基础知识的前提下,满足学生的个性需求,进而使学生具备核心素养所要求的正确价值观、必备品格和关键能力。

3. 新教材的突破点在于学科育人

新教材把学科知识的完整性作为教材的基本要求,更加重视知识的产生、发展和应用,引导学生以知识为基础,解决生活实际问题,进而提升学生学科思维。新教材并非把知识教学简单地划归为应试教育,例如,数学学科旗帜鲜明地提出"数学教育看起来似乎只是一种知识教育,但本质上是一种素质教育,其意义是十分深远的"。[②]

二、当下育人方式存在的问题

培养德智体美劳全面发展的学生,不仅需要教师改变教学思想和教学方法,而且需要学生改变学习动机和学习方式,更需要社会理解与支持学校对教育方式的变革,但当下教师、学生和社会还存在诸多"不适应"。

1. 教师对以育人为导向的教育不适应

长期的学科教学使教师在教育过程中存在"三重视、三忽视"现象,即教师重视对学科本体知识的研究,忽视对学科知识背后科学精神的发掘,导致课堂教学"只见知识,不见人";重视对教学方法的研究,忽视对学习方法的研究,导致教和学脱节,教学效率不高;重视对教学技术的研究,忽视对学生学习情绪的研究。以育人为导向的教育需要教师走进学生内心,更加重视每一位学生的学习感受,在调节学生良好情绪的基础上引导学生,显然教师对这样的教育还不适应。

2. 学生对教学中的学科核心素养要求不适应

长期的知识学习,使学生养成了固定的学习习惯。很多学生习惯于刷题,不习惯归纳总结,导致学习"只见树木,不见森林";习惯于完成教师布置的作业,不习惯复习和预习,导致学生自主获取新知识的能力弱,不能解决新情境中的新问题;习惯于为学而学,不习惯思考为何而学,导致自我解决问题的能力不足,缺乏持之以恒的学习动力。学科核心素养要求学生要全面发展,有良好的学科思维,有明确的学习目标,显然学生对这样的要求还不适应。

3. 社会对以素质教育为导向的教育不适应

长期的流俗积弊,使社会对学校存在"三看、三不看"的现象:社会看学校的名校升学率,不看学生在原有基础上的提高率,导致区域内超级中学的出现,不利于普通学生的成长;看竞赛的金牌数,不看学生参与社会实践活动所获得的奖牌数,导致学生只愿意参加学科竞赛辅导班,不愿意参与志愿者活动;看各类轰轰烈烈的展示活动,不看教师的日常教育教学,分散了一线教师的精力。以素质教育为导向的教育需要全方位育人,更加关注综合素养的培育,为学生适应未来社会生活做准备,显然,社会对素质教育还不适应。

[①] 《国务院关于深化考试招生制度改革的实施意见》,载中华人民共和国中央人民政府网:http://www.gov.cn/zhengce/content/2014-09/04/content_9065.htm,最后登录日期:2021年1月8日。
[②] 普通高中教科书《数学》必修第一册,上海教育出版社2020年版,第1页。

三、"走进学生"是育人方式变革的前提与基础

基于对以往育人方式的反思,遵循"立德树人"的根本要求,解决育人方式诸多"不适应"问题,华师大三附中形成了"走进学生,融合育人"的育人方式新局面。实现"融合育人",必须要走进学生,走进学生是实现育人方式变革的前提基础,是实现融合育人的必要条件。教师要想走进学生,触及学生心灵,就需要了解学生,参与学生活动,需要有较强的学科教学能力,更需要对学生进行个性化辅导。

1. 了解学生的家庭情况有助于形成家校教育合力

教师了解家长的受教育程度,能够对不同的学生采取不同的、有针对性的教育方法;了解家长对孩子的成长期望,能够在客观评价孩子的基础上,设定比家长期望略高的教育要求;了解学生在家的学习习惯,能够和家长达成共识,培养孩子的良好学习习惯;了解学生的兴趣爱好,能够和学生有共同语言,努力使学生的兴趣爱好成为未来的职业选择。为了更好地了解学生的家庭情况,华师大三附中制定了家访制度,提出了对所有高一学生进行家访的要求,设计了家访问卷表,内容包括家庭基本情况、学生在家一日安排、学生家务承担情况、学生兴趣爱好、学生自主学习能力、学生未来人生规划、学生对社会基本看法、学生的好友朋友圈八个方面。了解学生的家庭情况,是教师走进学生的基础工作。

2. 参与学生主题教育活动有助于融洽师生关系

例如,教师可以参与学生的主题班会课,参与学生的主题社会实践活动,参与学生的各类文体活动,参与学生的学习分析会,等等。这样教师就能够了解学校的育人要求,了解每一位学生的个性与特长,进而实现因材施教。为了鼓励教师积极参与学生的各类主题教育活动,华师大三附中建立了任课教师参与班级主题教育活动的工作细则,有五个方面的要求,即参与晨会课、班会课、学生文体活动、社会实践、志愿服务。参与学生的各类活动,是教师走进学生的必然要求。

3. 提升教师学科教学能力有助于提高育人实效

提升教师对学科知识的把握能力,能使学生理解、掌握所学知识,减轻学习负担;提升教师整合知识的能力,使学科内容系列化,进而促进学科核心素养的落实;提升教师的命题能力,使学生理解知识的应用,进而提高教学的针对性;提升教师的探究能力,以科学家的思维开展各类探究活动,在探究活动中提高学生用所学知识解决复杂问题的能力。在推进新课程、新教材的过程中,华师大三附中开展了基于单元教学设计的教学评优活动,围绕教学目标设定、问题情景设计、教学环节推进、学生互动辨析、课堂反馈评价、课后作业设计六个方面进行整体教学设计,要求聚焦学科核心素养,重在问题探究。教师的学科教学能力越强,就越容易走进学生。

4. 开展个性化辅导有助于学生健康快乐成长

学生思想上的困惑、学习上的问题、在探究活动中面临的困难等,这些都需要教师进行个别辅导。为了实施个性化辅导,华师大三附中每个年级开设"爱心班",并明确了三项工作:一是心理辅导。通过组织各种活动,了解学生的困惑,打开学生的心扉,在潜移默化的过程中,给学生心理调适的知识和技术,目的是提振学生的自信心;二是学习辅导。通过对学生学习的分析,找出其学习困难的原因,从学习情绪的调控、学习时间的安排、学习内容的选择、学习反思的优化等方面给予学生学习方法的指导,同时辅以学科知识辅导,学生可在不断改进中增强学习信心;三是开展项目化研究。基于"每一位学生都能出彩"的理念,教师根据学生的爱好设计了学生能够探究的项目,如校园内的高科技、校园河水位变化成因、手机的使用策略、网络风险的规避等项目,在师生的共同探究过程中,融洽了师生关系。个性化辅导能拉近师生间的距离,有利于教师走进学生。

四、"融合育人"是育人方式变革的根本要求

随着育人方式的不断变革和完善,师生对教育的认识有了新变化。基于对"四有好老师"认识的不断深化,教师不再把教书作为唯一任务,逐渐认识到教书和育人的关系;基于新高考"两依据、一参考"的基本要求,教师不再认为自己所教的学科是唯一重要的,而是认识到局部和整体的关系;基于新课程和新教材的新要求,学生也不把学知识作为唯一任务,而是认识到综合素养的重要性。育人是一项系统工程,在走进学生的基础上,必须推进融合育人。

1. 融合育人的概念界定

对融合育人,学界有不同的概念界定。基于在"三新"推进中的经验和思考,我们认为,融合育人是指学校教育的诸要素在一个育人目标的指引下分段、分步、分层实施教育的过程。首先,融合育人是一个教育的过程。融合育人就是教师一直从事的教育工作,是在原来的基础上对所做的工作进行梳理,以使其适应时代新要求。其次,融合育人有明确的目标。融合育人就是为了"培养德智体美劳全面发展的社会主义建设者和接班人"。教育实践工作中所要做的是把这个大目标分解成若干个小目标,分段、分步、分层去实施。最后,融合育人要求教育的诸要素协同。融合育人就是各方相互配合或者相互协助做好工作。作为学校管理者,需要协调好学校各部门、各学科组、各年级组,甚至人与人之间的关系,以使学校教育诸要素协同;作为班主任,需要协调好学科教师、学生、家长之间的关系,以使育人工作有序开展。

2. 融合育人的方法

高中学生的特点给融合育人带来了挑战,要取得融合育人的有效性,融合育人必须采用恰当的策略和方法,方能得实效。华师大三附中根据育人方式变革的要求,形成了融合育人的方法:

(1)班规建设,增强学生法治意识

学校以班规建设为抓手,形成了班规建设的三大环节:班规的制订,通过学习法律知识、班级情况分析、人人制订班规等程序,形成人人遵守的班规;班规的执行,通过班规执行小组对班级内违规事件的处理,提高学生的自治能力;班规的修订,通过对班级情况的分析,提出班级建设的优化措施,形成升级版的班规。班规建设,使学生掌握法治知识、增强法治意识、具有法治精神、拥有法治行为。

(2)生涯辅导,增强学生成长动力

当下学生在成长过程中遇到的各种困惑和问题,绝大部分是由学生目标不明确、不具备解决困难的方法所致。为此,学校积极开展生涯辅导,形成了生涯辅导的三类课程:生涯辅导的理论课程,使学生掌握生涯规划的理论知识;生涯辅导的公共课程,丰富了学生学习经历;生涯辅导的体验课程,挖掘学生的兴趣潜能。为考察华师大三附中开展生涯辅导的成效,我们对学生在高三第一学期对专业的预设和最终高校录取专业的关联度进行了对比统计,发现2015届毕业生关联度约在40%,2020届毕业生二者关联度约为60%,这表明学校的生涯辅导确实起到了一定的引导作用。

(3)社会实践,增强学生社会责任感

培养适应未来社会生活的学生,必须让学生走向社会。为此,学校积极组织学生开展社会实践活动,形成了社会实践的四大管理制度:社会实践点建设制度,根据高校的专业群,学校设置了能满足学生需求的社会实践点;社会实践安全制度,明确社会实践中的学生要求、家长要求、教师要求和实践点要求,保证社会实践的安全;社会实践展示制度,通过学生对社会实践的总结,以成果展示形式相互交流;社会实践评价制度,以实践点评价、学生自评等评价方式,形成学生社会实践成绩。

(4)主题教育,增强学生理想信念

培养具有理想信念的学生,必须要开展形式多样的主题教育活动。为此,学校形成了六大主题教育系列活动:军政教育系列,增强国家认同;"四史"教育系列,牢记责任使命;民俗节气教育,强化传统文

化;古诗文诵读系列,厚植爱国情怀;名家讲坛系列,增强立志教育;十八岁成人礼系列,强化使命担当。部分主题教育活动见表1。

表1 学校开展的主题教育(部分)

序号	主题名称	主要内容	活动目的
1	"绘'生'绘'国'绘'心晴'"	高一:"我的花样年华""木桩画绘'心晴'"主题活动;高二:"我的花样年华""师兄指路,了解专业"主题活动	增强学生的主人翁意识,为社会进步、祖国强大贡献自己的力量;探索内心,进一步了解自我,思考适合自己的方向,不断适应与调整
2	生涯成长助转变,自我提升促实现	高一年级主题:在生涯中成长;高二年级主题:在成长中转变;高三年级主题:提升自我,实现理想	有梯度地进行生涯辅导分层教育,更好地激发学生学习动力和挖掘学生潜能
3	博爱华三,你我同行	校园爱心义卖	传递人道、博爱、奉献的红十字精神,培养学生强烈的社会责任感和使命感
4	研学古都,追梦前行	与安阳三十六中进行两校研学旅行活动	以活动为载体促进学生相互学习,增进学生对不同文化的认知和理解
5	寻华夏文明,忆革命精神,"探寻三晋五千年"研学实践活动	前往山西省,进行为期十天的"探寻三晋五千年"研学实践活动	通过实地探索,深化文化育人;积极推进人文教育,培养学生综合素质
6	体验法律职业	法治夏令营:前往律所、人民法院、特警队、政法大学参观体验,学习法律知识	通过实地参观和体验,进一步增强学生的法治意识,激发学生对生涯规划的思考
7	与祖国同心,与未来同行	利用主题教育课进行核心价值观与生涯规划的融合教育	引导学生在充分认识和理解社会主义核心价值观的基础上,结合自身实际,合理规划未来
8	点亮生涯之路,温暖心灵旅途	生涯游园会、导师课展示	引导学生进一步了解自己的兴趣、能力和特点,更好地自我定位,为生涯目标制定相应的措施和行动方案
9	四行仓库铸和平,八百壮士卫家国	参观"八·一三 淞沪抗战"四行仓库;观摩"八·一三 淞沪抗战"电影	牢记由生命和鲜血铸就的中华民族抗日战争的伟大胜利,珍视和平,进一步增强炽热的爱国之心
10	雷锋精神我传承,青春闪耀新时代	"3.5学雷锋"志愿服务活动	弘扬"雷锋精神",增强学生志愿服务意识

3. 融合育人需要补齐短板

融合育人的价值导向是"实现更好育人、育符合新时代要求的人"。要达成这样的导向,需要补齐以下短板:

(1)补齐学科核心素养短板

学科核心素养承载了学科教学的基本任务,是"三新"的落实点。由于受知识本位教学的影响,一线教师对学科核心素养的理解和实践均存在不足。为此,华师大三附中开展了三个层面的工作,以补齐学科核心素养短板:一是开展学科核心素养的学习研究,从根本上提高教师实践学科核心素养培养的自觉性;二是开展学科核心素养培养的教学展示,以课堂为重点强化学科核心素养;三是开展基于学科核心素养的"五联动教学法"研究,即实现知识教学、例题讲解、检测反馈、作业设计、个性辅导的联动教学。

（2）补齐学科德育短板

历次课程教学改革均明确学科教学必须承担育人任务。华师大三附中采取了三大举措，以强化学科德育：一是开展课程标准的学习，强化对课程标准中有关学科德育要求的学习，提高教师在学科教学中的育人意识；二是开展对学科知识的梳理，形成学科德育的知识链，提高课堂中学科德育的操作性；三是改革评价方式：一方面，要求在学科考试命题时以能力为重，突出试题的育人功能；另一方面，对教师的业绩考核采取综合评价的方式，不以学生分数为主要依据。

（3）补齐劳动教育短板

劳动是育人的重要方式，是教育的重要组成部分。由于学生学业负担加重等原因，学生、家长、学校均对劳动教育缺乏足够的认识。为此，华师大三附中推进了三项工作：一是组织开展劳动教育大讨论，明确新时代的劳动教育不仅是引导学生参与力所能及的劳动，而且要求学生对劳动有新认识；二是制定学校劳动教育大纲，明确学校劳动的基本要求；三是开发学校劳动教育课程，把学生参与劳动取得的成绩纳入学校学分制管理系统。

A Practical Research on the Reform of High School Education Modes under the Background of "Three New Things"

GAN Yaqing

(No. 3 High School Affiliated to East China Normal University, Shanghai, 201514)

Abstract: The "three new things" refers to the new college entrance examination system, new curricula, and new teaching materials. The change of education modes under the background of "three new things" is an important task of education reform, and an important measure to implement the fundamental task of "moral education". At present, teachers, students and society all have many problems, which tend to cause the a of pertinence of education and an increase of the problems for students. "Approaching students and integrating various means for education" is the schools' new way of exploration in the process of education reform. The means of "approaching students" mainly include knowing students' family backgrounds, participating in student-centered educational activities, improving teachers' teaching ability, and carrying out personalized counseling. The means of "integrated education" mainly include reinforcing the establishment of class rules, and carrying out career counseling, social practice and theme education. In addition, it is necessary to make up for the existing shortcomings of poor core literacy of subjects, inadequate moral education, and the lack of labor education.

Key words: "three new things", education modes in high schools, approaching students, integrating various means for education

上海市高中生劳动认知现状调查及思考

沈树永

(上海建桥学院 马克思主义学院,上海 201306)

摘 要:劳动教育是我国当前教育改革的重要方向之一,而开展好劳动教育应先了解学生的劳动认知状况。调查发现,接受调查的学生的劳动认知总体上符合社会期待,但显然存在颇多自相矛盾之处,这反映了学校劳动教育影响的弱化。以培养高素质人才为己任,学校必须加强正确的劳动观教育,建立劳动教育课程体系,使劳动教育教学和实践成为每位高中生的必修内容,最终达到养成终身劳动之习性。

关键词:上海市;高中生;劳动认知;劳动教育

将劳动教育纳入人才培养全过程,是中共中央、国务院颁布的《关于全面加强新时代大中小学劳动教育的意见》中明确规定的内容,也是"五育"并举教育体系中的重点内容之一。但就目前来看,"仍有一些地方存在不重视劳动、不尊重劳动的现象,劳动育人的价值也没有很好的体现或被重视"。[①] 有鉴于此,本文以调查问卷方式对当下学生的劳动认知状况进行调研,了解学生的劳动观,以期为制订有针对性的劳动教育教学工作实施方案提供借鉴。

一、调查设计

1. 调查对象

本次调查以上海市五所普通高中学生为对象,涉及三个年级,人员选择均为随机。共发放问卷 600份,收回有效问卷 580 份,有效率 96.67%,所得数据为调查研究有效范本。

2. 问卷设计

问卷设计分为三部分:(1)学生的基本情况调查。主要涉及学生的家庭经济情况、父母受教育情况、是否独生子女和生源地情况等。(2)学生的劳动认知状况调查。其中,劳动认知状况既有对劳动文化思想的认识,也有劳动与现实问题,如劳动与收获、劳动与就业、劳动与学习等,还有劳动观思想形成的原因,以期进一步了解学生劳动认知状况及其产生原因,为进一步分析提供帮助。(3)学生所在学校开展劳动教育情况调查。其中还包括学生对学校已开展劳动教育情况的认识,以及学生自己理想中的学校劳动教育课程。

3. 调查方法

主要通过"对分易"教学平台进行。通过平台对所有调查对象发放问卷,调查对象在线填写问卷、提

作者简介:沈树永,上海建桥学院马克思主义学院讲师,硕士,主要从事思想政治教育研究。
① 习近平:《坚持中国特色社会主义教育发展道路、培养德智体美劳全面发展的社会主义建设者和接班人》,《人民日报》2018 年 9 月 11 日,第 1 版。

交问卷,再由"对分易"教学平台对所有提交的问卷进行自动数据统计,计算出各项比例。

二、调查结果

1. 学生基本家庭背景情况

综合第一部分调查问卷进行分析,学生的基本家庭背景情况如表1所示。

表1 被调查学生的基本家庭背景

类别	占比	类别	占比
男生	40.58%	家庭经济一般	71.01%
女生	59.42%	家庭经济较好	19.57%
团员	84.78%	富裕	2.90%
群众	15.22%	贫困	6.52%
城市	73.91%	独生子女	63.04%
农村	26.09%	非独生子女	39.96%

表1显示,接受调查的学生多数来自城市,自认为家庭经济条件一般者居多,自认为家庭经济条件较好和富裕的占总数的1/5以上。从中可见,参与调查者家庭富裕和贫困者占比均较少,这表明本次调查结果更具普遍性和代表性。

为进一步了解学生劳动认知产生的家庭背景情况,本问卷还设计了关于学生父母受教育状况的调查,结果发现,受教育程度为小学的,父亲占10.14%、母亲占15.94%;中学,父亲占51.45%、母亲占50.00%;大专,父亲占18.84%、母亲占18.12%;本科,父亲占18.12%、母亲占15.22%;研究生及以上,父亲占1.45%、母亲占0.72%。可见大多数学生父母的受教育程度并不高。

2. 学生劳动认知情况

第二部分共设计了44个问题,其中前22个问题侧重调查学生劳动认知现状,后22个问题侧重调查影响学生劳动认知的因素。后22个问题的调查结果显示,认为社会因素最大的占72.7%,认为家庭因素最大的占18.2%,认为学校因素最大的占9.1%。学生劳动认知情况如下:

(1)对劳动文化观念的认知情况

对于社会所弘扬的正面劳动文化观念的认同情况,调查问卷的结果如表2所示。

表2 对社会所弘扬的正面劳动文化观念的认同情况

正面劳动文化观念	认同情况及占比				
	认同	比较认同	中立	不太认同	不认同
劳动是人生存和发展的前提条件	71.74%	22.46%	5.80%	0	0
劳动创造了人和人类社会	69.57%	25.36%	5.07%	0	0
劳动可以实现人的解放,促进人的全面自由发展	60.87%	19.57%	19.57%	0	0
劳动是光荣的、高尚的、伟大的、美丽的	78.26%	14.49%	7.25%	0	0
农民、工人的劳动和科学家的劳动一样值得尊敬	78.99%	11.59%	8.7%	0.72%	0
劳动是衡量人生价值的尺度	51.45%	22.46%	22.46%	3.62%	0
幸福是奋斗出来的	72.46%	18.12%	8.7%	0.72%	0
"中国梦"的实现需要每个中华儿女的辛勤劳作	80.43%	11.59%	7.25%	0.72%	0

（续表）

正面劳动文化观念	认同情况及占比				
	认同	比较认同	中立	不太认同	不认同
"不劳而获"是可耻的	65.22%	13.77%	18.12%	1.45%	1.45%

由表2可知，学生对社会所弘扬的正面劳动文化观念持认同和比较认同的占比均较高。但是，在调查问卷中也发现，针对社会所摒弃的一些负面劳动文化观念，接受调查的学生表示认同的占比颇高。表3表明，仍有为数不少的学生持有消极的劳动文化观念。这显然与前面对正面劳动文化观念持较高认同的情况互相矛盾。

表3 对社会所摒弃的负面劳动文化观念的认同情况

负面劳动文化观念	认同情况及占比					观念所受影响及占比			
	认同	比较认同	中立	不太认同	不认同	家庭	学校	社会	其他
古人言"劳心者治人，劳力者治于人"	51.45%	28.99%	17.39%	1.45%	0.72%	17.39%	32.61%	36.23%	13.77%
小时候不努力学习，将来就会干苦力活儿	16.67%	12.32%	36.96%	24.64%	9.42%	28.26%	19.57%	41.30%	10.87%
宁愿坐在宝马车上哭，也不愿意坐在自行车上笑	12.32%	8.70%	31.88%	25.36%	21.74%	21.01%	12.32%	47.83%	18.84%
干得好不如嫁得好、娶得好	7.25%	7.25%	31.16%	28.26%	26.09%	26.81%	10.14%	47.83%	15.22%

（2）对劳动就业观念的认知情况

现实社会的劳动就业观念能够直接反映学生的劳动观念，两者紧密相连，调查具体情况如表4所示。

表4 学生劳动就业观念的认知情况

观点	认同情况及占比				
	认同	比较认同	中立	不太认同	不认同
将来考不上公务员，成不了公司高层管理者，也愿意去从事普通劳动工作	36.23%	26.81%	21.01%	11.59%	4.35%
劳动只有分工不同，没有贵贱之分	67.39%	18.12%	7.25%	5.8%	1.45%
对身边的"啃老族"是可以接受的	8.7%	2.9%	26.81%	25.36%	36.23%
劳动是为了挣更多的钱，让自己和家人生活得更好	60.14%	23.91%	13.77%	1.45%	0.72%
如果拥有足够的钱让自己生活，就不用劳动了	14.49%	10.14%	28.99%	28.26%	18.12%

由表4可知，多数学生能够认识到劳动只是分工的不同，以及劳动的无差别性，也能接受普通劳动工作，劳动就业观念基本符合社会的期待，但是有相当多的学生将劳动与赚钱紧密相连，这使得劳动就业观念呈现出认识上的复杂性。

（3）对劳动与学习关系的认知情况

对于学生来说，如何处理劳动与学习的关系，最能直观反映学生对于劳动的认知情况，故而，调查问卷中设置了与此有关的两道问题，如表5所示。

表5 学生对劳动与学习关系的认知情况

观点	认同情况及占比					观念所受影响及占比			
	认同	比较认同	中立	不太认同	不认同	家庭	学校	社会	其他
做家务活会耽误很多学习时间	12.32%	9.42%	31.16%	31.88%	15.22%	59.42%	12.32%	13.04%	15.22%
家务活与我无关，都是大人的活儿	9.42%	4.35%	13.77%	35.51%	36.96%	69.57%	12.32%	12.32%	5.80%

由表5可知,相当多的学生不清楚学习也是一种劳动行为,因而他们在认知上会出现选择的相对分化。调查显示,学生对劳动与学习的关系缺乏清晰的理解,与此同时,家庭对学生在处理劳动与学习关系方面的影响占绝对优势。

3. 学生所在学校劳动教育开展情况

对学生所在学校劳动教育开展情况的调查发现,有89.85%的学生认为所在学校比较关注劳动教育,84.06%的学生认为初中阶段已开展过,高中阶段的劳动教育则是进一步的延续。但是,也有56.52%的学生认为学校的劳动教育过于形式化而导致他们不愿意参加。

三、调查分析及思考

由调查结果可知,接受调查的学生的劳动认知总体上是符合社会所期待的,但显然也存在颇多问题。这些问题的产生源于多种因素,其中社会影响最大,家庭影响次之,学校影响最小。然而,为了扭转这种情况,学校责无旁贷。因此,学校加强劳动教育,促使学校对学生劳动认知的影响最大化,就成为势在必行的时代要求。鉴于此,笔者认为应该从以下几个方面着手:第一,转变观念,建立大劳动教育思维。在劳动教育课程开展过程中,教师要深入研究课程特点,使劳动教育内容以"润物细无声"的方式渗透具体课程中,既要体现课程特色,又要体现劳动教育效果。第二,提升认识,加强劳动观理论教育。由于社会环境的负面影响,部分学生对负面劳动文化观念持赞同态度,他们不清楚劳动的本质、内涵和意义,对待一些社会现象也不能正确鉴别和取舍。因此,学校管理者和教师应加强劳动观理论教育,形成对负面劳动观念的批判性思考。第三,加强劳动实践。劳动教育过程中,劳动实践至关重要。课堂上学得再多,不如亲自实践一遍。亲自实践,学生可以在体验中提高观察问题、解决问题的能力,享受劳动成果的快乐,塑造心智成熟的人格。因而,劳动教育的实践形式必须多样化和个性化。第四,承前启后,建立大中小劳动教育一体化体系。小学、中学和大学的劳动教育应根据每个阶段学生的年龄和心理特点有所侧重,合理安排课程。同时,劳动教育内容还应与新技术新科技和就业相结合,使大学生在劳动过程中各方面能力得到提升,为以后走上工作岗位做准备。

Investigation and Reflection on Labor Cognition of Senior High School Students in Shanghai

SHEN Shuyong

(School of Marxism, Shanghai Jianqiao University, Shanghai, 201306)

Abstract: The findings have showed that the labor cognition of the students who had been surveyed generally meets social expectations but obviously there exist quite many contradictions, which reflects the decline of the influence of labor education at school. As senior high schools, it is their duties to cultivate high-quality talents. Thus they should offer more education for the students' correct attitude about labor, establish the curriculum system of labor education and make labor teaching and practice a compulsory course for every high school student so that they can form a lifelong habit of labor.

Key words: Shanghai, senior high school students, labor cognition, labor education

论教师德性实现的机制

黎 玮

(江西师范大学 教育学院,江西 南昌 330022)

摘 要:教师德性实现是教师超越工具性认识,通过职业人格彰显人性并成己成人的过程。教师德性实现的机制包括:教师认识自我是始基,这需要教师以他人为镜,激发自我意识;实现的关键是教师面对教育时机表现出教育智慧,这需要教师以知识为基础,理论联系实际;教师德性实现的价值是教师成己成人,这需要师生互知、互悦和互动。

关键词:教师德性;实现;机制

教育是一项道德的事业,教师德性关乎教育事业的品质。提升教师德性境界,有两种建设路径:一种是规范伦理学的路径,完善师德规章制度,以"外烁"方式规约教师;另一种是德性伦理学的路径,主张唤醒教师内在道德良心,激发道德自觉,践行道德义务。这两种路径都有合理性,体现"他律"和"自律"对教师德性实现的重要性和必要性。相关研究虽然提供了不少提升教师德性的路径和方法,指明教师应该怎么做,但是没有揭示教师为何应当如此行动及其价值,即没有揭示出教师德性实现的机制。研究教师德性实现的机制,探究教师德性实现的规律,能加深教师对德性实践的认识,助力师德建设。

德性归根到底属于美好的人性,是长期的道德实践积淀在个体身上的稳定品性,是人自觉性和自由的体现。德性实现的过程是理性指导下展现美好人性的过程,也是人自我价值实现的过程。在此过程中人获得一种内在利益——幸福,幸福是灵魂体现德性的活动。[①]

教师德性实现是教师将个人与职业合一,在"做教师"的过程中通过职业人格彰显人性,在帮助学生成人过程中实现自我价值的过程,其间师生共享教育幸福。其实现机制表现为:首先,教师对自己的角色有清晰认识,认识自我是成为自我的基础和前提;其次,教师怎样实现德性,这是教师从认识自我到成为自我的中间环节,这需要教师面对日常的教育时机智慧地教。此过程是教师德性实现的过程,也是教师价值形成的过程,教师在帮助学生成人的过程中实现自我价值。

一、教师德性实现的始基:认识自我

教师德性的实现实质上是教师自我价值的实现。"价值"是描述存在意义的一个范畴,阐释"是"与"应当"的匹配程度。"'应当做什么'的问题,则以'是什么'的追问为其现实的依据。"[②] 当教师认

基金项目:本文系江西教育科学"十三五"规划课题"适应与超越:新手教师道德发展的实证研究"(项目编号:19YB016)的阶段性成果。

作者简介:黎玮,江西师范大学教育学院讲师,博士,主要从事教师教育研究。

① 余纪元:《亚里士多德伦理学》,中国人民大学出版社2011年版,第50页。
② 杨国荣:《实践智慧》,《中国社会科学》2012年第4期,第4-22页。

清了"我是谁",才能根据"所是"行"应当"。在此意义上,教师认识自我是教师德性的起点,也是结果,是教师德性实现的始基。

1. 教师是什么样的人

(1)教师是普通人

强调教师是普通人,旨在从普通人的角度重申教师应享有的权益。中国文化传统对教师提出至善的道德要求,那是顺应自然经济人身依附关系的产物。现代社会人与人交往的首要价值原则是平等、公平,在这样的环境下,若忽视教师作为普通人的正当权利,则有违公平精神。习近平总书记多次强调要维护教师合法权益,就是切实维护教师作为普通人的权益。当然,维护教师作为普通人的权益与教师自觉成为"四有好教师"并不对立,只是强调将教师从至善的道德绑架中解放出来,"必须承认维持教师生命存在、满足教师生命存在需要的必然性与合理性"。①

(2)教师是专门帮助学生成长的人

教师本质上是受国家委托专门帮助学生成长的人。从发生学角度分析,人的学习早于专门的教育,最初学习者通过动用自己的一切器官进行学习。如杜威所言:"在儿童进学校之前,他用手、眼和耳来学习,因为手、眼、耳是儿童做事过程的器官,他从做事中理解意义。"②随着学习内容日益复杂,学习者受自身能力局限,专门为学习提供帮助的机构——学校产生,教师作为职业才出现。学生是教育服务的中心,因无法化解与学习内容之间的矛盾,才需要教育和教师,所以,教师只是帮助学生化解学习矛盾的外在力量。"新教育要围绕着每一个人的学习,采用信息技术,充分发挥它的'帮助'功能、'服务功能'。服务意识,是新教育最重要的意识。"③特别是在新媒体背景下学生获取知识的渠道和方式日益增多,教师权威受到前所未有的挑战。尽管如此,教师可以发挥专业优势,能动地介入学生的学习,提高学生学习品质。

2. 教师如何认识自我

人认识自我,需要"镜子"和自我意识,二者共同作用,才能产生自我认知。

(1)以他人为镜,照出"我"的样子

对于生活在社会中的人来说,他人是呈现"自我"形象的"镜子"。社会学的"镜像"理论认为,人们通常通过想象自己如何被别人评价来感知自我和认识自我。教师在工作场域中的主要交往对象是学生和同事,他们是教师认识自我、提升专业自我的"重要他人"。

"那一次,赶去上课,一上讲台就发现一张纸条:我们不喜欢您的课。我几近眩晕,我意识到自己的教学失败。旧的自我已被否定,新的自我在哪里? 我不知道,我失去了作为教师的自我。……纸条事件之后,我问自己:什么是教师的责任? 我的答案是:在教学过程中主动地去了解学生的所想、所惑、所得、所感,整理科学的教学理念,制定具有针对性的教案,实施卓有成效的教学方法,创造感染学生积极学习、摄取知识的氛围,并以教师的人格魅力赢得学生的敬爱。"④案例中的教师在学生的眼中看到了自己不受欢迎的形象,作为教师的我"被否定了",开始怀疑自己的职业身份。学生的反应让这位教师看到自己的不足,他反思,作为教师的"我"该以怎样的姿态出现在学生面前,提醒"我"唯有丰富知识、提升能力才能配得上"教师"称谓,明确了作为教师的"我"责任何在。

同事是具有专业素养的同行,他们从专业视角彼此审视,能提高教师认识自我的科学性。当前学校文化中,同事作为"镜子"帮助教师认识自我的主要形式为听评课。如窦桂梅写道:"我至今还记得……参加全国教学比赛时'练课'的情景。11位专家把我这只'麻雀'解剖得体无完肤。我的教态、声调、组织教学能力、对教材的挖掘……就是因为有了'公开'的这面镜子,才知道如何不断地修正、不断地纠正自己,并改造自己……"⑤

---

① 冯建军:《论教师生命发展的策略》,《当代教育科学》2006 年第 10 期,第 27-30 页。
② 杜威:《民主主义与教育》,王承绪译,人民教育出版社 2001 年版,第 156 页。
③ 陈棽翔,王松涛:《新教育:为学习服务》,教育科学出版社 2002 年版,第 15 页。
④ 吴颖芳:《认识你自己:自我研究对教师专业发展影响的个案研究》,《当代教育科学》2013 年第 15 期,第 27-31 页。
⑤ 梅云霞:《优秀教师专业成长的动因——基于 2009 年〈小学语文教师·人物〉的内容分析》,《教育理论与实践》2010 年第 9 期,第 32-33 页。

同事帮助我全面还原"我"的"形象",甚至描述出那些因自身局限而无法意识到的问题。在听评课过程中,同事相互提供认识自我的参考坐标,有助于教师发现自身的优势和不足。

(2)激发教师"自我意识",理性反思

"自我意识"意味着人把自己作为认识和自觉实践的对象,建构自己的内部世界。唤醒教师"自我"意识的重要方式是给教师赋权,营造教师行使权力的环境,使教师摆脱"木偶"姿态,以自主的专业者身份对教育教学负责,用独立的方式证明"我"的存在、意义和价值。另外,营造积极健康的学校共同体,发挥教师群体优势,带动个体教师更好地认识自我。

有自我意识的教师会主动对"我"进行反思,教师认识自我的过程就是主动对自我承担的各种角色进行反思的过程,反思—改进—再反思—再改进,螺旋上升,完善自我。

二、教师德性实现的关键:把握教育时机的教育智慧

教师德性并非自然生成的,而是在教育实践中智慧地应对教育时机的过程中逐渐形成的,从这个意义上看,把握教育时机的教育智慧是教师德性实现的关键。

1. 把握教育时机

教育实践中教师需要把握的教育时机包括以下几个方面:

首先,把握儿童成长的关键期,帮助儿童获得最佳成长。心理学研究已经揭示儿童发展存在一定的关键期,例如,小学一二年级是学习习惯培养的关键期,初中阶段是意义记忆的关键期。抓住关键期进行教育,成效最好。如果错过了关键期,教育将事倍功半。

其次,抓住教育契机,对学生进行机智教育。例如,大家熟知的陶行知"三颗糖"的教育案例,陶行知先生抓住了处理学生打架的机会,用肯定学生积极方面的方式,引导学生主动反思并改过自新。陶行知先生敏锐地洞察到教育时机,采取适宜的教育行为,这不仅需要教师施展高超的教育技巧,而且需要教师对学生发自内心的关怀。

再次,教师对学生发展中某时段可能出现的问题预先判断。例如,学生进入青春期开始逐渐产生谋求独立的欲求,而某些学生为彰显自我会做出一些极端行为。为帮助学生平稳度过青春期,教师可以用专业知识和能力提前开展预防性教育,引导学生合理、理性地表达思想、行为。

教育时机是学生向教师发出的教育信号,对教育时机的回应表明教师对教育的敏感和对学生的关心,教师运用智慧帮助学生成长,这样的教育就是德性的教育实践。其一,教师顺应教育时机,帮助学生健康成长。教育时机有些是固定的,有些是突发的。前者表现为儿童成长的时间序列中呈现出来的规律和阶段性特点,智慧的教师进行教育活动时,以尊重儿童生长的规律为前提。其二,教师创造教育时机,为学生营造学习机会,激发其学习动力。这是德性的教师发挥主观能动性,创造时机,为学生提供适宜的学习,使学生潜在的学习欲望在教师引导下彰显出来,激发学生内在学习动力。

教师把握教育时机的教育智慧,不是一般意义上的随机应变,而是教师直面教育现场的复杂性,所呈现出来的一种专业素质和综合能力,是教师将个体安扎于教育之中的一种直面生活、直面教育,以之安身立命并优美地展现生命的状态。如范梅南所言:"这种智慧和机智表达了我们正身心的存在。"①

2. 教师教育智慧的生成

(1)知识是基础

知识是教师教育智慧的基础,教师能够充满智慧地进行教育并不是知识堆积的结果,但没有知识,教师断然不能在教育实践中"转识成智"。正如石中英教授所指出,"人们所有目的的实践行为,都是受知识支配的,或者说,是由知识建构的,一种目的的实践行为背后,就有一套知识基础的存在,不存在没有任何知识基础的有目的的实践行为"。②

(2)教育敏感是前提

教育敏感指教师敏锐地捕捉教育中诸因素与学生成长之间关联的一种心理功能。它以直觉形式表现,但却源于教师对各种因素的认识和判断。

---

① 范梅南:《教学机智——教育智慧的意蕴》,李树英译,教育科学出版社2001年版,第15页。
② 石中英:《知识转型与教育改革》,教育科学出版社2001年版,第221页。

教师从中预感到某种可能,从而促使其主动采取行动。

（3）理论联系实际是关键

教育智慧的生成看似在教育现场偶然出现,但绝非教师的一时机智,而是教师理论联系实际的结果。教师将习得的理论与实际结合,在具体的教育情境中,做出科学判断,调动专业知识机智引导学生,帮助学生获得最佳成长。教师掌握了科学的理论就可以变盲目地教为有的放矢地教。

教师在教育过程中理论联系实际进行教育教学,但有德性的教师并非机械运用知识,而是具体问题具体分析,这是教师德性的卓越表现,是教育智慧的最高境界。当然,复杂的教育实践使得教师理论联系实际难以一步到位,需要教师不断反思,行走在理论与实践之间。

三、教师德性实现的价值:成己成人

1. 教师德性的实现:成己成人

亚里士多德已揭示,人的德性须通过利他实践彰显,但在此过程中人获得由此伴随的幸福与快乐。这表明德性虽然从表现形式来看,其价值在于成就他人(成人),而实际上人获得了伴随德性的内在利益(成己)。教师在"做教师"的过程中,职业德性和个人德性合二为一,成己成人。

（1）教师德性的实现就是"成己"

当教师不是从工具角度而是从自我生存角度看待教育时,他选择了"以教师为业":"上课不是自我无所谓的牺牲和时光的消耗,而是生命活动、专业成长和自我实现的过程;自己的角色不是'知识'的'传话筒',也不再是促进学生发展的工具,而是把握自我生活、展现自我的生命创造。只有这样,教育才会成为教师生命意义的实现过程。"①教师不把一切非我之人和事物看作纯粹的外物,而是将其视为"我"生命的一部分,教师的生命与学生的生命因教育而共同成长,学生在教师的协助之下不断成长,"成就学生"的过程与教师成就自己的过程同时存在,从这个意义上看,教师实现了马克思所言的人的真正自由的生存状态。如此,将教育作为自己生存方式的教师,为教育所做的一切,都是为了成就更好的自己。

（2）教师德性的实现就是"成人"

教育事业是成就学生的事业。教师特别是中小学教师,其工作难免琐碎、繁杂。"学校生活越来越充塞规则主义与惯例主义,教师的职业生涯越来越渗透黯然失色的无力感和无动于衷;愈是飘荡着虚无主义和愤世嫉俗"②,要改变这种状况,需要教师在教育过程中"以成就学生为乐",并以此来激活教师自身之"善"——爱上教育、爱上学生、爱上生活。梁启超先生曾做过一个"趣味教育与教育趣味"的演讲,他主张把趣味当作目的而不是手段,主张教师"以教育为唯一的趣味"来实践趣味的教育。

成为一个幸福的教师没有捷径,只能在"做教师"中脚踏实地,一步步超越自我,此过程本身的报酬足以让教师体味快乐和幸福。"所以喜爱德性的人都是这样的人,他们自在地富于享乐。他们的生活无须像佩挂一件外在的装饰品那样来添加快乐,而是自身就已经拥有快乐。"③

2. 教师成己成人的达成

（1）"互知"才能互相成就

所谓"互知"是指师生在认识上的相互理解,是"处于特定教育世界中的师生与理解对象沟通,在感情、认知与行为上筹划并实现生命可能性"④,其实质是解释学所言的理解者与被理解者视界融合。所谓视界融合是对话双方商谈达成的共识,形成一个新的有机整体。在师生"互知"中,教师应发挥主导作用。教师德性的最高境界是因材施教,首先,教师需要知"材":学生当前处于何种学习状态,有哪些潜质,具有怎样的学习风格等。教师积极行动,置身于学生学习情境之中,与学生一起体验其中的意义。唯有学生感受到教师的关爱,消除对教师的戒备,方能把真实的自我呈现在教师面前。其次,师生真诚对话。所谓真诚对话是指教师以平等的身份加入学生的学习世界,引导学生以语言或非语言的方式实质性地参与教育

---

① 冯建军:《论教师生命发展的策略》,《当代教育科学》2006年第10期,第27-30页。
② 佐藤学:《课与教师》,钟启泉译,教育科学出版社2004年版,第268页。
③ 亚里士多德:《尼各马可伦理学》,邓安庆译,人民出版社2010年版,第61页。
④ 熊川武,江玲:《理解教育论》,教育科学出版社2005年版,第24页。

活动,它是师生敞开心扉,相互投射已知的经验,产生新经验的过程。最后,师生视界融合。视界犹如人生活的一个熟悉领地,对师生而言,视界融合就是在倾听、对话后,交换思想观点,彼此融入对方视界,建构新的视界的过程。

(2)"互悦"才能互相成就

心理学的研究证明,人的认识并不一定会导致行为,从认识到行为的中介是情感为核心的意象系统,特别是人类的幸福离不开积极的情感支撑。对教育而言,师生享受幸福的教育生活所需要的积极情感由师生彼此"悦纳"引发,从这个意义上看,师生彼此的成己成人需要双方"互悦"。

所谓"互悦"是指师生彼此换位思考、彼此尊重、互相悦纳。对教师来说,教育作为一项准公共事业,他无权选择学生,但形式上的接纳,并不意味着情感上的悦纳,特别是有的教师被安排到所谓的"差班"。其实接纳所谓的"差生",更能彰显教师的"德性"。

接纳表明师生关系不再对立或排斥,但尚不足以带来彼此愉悦。教师需要走进学生内心——"移情",移情才能共情。特别强调教师要将心比心,理解学生,读懂学生,师生共享情感。教育中的师生不是孤独的"独行者",而是相互扶持的友人。师生是命运共同体,他们朝着共同期望的美好生活奋斗。

师生"互悦"的最高表现形式是彼此欣赏,这意味着师生都从对方身上感受到美,由此心生愉悦之情。学生会自主或不自主地欣赏那些有德性的教师。对教师而言,欣赏学生是教师素养的体现,是教师德性使然。学生虽然力量相对弱小,但并不意味着他不可以给人间带来真善美。教师带着欣赏的眼光看待学生,是在欣赏完整而鲜活的生命。

(3)"互动"才能互相成就

"互动"既是"互知""互悦"的前提,又是"互知""互悦"的具体表现。师生在教育中的互动既有精神层面的"互动",也有实践层面的互动。"互动"是师生视界的融合,他们由心灵上的理解转化为行动上的配合,其中包含三个因素:一是主动性,这表明在教育中师生遵循自我意志自由选择,自主地"动"起来。二是交互性,这要求师生朝着共同方向前进,被同一主题吸引而形成交集,引发彼此更加积极地投入到下一步行动中去。三是发展性,教师与学生的互动并非为了动而动,从生命哲学层面理解师生"互动"表明师生生命是积极而活跃的存在,"互动"是为了生命更好地成长,师生积极从周遭环境中汲取成长的力量。

教育活动中的师生"互动"实质是师生为改变自我、实现自我所做的努力,"互知""互悦"都是互动,也都是为了教育生活更加美好而采取的积极行动,所以,教师"成己成人"在根本上立足于互动,在互动中实现"成己成人"。

On the Mechanism of the Realization of Teacher's Virtue

LI Wei

(Institute of Basic Education, Jiangxi Normal University, Nanchang Jiangxi, 330022)

Abstract: The realization of teacher's virtue refers to a process in which teachers transcend the instrumental understanding of "being a teacher" and demonstrate their humanity and make great achievements for themselves and for others through professional virtue. The mechanism of the realization of teacher's virtue includes the following aspects: teachers' self-knowledge is the foundation, which requires teachers to take others as a mirror to stimulate self-awareness; the key to its realization is the teachers' educational wisdom in the face of educational opportunities, which requires teachers to combine theories with practice based on their professional knowledge; and the value of the realization of teacher's virtue is that the teacher should make great achievements for themselves and for others, which needs mutual understanding, mutual joy and interaction between teachers and students.

Key words: teachers' virtue, realization, mechanism

我国课例研究的不同范式及框架要素

彭尔佳[1,2]，杨玉东[3]

（1. 华东师范大学 课程与教学研究所，上海 200062；2. 上海市闵行区教育学院，上海 200241；
3. 上海市教育科学研究院 普通教育研究所，上海 200032）

摘　要：依据实践、科学及哲学教育学研究范式的划分，我国课例研究主要有聚焦教师PCK发展的实践反思型、基于课堂观察的技术实证型和促进学会学习的解释理解型三大范式框架。这三种范式框架实际上反映了我国教育改革不同时期的关注重心，需要平衡实践、科学、哲学的不同价值取向，构建以教师学习为核心、从职前到职后一体化的课例研究综合体系。

关键词：课例研究；范式；框架；研究述评

我国课例研究大规模地形成于20世纪50年代学校"教研组"建制及四级教研体系工作的开展，兴起于20世纪初蔡元培先生对教师培养的倡导和积极推动，而文化渊源则萌芽于《学记》《论语》等论著记载的教学探索活动。

在内涵形态上，课例研究在北美、英国和欧盟等国家不断演化而形成多种形态、多类定义[1]，逐渐被视为课堂教学改进、教师专业发展、学校教育变革的重要方式。虽然我国本土的课例研究学者在比较世界各国主流模式的基础上，提出"中式课例研究"特征和趋势[2]，但基于本土经验的课例研究开展的不同范式和框架要素基于何种视角，如何统整梳理，已然成为该研究领域亟须突破的"瓶颈"之一。

一、我国课例研究实践的不同范式

在库恩看来，范式具体指共同体成员所共有的信念、价值、技术等构成的整体[3]，即科学共同体在专业领域所达成的共识，并采用基本一致的思考方法来研究同一领域的特定问题。[4]崔允漷在系统梳理教学研究范式理论的基础上，把我国的教学研究传统概括为三大范式：目的—手段范式、过程—成果范式、社会—语言范式。[5]与此相应，陈向明将教育研究区分为三类范式：实践教育学，强调进入教育现象内部对教育实践改革进行动态、介入式研究；科学教育学，则在借鉴自然科学衡量研究结果的标准与方法之上，追求研究的客观性、可重复性和可推广性；哲学教育学，主要通过立论和推理，提出对教育现象的

作者简介：彭尔佳，华东师范大学课程与教学研究所博士研究生，上海市闵行区教育学院科研员，主要从事课程与教学论研究；杨玉东，上海市教育科学研究院普通教育研究所研究员，博士，主要从事课例研究、数学教学研究与教师发展研究。
① Elliott, J., What is Lesson Study, *Europe Journal of Education*, Vol. 54, no. 2 (June 2019), pp. 175-188.
② 杨玉东：《从国际比较看中式课例研究的特征和未来趋势》，《教育发展研究》2019年第18期，第39-43页。
③ 牟杰：《课例研究的教师专业发展作用之意蕴》，南京师范大学硕士学位论文，2008年，序言第1页。
④ 陈向明：《教育改革中"课例研究"的方法论探讨》，《基础教育》2011年第4期，第71-77页。
⑤ 崔允漷：《论课堂观察LICC范式：一种专业的听评课》，《教育研究》2012年第5期，第80-83页。

诠释和阐述。①

课例研究作为一种"课堂教学改进"的教学研究活动，恰好在实践中表现为三种价值取向：第一，作为目的—手段范式，表现为对教学实际问题解决的追求，而这表现为"实践教育学"水平，发展的是教师的实践性知识（包括PCK）和实践知能；第二，作为过程—成果范式，表现为对教学问题的研究遵循一定的程序和方法，并基于证据改进教学，而这正是"科学教育学"所强调的"客观、可重复和可推广"，发展的是教师对于教育的科学思维能力；第三，作为社会—语言范式，表现为对教育教学问题放在一定的社会环境、文化背景之下考察潜在假设并做理性诠释，这对应的是"哲学教育学"，发展教师对于教育复杂现象的深度理解力和反思批判能力。

基于上述对我国课例研究范式的判断，下文将分别围绕其相应范式下的类型框架及核心要素来分析和述评。

二、实践教育学范式：聚焦教师PCK发展的实践反思型框架

"在学校中，没有教师的发展，难有学生的发展……难有学校的转型"②，教师是影响学校教育质量的关键因素，并直接决定着教育的成败。受这些观念认识的影响，我国实践中广泛开展的课例研究，着重于解决教学实践中的问题，并把教师的教育实践能力提升作为核心要旨和当务之急。

1. 以促进教学问题解决和教师行为改进为主旨

这类课例研究类似集体备课、公开课或听评课活动，主要以课堂教学案例为研究对象，从教师所面对的课堂教学具体问题或需要出发，教师成为改进教学实践的研究主体，在课前、课中、课后展开研讨，在合作、实践、对话、反思中提高教学能力，培养专业精神，促进专业成长。③其关注的核心问题在于：如何解决教学实践中的问题？如何提升教师解决一类问题的能力？一般以"听—说—评课"为原型，其中评课既指向教师教学行为改进，也指向其教育观念更新，成为最重要且最有建设性的一环。④

2. 教师解决学科实践问题的PCK结构

课例研究主要指向实践问题解决、教师实践能力提升，因而又谓之"评课"，并且评课总须有评教的依据框架。对此，舒尔曼（L. Shulman）提出学科知识、一般教学法知识、课程知识、学科教学知识、学生及其发展特点知识、教育背景的知识、有关教育宗旨及其哲学和历史背景七类知识⑤，该分类一度成为评教的基本参照，其中又以"学科教学知识"（Pedagogical Content Knowledge, PCK）概念为教师教学专业的核心。它是学科内容与教学的混合物，即教师根据学生需要和理解能力，将学科知识、特质以及相关认识与信念和教学目标娴熟地进行加工（组织）、转化（解释）的知识。⑥

我国学者借鉴PCK课例分析框架，结合教师教学实践表征，将其细化诠释或关联展开。如董涛将PCK进一步分解细化为教材分析、学情分析、教学目标分析、教学评价分析、教学策略分析，以此作为评课、观课、备课、反思的定向思维框架⑦，突出PCK的复杂性、综合性。此外，顾泠沅团队从课例研究及指导者角度，通过跨国比较的实证研究将PCK细分并关联起来，形成如下框架（见图1）⑧。

---

① Elliott, J., What is Lesson Study, *Europe Journal of Education*, Vol. 54, no. 2 (June 2019), pp. 175-188.
② 叶澜：《新基础教育研究和新型教师的培养》，《教书育人》2011年第6期，第8-10页。
③ 曾爱华：《课例教研引领教师专业成长》，《江西教育》2003年第17期，第17-18页。
④ 王建军：《课程变革与教师专业发展》，四川教育出版社2004年版，第119页。
⑤ Shulman, L. S., Knowledge and Teaching: Foundation of the New Reform, *Harvard Educational Review*, Vol. 15, no. 2 (January 1987): p. 8.
⑥ 叶澜：《新基础教育研究和新型教师的培养》，《教书育人》2011年第6期，第8-10页。
⑦ 杨彩霞：《教师学科教学知识：本质、特征与结构》，《教育科学》2006年第2期，第60-63页。
⑧ 朱连云，彭尔佳：《教师发展指导者课堂教学临床指导研究》，上海教育出版社2016年版，第47页。

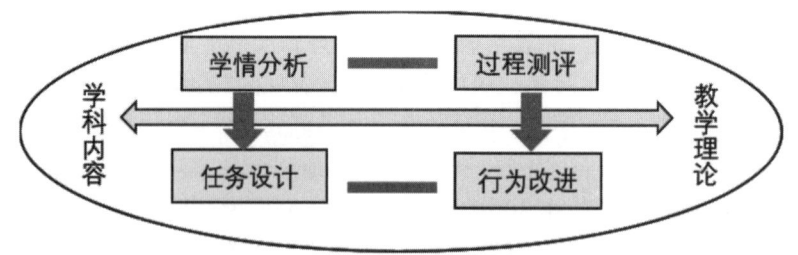

图 1 聚焦教师 PCK 的课例研究要素关系与流程框架图

该框架把 PCK 分为指向"学科内容"和"教学理论"的统领性与操作性两部分,再融入四个具体的教学要素:在学科内容知识和教学理论统领性分析之下,横向上主要立足学生而开展精准的"学情分析"与"过程测评",立足教师教学而开展"任务设计"与"行为改进";纵向上关键是基于"学情分析"的"任务设计",基于"过程测评"的"行为改进"。该框架作为教师课前准备、课中跟进、课后反思重建的具体指向和路径框架,凸显的是 PCK 纵横关联、贯通和转化的特质。

3. 注重教学反思的课例研究模式及流程

聚焦教师专业发展即 PCK 分析框架的课例研究,其主要程序是:开展相关分析并根据分析结果,循环备课—上课—评课,由此学者提炼形成了"三关注、两反思"的教师行动教育模式,也是开展课例研究时"磨课"的理论诠释,源于于漪老师早年"一课三磨"的实践经验原型。[1] 这一流程主要包括三轮"磨课"及对应的观课、议课活动:关注原行为,评课讨论新设计——反思自我与他人差距;关注新设计,评课讨论教学行为改进——反思预设与生成的差距;关注新行为,评课研讨三阶段差异和变化,并总结整理研究结果,撰写研究报告。

三、科学教育学范式:基于课堂观察的技术实证型框架

在"教师成为研究者"的科研热潮和"教育走向实证"的趋势影响下,我国部分地区在课例研究中开始将课堂观察技术框架用于改进教学,如上海市教研工作开始从基于经验转变为证据与经验相结合的教学研究。[2] 在此趋势下,以日常听评课为原型的课例研究日益强调工具和方法结合、定性和定量证据结合,由此,课堂观察类技术实证性框架应运而生。

1. 以运用工具方法和教师合作改进为主旨

这类课例研究强调在课堂现场使用工具收集数据(定性或定量)。将工具置入课堂观察,比以往的课例研究更需要一个基于教学改进的合作团队,尤其是充分发挥每一位成员的主体性、参与性。作为一项合作体的专业实践,它不是教师自我观察,也不是个体随意观摩他人课堂,而是一种有组织、有准备、有程序的专业活动。[3]

2. 基于分工合作要素的课堂观察结构

在此类课例研究中,课堂观察是中心环节,"不仅是提供反映教学效果的证据,也是对教学进行反思和重新规划的重要基础"[4],让整个课堂教学改进有据可依。然而,如何选取或开发适当的课堂观察框架和工具,直接决定着课堂观察和教学改进的实际成效。

有关课堂观察,国际上主要从教师教学质量评价角度开发了一些有影响力的课堂观察要点框架,包

---

[1] 杨彩霞:《教师学科教学知识:本质、特征与结构》,《教育科学》2006 年第 2 期,第 60-63 页。
[2] 杨玉东:《从中式课例研究看上海数学教师的专业学习》,《中国教育学刊》2019 年第 11 期,第 6-11 页。
[3] 顾泠沅,王洁:《教师在教育行动中成长——以课例为载体的教师教育模式研究》,《全球教育展望》2003 年第 1 期,第 46 页。
[4] 崔允漷,郑东辉:《指向专业发展的教师合作》,《教育研究》2008 年第 6 期,第 78-83 页。

括通用型的,如FFT框架(Framework for Teaching)、CLASS框架(Classroom Assessment Scoring System),旨在整体归纳出高质量教师在教学行为中的共性要素;特定学科型的,如数学MQI框架(Mathematical Quality of Instruction)、语言艺术学科有PLATO框架(Protocol for Language Arts Teaching Observation)等,主要以更为细致和深入的指标,强调捕捉以学科知识内容和质量为内核的教学行为。[1]这些多是由专业研究机构或评价者来开发、实施,具有一定的操作难度,而且是将教师教学作为观察对象,而未立足教师作为主体观察并探寻课堂改进方向。

相较而言,我国课例研究是基于教师自主研发或者同伴合作而构建适用的课堂观察工具及框架。例如教案观察表、学生座位表、姓名牌、合作观察量表,或观察者自身作为工具并加以详细描述记录的方式。[2]尤以LICC范式为课堂观察较为全面的分析框架,它将课堂主要解构为学生学习(Learning)、教师教学(Instruction)、课程性质(Curriculum)和课堂文化(Culture)4个要素及细化的20个视角与观察点[3],据此可整理出如下关系图(见图2)。

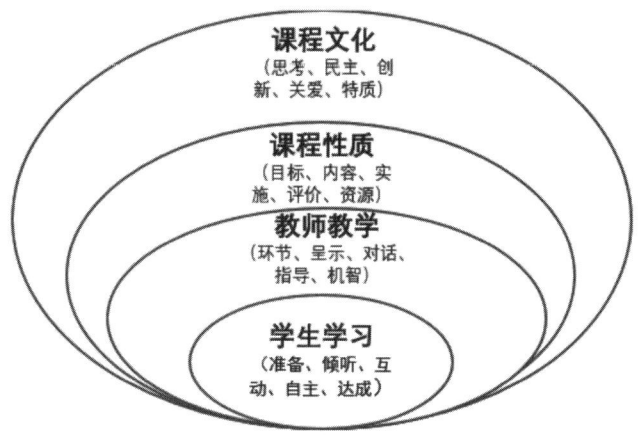

图2 课堂解构与课堂观察LICC框架

3. 注重课例研究中观察技术的运用原则及流程

此类课例研究中运用课堂观察技术,一是要遵循"可观察、可记录的原则"解构课堂,包括:①具体化,即教师将课堂研究问题具体化为观察点;②化整为零,即将课堂连续性事件、复杂性情境拆解为一个个时间、空间单元,加以定格、搜集、记录并观察结果,进行分析、推论、反思,以此促进教师改善课堂教学,进而发展教学能力并最终提升学习成效。一是有效持续推进课前会议、课中观察、课后会议三个阶段:①课前重在确定针对性的观察点,需要听取上课教师对内容主题、学情分析、教学目标、教学环节、学习结果检测的陈述,并研讨、分工;②课中重在收集可以作为关键性证据的课堂实录,或呈现思考,主要借助观察者根据任务开发的课堂观察工具;③课后重在提出指向教学改进的建议和对策,需要围绕观察点对观察结果加以集体研讨、思考,并写出基于课堂观察的完整课例报告。

四、哲学教育学范式:促进学生学习的解释理解型框架

随着我国课程改革理念的更新迭代,学生学习已经成为课堂教学研究中的关注重心。课例研究虽然研究课堂教学改进,但最重要且最终的落脚点则是学生学习发展,由此强调因学设教、以学观教、以学

---

[1] 安桂清,沈晓敏:《教师如何做课例研究之三:课堂观察工具的开发》,《人民教育》2010年第23期,第46页。
[2] 崔允漷,郑东辉:《指向专业发展的教师合作》,《教育研究》2008年第6期,第78-83页。
[3] 崔允漷:《论课堂观察LICC范式:一种专业的听评课》,《教育研究》2012年第5期,第80-83页。

论教、以学改教①，正在形成"以学为中心"的课例研究发展方向。②如中国香港大面积推广的"课堂学习研究"，便是其代表。

1. 以促进学生学习经验发展为主旨

20世纪90年代，中国香港"以目标为本"重大课程改革，因瑞典教育家Ference Marton的建议而以"变易学习理论"（Theory of variation）为基础，由此开创了课堂学习研究。到21世纪初，中国香港已形成了"基于变易理论的课堂学习研究"的课例研究模式，重点关注如何设计适当的学习经验来帮助学生掌握学习内容。③在该课例研究中，教师既是教育者，又是研究者。他们与校外教研人员或教育学院学者围绕一堂课的教学内容，开展备课、教学观摩、协同工作与系统反思，促进学生在学习完一个单元的内容后形成与学习前不同的理解，其终极目标是让学生基于原有学习经验有效学习。

2. 基于学习内容关键特征的"三层变易"结构

顾泠沅在青浦实验中曾发现：良好的课堂教学在于处理学习内容时会出现特定的变易图式。他以数学课堂为例，提出"以问题为中心的变式教学"④，即通过水平变式和垂直变式形成题目空间的深度，促进学生学习经验由量变到质变发展。香港课堂学习研究印证并发展出三个层面的变易图式及框架体系，帮助学生聚焦于特定的特征上进行有效学习（见图3）。

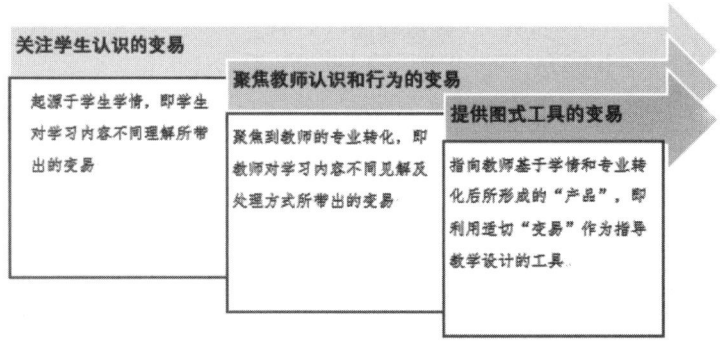

图3 中国香港"变易教学"的层次指向

该类课例研究强调从学生的不同理解探知学生的学习难点并加以针对性处理，基于不同理解找出核心学习内容及其关键特征；分享教师的不同理解及处理方法，提炼引出内容及其关键特征的有效策略与变易图式；在课堂教学实践中依据不同学习内容及其关键特征提供适切的变易图式，帮助学生审辨"核心"，抓住关键特征，以有效掌握学习内容并促进思维水平的提升。

3. 实施"变易图式"的多轮教学循环的流程

这种课例研究的具体开展过程，通常围绕某一内容断断续续开展大约10—12周，大致包括如下6个环节⑤：①确立课题，初步拟定学习内容及其关键特征；②学情检测分析，把准学生已有知识经验及学习难点；③教学设计，凸显关键特征的变易图式；④课堂实践，运用并呈现适切的变易图式；⑤教学评估，检讨教与学的成就；⑥撰写报告，呈现并阐释课堂学习研究发现。具体见图4。⑥

---

① 梁文艳，李涛：《基于课堂观察的教师教学质量评价：框架、实践与启示》，《教师教育研究》2018年第1期，第65页。
② 安桂清：《以学习为中心的课例研究模式的构建与实践》，《全球教育展望》2019年第10期，第96-106页。
③ 卢敏玲：《"课堂学习研究"对香港教育的影响》，《开放教育研究》2005年第6期，第85页。
④ 顾泠沅：《教学实验论——青浦实验的方法学与教学原理研究》，教育科学出版社1994年版，第112-145页。
⑤ 王静：《变易理论教学研究》，首都师范大学硕士学位论文，2006年，第5-10页。
⑥ 王静：《变易理论教学研究》，首都师范大学硕士学位论文，2006年，第4页。

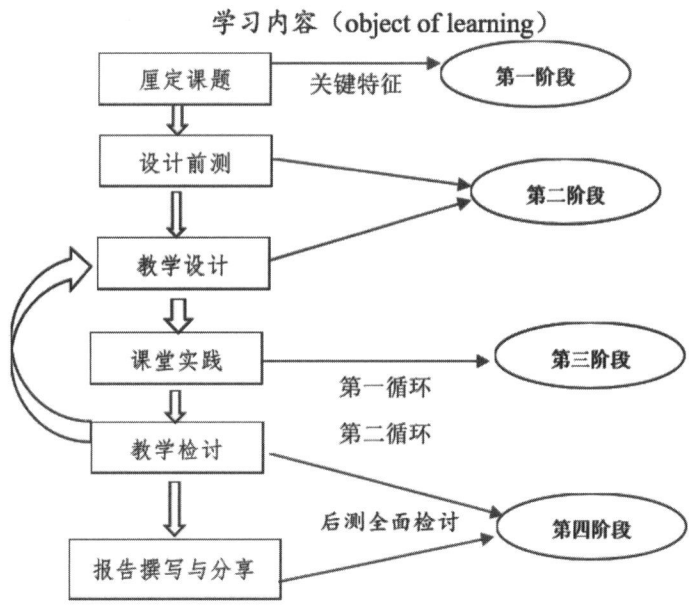

图 4 课堂学习研究流程示意图

此类侧重学生学习经验发展的课例研究,主要盛行于我国香港地区和北欧一些国家,它借助"变易理论",旨在从学习内容及其关键特征中揭示学习变易的图式及内在机理,并基于学习内容和学习成果情况分析提炼有效策略、规律,为课堂学习循环研究积累经验并提供重要参考。如此以学为中心、以学习理论为借鉴的范式框架,已经成为我国课例研究进一步发展的方向。

五、走向综合性课例研究的框架体系

我国课例研究中所涌现的聚焦教师 PCK 发展的实践反思型框架、基于课堂观察的技术实证型框架、促进学生学习的解释理解型框架,实际上可以看作我国教育改革不同时期的关注重心在课例研究领域的显现。这三类课例研究框架不仅仅是学理角度对应于实践教育学、科学教育学、哲学教育学的三种价值追求,更反映了课例研究领域从注重教师对教学实际问题的解决,到运用方法和工具研究课堂,再到尊重和发掘学生学习经验的发展趋向。

1. 对已有三类课例研究框架的反思

聚焦教师 PCK 发展的实践反思型框架,脱胎于教师日常的教学实践,比较真实和直接地反映了教师日常课堂教学研究。这类框架借鉴教师知识研究成果,将 PCK 概念演绎为实践操作,有时间上的持续性、内容上的连贯性、专业上的发展性,可以说,它为教师专业素质提升提供了一个比较可靠的基础和出发点,也成为我国最常用的、经典的课例研究框架。然而,它所对应的方法论源自行动研究,尽管在实际行动研究中有的也借鉴了理论并搜集多种数据和证据,但总体上缺乏深入的理论思考与判断依据;其结果更为重视教师教学实践行为和观念的改善,而缺少研究成果的凝练。

基于课堂观察的技术实证型框架,产生于对"开课—听课—评课"教研活动的改进,已在实践中产生较为广泛的影响。然而,我国课例研究中的课堂观察主要倡导的是教师同伴间的合作,即"将教师带入研究状态";它更注重"实用"而非规范性研究指向的新理论,更多针对实践的、现场的、具体的教学问题,探索个人的、本土的、零散的改进方法;由于它没有统一的工具、规范的流程,导致所获得的改进证据很大程度上取决于开发者或使用者水平,其严密性和可靠性相对不足。① 尤其对观察结果的分析、求证和思考,多出于具体情境下的"适切"而非"严谨"思考,有待于进一步提炼并形成实践性理论,或在理论导向下加以深度诠释、剖析。

促进学生学习的解释理解型框架是我国课例研究的深化所需,也是课程改革推进的必然产物。它以学为中心,落脚于学生学习发展,重在阐释学习前后内在经验及理解的变化,因此格外注重如下方面:深化学习认识,引导理解学生差异并依据差异提供不同方法;凸显课堂学习与自然情境下日常学习的典型差异;引入理论或发展实践性理论,探索基于学习内容关键特征的不同层面的变易及其多种图式。这一分析性框架作为课例研究的发展方向,所存在的最大障碍便是教师对理论的理解程度(如变易理论)及其实践性理论工具的形成。②

总体上,教师最为熟悉且常用的是第一类框架;其次是第二类,尽管它随着课堂观察技术应用而不断增多,但因其技术的规范性、复杂性而导致教师在研究操作上存在困难,其占比仍然偏少;最少关注的是第三类,随着学习理论及研究相对成熟且不断发展,此类分析框架也是我国课例研究最需要也最可能的突破口。

2. 形成一种可能的综合性课例研究框架体系

课例研究隶属于教育研究,而且是指向课堂实践的教学研究。课例研究的"哲学"和"科学"教育学研究范式固然有其价值,但它们都将教育改革作为一种静态的存在,期望从中获得整齐划一的和普适性的研究结论——这是教育研究者追求普遍规律的价值取向,但无法真正捕捉到教育改革变化的实质。对一线教师而言,课例研究更需要开放的、不断随情境变化而演化的"实践教育学"范式。它长期植根于传统教研体制之中,又因不同地域文化影响形成许多不同形态,如课例为研究对象,以课例承载某类研究问题,以课例为研修活动方式,以课例为成果表达形式,课堂实录、教案或者一堂录像、随笔反思与课例报告……尽管它们具备了"实践教育学"取向下反思性行动改进的特质,却零散、随意,且多数停留在经验层面,仅有少数得到"科学教育学"和"哲学教育学"取向下的证据或理论支撑。

基于课堂教学主阵地开展课例研究并非只有单一路径,它在教育实践中因主体不同而产生不同角度的关注点。无论如何,课例研究需要在实践、科学和哲学教育学的不同价值取向中找到平衡点,以形成本领域独特的价值追求、理论模型、实践范式,并以系统性和完备性满足教育实践或理论的追求。一方面,它以实践改进为旨归,必须将理论思考落实到行动操作层面,关注"发生于教学现场,置于真实教育情境之中,源于教学中实际问题的驱动,直接指向实践问题的解决"③;另一方面,它"要有研究的成分在其中"④,不仅呈现课堂教学的行动改进过程,还要交代改进的理由和认识,更在于将具体操作上升到理性认识并揭示规律。

为促进我国课例研究持续优化、深化创新,课例研究领域需要从"课堂改进"和"学校变革"的两个视域聚焦教师的专业学习,让教师及其专业学习成为教育改革中最具潜力的人的发展要素,形成综合性、整体性开展课例研究的框架:

一是融合实践、科学和哲学教育学不同优点,整合如上三类范式框架形成综合性体系(见图5):以学习内在机理的解释理解作为目标,创建教师熟悉的实践反思研究基础,并融入课堂观察实证技术,从而实现课例研究行动改进与理解深化"双向提升",促进教师专业成长、课堂教学改进与学习经验发展"三方共赢"。

---

① 崔允漷:《范式与教学研究》,《课程·教材·教法》1996年第8期,第52页。
② 卢敏玲:《"课堂学习研究"对香港教育的影响》,《开放教育研究》2005年第6期,第85页。
③ 王艳霞:《课例研究辨析》,《教学与管理》2012年第4期,第33页。
④ 杨玉东,严加平:《究竟什么是中式课例研究》,《上海教育科研》2020年第10期,第38-44页。

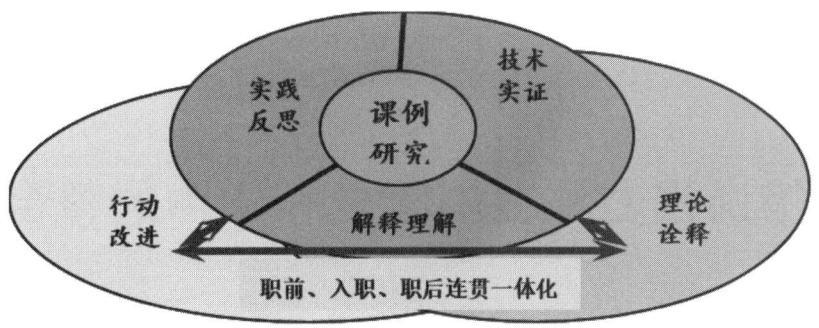

图 5 课例研究综合研究体系

二是以综合性的课例研究体系融通职前、入职、职后师资培训三大阶段中的教师专业学习。将师范学习、见习准备和校本研修衔接为一体,并促进教师在课例研究中的持续性成长,这既作为教师提高实践能力的方式,也作为教师提高教育科学思维能力的工具,同时有助于增强教师对于课堂里学生学习的理解和解释力。这就需要加强并深化学校与高校合作,促进教、研、修融合,坚持教学与研究并重的培养策略,坚持理论学习与实践运作、行动改进与理论提升双向并举,从中亦不断凝练并铸就我国课例研究特有的教师特质与教育教学文化。

Reviews on Different Paradigms and Framework Elements of Lesson Study in China

PENG Erjia[1,2], YANG Yudong[3]

(1. The Institute of Curriculum & Instruction, East China Normal University, Shanghai, 200062; 2. Minhang Institute of Education, Shanghai, 200241; 3. Institute of General Education, Shanghai Academy of Educational Sciences, Shanghai, 200032)

Abstract: According to the classification of practice, science, and philosophical pedagogy research paradigms, there are mainly three paradigm frameworks: practical reflection type focusing on teachers' PCK development, technology empirical type based on classroom observation, and explanatory understanding type that promotes learning. These three paradigm frameworks actually reflect the focus of attention in different periods of the education reform. It is necessary to balance the different value orientations of practice, science, and philosophy, and build a comprehensive system of lesson study with teacher learning as the core and the combination from pre-service to post-employment.

Key words: lesson study, paradigm, framework, research review

博物馆课程资源在中国史教学中的整合运用

李倩夏

(上海市位育中学,上海 200231)

摘 要:博物馆课程资源的整合运用对于培养学生的"史料实证"核心素养具有重要意义。然而,目前的"博物馆热"在中学生群体中存在"火"而不"活"的问题。针对这一问题,将博物馆资源与教材知识匹配,整合在"早期国家""交融一统""中外交流"及"救亡图存"知识模块中,开展以文物证史为主导的教学实践。通过"早期国家"的教学使学生掌握史法;通过人物史教学深入细节;通过"中外交流"的教学使学生对历史产生整体认识;通过研究课将所学知识与研究行动相结合,并进行多层次的教学评价。由此,学生获得了更广阔的史料实证渠道,家国情怀在日常浸润中得到了提升,师生间也形成了良性互动。

关键词:高中历史教学;中国史;史料实证;博物馆

一、博物馆课程资源对中国史教学的价值与意义

1974年,以国际博物馆协会第10届全体会议为标志,博物馆的功能从注重藏品管理转型为面向大众的教育推广。[1] 2005年《国务院关于加强文化遗产保护的通知》明确指出:"教育部门要将优秀文化遗产内容保护知识纳入教学计划,编入教材,组织参观学习活动,激发青少年热爱祖国优秀传统文化的热情。"[2]《国家宝藏》等节目的热播也引发了一股"博物馆热"。

然而,"博物馆热"名副其实吗?以上海博物馆为例,2019年未成年人参观人数仅占观众总人数的10%。[3] 由此,上海市位育中学历史组给高一学生布置了暑期作业:参观国内外的任一博物馆,并制作一份小报,介绍印象最深刻的文物。从作业来看,学生对文物的了解呈现以下特点:

1. 在博物馆选择上,亲近本土与热点

74.5%的学生选择了上海市的博物馆参观,其中,42.6%的学生选择了上海博物馆,10.8%的学生选择了上海历史博物馆。可见,本土资源对于大多数人来说存在较高的便捷性与亲切感。此外,与其他省市博物馆集中于地方史不同,上海地区博物馆兼具展现中华文明流传的宏观视野与上海地方变迁的

作者简介:李倩夏,上海市位育中学一级教师,主要从事中学历史教学研究。

[1] 单霁翔:《从"馆舍天地"走向大千世界:关于广义博物馆的思考》,天津大学出版社2011年版,第17页。
[2] 国务院:《国务院关于加强文化遗产保护的通知》,载中国政府网:http://www.gov.cn/gongbao/content/2006/content_185117.htm,最后登录日期:2005年12月22日。
[3] 上海博物馆:《2019,与上博携手同行》,载上海博物馆微信公众号:https://mp.weixin.qq.com/s/_dUgTtdiQhX-lG0zaISiRQ,最后登录日期:2019年12月28日。

微观视角,也对学生有较大吸引力。

就文物类型来看,青铜器成为大热门,在作业中选择介绍青铜器的学生占 31.6%,其中,47.4% 的学生选择了大克鼎。这显然是受到了当下媒体的影响,说明社会热点对学生的吸引力很大。

2. 在文物介绍上,自身观点较少

然而,学生的海报并没有涉及文物本身与历史的关联,有学生用了"礼至则天下正"的标题来概括对大克鼎的印象,初看颇有见地,但实际上通篇只字未提"礼乐文明",这一情况也普遍存在于学生对其他类型文物的介绍上。

导致上述问题的原因是什么呢?笔者认为,首先,是由信息时代下学生的知识碎片化现象造成的。如今,无论是课上还是课下的知识,学生打开手机都能查阅到。但是,这些容易查阅的知识却未必能转换成他们对历史的认识与见识,而博物馆的文物陈列是宽泛的,这导致学生面对文物时似乎无所不知,实际却又一知半解。这也从侧面证明,文物"火"了起来,但并没有"活"起来。其次,则是因为教学中缺少将博物馆文物与学校教学相互结合的实践,导致学生对文物探究的兴趣暂时没有得到激发,因此迫切需要教师的指导。

二、博物馆课程资源与中学历史教学的整合运用实践

笔者以中国史学研究证据法理论与西方公共史学理论、建构主义学习理论与 LIRP 学习规划理论为基础,展开了以下实践研究:

1. 形成文物资源与课堂教学有效整合的四大知识模块

在统编版高中历史教材中,中国史主要沿两条线索展开:纵向上,梳理统一的多民族国家的形成与演进;横向上,展现了中华文明与其他文明的碰撞与交流。因此,教师将上海市博物馆馆藏资源与教材知识匹配,整合在"早期国家、交融一统、中外交流、救亡图存"四大模块中。表1展现了部分代表性文物与教材知识的对应情况。

表 1 部分代表性文物与教材知识的对应

文物名称	收藏单位	涉及课程	对应模块	对应知识
大克鼎及铭文	上海博物馆青铜馆	必修1第1课	早期国家	西周分封制度
商鞅方升及铭文				商鞅变法,统一度量衡
秦半两	上海博物馆货币馆	必修1第3课	交融一统	秦统一后推行巩固统一的措施
《坤舆万国全图》	光启纪念馆	必修1第15课		早期西学东渐
元景德镇青花瓜竹葡萄纹菱口盘	上海博物馆陶瓷馆	选择性必修3第2课	中外交流	青花瓷是中外文化交流的产物
明末景德镇窑青花果树纹瓷器瓶	上海博物馆陶瓷馆	选择性必修2第7课		中国瓷器对欧洲的制瓷业产生重大影响
镇远将军铜炮	上海历史博物馆	必修1第16课	救亡图存	从军事角度印证了清军军事力量的落后
多版本《共产党宣言》	上海历史博物馆	必修1第21课		马克思主义在中国的传播

2. 以文物证史为主导的四种教学模式的设计与实践

本环节从上文关于学生文物知识的调查结果出发,以《普通高中历史课程标准(2017 年版)》中对于"史料实证"历史核心素养的水平要求为依据,进行了四种教学模块的设计与实践。

(1)夯实基础:掌握"以物证史"之史法的实证式教学设计与实践

在中学历史教学中,文物是培养学生"史料实证"素养的重要媒介。教师以第一模块"早期国家"内容为主开展教学活动,使学生在高中历史学习伊始便尝试解读陶器、青铜器等文物信息,并将之与传世文献互证,初步构筑学习历史的证据意识。下面以必修1第2课"诸侯纷争与变法运动"为例,进行教学实践。

"诸侯纷争与变法运动"内容主旨:春秋战国时期,诸侯纷争,社会动荡,但社会经济领域有重大发展。在这一基础上,各国变法进一步探索国家治理模式,百家争鸣引发了思想观念的碰撞与交融,华夏认同的观念不断强化,这一切都为统一多民族封建国家的建立创造了条件。教学过程具体见表2。

表2 "诸侯纷争与变法运动"教学过程

教学环节	教学活动	出示文物	补充材料	设计意图
走入历史情境	叙述春秋时期吴越争霸的故事;设问吴越青铜器铭文的共同特征	吴王光剑铭文;吴王夫差盉铭文	越王勾践剑铭文;《论语·季氏》中关于礼崩乐坏的记载	示范文献与实物相互印证的史法,使学生了解铭文反映的各诸侯国僭越礼制称王的史实,揭示春秋战国旧政治秩序崩溃的时代背景
探究社会变革	结合文献,观察、解读牺尊的纹饰特征;分析画像纹壶从艺术角度上反映的社会现象	牺尊;镶嵌画像纹壶	《论语》中的人物取名现象;《管子》;《孟子·离娄》;《史记·货殖列传》	学生模仿文献与实物相互印证的史法,理解牺尊从实物史料角度首先反映了春秋战国华夏族与少数民族的交融,其次反映了牛耕之驯化史;了解画像纹壶从艺术角度反映了春秋战国经济的繁荣与战争的频繁
纵览思想争鸣	分析反映儒、道、法三家的史料		《论语》《老子》等诸子百家文献	理解法家的变法与君主集权思想适应了诸侯争霸的需要,择其善而从之
解析变法运动	教师叙述战国初期秦国的处境与商鞅变法的基本史实;引导学生分析铭文内容	商鞅方升及其铭文	《史记·商君列传》	学生迁移文物与实物相互印证的史法,从方升标准的制定者理解君主专制的确立;从与方升相关的法律规定理解法家注重法治、公平的思想
感悟家国情怀	解读方升铭文;叙述秦六代君王为统一都有哪些作为	商鞅方升	《史记·秦本纪》	理解铭文反映出的秦国政策稳定持续,是秦富强的重要原因;体会秦国民众为富强与统一做出的努力,感悟大一统成为历代中国人的追求与坚持

(2)深入细节:走进"析物识史"之情境的人物史教学设计与实践

让文物说话,不仅要分析文物的显性信息,更要挖掘其隐性信息,通过讲述文物背后的历史细节,更加能让其中蕴含的人物精神鲜活起来。徐光启作为上海的重要历史人物,与其相关的画像、著作出现在了上海历史博物馆、光启纪念馆等各大博物馆中。笔者以徐光启及其相关文物为例,进行了人物史教学设计与实践。教学实录如下:

师:徐光启为西学传播做了哪些贡献?

生:他与利玛窦合作翻译了《几何原本》前六卷,在《农政全书》中引进了西方水利技术,还运用数学与天文学理论重新编修了中国历法。

师:这些为传播西学展开的活动,有多少人支持呢?比如说,在《崇祯历书》编修与颁行的过程中,徐光启及传教士为了证明历书的精确,多次运用历书预测日食、月食,全部获得成功。但从明末到清初,皇帝们始终犹豫是否使用这套历法。清初有一位叫杨光先的官员干脆喊了一句口号"宁可使中夏无好历法,不可使中夏有西洋人",你从这句话里看到了杨光先面对西学的心态是什么?

生:固步自封,盲目排外。

师:是的,在专制体制下自大保守的心态使得大部分知识分子对先进西学采取了排斥的态度,这导致西学的传播步履维艰。

笔者的设计思路如下:在史实细节上,讲述《崇祯历书》编修与颁行过程中遇到的重重障碍,使学生感知新知传播的艰难;在史料细节上,分析杨光先的观点,使学生认识到专制体制与自大保守的心态是西学传播艰难的原因。

(3)打通模块:感悟"见微知著"之整体的讲座式教学设计与实践

笔者尝试打破日常教学模式,通过专题讲座的形式,使学生关注文物间的关联性与同一性,从而对历史产生整体性认识。以下内容是专题讲座"釉里看花阅中西——陶瓷器中的文化交流史"的设计案例:

"釉里看花阅中西——陶瓷器中的文化交流史"的内容主旨:通过对上海博物馆、上海历史博物馆与震旦博物馆的馆藏文物与特展文物的介绍,使学生感受实物、文献、绘画等不同类型史料相互印证的史料实证方法。通过历史证据的充分展示,学生理解陶瓷器的发展历史,联系丝绸之路与大航海时代,再回到当今时代,不同地区、国家与民族间的文化交往与交流,印证了"和平合作、开放包容、互学互鉴、互利共赢"的丝路精神。具体教学过程见表3。

表3 "釉里看花阅中西——陶瓷器中的文化交流史"教学过程

教学环节	教学活动	出示文物	补充材料	设计意图
导入:欧洲人对青花瓷趋之若鹜	讲述1603年葡萄牙商船圣卡塔林娜号被荷兰人劫掠的故事	清景德镇窑青花帆船图花口盘	欧洲版画——瓷器拍卖市场	引发学生兴趣,为何欧洲人会对来自中国的青花瓷如此如痴如醉?初步感受青花瓷的魅力
青花瓷中的中外文明交流	比较宋元景德镇国内外销瓷与青花瓷的不同,辨识青花瓷中的不同元素	宋景德镇影青瓷;元景德镇卵白瓷;元青花瓷代表瓷器	14世纪前期欧亚贸易地图;《马可波罗游记》中对蒙古族尚白的描述;青花瓷钴蓝颜料的记载	了解元青花瓷糅合了游牧与农耕民族、伊斯兰与中国文明的不同特征
明清各国陶瓷器工艺	比较不同国家瓷器的特色	伊兹尼克陶器;伊万里瓷器		理解各国在模仿青花瓷中产生了自身特色
17—18世纪欧洲的"瓷器热"	概括订制瓷体现出的欧洲习俗、审美及社会变迁	16—17世纪景德镇的欧洲订制瓷	欧洲董事会信件;西方油画;波兰国王奥古斯都二世言论	理解艺术作品反映时代样貌与民族特征;思考瓷器热背后的各国经济竞争与技术竞争
欧洲对瓷器制造的探索	设问梅森瓷器诞生过程中的关键元素;比较新一轮各国瓷器的特色	德国梅森瓷器;德法国塞夫勒瓷器;英国韦奇伍德瓷器	伯特格尔与契恩豪斯的笔记与文献;契恩豪斯燃烧镜	了解现代科学技术的进步对经济与工业发展的推动作用;近代知识产权保护意识;瓷器带来交流的深化
瓷器流传对人类历史的影响	叙述19世纪景德镇对梅森瓷器的模仿	19世纪景德镇模仿的梅森瓷器	2016年《习近平在乌兹别克斯坦最高会议立法院的演讲》	感悟中华文明文化的丰富多样与开放包容

(4)构建体系:贯彻"知行合一"之实践的研究课教学设计与实践

笔者借助学校研究型课程平台,在四大模块下引导学生形成具有关联性、整体性的历史知识体系,使学生产生对某一类型或具体文物的探究动力,在学生的微论文撰写过程中,完成史料互证的"教师示范—学生模仿—学生迁移"的历史学习过程,由此达到"知"(历史知识、史学方法)与"行"(研究行动)合一的实践效果。图1为研究课"文物中的历史"教学活动流程设计。

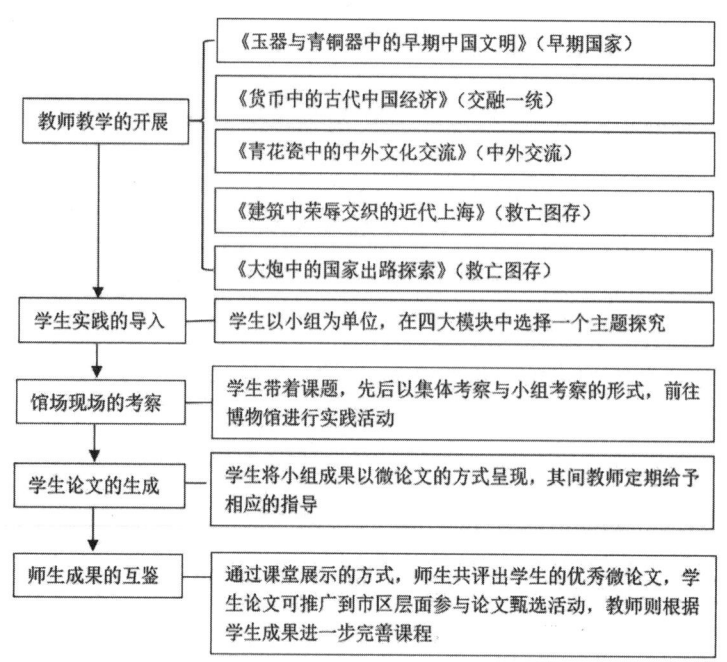

图1 "文物中的历史"教学活动流程

3. 创设注重"文物证史"之过程的作业测量与教学评价研究

LIRP学习规划理论指出,在学生博物馆学习的过程中,乐趣影响最大:英国的博物馆教育调查显示,85%的中学生将乐趣归于在参观中发现了有趣事物。其次才是知识与理解:83%的中学生认为博物馆提供了与学校不同的学习方式。而长效学习效果的达成是具备一定难度的:只有54%的学生表示以后会再来博物馆。[①]因此,在测量学生"文物证史"学习效果时,必须区别于传统的"诊断性"作业设计与教学评价体系,既保留学生的学习乐趣,又强化其获得的知识,才能达成LIRP学习规划理论提倡的长效的学习效果。基于此,笔者进行了如下探究:

(1) 构架学生文物热从"火"到"活"的作业测量设计

第一,针对学生整体:撰写文物解说词,掌握"文物证史"的史学方法。在完成中国史的学习后,教师给学生布置了一份新的作业:以实地参观或者网络导览的方式,重新参观一次上海市的博物馆,并选择一件馆藏文物,结合高一所学的中国史知识,为其撰写一份解说词。解说词要求涉及三大元素:时代背景;文物的外形、特征等;文物所反映的历史史实或特征。

第二,针对研究课学生:撰写微论文,获得"实践出真知"的个体成果。微论文的撰写是学生将零散知识系统化、隐性知识显性化、理论知识实践化的过程。因此,学生在完成研究课的专题学习后,以小组为单位,展开研究活动。表4为学生微论文撰写、交流的流程。

表4 微论文撰写、交流的流程与要求

流程	学生要求
撰写指导	在教师指导下,学生在理论上初步了解论文撰写的基本程序及规范
主题拟定	学生以小组为单位,通过讨论、判断等方法,拟定论文主题
撰写开题报告	学生完成开题报告的撰写与修改工作
现场考察	学生先后以集体与小组个体的形式前往博物馆展开考察活动

---

① 艾琳·胡珀-格林希尔:《博物馆与教育:目的、方法及成效》,上海科技教育出版社2016年版,第101页。

（续表）

流程	学生要求
撰写论文	学生整理文物与文献资料，撰写论文，字数不少于1500字
小组展示	学生在课堂中进行展示，每组10分钟
师生互鉴	师生共评优秀论文，汲取他人研究成果，启迪自身探究

(2) 初探"文物证史"的教学评价研究

为与传统"诊断性测验"的评价方式相区别，教师在进行教学评价设计中关注以下两个方面：

第一，注重程序性知识的运用与策略性知识的获得。现代认知心理学将知识分为陈述性知识、程序性知识与策略性知识。本教学实践表面上在帮助学生获得陈述性知识，也就是历史的事实与结论。但更重要的是学生在这一过程中逐渐掌握"文物证史"的方法——程序性知识的运用。其中，参与微论文实践的学生，其目标是进一步产生策略性知识——将研究课上获得的"文物证史"的方法运用到个体研究中去，从而形成解决一类问题的策略。据此，教师在学生微论文的形成过程中赋予不同阶段的评分要求，并采取小组互评与教师评价并行的方式，保证教学评价的权威性。学生通过彼此间论文思想、学科思维的交流与碰撞，也进一步提升认识。

第二，引导长效学习效果的生成。策略性知识是一种长时记忆，它不仅是现阶段陈述性知识与程序性知识的运用技能，也将使学生在未来"学会学习，学会创造"。LIRP学习规划理论也认为，检验学习成果的最终目标，是学生达成自我的行动与发展。因此，在学生微论文的生成过程中，教师不断给予方法与内容的指导，具体流程见图2。

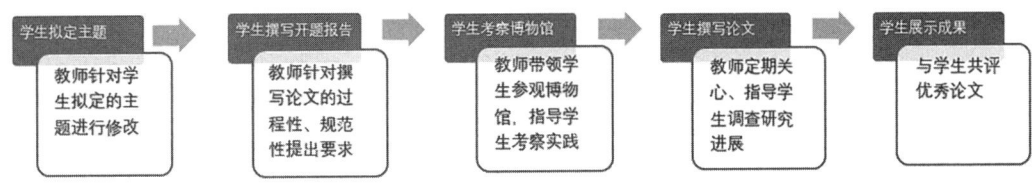

图 2 微论文指导写作流程图

在这一过程中，学生的学科钻研能力、学科规范意识都能得到一定程度的提高，同时他们也能触类旁通，以自身拓宽的历史视野与强化的研究能力去启迪其他方面的学习与探索。

三、博物馆课程资源与中学历史教学整合运用的成效与展望

1. 教学效果分析

在比较学生开展学习前进行的博物馆海报设计作业，和如今完成学习后的"文物的解说词"与微论文撰写的作业后，学生的学习情况发生了以下变化：

(1) 文物关注的冷热度随教学重点发生变化

与暑假作业相比，在调查样本总数减小的情况下，关注青铜器的人数为74人，并且占总人数的42%，与暑期作业相比不降反升。出现类似情况的还有陶瓷、书画、钱币等类型。这四种文物类型成为学生关注的重点，原因在于这些文物类型均与高中历史所学知识密切相关。其中，青铜器与必修1第1单元教学密切结合，钱币与陶瓷则是中国古代经济政策与社会繁荣的重要证据，讲授中给学生留下深刻印象。而原本有17.5%的学生关注的民俗，由于与教材关联度不高，本次无人问津。上海博物馆的印

章馆原本无人关注,本次却有 5 位学生把目光投向此,因为在政治制度的学习中,教师曾解读印章是古代政府政策施行的凭证,由此引发了他们的关注。

分析到具体文物,更进一步证明了学生关注文物与教师引导间的密切关系,以四类关注度较高的文物类型(青铜器、陶瓷、钱币、书画)为例:青铜器类型中,有 32 位学生选择了商鞅方升,占选青铜器的总人数的 42.7%;关注大克鼎的学生为 25 人,从原来的 47.4% 下降到 33.8%;陶瓷中最受欢迎的是唐釉陶骑马女俑,占关注人数的 48.5%,钱币中秦半两的关注人数占 63.6%。这些文物都是教师授课时作为重点分析、解读过的,显然给学生留下了深刻印象。而在解读书画的 19 位学生中,有 4 位选择了《几何原本》,7 位选择了《农政全书》,1 位选择了《徐光启画像》,也就是说有近 3/4 的学生把目光投向了与徐光启有关的文物。在第一次海报设计活动开展时,除了一贯的"大热门"大克鼎外,商鞅方升获得了 2 位学生的关注,而其他文物获得的关注度为零。可见,日常教学中教师的每一次解读都在学生心中留下了印记。

(2)解说内容史论结合,自身观点初步形成

与上次海报比较,作业中的生搬硬套现象基本消失了,学生开始运用学习到的历史知识与方法去解说他关注的文物,并且出现了两个方面的新成长:

其一,对同一文物,学生出现"争鸣"的局面。对于秦半两,有学生指出"半两"二字为当时宰相李斯所刻,象征着货币的法律地位与防伪方式。也有学生则更加关注货币背后的文化形态,他指出秦半两承载了"天圆地方"的世界观,所以统一货币不仅是经济措施,也是中华文明的一种传承。

其二,部分学生对历史开始有了自身独到的解读,显现史料实证与历史解释核心素养的提升,这一点在学生的研究课微论文写作中表现得尤为明显。如有位女生主要研究马家窑彩陶,她指出上博藏彩陶上的旋涡纹与四圈纹代表了马家窑先民对于水和太阳的崇拜,这使得她走出了对陶器的单纯艺术描述,走向更加复杂的社会历史解读。有的小组在分析青铜器衰亡的原因时,指出了一种矛盾的表象:春秋战国时期青铜器的冶炼工艺愈发先进,但另一方面,青铜器却开始走向衰落。对此,小组结合书本知识,从时代演变、军事需求、经济往来等多个角度分析了青铜时代远去的多重原因。他们能够综合运用教材中的历史知识,以文物为辅助,来支撑自己的观点。

2. 教学经验总结

基于教师实践与学生学习的过程与效果,笔者认为,本次研究实践过程有以下几点经验值得总结、分享:

(1)提供更广阔的史料实证渠道

在这次研究实践中,教师充分运用、系统整合上海地区馆藏文物资源,将之融入中国史日常教学中,如此,多视角、多类型、多层次的教学实践使学生获得了更加多元、广阔的史料实证渠道,其"史料实证"历史核心素养得到了常态化的培养。

(2)开展"翻转课堂"模式的实践

与传统教学中教师对学生单向输出知识的模式不同,本次研究实践中,教师首先将学习主动权交给学生,由学生以海报形式独立完成对文物的考察。学生最初的成果虽不尽善尽美,但教师顺势而为,因材施教,进一步优化教学设计与实践。教师的示范又反过来影响学生的学习行为,由此形成了教与学的良性互动与互补。

(3)设计不同指向的教与评方式

有别于一般教学中围绕课堂而展开的"一言堂""诊断性测量""结果性评价"等方式,本次实践中,教师设计了日常课教学、讲座课教学与研究课教学等多种教学方式,在此基础上进行的作业测量与教学评价设计,循序渐进,对学生个体的成长产生了持续性影响。

(4)于日常浸润中提升家国情怀

在"文物证史"各个阶段的教学实践中,学生多次走进博物馆,延展了自身历史学习与探究的时空。

从这一角度来看,我们发现,学生不仅在"史料实证"历史核心素养上得到了系统培养,其"家国情怀"也在立足乡土、放眼天下中得到了很好的提升,由此,历史教育"立德树人"的根本任务得以有效落实。

3. 反思与展望

基于研究实践,笔者认为,本研究仍存在以下进步空间:

(1) 进一步完善文物资源与教学间的运用范围

笔者发现,上海的博物馆文物资源不仅有大量涉及新中国历史的内容,而且还有不少反映世界史的收藏品。因此,未来可以进一步尝试将已获得的教学模式、教学方法等方面的经验,衍生到与上海的文物资源有关的新中国史、改革开放史与世界史教学中去,进一步提升其推广价值。

(2) 进一步优化文物资源与教学间的整合模式

本次课题实践采取日常教学、专题教学、研究教学三者并行的模式,部分学生在这种连贯性的教学实践中获得了学习提升。在未来的教学实践中,教师可以考虑将不同教学模式相互结合,这样能够使更多的学生在不断钻研的学习中提升自我。

(3) 进一步达成博物馆教育与教学间的多态互补

本次实践证实了课堂教学与博物馆教育互动对于学生学习成长的有效作用,而如今上海各大博物馆也开展了许多针对常展或特展的教育活动,在未来的实践中,教师若能够将博物馆新式场馆教育与课堂教学联合起来,达成新一轮的馆校合作,这会给学生的历史学习带来更多的启迪。

The Intergration and Application of the Museum Resources in Teaching Chinese History in High Schools

LI Qianxia

(Shanghai Weiyu High School, Shanghai, 200231)

Abstract: The integration and application of the Museum resources is of great significance for students to cultivate their core literacy in "historical and material positivism". However, although the present "museum fever" is very popular among high-school students, it cannot last a long time. To solve this problem, this paper matches the museum resources with textbook knowledge in the knowledge modules of "ancient China", "national unification", "China's international communication" and "national salvation", and carries out the teaching practice with a focus on history of cultural relics. Students can master the historical method through the teaching of ancient China; they can learn more details through the teaching of significant historial figures; they can develop an understanding of overall history through the teaching of China's international communication; and they can combine knowledge and research action through the research courses and have multi-level teaching evaluations. As a result, students tend to have a broader channel of historical material positivism, the feelings of family and country have been improved in the daily infiltration, and teachers and students have formed a positive interaction.

Key words: high school history teaching, Chinese history, historical material positivism, museums

高中体育专项化课程"组合式"构建与实施

于生德,卢起升,俞定智

(上海外国语大学附属大境中学,上海 200011)

摘 要:基于"双新"的全面实施,以及深入推进高中体育"专项化"课程改革的需要,该研究结合学校传统体育特色项目,将体育课程中"必修必学+必修选学"的内容按专题和模块进行单元重构和优化组合,构建"1+1"课程模式。体育专项化课程"组合式"构建与实施,可打通新课程标准到教学实践的通道,优化学校体育课课程结构,让学生在基本体能、专项技能、健康文化方面都得到提升,同时也促进体育教师的专业发展,形成具有学校特色的体育课程。

关键词:高中体育专项化;课程;组合式;综合评价

一、研究背景

《上海市中长期教育改革和发展规划纲要(2010—2020 年)》提出,要启动学生健康促进工程,并要求学生掌握 1—2 项运动技能。[①]上海市教育委员会《关于开展高中体育"专项化"教学改革试点工作的通知》也指出,决定在高中体育教学中开展以学生兴趣和技能水平为依据,打破传统年级、班级概念的分层次专项教学改革试点工作。[②]

上海市推行的高中体育"专项化"是深化二期课改、具有上海特色的教育教学改革实践,是海派体育文化"开放、多元、包容、创新、领先、务实"精神的渗透与体现。[③]上海市高中体育专项化课程改革在整体推进过程中,取得了一定的成效,但也存在不少问题与困难:一方面,目前只配有《上海市高中专项化教学课程大纲》,基本无其他参考资料,学校只能凭借经验在实践中探索。另一方面,第一批 17 所试点学校基本是各区综合推荐选定的本区条件较好的学校,试点 3 年后,督导组对其实施情况进行调查研究发现,95% 的师生支持体育专项化课程教学改革,学生"喜欢体育,但是不喜欢体育课"的状况明显改善;但对第二批、第三批专项化教学改革试点的学校调查发现,由于各区、各校场地设施、师资情况等差异较大,在实施过程中学校之间有很大的区别,比如有些郊区学校场地条件非常好,但是缺少专业性强的教

作者简介:于生德,上海外国语大学附属大境中学一级教师,硕士,主要从事学校体育教学研究;卢起升,上海外国语大学附属大境中学校长,特级校长,正高级教师,硕士,主要从事基础教育教学与教育管理研究;俞定智,上海外国语大学附属大境中学特级教师,主要从事学校体育教学研究。

① 上海市人民政府:《上海市中长期教育改革和发展规划纲要(2010—2020 年)》,载上海市人民政府官网:https://www.shanghai.gov.cn/nw12344/20200814/0001-12344_23338.html,最后登录日期:2010 年 9 月 13 日。
② 上海市教育委员会:《上海市教育委员会关于开展高中体育"专项化"教学改革的试点工作的通知》,2012 年 11 月,第 1-2 页。
③ 沈建华,马瑞,卢伯春:《海派学校体育文化形成、特征与传承》,《体育科研》2013 年第 34 期,第 82-86 页。

师,而有些中心城区的学校场地非常有限,严重阻碍了专项化教学的项目设置和开展;也有一些学校开展的项目过多,各个项目的学生人数很不均匀;部分学生对现阶段的选课方法的满意度不高;[①] 还有学生在选择完项目之后感觉不适合自己,要求换项目。为进一步深入推进本市高中体育"专项化"课程改革,上海市教育委员会于2015年10月印发了《上海市高中体育专项化课程改革指导意见(试行)》,指出合理设置专项,"开设项目要从学校现有实际条件出发,尽可能满足学生的兴趣,优先保证学校传统强项发展,高度重视基础项目(特别是田径、游泳)"。[②]

2017年,上海外国语大学附属大境中学(以下简称"大境中学")成为高中体育"专项化"改革第三批试点学校。恰逢国家《普通高中体育与健康课程标准(2017版)》颁布,上海市也将实行全国课程标准,为了更好地落实国家新课程标准要求,以及结合上海市高中体育专项化课程改革精神,大境中学传承和发扬"螺蛳壳里龙腾虎跃"的体育精神,结合学校传统体育项目(田径和射击),决定开展体育专项化课程"组合式"教学改革,探索课程内容的优化组合和课程实施的多元组合,构建"1+1"课程模式(每周2节体育课,每节课80分钟,1节必修必学基础课+1节必修选学专项课),旨在满足不同学业基础、能力水平、兴趣特长、成就取向学生的发展需要,使其掌握2—3项体育运动技能,为养成自觉参加体育锻炼的习惯和健康生活方式奠定基础。学校把原来每周4节40分钟的体育课,变成每周2节80分钟的体育课。改革后,出现了如何选择教学内容与形式、如何检验教学效果等问题,随之带来了知识点重新切割、教学单元重构组合、教学流程优化调整、活动环节重新设计等一系列对策,需要进一步进行实践研究。

二、学校体育基本情况

1. 学校概况

大境中学是上海市示范性实验性高级中学,学校目前共有3个年级,24个教学班,学生总人数为830余人。2017年,学校成为上海市高中体育专项化教学改革第三批试点学校。

2. 学校体育场馆资源概况

学校地处中心城区,校园面积较小。目前,运动场馆主要有室外篮球场2片,排球场1片,250米田径场1片,7人制足球天然草地1片,35米网球练习墙1面,体操房1个,形体房2个,射击馆1个。

3. 学校体育师资配备情况

学校有专职体育教师9名,其中女教师4名,男教师5名;高级教师1名,中级教师6名,一级教师1名,见习期教师1名;其中2位教师为研究生学历。组内教师年龄结构和不同体育专业搭配合理,在工作中能做到各显其能、优势互补,为学校体育专项化组合式教学实施提供了较好的基础。我们结合体育专项化课程"组合式"构建与实施,对教师的运动专长做了统计,详细情况如表1所示。

表1 大境中学体育教师运动专长与承担课程匹配情况

年龄	性别	运动专长	拟主要承担的专项课程	拟主要承担的田径课程
56	女	田径、排球	排球	跳高
50	男	射击、武术	射击	短跑
45	男	田径、篮球	篮球	跨栏
42	女	田径、健美操	健美操	跳远
40	女	体育舞蹈、田径	体育舞蹈	短跑
39	女	篮球、田径	乒乓球	投掷

---

① 刘敏:《上海市高中体育专项化教学管理现状及建议研究》,上海体育学院硕士学位论文,2015年,第35页。
② 上海市教育委员会:《上海市高中体育专项化课程改革指导意见(试行)》,2015年10月,第4-5页。

（续表）

年龄	性别	运动专长	拟主要承担的专项课程	拟主要承担的田径课程
35	男	田径、网球	网球	耐力跑
25	男	游泳、网球	网球	跳高
23	男	拳击、羽毛球	拳击	投掷

4. 学校场地器材配备师生满意度调查分析

由图1可以看出，仅有35.5%的教师认为目前的场地设施能够满足体育专项化教学的需求，超过一半的教师觉得场地不够用和缺少场地；仅有29%左右的学生认为目前的场地设施能够满足上课需求。调查发现，学校场地能够满足需求的多集中在足球、健美操、乒乓球项目。不难看出，学校除了一些基本的田径场、足球场、体操房等，缺乏篮球、羽毛球、网球、游泳等专用场馆。体育场地设施距离国家规定尚存在一定的差距。

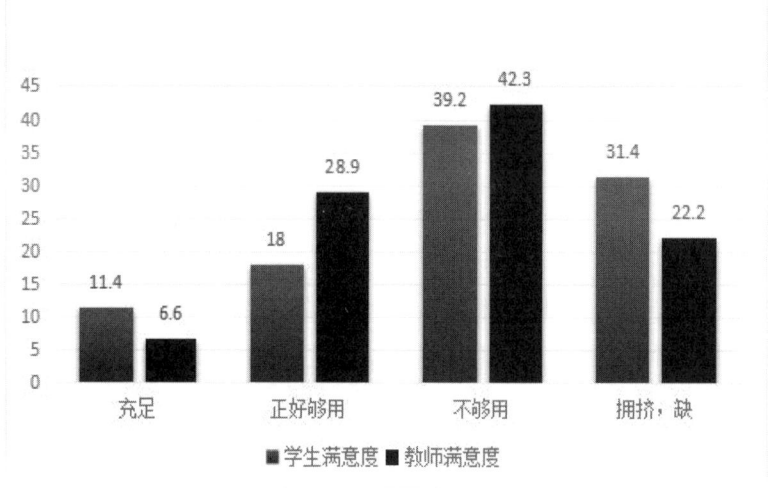

图1 学校场地器材配备师生满意度调查结果

三、体育专项化课程"组合式"构建与实施

1. 体育专项化课程"组合式"构建

（1）专项化课程内容的"组合式"构建

依据《普通高中体育与健康课程标准（2020修订版）》的要求，结合《上海市高中体育专项课程大纲》，以及学校传统体育项目（田径和射击），将课程内容按专题和模块进行组合，从学习主题、学习程度、学习能力、学习项目、学习方式5个维度设计学科组合式课程，构建"1+1"课程模式（每周2节体育课，每节课80分钟，1节必修必学基础课+1节必修选学专项课），把原来每周4节40分钟的体育课，变成每周2节80分钟的体育课，将知识点重新切割，进行单元重构，以学年为单位，强调大单元结构中技术动作教学的时序性、知识技能间的关联性和整体结构的螺旋式上升，做到学段间的有效递进。

①必修必学基础课课程内容的"组合式"构建

把田径项目基本的跑、跳、掷、健康教育模块，组合到必修必学基础课程中，在高一年级开设射击体验课，在高二、高三年级开设花样跳绳课，全员普及射击和花样跳绳。学校对标体育学科核心素养，以学年为单位,每个年级的必修必学课程按照"田径—跑、田径—跳、田径—掷、特色项目、健康教育"五大模块进行优化组合,并初步设置了学生掌握程度等级,每位学生要在一学年内轮流修完规定的五大模块的教学内容,课程教学内容优化组合双向细目表,如表2所示。

表2 大境中学体育专项化必修必学课程教学内容优化组合双向细目表

课程类别	高一年级（72课时）			高二年级（72课时）			高三年级（56课时）			对标核心素养	掌握程度			
	模块内容	教学单元	课时	模块内容	教学单元	课时	模块内容	教学单元	课时		了解	体验	掌握	运用
必修必学	田径-跑模块一	中长跑	10	田径-跑模块二	障碍跑	10	田径-跑模块三	中长跑	8	Y P			√	√
		短跑	10		接力跑	10		跨栏跑	8	Y P			√	√
	田径-跳模块一	蹲踞式跳远	10	田径-跳模块二	挺身式跳远	10	田径-跳模块二	挺身式跳远	8	Y P			√	√
		跨越式跳高	10		背越式跳高	10		背越式跳高	8	Y P			√	√
	田径-掷模块一	原地侧向推铅球	10	田径-掷模块二	侧向滑步推铅球	10	田径-掷模块三	背向滑步推铅球	8	Y P			√	√
	特色模块一	射击	10	特色模块二	花样跳绳	10	特色模块三	花样跳绳	8	Y P		√	√	
	健康教育模块一	健康的基本知识	4	健康教育模块二	常见传染病的预防与控制	4	健康教育模块三	提高心理健康水平	2	Y J	√			
		合理营养与食品安全	4		环境、健康、体育锻炼的关系	4		提高社会适应能力	2	Y J	√			
	机动		4	机动		4	机动		4					

说明:1. 侧重培养学生体育学科核心素养代码:运动能力(Y)、健康行为(J)、体育品德(P);
　　　2. 掌握程度对应指标下打√。

②必修选学专项课课程内容的"组合式"构建

以高一年级为例,必修选学专项课程,主要开设篮球、健美操、排球、乒乓球、网球5个项目教学班,每个项目班选项人数为25—30人。从运动体能、专项技能、健康文化3个维度,每一个专项科学设计成不同水平(等级)的模块,由学生自主选择,遵循螺旋式上升的规律,完成体育专项化课程必修选学专项课内容的组合式构建。以网球项目为例,如表3所示。

表3 高一年级体育专项化课程网球项目内容的组合式构建

专项	维度		模块内容
网球	运动体能	一般体能	30米冲刺跑
			1000米跑（男）
			800米跑（女）
		专项体能	五点折返跑
			原地掷实心球
	专项技能		球性练习
			正手击球
	健康文化		网球项目健康知识
			网球文化与比赛欣赏

(2)专项化课程综合评价的"组合式"构建

①必修必学基础课课程的评价标准

必修必学基础课课程的评价标准,参照《国家体质健康标准测试》评价标准来实施。

②必修选学专项课课程的评价标准

对于每个专项组合后的模块内容,依据年级、运动项目达成水平两个维度,科学设计各模块内容的评价标准,以网球项目为例,如表4所示。

表4 高一年级体育专项化课程网球项目内容的评价标准

专项	维度	模块内容	优秀		良好		合格		需努力	
			男	女	男	女	男	女	男	女
网球	运动体能	一般体能 30米冲刺跑	≤4″39	≤5″22	≤4″54	≤5″34	≤4″70	≤5″40	>4″70	>5″40
		1000米跑(男)800米跑(女)	≤3′40	≤4′40	≤4′05	≤4′00	≤4′45	≤4′40	>4′45	>4′40
		专项体能 五点折返跑	≤16″20	≤17″90	≤16″40	≤18″10	≤16″60	≤18″30	>16″80	>18″50
		原地掷实心球	≧11	≧7.6	≧10	≧7.3	≧8.9	≧6.6	<8.9	<6.6
	专项技能	球性练习(颠球)	≧30	≧25	≧25	≧20	≧20	≧15	<20	<15
		正手击球(对墙击球)	≧10	≧8	≧8	≧6	≧6	≧4	<6	<4
	健康文化	网球项目健康知识					考查			
		网球文化与比赛欣赏					考查			

(3)体育教研组项目备课组的"组合式"构建

保留常规的年级备课组,根据现行体育课专项化课程"组合式"的构建与实施需要,按项群理论建立项目备课组,选定相应专项的教师任备课组长,发挥集体备课优势:

田径项目备课一组,负责体能主导类—快速力量性项目(跳跃、投掷);田径项目备课二组,负责体能主导类—速度性项目(短跑、跨栏);田径项目备课三组,负责体能主导类—耐力性项目(中、长距离跑)。专项备课一组,负责技能主导类—难美性项目(健美操、体育舞蹈、武术);专项备课二组,负责技战能主导类—同场对抗性项目(篮球、足球);专项备课三组,负责技战能主导类—隔网对抗性项目(网球、排球、乒乓球)。

2. 体育专项化课程"组合式"实施

(1)体育专项化课程内容的"组合式"实施

体育专项化课程"组合式"实施根据"课程转型需求导向、课程内容专项模块、实施形式多元组班"的原则,结合学生的实际情况,从"分类、分项、分层"3个维度进行课程建设和教学安排。学生根据自己的兴趣爱好和实际水平,选择必修选学专项课程的其中一个项目进行为期3年的学习。必修必学基础课课程是每位学生的必修课程,该课程的实施以必修选学专项课项目教学班为单位,按照模块每10课时循环一次,上满本模块10课时后,按照图2箭头所指方向依次轮换到下一个模块进行学习,逢阴雨雾霾天气,统一安排学生在室内进行健康教育模块的学习。每个模块对接一个《国家体质健康标准测试》的项目,以高一

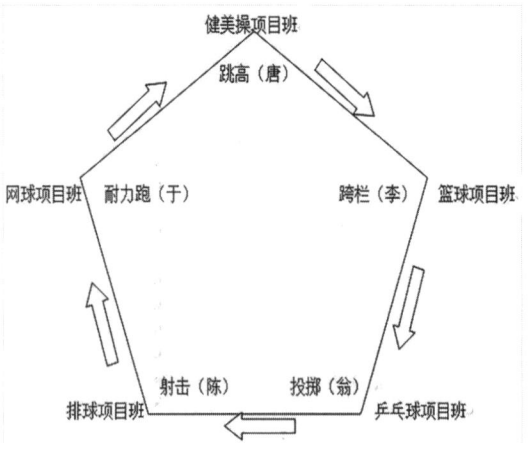

图2 必修必学基础课学生走班顺序图

年级为例,具体如下:跳高—引/仰、短跑—50m、投掷—坐位体前屈、射击—立定跳远、中长跑—800m/1000m,每节课安排10—15分钟的体能练习时间。

(2)体育专项化课程综合评价的"组合式"实施

为确保高一年级体育专项化课程"组合式"教学的顺利推进,学校采用"教师评定与学生自评互评相结合、过程评价与结果评价相结合、相对评价与绝对评价相结合、定量评价与定性评价相结合"的评价方式,以专项课成绩、基础课成绩、运动经历、情意表现4个学习领域的具体目标为依据,根据一定的权重比例进行多元评价。专项技能评定时,对于高一年级以技评为主,达标为辅,同时充分顾及学习态度和进步程度;随着学习年限的延续,技术应用能力和达标的评价比重逐步提升;一般体能的评定按照《国家学生体质健康标准》执行。具体评价权重的比例分配,如表5所示。

表5 大境中学体育专项化课程"组合式"学生综合评价权重比例分配表

评价内容学段	专项课成绩	基础课成绩	运动经历	情意表现	合计
高一	40%	40%	10%	10%	100%
高二	40%	30%	15%	15%	100%
高三	30%	30%	20%	20%	100%

四、体育专项化课程"组合式"构建与实施成效

1. 体育专项化课程"组合式"构建成效

(1)体育专项化课程"组合式"构建,打通了课程标准到教学实践的通道

体育专项化课程组合式构建,将课程标准和教学大纲的上位指导思想与课程架构,在内容和评价方式上进行组合式构建。在学期教学的整体性、模块教学的阶段性的组合下,课程标准和教学大纲的指导思想更具操作性,打通了课程标准到教学实践的通道。

(2)体育专项化课程"组合式"构建,促进了教师的专业发展

传统的体育专项化教学活动中,教师基本都是"单兵作战",每位教师承担一个项目的教学,主要依靠个人的力量解决教学的设计与实施。新的体育专项化课程"组合式"的构建改变传统的教学方式,每位教师都要承担2—3个项目的教学,以项目设立备课组,开展集体备课,共同进行教学设计和研讨。教师之间相互借鉴,共同探讨,形成能力各异、特长互补的教师群体,发挥了个人和集体的智慧力量,有效促进了教师的专业发展。

2. 体育专项化课程"组合式"实施成效

(1)体育专项化课程"组合式"实施,促进了学生的全面发展

学生通过体育专项化课程组合式的学习,既学到了自己喜欢的项目,细化了专项技能;又在田径课不同项目的学习中学会了基本的健身技能;同时体验了射击和花样跳绳等拓展项目,提高了身体素质,为终身体育习惯的养成奠定了基础。学生在锻炼和参与的过程中,形成了积极的体育情感、价值判断和道德准则,养成了积极进取、勇于拼搏、遵守规则、公平竞争等意志品质,提升了学生的民族体育精神、团队协作意识、个体责任感,有效培育了体育学科的核心素养。

(2)体育专项化课程"组合式"实施,有效落实了综合评价体系

学校先向学生介绍体育专项化课程"组合式"的课时安排和项目设置,学生再根据自己的兴趣和爱好填写"学生选项意愿表"。选项时,学生循序填报若干个专项,以便必要时进行调配。但由于开设项目有限,而学生兴趣各异,只有68%的学生满足第一志愿选择,其余多为协商而定。为检验体育专项化课程"组合式"实施的效果,课程实施前后采用BFS心境量表分别对实验班和对照班进行测试。

表6 体育专项化课程"组合式"实施前学生BFS心境量表的问卷调查

项目	实验班（n=46）$\bar{X}\pm S$	对照班（n=46）$\bar{X}\pm S$	/t/	p
活跃性	13.26±4.51	12.95±3.47	1.67	>0.05
愉悦性	12.69±4.21	12.58±3.81	1.68	>0.05
抑郁性	10.38±3.76	10.65±3.53	1.59	>0.05
无活力性	10.45±3.85	10.94±3.22	1.46	>0.05

表6说明，在体育专项化课程"组合式"实施前，实验班与对照班的学生在活跃性、愉悦性、抑郁性、无活力性等心理情绪指标上无显著性差异。

表7 体育专项化课程"组合式"实施后学生(BFS心境量表)的问卷调查

项目	实验班（n=46）$\bar{X}\pm S$	对照班（n=46）$\bar{X}\pm S$	/t/	p
活跃性	14.96±3.28	13.25±3.05	2.34	< 0.05*
愉悦性	14.68±3.21	13.86±3.13	2.26	< 0.05*
抑郁性	9.32±2.81	10.11±2.97	2.25	< 0.05*
无活力性	9.23±3.12	10.23±3.22	2.18	< 0.05*

表7说明，在体育专项化课程"组合式"实施后，实验班学生的活跃性、愉悦性测试值明显高于对照班(P<0.05)，抑郁性、无活力性测试值明显低于对照班(P<0.05)。可见，运用多元化的综合评价体系，实现了以进步幅度为重要评价内容之一的相对评价，提高了学生积极的心境状态，降低了部分专项技能基本功差的学生的抑郁性和无活力性。同时，学生参与学习评价，通过组内互评、自评等方式，更好地融入整个学习过程，增强了课堂主体意识、参与意识，改善了学练态度和参与行为。

五、体育专项化课程"组合式"构建与实施反思

1. 体育专项化课程"组合式"构建的顶层设计有待完善

学校应该充分研究改革政策，深化课改精神，挖掘体育学科文化内涵，强化课程"组合式"开发与实施，融入海派体育文化元素，发挥学校传统项目优势，为体育课程改革助力。

2. 体育专项化课程内容"组合式"构建的系统性和层次性有待提高

学校体育专项化课程内容的"组合式"构建尚处于试行阶段，项目设置、教学内容、教学目标、评价标准仍然需要进一步实践验证。体育专项化课程"组合式"构建过程中，各学段教学内容的系统性和层次性尚不完全统一，应依照课程标准和专项化教学大纲，进一步优化组合，从而满足学生需求。

3. 体育专项化课程"组合式"实施中可利用的教学资源有待丰富

体育场馆设施与师资力量的不足，在一定程度上束缚了体育专项化课程"组合式"实施的推进，加上部分教师存在执教内容与自己专业不对口的情况，教师自身的专业技能也急需提高。针对师资力量不足和专业不对口的现状，应积极开展专项化培训，通过整合校内外体育资源，与少体校、社会团体、俱乐部合作，推行兼职体育教师制度等措施，重点解决教师数量和专项能力不足、教学设施难以满足专项化教学需要等瓶颈问题。

4. 体育专项化课程"组合式"实施应转变教学模式,突出学生地位

学校改变传统教学模式,构建了以"运动技能、专项体能、运动经历、运动情意"四维目标为依据的"自主选择、自觉锻炼、自我评价"体育专项化教学模式,教学方法由重"教"向重"学"转变,教师角色由知识技能的传授者转化为学生学练的促进者,由学生的管理者转化为学生发展的引导者,旨在指导学生形成良好的锻炼习惯,掌握体育锻炼的方法,发展自主学习的能力。同时,教师注重创设丰富的教学情境,激发学生的学习动机和学习兴趣,充分发挥学生的主体作用,关注学生的个体差异,注重学生的全面发展。

The Construction and Implementation of "Integrated" Curriculum for Specialization Teaching in High School Physical Education

YU Shengde, LU Qisheng, YU Dingzhi

(Dajing High School Affiliated to Shanghai International Studies University, Shanghai, 200011)

Abstract: Based on the full implementation of "Shuang Xin", and the demand for enhancing the reform of specialization teaching in high school physical education, this research combines the school's sports project with the traditional characteristics, restructures and optimizes the learning program for "compulsory learning and elective sections" in the physical education curriculum according to thematic modules and builds a "1+1" curriculum model. The construction and implementation of "integrated" curriculum for specialization teaching in high school physical education can connect the new curriculum standard with the teaching practice and optimize the curriculum framework for the high school physical education. Thus, students can improve their stamina, special skills and the culture of health. In the meantime, the effort can also promote the professional development for teachers and help form a physical education curriculum with the school's characteristics.

Key words: specialization teaching in high school physical education, curriculum, integrated approach, comprehensive evaluation

教师戏剧性言语的价值及其在课堂教学中的运用

孔 苏[1]，黄得昊[2]

（1. 华东师范大学 教育学系，上海 200062；2. 上海市师资培训中心，上海 200234）

摘 要：戏剧性言语作为一种言语类型，具有改善教师言语的价值：它是基于生活形式的生动实践、实现心灵互动的符号媒介，有利于促进师生的直接言语交往。戏剧性言语在课堂教学中的运用，与课堂教学形式密切相关。基于教育戏剧的课堂教学，教师言语戏剧性表现力强，言语数量较多，结构和类型丰富，角色言语、师生互动效果显著。在课堂教学中运用戏剧性言语，需要教师把握角色言语的完整性与创造性，注重师生言说的兴趣与逻辑，使师生言语的互动朝向社会交往意义。

关键词：戏剧性；教师言语；课堂教学；教育戏剧

言语是教育的基本方式，古代言语或现代言语，自然言语或人工言语，戏剧言语或教育言语，都是课堂教学的重要媒介。戏剧性言语与戏剧言语密切相关，是具有引发情感、艺术修辞特征的言语类型。戏剧性言语广泛运用于戏剧舞台和日常生活领域，在语言活动、心灵交互和教学过程等方面具有重要价值。

一、教师戏剧性言语的内涵与价值

从广义来说，戏剧性言语源自"语言戏剧"，语言即戏剧。① 从狭义来说，戏剧性言语是指含有戏剧特性的语词或语句。戏剧出现是为了满足人的情感需求，戏剧性言语的出现是为了满足人在言语表达上的需求。在教育领域，教师戏剧性言语更偏重于教师在课堂教学中所运用的戏剧性言语。言语的价值本身在于运用，对于教师戏剧性言语价值的考察需要从言语本身展开，主要表现在以下三个方面：

1. 基于生活形式的生动实践

基于生活形式的言语内涵对应"语言游戏"（sprachspiele）概念，这是后期维特根斯坦哲学的重要内容，它表示"用语言来说话是某种行为举止的一部分，或某种生活形式的一部分"。② 语言游戏的多样性

基金项目：本文系国家社会科学基金教育学重大课题"中国特色社会主义教育理论体系研究"（项目编号：VAA190001）、华东师范大学 2020 年优秀博士生学术创新能力提升计划项目"教育戏剧与教师言语行为转变研究"（项目编号：YBNLTS2020-001）的阶段性研究成果。

作者简介：孔苏，华东师范大学教育学系博士研究生，主要从事教育基本理论研究；黄得昊，上海市师资培训中心助理研究员，博士，主要从事教师教育研究。

① 邓志勇，杨涛：《伯克修辞学之基石的语言戏剧性哲学观》，《外语教学》2010 年第 5 期，第 36-40 页。
② 维特根斯坦：《哲学研究》，陈嘉映译，上海人民出版社 2005 年版，第 15 页。

在课堂教学中表现为编故事、演戏、唱歌等活动,除活动表现外,语言运用也显示出"语言游戏"的多样性。戏剧性言语追求自我表达,自我来源于生活,自我所依托的言语内容和方式是生活形式的体现,即使儿童言说想象的、联想的内容,同样基于生活形式。戏剧性言语的言说规则遵循维特根斯坦对语言游戏的论证,即"语言游戏所有规则都根植于生活形式之中,遵守规则构成了我们的语言游戏的基础,它们刻画了被我们称为描述(即语言的使用)的东西的特征"。[①] 戏剧性言语对具体语词的命名也构成语言游戏,印证了语言游戏间的相似性,这种相似性存在交叉重叠现象。

2. 实现心灵互动的符号媒介

戏剧性言语以符号形式为人在现实社会中的表现提供抽象化、情境化的手段,实施言说的个体有组织地将其输出,接收言说的个体纳入自己的本性之中,利用符号实现心灵反应,可以说言语是心灵间互动的媒介。

作为心灵互动的媒介符号,戏剧性言语的贡献还在于"意义"。心灵互动的有效性意味着互动过程有意义,言语诠释语言的抽象符号特性,并使互动者相互理解。它不仅构造个体意义,同时也构造集体意义,且集体意义具有特殊性,具体表现在:某一个体进入另一个体的言说世界,跟随他人的意向运动,从而实现集体的接受。集体意义须在某情境下起作用,是情境约定下的意义生发。

二、教师戏剧性言语的表现形式

教师戏剧性言语一方面要满足戏剧化言说,另一方面要具有教育意义。实践表明,课堂教学中的教育戏剧活动与教师戏剧性言语关系紧密。戏剧的语言学习是语言课程的重要部分。[②] 戏剧性言语在课堂教学中通过言语行为、言语思维和言语工具等不同形式表现,具体包括适时推进教学的行为方式、促进思维融合的有效手段,以及教育戏剧的实施工具。

1. 作为行为方式的教师戏剧性言语

行为方式是指行为主体实现行为目标的方法或路径。戏剧性言语是教师在课堂教学过程中实现教学目标的方法,它不同于其他教学方法的特殊性表现在两个方面:第一,即时自发性。戏剧性言语有效创设多种情境,为师生言说提供自由空间。戏剧性言语不是一般理解上的表演或背诵,不等同于准备好的台词朗读,而是言说者即时言说内心思考和感受。戏剧性言语的即时自发表达意味着语句可能不完全合乎语法规范,言语之间会出现多重嵌套。研究表明,具有多重内嵌的句子往往导致理解中断,原因在于加工这种句子的复杂性上升,而人的加工能力有限。[③] 但正因为如此,才凸显戏剧性言语即时自发特点在促进言语转换生成速率方面的效果。第二,角色互动性。言语互动是课堂教学的常规路径,但戏剧性言语的互动基于角色内涵,这种言语互动关系不再是单一的师生关系,还包括角色关系。戏剧性言语注重两种或多种角色关系间的言语互动与转换,并在其中发掘言语资源,进而能够再次推进角色互动。

2. 作为激活思维的教师戏剧性言语

言语和思维是相互影响的关系,外显的言语内容和方式反映内在的思维结果。无论是语境创设、心智交汇还是探究对话,言语都扮演重要角色,特别是教师言语对学生思维发展具有启发作用。戏剧性言语立足创造情境,在心灵沟通和互动对话上具有戏剧属性的天然优势。情境是预设问题的方法,引导学生解决问题。当且仅当一个人在解决问题时,思维才发生。[④] 戏剧性言语以特有的戏剧化方式构造问题情境,引发学生思维,具体表现在:第一,使用戏剧性言语的目的是促进学生解放天性、言说自我。解

[①] 韩林合:《维特根斯坦论"语言游戏"和"生活形式"》,《北京大学学报(哲学社会科学版)》1996年第1期,第108-115页。
[②] 张晓华:《教育戏剧理论与发展》,心理出版社2003年版,第125页。
[③] 梁丹丹:《言语生成、理解中的资源优化配置》,《江西社会科学》2002年第5期,第123-125页。
[④] 查有梁:《论思维模式的分类及其应用》,《教育研究》2004年第1期,第49-54页。

放天性、言说自我的过程是学生思维自然生成的过程。第二,运用戏剧性言语的主要方法是扮演或想象角色言语,学生依照自我对角色的理解进行言说,思维过程不受外界压迫,言说内容既属于角色又属于自我。

3. 作为教育戏剧实施工具的教师戏剧性言语

教育戏剧活动存在可以被掌握与运用的手段和方法,"习式"是其中之一。习式是一个个手段、方法,它需要"活动"将其串联起来,教育戏剧活动按照尼德兰斯(J. Neelands)的分类,包括建立情境活动、叙事性活动、诗化活动和反思活动。这四类活动分别对应戏剧性言语的四种倾向:具体翔实、即兴自发、虚实结合、理性陈述。具体来说,建立情境活动即教师引导学生进入教育戏剧时空,教师言语对情境描述的形象程度越高,意味着言说内容越具体翔实,不可缺少环境氛围、时代趋势、关键人物等要素。叙事性活动即教师通过假设的方式叙述、演绎教育戏剧情境过程的关键事件,"角色言语"是言说的核心内容。教师扮演角色,通过言说引导学生进入集体或个人角色。诗化活动即依托戏剧叙事,在假设、讨论、反思的基础上,赋予作品符号性的表达。[①] 诗化活动对言语的要求更多表现在要充分理解活动的虚与实,言说主体运用戏剧性言语的过程是言说情境虚实的过程,教师言语既在活动中构建虚拟情境,又表达真实感受。反思活动即从虚拟情境中抽离,反思现实自我对情境的言说和行为。反思活动要求言说主体理性阐述,言语具有逻辑性和批判性特征。

三、指向融合的教师戏剧性言语运用

教育戏剧是课堂教学运用戏剧性言语较为适切的活动,与日常教学相比,教育戏剧与学科教学的融合更加有利于教师戏剧性言语的运用。

1. 在日常教学过程中的运用

日常教学是指教师进行的日常引导、日常讲授、日常评价、日常反馈等活动。它带有日常化倾向,在言语表达上的主要弊端是重复性、程序性、机械性与单向性。教师言语指向的领域包罗万象,具体内容无法全部罗列,但根据一定标准可以将内容进行分类。按照言说目的,可将具体内容分为讲解类言语、评价类言语。

(1)讲解类言语

讲解类言语重点针对知识,教师运用讲解类言语,贴合传统意义上对于知识特性的认知与理解。教师的讲解类言语,核心是解构知识,以命题式言说将知识层次化、条理化。

语料呈现的背景介绍:这是小学二年级的一堂语文课,课文是杜甫诗《绝句》。教师运用言语解析诗文描绘的意境及写作故事。其中,教师"强戏剧性"言语包括:

他看了近处的千秋雪,又抬起头来看到了黄鹂。

你会发现,与过去学的古诗相比,过去可能就是眼前的一处景物,而杜甫此时透过窗户看到的是大幅画卷。

那么看到此情此景,杜甫仅仅感受到了一个"美"吗?他写下这首诗,是为了纪念、赞美这美丽的景色。

安史之乱,士兵们在打仗,老百姓的日子可就苦了,他们吃不饱、穿不暖,没有一个安宁的家居住。也可能到了冬天穿不暖,杜甫一家也没有办法,他就带着家人离开了成都的草堂。

后来战争平息了,国家安宁了,杜甫又领着家人回到了四川草堂,回来之后,正值春天,他推开自己的窗户,看到的就是这样的一番景象。

这5条语料做到了既显现知识又以言传情。在识记诗文的基础上,言语的内容富含想象与联想。

---

① 焦阳:《教育戏剧对儿童素质影响的实证研究》,上海社会科学院出版社2018年版,第68页。

例如,"杜甫此时透过窗户,看到的是大幅画卷"。教师运用"此时""透过"等修饰语词,描绘立体的人物形象。"此时"为典型的索引词,是指语词相对于说话人、说话时间等而改变意义。[①] 教师运用索引词传达作者写诗的时代背景和具体场面,能够丰富学生对诗文内容的理解。语料鲜明的想象与联想特征属于戏剧性言语的形式表现,其本身的想象与联想彰显了教师的情感意图。

(2)评价类言语

评价类言语是指教师言说对学生的学习表现、效果等方面的判断内容。

语料呈现的背景介绍:这是小学一年级语文课,课文名称《荷叶圆圆》,选取教师5条强戏剧性语料。"真好。读得好美啊。"该条语料由两句话构成,后一句可以看作是前一句的详细说明。尽管言语结构简单,但教师评价指向清晰、情感丰富。评价不只是从言语结构、词汇意思等语义角度解释,更要从语用层面判断评价的意义。评价意义在于其动态使用而不是静态分析。联系前后语境,教师此句言说是在学生有感情朗读之后的立即呈现,也是整堂课的第一次直接评价,体现出言语的戏剧性特征。

真棒。今天表现特别好。

真好。真是一只神气的小蜻蜓。

我发现这只小青蛙有些冷静。

这次我听出来了,这只小青蛙很开心啊。

上述言语的戏剧性较为鲜明,如具体使用夸张、拟人等言语技巧。这些语料反映出教师一定的言说能力,用戏剧化的言语方式表现教师的教学状态、风格和投入程度。评价不再直接言说"好"与"不好",而是转换成间接表达,以角色言说或评价角色的方式展开。

2. 在学科教学与教育戏剧融合中的运用

教育戏剧有多种表现形式,如整体的课程实施、教学某一环节、具体教学方法等。教育戏剧与学科教学融合是一种新的教学尝试,学科教学因教育戏剧的加入,使得过去灌输式思维有了新的突破。[②] 教育戏剧在运用上具有情境化、即兴化特征,这些特征意味着教师的言说在内容和形式两方面都具有教育戏剧鲜明的特殊性。具体而言,教师言语不再是现实语境下的单一陈述,教育戏剧提供虚拟空间,使教师言说具有多种可能。

语料呈现的背景介绍:上海市 M 小学陆老师尝试将教育戏剧与语文教学融合,重点运用"角色体验"习式。三年级语文课《镇定的女主人》梗概:

一位女主人张罗请客,突然发现一条眼镜蛇盘在了脚下,女主人镇定自若,一边和客人们说笑,一边吩咐保姆用牛奶把眼镜蛇引向阳台。全文想要表达女主人临危不惧、有胆有识。"哇!一条眼镜蛇!你们的脚下也盘着一条眼镜蛇!"教师的言说突出想象元素,引导自我和学生进入戏剧情境,从眼镜蛇的发现到定位,构成一幕戏剧场景。"这条蛇冰冰凉凉,还在动呢!""我感到蛇正用它细长的舌头在碰我的脚!""真是太可怕了!这样的一条蛇盘在你的脚下,你最想做的是什么?"

该语料展现了教师的恐惧情感,意图将虚拟的眼镜蛇现实化,同时启发学生思考如何应对。教师通过言语创设情境、投入情境,以贴合情境的方式言说,这种贴合同时意味着言语规范,即言说内容需要与言说情境保持关联。教师言语的戏剧性带动学生言说的戏剧化,从言语结构和句型来看,祈使句、感叹句和陈述句均有运用,主语多有变换,如现实中的学生、情境中的"我"以及"蛇"。教师的言说有效实现了虚拟与现实世界的切换,师生互动存在于差异化的时空。

同样是在上海市 M 小学,易老师的戏剧性言语更为侧重"情境"。语料呈现的背景介绍:"礼物"是课程主题,教师创设戏剧情境,以"小男孩"为主人公,讲述治病救人过程中的故事。

各位村民先听我说,不如这样,有人可以带我去见他,我可以给你们数不尽的金银财宝。要吗?

为什么不要?不要金银财宝没有关系,我可以跟国王说,如果有人愿意带我去见他,可以让你们到

---

① 陈嘉映:《语言哲学》,北京大学出版社 2003 年版,第 34 页。

② 孔苏:《方法论视域下教育戏剧与学科教学融合研究》,《当代教育与文化》2020 年第 2 期,第 78—83 页。

皇宫里做一个大官。皇宫里有好吃的、好喝的，什么都有。

有谁愿意带我去吗？我给你们一个晚上的考虑时间。

上述语料，教师运用两种言语类型：一是指令语，如"各位村民听我说"；二是商讨语，像"不如这样……"。教师言语类型多样，角色言语适切，但在提问环节却使用了封闭式问法"要吗"，该问法属于"是/否"模式，教师提问的言语表达稍显简略，既与先前的言语铺陈不相匹配，又使学生的回答处于失效状态。所谓"失效"，是指教师无法基于学生的答案进行解释或追问。从言语句式上看，该陈述运用祈使句和条件从句，也包括宾语补足语。多样化的句式有利于言语阐述，改善言语形式单一问题，但言语高品质的关键除了多样的言语句式，还包括丰富的言语内容。从语料看，易老师追问的言语内容充满着"金钱、地位和物质"，而易老师此时不再是现实的教师，而是教育戏剧角色中的"大臣"，"大臣"的言语实质是易老师对大臣身份认知的言说。这在逻辑上满足戏剧性言语对角色言语的要求，同时也是言说主体自发的言语认知。

四、教师戏剧性言语对课堂教学的启示

戏剧性言语通过情境完成言说。从日常教学与教育戏剧课堂教学过程来看，日常教学过程中，教师戏剧性言语数量偏少，且呈现出个别化、零碎化特点；而教育戏剧过程中，教师戏剧性言语数量较多，结构和类型丰富，多运用角色言语，能使师生互动显现一定效果。

1. 把握角色言语的完整性与创造性

传统课堂上的角色言说，多是分角色朗读课文、对话或课本剧对白等。教育戏剧中的角色言语是戏剧情境下的完整言说，它通常围绕一组戏剧主题，在主题中对话、辩论、言说情感，言语包括开场、过程和结尾。角色言语的重点是表演对话或讲演独白，主要特点是构造言说情境。教育戏剧中的角色言语具有创造性。作为教育戏剧的组成部分，角色言语具有戏剧性言语即兴自发的特征，这种特征表现出创造性，它不是精巧的言语构思或充分的言语准备，由此区别于一般意义上的戏剧言语。不仅"即兴自发"是创造，角色言语的内容与言说主体对角色的认知也是创造，主体对于角色的理解往往受限于认知与经验，而主体融入角色的言说内容是角色主体的言语，包含主体赋予角色的意义。创造性虽然讲究创新、个性，但要遵循一定言说逻辑。言说主体是否进入角色、言语是否符合角色特征，是判断角色言语是否合乎规范的两条标准。在师生会话中，角色言语间的互动主要是扮演角色间的言语交流，创造性体现在言语过程中的角色诠释，把主体对角色的理解以言语的方式呈现，师生基于角色言语完善人物形象、阐述角色特征，从而发现主体对角色的独特认知。

2. 注重师生言说的兴趣与逻辑

师生会话的研究焦点是会话形式，例如，研究者常用弗兰德斯互动分析系统对课堂师生言语进行定量研究，分析某一时段师生言说的频次及通过何种方式言说。这种师生会话的研究范式容易走向形式误区，即师生间连续的"你一句、我一句"的互动形式值得推崇。尽管这种研究注意到言语内容的功能划分，但它忽视会话内容的不同构成，如互动产生的言语，个体思考的言语，即兴自发的言语。即使是课堂师生言语内容的研究，侧重点同样是在言语的逻辑方面，如研究者认为语文课堂的有效反馈主要是指师生"言语产品"的分享过程。[①] 师生的言说兴趣只是嵌入会话之中，研究者更为看重师生会话的逻辑特征。从教师语料来看，教育戏剧情境使师生产生言说兴趣，师生运用戏剧性言语，自觉将言说兴趣放在首位。这一方面是源自师生进入教育戏剧情境，现实场景与戏剧情境中的主体都有言说的需要；另一方面，戏剧性言语即兴自发的特点激发师生的言说兴趣。师生在戏剧化的言说过程中，不能忽略言说逻辑，需要同时注重言说兴趣和言说逻辑。

---

① 赵晓霞：《语文课堂教学有效性模式探微》，《中国教育学刊》2014年第11期，第47-52页。

3. 师生言语的互动朝向社会交往意义

言语的互动有真假,互动的品质有高低。课堂作为一个社会场域,主体间的言语互动是社会场域主要的存在方式。但是,如果言说不是内心表达的冲动,只是作为一项习以为常的课堂任务,甚至出现学生为了迎合教师而言不由衷,那么这样的言语互动属于假互动,缺乏实质的社交意义。当主体言说自相矛盾,或言说者表达原本不相信的观点,都不是在社会交往层面上的言语互动。语料反映出戏剧性言语来源于教师的生活及想象世界,师生主体间的言语交往,在戏剧情境中敞开各自的主观世界。面对具体情境下的故事情节和知识内容,戏剧性言语不完全由单一的情感内涵构成,也包含理性逻辑。教师运用戏剧性言语常会出现言外之意,这既是某种具体情感的承载结果,也是社会交往层面的惯习结果。言语互动不仅呈现为对话形式,也呈现为"独白"形式。戏剧性言语给予"独白"一定的发挥空间,在主体间的交往过程中,这种面向自我的言说类型丰富了社会交往的内涵,在意义和意味方面达到了"明其意义"与"得其意味"的统一,实现了主体间社会交往意义上的交融。

The Value of Teachers' Dramatic Speech and Its Application in Classroom Teaching

KONG Su[1], HUANG Dehao[2]

(1. Department of Education, East China Normal University, Shanghai, 200062;
2. Shanghai Teacher Training Center, Shanghai, 200234)

Abstract: Dramatic speech, as a kind of speech type, has the value of improving teachers' speech, which is mainly reflected in its vivid practice based on life form and the symbolic medium to realize the interaction of the mind, which is conducive to the promotion of direct speech communication between teachers and students. The application of dramatic speech in classroom teaching is closely related to the classroom teaching form. In the classroom teaching based on educational drama, teachers have strong dramatic expression of speech, which is characterized by the large number of words, rich structure and types, and the significant effect in role language and the interaction teachers and students. When using drama speech in classroom teaching, teachers are required to grasp the integrity and creativity of role language, to pay attention to the interest and logic of teachers and students' speech, and to make the interaction of teachers and students' speech towards the importance of social communication.

Key words: dramatic speech, teacher's speech, classroom teaching, educational drama

高中语文情境教学实践研究

吴 岚

(上海市川沙中学,上海 201299)

摘 要:高中语文情境教学指的是在高中语文学科中,教师根据课标要求,依据学情和教材特点,围绕学习任务群,创设能引发学生积极实践的真实的语言运用情境。情境教学能够增强学生语言实践活动的体验度,提升学生的高阶思维能力。然而,在具体的教学实践过程中,教师容易将情境教学等同于情感教育,脱离文本语境,误解真实情境。针对此类问题,可以运用开拓学习空间的体验式、注重文本语境的实践型、融合读写演的多样化的策略,创设更贴近学生、更具有操作性与实效性的真实学习情境。

关键词:高中语文;情境教学;情境创设

情境教学并非"情感教学",亦非简单的"情"+"境",也不等同于学生的学习环境。"情境教学"不仅指向教师的教学设计,更指向学生的体验。教师在进行情境教学时,应根据新课标要求,依据学情和教材特点,围绕学习任务群,创设能引发学生积极实践的真实的语言运用情境,增强学生语言实践活动的体验度,提升学生的高阶思维能力,培育学生学科核心素养。

一、情境教学的概念变化

"情境"一向是语文教学的热词。20世纪80年代中期,小学语文研究者李吉林老师从外语情境教学中得到启示,从中国古典诗词"意境说"中汲取营养,认为"情境教学"指"从情与境、情与辞、情与理、情与全面发展的辩证关系出发,创设典型的场景,激起儿童热烈的情绪,把情感活动和认知活动结合起来的一种教学模式"。①并在此基础上不断探究,从"情境教学"到"情境教育",从语文学科延伸到全学科,从课内拓展到课外、社会生活。

20世纪90年代,随着二期课改的推进,"情境教学"的内涵也在不断变化和丰富。在这一阶段,研究者大多将学生的情感体验和素质教育相联系,并关注到了学生与环境、活动的交互性特点,使课堂教学由单向的知识传授转向动态的、双向的互动交流。

"情境"一词,在2017版《普通高中语文课程标准》(以下简称新课标)中出现了33次,而在2003版课标中出现了3次。新课标明确提出语文学科核心素养是学生在积极的语言实践活动中积累与构建起来,并在真实的语言运用情境中表现出来的语言能力及品质;是学生在语文学习中获得的语言知识与语言能力,思维方法与思维品质,情感、态度与价值观的综合体现。②结合新课标,可以看出"情境教学"不仅是教师将情感、生活和学生学习环境相融合,其还应具备以下四个方

作者简介:吴岚,上海市川沙中学高级教师,主要从事高中语文教学研究。
① 李吉林,田本娜,张定璋:《小学语文情境教学——情境教育》,山东教育出版社2000年版,第13-14页。
② 中华人民共和国教育部:《普通高中语文课程标准》,人民教育出版社2018年版,第4页。

面的特点:一是从语文学科特质出发,强调语言运用;二是从学生主体出发,强调真实学习;三是从社会生活出发,强调综合实践;四是从课程目标出发,强调以学习任务群为核心。因此,笔者认为,在新课标新背景下,高中语文情境教学是指在高中语文学科中,教师根据课标要求,依据学情和教材特点,围绕学习任务群,创设的能引发学生积极实践的真实的语言运用情境,并以之提升学生的语文学科核心素养。

二、高中语文情境教学的现存问题

1. 忽视学生主体,将情境教学等同于情感教育、思想教育

教师在课堂教学中经常大段抒情、独白,试图以自身语言的感染力感动学生。的确,教师需要锤炼课堂用语增强感染力,然而,过多的煽情反而弱化了学生自主的理性思考。比如在必修上第一单元《沁园春·长沙》一课的设计时,某教师撰写了以下一段话创设情境:

毛泽东以他的大气,抒中国少年之风发意气,启少年中国强盛之旅。初中时我们学过他的《沁园春·雪》(齐背),诗人写出了"俱往矣,数风流人物,还看今朝"的王者霸气,这时江山已定。其实早在1925年,年轻的诗人就已经初露锋芒,显示出王者的"大气"。

在这一大段教师独白中,煽情的味浓厚,更是直接限定了《沁园春·长沙》的特点——"大气",而取代了学生自主的阅读体验。有教师认为:所谓情境教学,就是指教师按照一定的教学要求,通过朗读、讲解、问答等教学手段,对学生晓之以理,动之以情,把学生引入忘我的境界,使其产生情感的共鸣。[①]从其对情境教学的认识就可以看出,教师的预设性太强而忽视了学生个体特征,也忽视了对学生思维的培养。而在高中阶段,恰恰是需要引导学生通过语文学习,培养独立思考能力,尤其是提升思维品质,涵养理性精神的关键阶段。

2. 脱离文本语境,情境创设模式化

比如在必修下第六单元《祝福》一课中,有教师先花了大半节课介绍小说时代背景或绍兴祝福习俗,或直接观看电影《祝福》。并非不能介绍背景知识,只是过早地介绍文本外部的资料,容易使学生忽视文本内部特征。也并非不能看电影,只是不能用这样的情境创设替代学生的文本阅读。语文文本的学习应通过语言情境探究文本是怎样达到现有的效果的。脱离文本语境,学生就很难对文本有深入理解,这样的情境创设往往只是完成了主题的推演。脱离了文本语境的探究,以为情境就是运用多媒体、引用外部资源,那么情境创设就容易走向机械的模式化。

与其让学生先入为主看电影,还不如创设具体的语言情境,如:对祥林嫂"我真傻,真的"这句话的理解;对两处"决计要走"的赏读。因为这些话在文本中出现多次,且每一次的语境义都不同,作者的用意深刻。"情境存留在语境之中"[②],重视文本语境,才能引导学生真正走进文本的意蕴层,感受语言文字的魅力,从而真正提升语言素养。

3. 误解真实情境,情境创设机械化

有教师以为,新课标中"真实的语言运用情境",就是要让学生走出课堂,走向生活。事实上,有些单元任务确实可以创设真实的生活情境,比如必修上第四单元《家乡文化生活》,可以尽可能创设实践活动,鼓励学生接触社会,走进家乡做一些实地调查、人物访谈等。但是,并非所有的情境都必须要求生活的真实、环境的真实。比如戏剧单元,是否一定要将《哈姆莱特》《雷雨》都排成课本剧?"真实"的对象并非"情境"本身,而是学生。判断是否"真实"在于衡量学生是否经历了知识动态建构的过程,积累了言语经验,提升了解决问题的能力。

三、创设情境的基本策略

新课标指出,高中语文实践活动情境主要包括个人体验情境、社会生活情境和学科认知情境。[③]针对情境教学中产生的问题,根据新课标和教学实践,可以梳理和归纳一些创设情境的基本策略。

---

① 高雅贤,伊红菊:《语文情境教学浅探》,《沈阳师范学院学报(社科版)》1994年第3期,第87页。
② 王宁:《通向语文核心素养的学习任务群》,《七彩语文》2019年第3期,第12页。
③ 中华人民共和国教育部:《普通高中语文课程标准》,人民教育出版社2018年版,第48页。

1. 开拓学习空间的体验式策略

针对忽视学生主体的问题，教师应重视学生的体验与思维，多创设学生的个人体验情境。新课标认为，学生个人体验情境指向学生个体独自开展的语文实践活动，如在文学作品阅读过程中体验丰富的情感，尝试不同的阅读方法以及创作文学作品等。① 教师在创设学生的个人体验情境时，可以开拓学生的"想象"与"对话"的学习空间。

杜威认为，提出事实是为了刺激想象，如果能在新的情境中提示出事实来，那么想象自然地随之丰富了。而想象所特有的作用，在于发现在特有的感官知觉条件下，不能显示出来的现实性和可能性。② 在个人体验情境方面，开拓学生"想象"的空间无疑是颇有操作性的一种策略。比如《项链》一课，教师在教学设计上一般先对情节做梳理，往往会概括为"借项链、失项链、赔项链、得知项链是假的"四个部分。接下来教师可以设计这样的活动：如果你是编剧，导演需要你改编《项链》，且必须在四个部分中改变其中一个部分或一处语言，你会怎么改？这样设计的意图是，使学生想象成为编剧这一特殊身份后，从创作角度还原和分析原著中情节设置、细节语言等方面的巧妙用意。类似的还有，课文《县委书记——焦裕禄》设计情境：假如你是《人民日报》的记者，将要采访焦裕禄，在采访前你会预先准备哪些问题？请根据课文内容准备问题，想象并描述采访现场，写一篇访谈录；课文《鸿门宴》设计情境：假设在鸿门宴上，你是其中任何一个人，请模仿他们的语气，写一篇宴会上的祝酒词。

开拓学生的想象空间，需要教师将学生放入情境设计中，正如夏丏尊所言，鉴赏的第一条件，是把"我"放入所鉴赏的对象中去，两相比较。一壁读，一壁自问："如果叫我来说，将怎样？"③ 实际上，这个"如果"既推动了学生的想象力，同时也激发了学生的文本鉴赏力。把"我"放入所鉴赏的对象中去，学生能循着文本的思维逻辑，展开合理的推理、想象，形成个性化的判断、鉴赏，从而获得丰富的个人体验。

创设个人体验情境还可以开拓学生的"对话"空间。"对话"的空间指的是与文本、教材、教师、学生以及历史、现实、未来生活等之间的多重空间。在创设个人体验情境时，多重的对话空间可以激发学生思维能力，提升语言品质，培育深度对话的能力。"课堂的对话可以分为不同的层次"，而高中阶段的语文学习应培养学生进行"深度对话"的能力。"深度对话是直逼人的内心世界的、随时随地发生知性化学变化的、知识共创的、充满愉悦对话，是能够共创新的知识见解的对话。"④ 因而，只有这样的对话才能使学生有丰富的个人体验，从而激发学生具备共创意识和创新能力。

比如，在必修下第八单元《答司马谏议书》一课中，可以创设这样的情境：这篇书信的首尾段用了"蒙教""见恕""区区"等谦辞，一般来说，以这种口气说话的人肯定是比较温文尔雅、彬彬有礼的，你心里可能会浮现一个翩翩君子的形象，这可能也是很多人对古代文人的印象。实际上王安石是怎样的人？他和司马光又是怎样的关系？请咬文嚼字，读出第一段的"言外之情"。这一设计的意图是引导学生了解过去书信体的常用语词、王安石与司马光所处的时代背景以及品读文本语言，通过这样的体例、背景和语言的多重空间，加强学生对文本的个人体验。由此学生能从文本的四个"不"字中读出王安石的失望、痛心、气愤、压抑的复杂情感，感受到王安石貌似谦恭背后的果敢刚烈。

在创设个人体验情境时，教师要重视开拓学生"想象"和"对话"的学习空间，这是学生进入情境中的必要学习支架，也体现了教师设计情境的"独创性"。杜威认为，"所谓的独创性，是指学生对于问题有亲身探讨的兴趣，对于别人提供的暗示有反复深思的主动精神，并且真心实意地循此前进，导出经得起检验的结论。"⑤ 利用"想象"与"对话"空间的拓展，可以使学生有主动思考的意识，并找到"循此前进"的路径，从而体验真实的语

---

① 中华人民共和国教育部：《普通高中语文课程标准》，人民教育出版社 2018 年版，第 48 页。
② 约翰·杜威：《我们如何思维》，新华出版社 2014 年版，第 183 页。
③ 夏丏尊，叶圣陶：《文章讲话》，中华书局 2007 年版，第 33 页。
④ 钟启泉：《解码教育》，华东师范大学出版社 2020 年版，第 124 页。
⑤ 约翰·杜威：《我们如何思维》，新华出版社 2014 年版，第 164 页。

言运用情境。

2. 注重文本语境的认知型策略

针对脱离文本语境、情境创设模式化的问题，教师应重视学生学科认知情境的创设。学科认知情境指向学生探究语文学科本体相关的问题，并在此过程中发展语文学科认知能力。[1]因而，在探究语文学科本体相关问题，尤其在阅读教学中，语文文本解读是创设这类认知情境的基础，其既建立在教师充分了解学情的基础上，又基于对课程标准、教材内容的准确定位和认识上。而只有准确地文本解读，才能更好地创设适合学情、符合"这一篇"特点的具有语文学习特征的情境。

比如，选择性必修第二单元《五石之瓠》一课中，初读课文，给人的感觉是似乎很简单，这不免让人质疑：对于高二的学生来讲，学习内容是否太容易了？在实际教学中，笔者发现，学生在概括提炼故事蕴含的寓意时往往过于简单，比如认为庄子批评了惠子不善于用"大"等。原因是忽视了其中"五石之瓠"和"不龟手之药"两个故事叠加带来的不同意味以及庄子别有所指的文化意蕴。结合新课标要求，我们可以抓住语言精读，进而解读出"不一样的庄子"，感受到道家文化的精髓。

于是，笔者创设这样的情境：课文中，庄子对惠子只有两句评价的话——"夫子固拙于用大矣"和"则夫子犹有蓬之心也夫"。如果你是庄子，你如何解读这两句话，请模仿庄子的语调读一读，并结合文本中的具体语言分析这样解读的理由。之所以有这样的情境设计，是因为学生容易忽视"矣""也夫"这类句末语气词蕴含的情感态度，忽视两个故事之间内在的逻辑链：这是庄子经历一番充分论证后由调侃转向嘲讽和得意的变化。回归文本语言，学生才能浸润到别有意味的语言中去体验感悟，以此提升语言的敏感力。

注重文本语境不仅需要"解读"，还需要"解构"。"解构"指创设情境中，先打破学生日常的语言经验、已有的语言系统、固有的认知水平、原有的情感态度等，进而重新建立个体言语经验、知识系统。"解构"可以从以下几个方面入手：引导学生发现文本异常语句、句段的修饰和关系，以及文本中不合常理甚至矛盾之处。比如，必修下第二单元第5课《雷雨》中重复了22次的"哦"，分别来自周朴园、鲁侍萍和鲁大海。这些"哦"在不同的语境中有不同的意味，可以说是重而不复，这是典型的异常语言。再比如，必修上第七单元第14课《荷塘月色》中多处出现的语序颠倒的句子"墙外马路上孩子们的欢笑，已经听不见了。今晚却很好，虽然月光也还是淡淡的，白天里一定要做的事，一定要说的话，现在都可不理。"这是异常语句的搭配，颠倒的语序透露着作者淡淡的忧伤，想超脱而又无法超脱的隐忧，可以从中品读出作者蕴藏其中的深意。

因而，"解读"是创设情境的基础，"解构"是动态过程，最终形成的是学生特有的言语经验、知识系统。"根据学习科学的研究，某学科领域的'元认知'未必就能在其他学科领域简单化地加以运用（迁移），要自觉地运用'元认知'，就得拥有该学科教学中获得的特有经验。"[2]那么，在学科认知情境中，教师需要对文本进行准确的"解读"，从而设计符合语文特质的具有"解构"特点的情境，以此引发学生的认知冲突，从而使其获得更深刻的经验，这也是学生自觉运用"元认知"的必经之路。

3. 融合"读""写""演"的多样化策略

针对误解真实情境、情境创设机械化的问题，教师首先应准确认识何为"社会生活情境"。新课标认为，社会生活情境指向校内外具体的社会生活，强调学生在具体生活场域中开展的语文实践活动。[3]教师在创设社会生活情境时，可以实施"读、写、演"相融合的多样化策略。其中，"读"是基础，"写"是发展，"演"是综合和高阶运用。需要说明的是，"读"可以是课内的，也可以补充课外的内容；"写"可以是模仿也可以是创作；"演"可以是表演也可以是演示，三者相辅相成。

比如，开展《老人与海》的整本书阅读活动，可以设计这样的社会生活情境：

以"寻找硬汉"为主题，拍摄和编辑一段不超过10分钟的视频。撰写"寻找硬汉"纪录片解说词。要求：①"硬汉"类型必须包括以下三类：圣提亚哥硬汉形象分析；其他小说中的硬汉；现实生活

---

[1] 中华人民共和国教育部：《普通高中语文课程标准》，人民教育出版社2018年版，第48页。
[2] 钟启泉：《解码教育》，华东师范大学出版社2020年版，第39页。
[3] 中华人民共和国教育部：《普通高中语文课程标准》，人民教育出版社2018年版，第48页。

中的硬汉。②解说词中要着重分析硬汉的内涵特征,注意以简明的关键词提炼。③解说词需要有对现实的思考,比如,在现实生活中存在哪些对"硬汉"的误解?"硬汉精神"于今是否匮乏?缺少"硬汉精神"的人群会有哪些表现?为什么?等等。

也可以设计这样的情境:

《老人与海》中文译著至少有20个版本,不同版本的封面各不相同,请挑选至少6种封面进行评选,并撰写颁奖词、优秀获奖者感言、海明威感言。在展示中设计一个颁奖典礼,以PPT形式展示小说译著封面和颁奖词等(不超过10分钟)。

要求:①颁奖典礼需要主持人、颁奖词、优秀获奖者感言、海明威感言、奖杯或奖章等。②设计奖杯或奖章道具(可以以实物或虚拟图片呈现),并解说设计意图。③可以以设计理念、美学价值与海明威原作及作者风格的契合度作为重要的评价标准。

这两个情境创设都是以学生阅读整本书为基础,并按要求进行改编和创作,最终以小组交流的形式展演,是"读、写、演"互相融合的综合实践活动。情境设计要有具体路径和要求,充分考虑学生的年龄特点、认知水平和兴趣爱好,为其提供、深度探究的学习情境。这样才能更好地体现情境的"真实性",即"从所思所想出发,以能思能想启迪,向应思应想前进"。[①]在真实情境下的语文自主实践活动中,学生能获得思考问题的方法,积累解决真实问题的经验,提升学科核心素养。

四、启发与思考

如果教师只局限于形式、设计等外部层面的情境创设,往往会呈现表面热热闹闹,但学生的学习依然是低效的,热情也只是短暂的。教师应以《高中语文课程标准》为依据,以凸显学科育人价值为目标,创设能提升学生学科核心素养的真实的学习情境。这样,学生才能通过真实情境下的语文自主实践活动,形成正确的价值观、必备品格和关键能力。

个人体验情境、社会生活情境和学科认知情境三类情境,也并非是隔绝孤立的,比如在学科认知、社会生活情境中,学生也获得了个人的体验;而在个人体验、社会生活情境中,学生也同时获得了学科认知的提升。这三者没有明显的界线,只是侧重不同。教师在创设这三类情境时,如果能注重运用一定的策略,如以语文文本解读为基础,解构学生言语经验和认识系统;注重开拓学生"想象"与"对话"的学习空间,将"读、写、演"相融合,就能创设更贴近学生年龄特点,符合学生心理需求,具有可操作性与实效性的真实学习情境。

A Study on the Practice of Situational Teaching of Chinese in Senior High Schools

WU Lan

(Shanghai Chuansha High school, Shanghai, 201299)

Abstract: The situational teaching of Chinese in senior high schools refers to teachers' creation of a real situation for language use that can trigger students' active practice based on the requirements of the curriculum standard, the learning situation, the features of teaching materials, and the learning task groups. Situational teaching can help enhance students' experience of language practice activities and improve their higher-order thinking ability. However, in the process of teaching, teachers tend to mistake emotional education for situational teaching, thus, breaking away from the situation of the text and misinterpret the real situation. Therefore, for such problems, we can use the experiential approach to broaden the learning space, focus on the practicality of textual context and integrate the diversified strategies of reading and writing to create a real learning situation that is closer to students and has more operability and effectiveness.

Key words: Chinese teaching in senior high schools, situational teaching, situation creation

---

① 课程教材研究所,中学语文课程教材研究开发中心:《教师教学用书》,人民教育出版社2020年版,第3页。

基于思维过程的小学英语复习课课型结构

冯 霖

(上海市徐汇区向阳小学,上海 200031)

摘 要:小学英语复习课主要有以下几种课型结构:整合关联,构建思维网络;分类归纳,加深类比巩固;迁移拓展,巧设信息差,深度内化语用。在复习课中,教师不仅要关注语言知识点的归纳和整理,英语学科关键能力的巩固和深化;同时聚焦于创设语境,推进话题,以及发展学生的英语学科必备品格。

关键词:思维过程;小学英语;复习课;课型结构

一、问题的提出

在小学英语课程中,复习课是一种必不可少的课型。它对某一阶段所学知识进行归纳整理,使之条理化、系统化,并通过查漏补缺,进一步巩固、深化基础知识,提高学生的技能,发展学生解决实际问题的能力。其包括一个单元学习完成后的单元复习课,一个模块学习完成后的模块复习课,以及一阶段学习完成后的阶段复习课。然而,从目前的小学英语复习课设计及实施现状来看,对于复习课设计的探讨比较缺乏,对于复习课课型结构的理解也停留在做题讲题的简单模式,难以达到英语核心素养的培养要求。笔者分析归纳主要有以下几种情况:

首先,在教学规划环节,教师在进行单元整体设计时,复习课没有被考虑在内,导致复习课的教学目标不明确,与单元中其他课时的联系不紧密,教学复习内容针对性不强。

其次,在教学结构设计环节,没有体现出总结、归纳、迁移等在复习过程中应涉及的思维方式,因此,复习课仍停留在做题讲题、校对答案的低阶思维层面。

最后,在教学实施环节,复习课的教学过程缺乏语境支持,过于关注语言知识的复现与应试练习,而较少涉及语言能力的发展和思维品质的培养。

以上问题产生的主要原因是教师对于复习课的设计认识还比较浅显,没有掌握复习课的内涵和功能,不能针对性地设计复习课。因此,教师如何针对复习课的内涵和功能,来设计符合教学目标和思维发展规律的复习课结构模式,引导学生逐步发现语言规律,归纳语言规律,进行语言的迁移运用,在思维品质、学习能力等方面有所提升,是教师必须关注并探索的课题。

二、小学英语复习课中的思维过程分析

1. 小学英语复习课的特点

要改变这一复习课的现状,必须从厘清小学英语复习课的课型特点开始。小学英语复习课的特点

作者简介:冯霖,上海市徐汇区向阳小学教师,中学高级教师,教育硕士,主要从事小学英语教学研究。

有以下两条:

(1)重视语境

从复习的内涵和功能出发,小学英语复习课中会进行知识的归纳整理等活动。在语言学习中,语境具有十分重要的作用。教师应创建融思维品质培养、文化意识树立、语言能力提升和学习能力发展为一体的复习场景,用语境带动复习活动。

(2)感受体验

根据小学阶段学生的年龄特征,教师应呈现语境,让学生去感受语言、体验语言。通过各种形式的体验性活动,让学生观察语言形式,发现语言规律,从而巩固、辨析语言知识,以及进行知识的迁移训练。同时,兼顾学生思维品质和学习能力的发展。

2. 小学英语复习课结构中的思维过程

相应的归纳、迁移、回忆、分类、比较等思维过程必定贯穿在复习课的过程中。复习课中将布卢姆的认知过程,按照学习水平的分级进行梳理。布卢姆的思维认知过程中的前三个过程,即记忆/回忆、理解、应用,以及其相应的思维过程,作为小学英语复习课结构中的思维活动类型。[①]在图1中,具体认知过程与学习水平一一对应,保证所有活动的分类标准统一又规范。

Section	Level	Stages	
Pre-task preparations	Remember (A)	☐ Warming up	
		☐ Recalling	
		☐ Leading in	
		☐ Assignment checking	
	Understand (B)	☐ Assignment checking	
While-task procedures	Remember (A)	☐ Recalling	
	Understand (B)	☐ Interpreting	☐ Translating
			☐ Representing
		☐ Exemplifying	
		☐ Classifying	
		☐ Summarizing	☐ Abstracting
			☐ Generalizing
		☐ Inferring	☐ Concluding
			☐ Predicting
		☐ Comparing	☐ Contrasting
			☐ Matching
		☐ Explaining	
Post-task activities	Apply (C)	☐ Carrying out	
		☐ Using	
		☐ Assigning	
On board			

图1 小学英语复习课:认知过程与学习水平

三、基于思维过程的小学英语复习课课型结构的设计

1. 复习课结构设计菜单的编制

经过实践,笔者发现,思维活动类型如 Exemplifying, Classifying, Summarizing 等,在复习课中出现的前后顺序是不一定的,是否出现也不能确定。因此,可以将指导复习课结构设计的表格设计成菜单的形式。教师在思考复习课的结构设计的时候,既要根据目标和内容匹配相符的思维活动,又要有一定的灵活性。

由此,在梳理思维过程的基础上,同时关注运用每种思维活动类型时的注意事项,包括应该做的和避免做的事情。以及依据《学校英语学科教学指导手册》,关注在进行此思维活动类型中,着重进行哪些

[①] 洛林·W,安德森,等:《布卢姆教育目标分类学》,外语教学与研究出版社 2009 年版,第 23-25 页。

方面的学习习惯和学习能力的培养,也就是必备品格的培养,并编制形成"复习课结构设计菜单",如图2所示。

Section	Language Ability				Core Competence
	Level	Stages		Dos	Don'ts	
While-task procedures	...	...		...	...	...
	Understand (B)	☐ Interpreting	☐ Translating	☐ Recall the prior knowledge. ☐ Show the proper examples. ☐ Focus on the reading skills. ☐ Focus on the writing skills.		☐ Arrange the learning activities in proper order. ☐ Write following the samples. ☐ Correct the mistakes.
			☐ Representing			
		☐ Exemplifying		☐ Arrange the roles. ☐ Control the time in groups. ☐ Give a feedback after discussion.	☐ Use Chinese.	☐ Focus on the speakers' words with eyes contact, behavior and facial expression. ☐ Express with proper voice, facial expression and behavior.
		☐ Summarizing	☐ Abstracting	☐ Guide to get the summary. ☐ Support the ways how to summarize.	☐ Show the summary at first.	☐ Focus on the speakers' words with eyes contact, behavior and facial expression. ☐ Respect the speakers and not to interrupt the speakers' words. ☐ Express with proper voice, facial expression and behavior. ☐ Write following the samples. ☐ Communicate, exchange and response with group members sincerely.
			☐ Generalizing			

图2 复习课结构设计菜单(部分)

2. 复习课课堂教学结构的形成

教师在进行复习课教学结构设计的时候,应根据本节复习课的教学目标和内容,考虑对应的思维活动类型指向的评价维度和评价标准。结合本节复习课的话题、功能和语境,思考这些思维活动类型的先后顺序。由此形成的复习课的教学过程设计,必须遵循学生思维认知的规律,特别是对于学生高阶思维能力的培养。

同时,在进行复习课教学设计时,教师需要进行整体设计,不能仅仅局限于一个小单元。教师要提升教学设计的高度,即从关注单一的知识点、课时转变为大单元设计。只有这样,才能改变学科知识点的碎片化教学,才能真正实现教学设计与素养目标的有效对接。① 同时,对于复习课的整体设计,还包括着眼于学科核心素养的各个方面,而不仅仅是语言知识层面。

四、基于思维过程的小学英语复习课课型结构的实践探索

现以《牛津英语(上海版)》三年级第一学期模块三第一单元"My School"单元复习课为例,阐述如何根据本节复习课的教学目标和内容,勾选与之匹配的"复习课结构设计菜单"中的思维活动类型。结合本节复习课的话题、功能和语境,思考这些思维活动类型的先后顺序,从而形成复习课的结构设计的过程。

1. 复习课的教学目标的确定

目标需要考虑三个方面:首先是新授课学生活动和学生作业中呈现出的错误比较集中的地方,其次是本单元的重点难点,最后是学习增长点,学习增长点包含的不仅是知识层面上的增长,也包括学习能力与学习习惯方面的增长。

"My School"单元有一个重点学习内容:正确使用不定冠词a/an和定冠词the。这是学生第一次接触不定冠词和定冠词词法学习,但在本单元的前3节新授课中已经学习了相关词法的用法。于是在单元

---

① 崔允漷:《如何开展指向学科核心素养的大单元设计》,《北京教育(普教版)》2019年第2期,第11-15页。

整体设计中,教师规划了不定冠词和定冠词词法学习的递进层级。在新授课阶段此知识点的教学目标为:理解定冠词用来指代特定事物。而在单元复习课中此知识点的教学目标为:在语境中辨别定冠词与不定冠词的不同,同时比较定冠词指代特定事物与物主代词修饰特定事物的不同用法。由此,从教学目标上,就可以看出复习课对于相关知识学习要求的提高与增长。

在学习能力和学习习惯层面也有相应的学习增长点:就学习习惯而言,学会使用适当的音量、面部表情和肢体语言进行交流(to express with proper voice, facial expression and behavior);就学习能力而言,根据不同的内容进行小组内成员角色的互换或轮换,完成合作任务(to exchange roles in groups according to the topic in order to finish the task)。

由此确定本节复习课的教学目标为:辨析元音字母"o"在开音节中的发音规律;在语境中辨别定冠词与不定冠词的不同,同时比较定冠词指代特定事物与物主代词修饰特定事物的不同用法;运用合适的特殊疑问句找出特定信息。注意采用适当的音量、面部表情和肢体语言进行交流;运用本单元核心句型介绍一个学校中的地点,并在小组合作中进行小组内成员角色的互换或轮换,完成合作任务。

2. 整合教学内容

一般复习课没有现成的文本资源,需要教师根据复习课的话题、功能、目标来进行整合构建。本复习课的话题是"A visit to a new school",功能是Introduction(介绍)。通过介绍一位教师在四川支教的小学校园,学生了解两地小学的异同,以及不同地区的不同人文,本质都是学生爱自己的学校的感情。

在本课中,从模块Places and Activities(地点与活动)出发,立足单元主题My school,创设复习课语境,根据教学目标和教学内容,勾选与之匹配的"复习课结构设计菜单"中的思维活动类型,设计本节复习课的结构。

本课在Post-task Activities(任务完成)环节设计的语言运用活动是:完成一张介绍学校环境的海报并介绍自己的学校。通过Choose and Talk(选一选,说一说),Write and Stick(读一读,贴一贴),Share in the Class(在班内分享)活动,每个小组完成关于学校介绍的海报,注意不定冠词和冠词的使用方法。为了完成这个语言运用活动,在语境的带动下,通过三个核心问题(What can you see? What can you do? How is it?)的引领,层层推进复习活动。最后将这三个核心问题作为支架,学生运用所学语言知识和结构完成预设的语言运用活动。同时融入思维品质的培养、文化意识的树立和学习能力的发展。

3. 实施课堂教学

在课的一开始,通过展示学校的场景照片,列举出相关单词,找出符合元音字母"o"的开音节发音的单词。在导入学校这一话题的过程中,引导学生发现、总结发音规律,并进行迁移运用。

在While-task Procedures(任务实施过程)环节中,播放文本第一部分配合视频,起到引入语境的作用。通过体验的方式,帮助学生进入课堂创设的语境中,为之后的复习活动做铺垫。输入话语的第二部分,分为总起段和介绍三个学校场所的段落共四个部分。在介绍场所的过程中,逐层推进复习。仍旧由这三个核心问题,引导学生发现文中"不定冠词和定冠词的使用方法",先由教师帮助学生列举不定冠词和定冠词的使用方法,再由学生以同伴合作的方式尝试归纳这一词法规则,最后由学生独立运用规则,在体验的过程中,迁移并正确运用这一语言规律。在这个过程中,依据复习课结构设计时制定的复习课结构设计表,通过Read and Circle(读一读,圈一圈)与Read and Complete(读一读,填一填)等活动培养了学生列举、归纳、迁移等思维品质。同时关注了学生学习习惯方面的培养,以及他们能否用眼神、表情、动作等体现对师生表达内容的关注,或做出相应的反应。

在Jigsaw Reading(拼图式阅读)活动中,仍旧由这三个核心问题引导,学生在有信息差的语篇阅读过程中,运用这三个核心问题提问,获取关键信息,再运用所学语言知识和结构总结同伴语篇的要点。在合作阅读活动的过程中,依据制定的复习课结构设计表,关注了学生的学习能力的发展,能否与学习伙伴进行交流,交换意见,并对别人提出的意见或建议适当应答。同时,通过Listen and Choose(听一听,选一选)与Think and Talk(想一想,说一说)等活动培养了学生预测、迁移、总结等思维品质。

五、基于思维过程的小学英语复习课课型结构类型总结

1. 整合关联,构建思维网络

在复习课中,基于思维过程,构建本学科的思维网络尤为重要。因此,教师的着眼点不仅在于本单元的目标与内容,更应关注本单元学习在整个小学阶段英语课程中的地位,引导学生整合关联相关要点,指导学生使用合适的学习方法,构建基于思维过程的学科网络。教师可以通过问题链的方式,帮助学生构建相关话题的语言网络。

2. 分类归纳,加深类比巩固

在复习课中,归纳和比较是帮助学生构建学科知识网络,从而更有效地进行复习的重要一环。在进行知识的归纳和比较时,需要考虑到此知识点在横向(本学期学习的相关内容)和纵向(其他年级学习的相关内容)的联系。同时,也应规划好本单元、本阶段的整体设计,先由教师引导学生发现规律并归纳规则,再由学生以同伴合作的方式尝试运用规则,最后由学生独立运用规则,使此知识点在复习课与此前的新授课学习整合联系,而不是相同层次重复再现。

3. 迁移拓展,巧设信息差,深度内化语用

在复习课中,完成语言在不同语境中的迁移使用,做到举一反三,促进学生语言学习的内化,也是复习课的课型特征决定的复习课要完成的重要一环。

这种类型的课堂教学结构中,比较多见的思维过程是举例、总结、预测、演绎等。如在 Neighborhoods in Countryside(郊区社区)话题中,可以从"列举你想要了解这一社区哪些方面,可能会运用哪些句型提问"开始,进而梳理介绍社区的逻辑顺序。最后,教师通过地图,设置信息差,预测同伴所属地图的内容。最后形成一张完整的地图,同伴合作完成社区的介绍。学生通过语言的回顾、语法的辨析、思路的梳理、信息差任务的完成,促进语言运用的内化。

教师在复习课的讲授过程中,不仅需要着眼于知识层面的巩固和提高,还应更多关注发展学生英语学科的必备品格。作为一种新的小学英语复习课结构模式的探索,复习课应更多地关注语境的创设、话题的导入、易错知识点的巩固和深化、语言思维网络的构建以及语言的迁移和内化。而在这些结构过程中,将复习的主动权逐渐地还给学生,需要在以后的实践中不断探索和完善。

On the Structure of English Review Classes in Primary Schools Based on Thinking Process

FENG Lin

(Xiangyang Primary School of Xuhui District, Shanghai, 200031)

Abstract: Primary school English review classes mainly have the following types of structure: integration of relevance and the construction of thinking network; classification and summrization, and having strong analogy and consolidation; transfer and expansion, clever setting of information gaps, and deep internalization of language use. In a review class, teachers should not only focus on summarizing and arranging language knowledge points, but also consolidate and further develop students' key competence of English. At the same time, a review class should pay attention to the creation of situation, the promotion of topics, and the development of students' essential qualities in the subject of English.

Key words: thinking process, primary school English, review classes, teaching structures

基于人工智能的中小学生外语学习研究

曹逸韵

(上饶师范学院 外国语学院,江西 上饶 334001)

摘 要:随着计算机科学的发展,教育领域智能化已是大势所趋。人工智能可以助力教师更好地了解学生差异,可以作为"教学代理",亦可用于教学评估。但其也存在局限性,无法取代人类教师。基于二语习得理论的"输入假说"与"互动假说",提出构建人工智能系统的方案:评估学生语言水平,制订分级学习目标;为学生创造一个可实景模拟训练的平台。利用人工智能提高中小学生的外语能力,教师需正确认识人工智能技术与自我身份,不断优化自身的想象力与创造力,积极推动课堂转型。

关键词:人工智能;第二语言习得;中小学生;外语学习

在计算机技术的支持下,机器人技术、感知技术和机器学习技术飞速发展,使得新一代人工智能(Artificial Intelligence,AI)系统执行某些特定任务的能力已经超越了人类。那么在教育领域,人工智能技术如何能更好地助力学生的第二语言习得?未来的英语教师要如何更好地胜任工作?本文试图以二语习得理论为例,探究如何借助人工智能系统有效提高中小学生外语学习水平,以及中小学外语教师该如何发挥人类智力优势,实现学习力的可持续性增长,从而对二语教学提供强有力的支持。

一、人工智能在教育领域中的角色

人工智能发展速度很快,未来外语教师会不会被人工智能取代?我们该如何正视人工智能在外语教育领域中的角色地位?教育应用领域人工智能的专家罗斯·勒金(Rose Luckin)提出了一个理解人类智能复杂性的框架。在使用相同的框架分析人工智能时,她发现了人工智能的相对局限性。[①]据其观点,我们研究人工智能在教育中的角色和地位,应立足于AI能从哪些方面帮助我们解决当前教育中面临的问题与挑战。

1. 人工智能可助力教师更好地了解学生差异

社会性是人的本质属性,人类通过各种互动获取和感知信息。但是,即使是在神经网络和深度学习有了突破发展的今天,AI依然缺乏自我认识,同时它们无法对各种不同的决定做出解释。但AI所能做的是通过各类脑波追踪器及教室里所装的摄像头获取关于学生的信息,打开学习的"黑匣子",帮助学生了解自我的学习情况,之后通

基金项目:本文系江西省2019年基础教育研究课题"人工智能时代教师角色内涵变化及应对的行动研究"(项目编号:SZUSY-ZH2019-1097)的研究成果。

作者简介:曹逸韵,上饶师范学院外国语学院讲师,硕士,主要从事二语习得研究。

① Cukurova, M., Rose Luckin, & Kent. C,"Impact of an Artificial Intelligence Research Frame on the Perceived Credibility of Educational Research Evidence", *International Journal of Artificial Intelligence in Education*, Vol. 30, (December 2019), pp. 205-235.

过努力来促进自我认知能力的提升。此外,中小学教师在 AI 帮助下能更好地了解学生之间的差异。由此可知,在可预见的未来,人工智能尚无法取代人类教师。

2. 作为"教学代理"的智能系统

语言是教学互动过程中的基本媒介,无论是孔子的启发式教育还是苏格拉底的"产婆术"教学法,都是以与学习者的谈话为核心。① 中小学生心智尚未成熟,更需要教师的引导与鼓励。20 世纪末的 SCHOLAR 开创了计算机自然语言对话辅导的先河。之后,由美国孟菲斯大学智能系统研究所的研究人员开发的自动教学机"AutoTutor"成了众多智能辅导系统中较为出色的代表。它与其他智能辅导系统不同的地方在于,它采用以人为本的辅导策略,关注的是自然语言对话。这意味着,辅导以持续对话的形式进行,学生以语音或文本输入的方式与之互动,利用教学代理(pedagogical agents)等技术来帮助学生学习。

3. 扮演评估者的角色

2003 年,尼尔(Neil)和克里斯蒂娜(Cristina)夫妇共同开发的 ASSISTment 项目则扮演智能评估者的角色。② 学生在该系统内答题时,能得到有效提示和即时反馈,以帮助他们理解问题。在每次作业结束后,系统会给学习者提供一份学习报告,详细说明他们在此次答题过程中的表现。同时,教师可以通过这份详尽的实时作业报告指导日常教学。通过学习报告,教师可以知道学生学习时间,答题的正确率和错误率,以及学生使用提示的情况。该报告着重列出常见的错误答案,并按题号给出正确率,以便教师了解下一堂课需要在哪些方面给予学生更多的帮助。由此,教师可以把教学重点置于学生需要的特定领域,使家庭作业和课堂教学无缝衔接。

教师在课堂上既要承担组织者、监控者和管理者的角色,还要课后及时与家长沟通、反馈,能在多重任务中不断地进行角色的切换。相较而言,首先,当前人工智能的角色单一,且基本都是针对某一领域的。且它无法和学生进行交互式的自然语言对话,也不能对学生的知识结构提供详细的测评报告,其灵活度无法与教师比拟。其次,这些较为出色的人工智能系统大多是计算机学科、心理学以及教育学专家共同努力建立的,以之来培养学习者敏锐的思维,且大多涉及的是 STEM 学科。而人类教师需要帮助学生看到不同学科之间的关系,并综合这些学科来解决复杂的问题。另外,这些人工智能系统反映了目前在教育领域实现自动化的局限性。它们无法就某一特定主题或情况提出别出心裁的观点,还不能完成独创性和创造力的工作。因此人工智能与人类智能可以互补发展,在中小学生外语教育领域,教师可以从可利用人工智能自动化的部分工作中解放出来,在无法实现自动化的创新领域发挥特长。

二、基于二语习得理论的人工智能系统构建

如何借助人工智能系统有效地提高中小学生外语水平?本文拟以二语习得理论为据,从"智能系统的研发"及"教师如何借助智能系统改善教学策略"这两个视角进行分析。

1. 外语学习人工智能系统构建的理论基础——"输入假说"与"互动假说"

克拉申(Krashen)的"输入假说"是对"二语习得者如何接受并吸收语言材料"这一过程的实质性阐述,他认为:"人们要习得第二语言首先要获取可理解性的语言输入,同时他们的情绪障碍要处于一个低点才有可能发生。"③ 他的输入假说中提到,可理解的输入是二语习得的必要条件。要使语言输入对语言习得有利,那么必须对它的意义进行加工,输入的语言材料越有趣,且与学习者相关度越高,学习者的内在动机就会在不知不觉中提高,语言习得就成功了。在此基础上,隆(Long)提出了互动假说理论,包括两种互动:一是

---

① 张志祯,张玲玲,徐雪迎,刘佳林:《人工智能的教学角色隐喻分析——以人工智能教育应用领域高影响力项目为例》,《中国远程教育》2019 年第 11 期,第 24—37 页,第 57 页。
② 张志祯,张玲玲,徐雪迎,刘佳林:《人工智能的教学角色隐喻分析——以人工智能教育应用领域高影响力项目为例》,《中国远程教育》2019 年第 11 期,第 28 页。
③ Krashen, S., *The Input Hypothesis: Issues and Implications*, London, UK: Longman Publishing Press, 1985, p.54.

认知互动,二是社交互动。①认知互动强调的是二语习得的发生是学习者的学习环境和学习动机共同作用的结果。社交互动则是指,习得的发生是依靠学习者的相互沟通,学习者之间的口头对话对于语言学习来说是最为重要的。该假说强调的是意义的协商,在沟通理解遇到障碍时,一方必须判断对方的理解程度并进行诸如重复、解释意思以及改变语速等行为,做出语言上的调整,从而使语言输入成为沟通交流的有效工具。

2. 构建中小学生外语学习人工智能系统的具体方案

首先,以"输入假说"为理论依据,人工智能系统应对学生当前的语言水平做出准确的评估,并设置分级学习目标,同时还要注重学习内容的趣味性及可理解的难易度。该假说认为,二语习得者要习得新的语言结构,需要依赖持续不断、内容丰富有趣且来源可信的广泛阅读,输入内容的难易度为"i+1"的程度,(i 为语言学习者现有的语言水平,+1 为略高于 i 的语言输入)。过于教科书范式的内容则会使得学生的学习兴趣减弱,学习动机不强。由于家庭和遗传因素的影响,每位学生对语言尤其是外语的学习兴趣和能动性也会有所差异。因此人工智能系统应该先测评出学习者当前的语言水平,并选取学习者感兴趣的主题模块设置分级学习目标。

其次,以隆(Long)的"互动假说"理论为依据,人工智能系统应为学生创造一个可实景模拟训练的平台。学生在智能平台学习完相应的内容后,需要再一次在真实的课堂环境中进行互动模拟训练。因为,即使是人工智能系统也无法做到通过面部表情或同一单词不同的语调来表达同样的含义。真实课堂中的生生互动是人类学习不可替代的有效学习方式。因此,教师可先从实景模拟的系统中挑选出和校本教材相匹配的主题,请学生们先在系统中熟悉各种目标语的句型和地道的表述方式,课堂上再进行实景式操演。置于实景之中,学生以各种互动方式进行意义协商,顺利达成交际的目的,实现了教育的真正目标——所学即能所用。可见,以二语习得理论为基础的人工智能系统,既能保证小学生在启蒙阶段接受的是地道的目标语输入,为发音的准确度和良好的语音语调奠定基础,同时还可提高课堂上的教学效率,发现学生的学习障碍并给予即时反馈和帮助。

最后,人工智能系统研发时可加重"跨文化知识"和"对外文化输出"这两部分内容的比重。中小学英文课本中涉及跨文化的内容以及对外文化输出的内容比重都不大,因此在进行人工智能系统研发的时候,可以加大这两块内容的比重,不仅让学生了解国外文化和中国文化的差异,同时可以让他们学习如何使用目标语流利地介绍本国文化。这不仅有利于更好传承中华民族优秀的传统文化,树立文化自信和民族自豪感,也有利于提高国家的文化软实力。

三、基于人工智能系统提高中小学生二语能力:教师教学维度的探讨

除了探讨如何构建人工智能系统以助力中小学生二语习得水平提升外,基础教育阶段的外语教师对人工智能系统应该有清晰且正确的认识,并积极构建共同的学习社区,从而改进教学策略,增强学生的课堂学习效率,探索如何在为中小学生提供快乐学习体验的同时提高他们的二语能力。

1. 推进教师身份意识的再构建

笔者认为,应让教师对 AI 或机器人教师有正确的了解,帮助教师熟练掌握智能教学系统的使用。当前,各种翻译软件可以解决很大一部分语言问题。但是对同样的句子在不同文化背景中的内涵意义却无法做出精准的解释。例如,中国人见面有时会用"你吃了吗"问候对方,但是,在西方文化中,他们不能理解这种问候方式,进而造成交际上的困惑。由此可知,教师首先要克服对人工智能系统的排斥情绪,不断增强自我的学习力,熟练地掌握智能教学系统的使用,这也是对二语教师身份建构的尝试。

2. 优化教师的想象力和创造力,为学生提供最佳学习体验

AI 能将人类的智力从某些简单又重复的劳动中解放出来,因此教师教学能力的提升应聚焦

---

① Long. M. H., "The Role of the Linguistic Environment in Second Language Acquisition.", In W. C. Ritchie & T. K. Bhatia editors, *Handbook of Second Language Acquisition*, San Diego: Academic Press, 1996, pp. 451–454.

于AI发展难以突破但人类教师具有优势的领域。人工智能时代,基础教育关注学生核心素养与全面发展的目标不会改变;人工智能时代,基础教育关注学生的爱与幸福的情怀不会改变;人工智能时代,基础教育中师生对话交往的传承关系不会消失。① 因此,教师在教学过程中,应该利用智能系统帮助自己减负,在创造力和个性化服务等领域投入更多的精力去发展和提升自己的能力,从而达到提质增效的目的。例如,教师可通过智能系统收集到学生的学业表现的相关数据,在此基础上调整教学的重点和难点,并对不同程度的学生布置难易度不同的作业:让进度快的学生避免重复进行无意义的训练,有时间做自己感兴趣的事;也避免进度慢的学生在超出认知能力外的难题上消耗大量的时间,真正做到掌握学习者差异进而实现因材施教的目的。同时积极关注社会文化因素及学生的心理因素对其二语水平产生的影响,适时给予帮助和关爱,最大限度地提高学习者的内在动机以促进其二语能力的提升。

3. 积极推动传统课堂转型

伴随着教育领域智能程度的进一步深化,传统的知识传递型课堂已经无法满足新时代外语人才培养的要求。外语教学要真正实现以学生为中心,需要教师能够熟练地采用翻转课堂模式的能力,在智能系统的帮助下实现新型教学结构的变革。学生在智能系统的辅助下自主学习,课堂上生生之间、师生之间以及学生与课本之间的多元互动,不仅使得知识的内化得以实现,还有利于建立多维度的动态课堂。值得注意的是,翻转课堂的实现对教师课前的准备工作也有较高的要求,如果人类教师无法在课前整合出特定的课堂主题的信息,那么其作用无异于机器人教师,过多的信息只会给学生带去更多的困扰,而无法实现有效率的学习,最终翻转课堂也只是流于形式。

未来是"人机共存"的时代,如何帮助教师实现学习力的可持续性发展,为二语教学提供强有力的支持,这需要政府、社会、学校、企业等多方面全方位的支持与合作。例如,可由二语教师、社会/心理语言学研究者、脑科学专家、AI技术研发员等共同组成AI技术学习共同体,一起探讨人机问题及有效的解决方案,从而使教师适应"AI+教育"时代要求,尽快转变角色。

Research on Foreign Language Learning of Primary and Middle School Students Based on Artificial Intelligence

CAO Yiyun

(Foreign Languages College, Shangrao Normal University, Shangrao Jiangxi, 334001)

Abstract: With the development of computer science, the application of artificial intelligence (AI) in education has become an general trend. AI can help teachers better understand student differences, can be used as a "teaching agent", and can also be used in teaching evaluation. But owing to its limitations, it cannot replace human teachers. Based on "input hypothesis" and "interaction hypothesis" in the theory of second language acquisition, this paper has proposed a scheme of building an AI system as follows: assessing students' language proficiency, and formulating layered learning objectives; and creating a platform for students to have simulation training. In order to use AI to improve the foreign language competence of primary and middle school students, teachers should establish a correct understanding of AI technology and self-identity, constantly optimize their own imagination and creativity, and actively promote classroom transformation.

Key words: artificial intelligence, second language acquisition, primary and middle school students, foreign language learning

---

① 姜丽:《人工智能时代基础教育之变与不变》,《现代基础教育研究》2019年第3期,第23页。

和合文化融入初中道德与法治学科教学的路径

杨维武

(安徽省定远县大桥中学,安徽 定远 233256)

摘 要:中华传统文化强调"和合",它深深影响中国人的思想观念和行为方式。将和合文化融入中学生的道德与法治学科教学,可促进学生身心健康,使其学会与他人和谐相处;可以加深学生对中国优秀传统文化的理解,提高学习兴趣,增强文化自信。融入的路径主要有:挖掘相关素材,整合素材,创设真实的教学情境,开展相关的课外活动。

关键词:和合文化;道德与法治学科;文化自信

和合思想与和合精神作为一种价值范型、政治理念、社会理想和辩证方法,是五千年中华文明的文化精髓和灵魂,它源远流长,历久弥新。[1]中国传统文化强调人与人、人与自然的和谐与统一,"和合"二字最能体现中国文化的精神核心和精髓。[2]

当前,我国正在构建社会主义和谐社会,全面推进中国特色社会主义建设,和合文化重新展现出其价值和风采。初中阶段是青少年人生观、价值观形成和发展的关键期,因此,有必要对他们进行和合文化教育,使其充分感受中华传统文化的魅力,形成积极健康的人格和良好的道德品质。

一、和合文化的内涵

和合,最早出自春秋《国语·郑语》:"商契能和合五教,以保于百姓者也。"商契通过把父义、母慈、兄友、弟恭、子孝这五种家庭伦理道德规范统一起来,使黎民百姓得以安居乐业。《管子·幼官》论及"畜之以道,则民和;养之以德,则民合。和合故能习,习故能谐,谐习以悉,莫之能伤也"。家国社会因和合而达至和谐状态,本固则邦宁。"和合"之境是中华民族几千年以来孜孜以求的关于自然、社会、人际、身心和文明的理想状态。[3]"和",指调和、和谐、和睦、和平;"合"是结合、合作、融合。[4]和合文化思想是一种整体观念,既要求"天人合一",不同事物之间融合的完美、至善的状态,又要求"和而不同",要保持不同事物的个别属性;既强调不同事物之间差异、冲突的客观性,又强调差异、冲突的协调、包容与融合。

和合文化是中华民族特有的文化,蕴含对人、环境与社会及其变化、发展的哲学思考。和合文化提倡"和而不同、兼收并蓄",即彼此尊重,增进了解,加强合作,共同发展。这是典型的中国哲学

作者简介:杨维武,安徽省定远县大桥中学一级教师,主要从事中学思想政治教学研究。
[1] 张立文:《和合、和谐与现代意义》,《江汉论坛》2007年第2期,第7-11页。
[2] 陈依元:《中华和合文化与新发展观》,《社会科学研究》1998年第5期,第88-91页。
[3] 高铁柱:《中国传统"和合"文化与企业财务管理》,《当代电力文化》2017年第11期,第58-59页。
[4] 白言笑,张铁军:《〈道德经〉中蕴含的人与自然的和合思想》,《社科纵横》2017年第3期,第73-76页。

智慧,也是一种可持续发展的理念。① 和合文化承载中华文化的精神内核,是中华民族追求的文化理念,是中华民族凝聚力、创造力的源泉。

二、和合文化融入初中道德与法治教学的价值与意义

和合文化是中华优秀传统文化的重要部分,它所蕴含的"和谐、和平、合作、融合"等理念尤其适用于当代社会,因此,对中学生进行和合文化教育具有一定的现实意义。

其一,针对处于青春期的初中生的心理特点,进行和合文化教育,可促进其身心健康以及与他人和谐相处。千百年来,中国各族人民用中华文化与和合思想,来处理人与自然、人与人、人与社会等关系。而在人的精神与心理层面,和合可以看作是多种精神诉求的统一,利用和合思想对其进行调和与协调,使其既能够和而不同,又能够和谐共生。初中生处于身体和心理发育的关键时期,情绪变化激烈,自主意识增强,但又缺乏生活经验,各种心理问题多发,据统计,目前中国约70%的抑郁症发生在14—24岁人群当中。青少年还容易受到各种思想的影响,往往会出现一些不良行为。这些心理问题以及不良行为,根本在于没有处理好个人身心之间、个人与集体、个人与社会之间的关系。当前我们强调素质教育,学生的身心健康应该是排在第一位的素质。因此,需要挖掘和发扬和合文化,尝试将其应用到青少年学生的德育之中,来促进学生的道德品质培养。今天,初中的道德与法治课程教材从内容编排上看,主要是从道德与法治两个层面促进学生的身心成长,以及正确处理与他人、集体和社会的关系,其中就有对古代传统文化中的和合思想的继承和发扬。学校要注重发挥道德与法治课作为学校德育的主要阵地作用,将和合文化融入道德与法治课堂教学之中,以达到传统与现代的结合,促进学生身心健康以及与他人、社会和谐相处,从而获得更好的教育效果。

其二,和合文化融入初中学生的道德与法治教育,可以加深他们对中国优秀传统文化的理解,增进民族自信,构筑爱国情怀。要实现中华民族的伟大复兴,必须要复兴中华优秀传统文化;没有社会主义文化繁荣发展,就没有社会主义现代化。文化兴则民族兴,中国在走向世界的过程中,必须发掘本民族的特色文化,在此基础上构建自己的"软实力"。我国"十四五规划"中明确提出,"到2035年把我国建成文化强国",由此可见,在国家层面中央高度重视民族文化建设。西方国家个人至上、极端自由主义的文化也在一定程度上影响着青少年的价值观。和合文化中的天人合一的整体观念和合作共赢等理念,在社会环境治理及处理与他国的关系上显示了更强的生命力和可持续性。因此,在学科教学中融入和合文化,增强学生对中华文化的自信,进而达到道路自信、制度自信、理论自信,增进爱国情怀。此外,随着互联网在中国的快速发展,青少年更易于接触利己主义、拜金主义、不良的消费观、韩日偶像文化甚至暴力、赌博等低俗的内容,难免会受到这些文化和价值观的影响。所以,学校可通过和合文化教育,陶冶学生性情,潜移默化地帮助他们养成正确的价值观念,使其增强明辨是非的能力,自觉抵制不良思潮的影响。让他们感受到中华文化的精髓和优势,在他们的心灵中播下认同中华优秀传统文化、振兴民族文化的种子,激发其爱国情怀。

三、和合文化融入初中道德与法治学科教学的路径

通过挖掘和合文化教学素材,精心设计教学活动,以一定的教学情境实现情感共鸣,并融入学生的实践生活,具体来说,在道德与法治学科教学中渗透和合文化,可以通过以下途径:

1. 课前:探寻和合文化与教材的联系,挖掘相关素材,为其融入教学提供载体

中小学德育工作的总体目标包括"准确理解和把握社会主义核心价值观的深刻内涵和实践要求",这是中小学德育的重点。教师讲授道德与法治课时,可以以社会主义核心价值观为主线,将中华文化的和合思想贯穿于其中。在个人价值观方面,培养青少年爱国、敬业、诚信、友善的道德品质,这是实现个人与集体、社会之间关系"和合"的基础。在法治观念方面,《道德与法治》教材以《宪

---

① 高晗雯,林伟:《和合文化视阈下提升高校思想政治教育亲和力探析》,《广西社会科学》2020年第4期,第184-188页。

法》为中心，宪法从维护公民权利和国家政治制度方面，最大限度地保障了公民权利和实现人民当家做主，这是社会层面的"和合"。在国情教育方面，我们建设富强、民主、文明、和谐、美丽的社会主义现代化国家，实现民族复兴，构建人类命运共同体，这是国家层面的"和合"。这些都是《道德与法治》教材与和合文化的共通之处，为实际教学提供了更多的便利。

在教学中，教师要寻找教材与和合文化相关之处，辅之以适当的素材，为其融入教学提供载体。所选择的素材可以包括历史文化类、时事政治类、经济类、科技类、中医学类等方面，形式上可以有文字类、影音类、短视频类等。例如，在讲到"加强民族团结，维护祖国统一"内容时，可以以歌曲《七子之歌》引入，接着回顾唐太宗时对吐蕃、突厥等民族的政策，各民族"和同为一家"；康熙平定三藩，到近代左宗棠收复新疆等。种种事实表明，国家与各族人民为了维护民族团结和国家统一所做出的努力。又如，今天民族地区经济、社会、文化建设取得的重大成就，人民生活不断改善的事实数据，从而得出维护和促进民族团结，是每个公民的神圣职责和光荣义务。维护民族团结和国家统一，这与和合文化中倡导的"和合共生""和衷共济"的中华民族基因是一脉相承的。这里选取歌曲、历史事实、经济社会等素材，作为和合文化融入教学的载体。

2. 课中：整合素材，创设真实的教学情境，融和合文化于教学过程之中

课堂教学是对学生进行教育的主阵地，教师要通过精心设计的教学过程，将和合文化融入教学活动之中。通过创设一定的教学情境，使学生在潜移默化的情感共鸣中理解和合文化精神，从而实现教学目标。在教学过程中，通过创设真实的教学情境，还可以让学生产生认知冲突，激发学习与探究的动机，从而培养他们的创新精神、解决问题的能力、团队合作能力等，达到培养其核心素养的目的。

九年级下册第一单元"我们共同的世界"，教学目标是引导学生发现自己的生活与世界的联系，培养学生的全球意识、参与意识、责任意识，通过创设情境融和合文化精神于教学过程之中。例如，在本单元第一课"同住地球村"第一课时"开放互动的世界"教学中，教师可以创设如下教学情境：首先播放一段德国四位年轻人用中文合唱歌曲《疫情过后》的视频："等到疫情过后，我想出去走走，看山看水看花，看亲人朋友……"在优美舒缓的旋律之后，教师设置问题：这首歌曲由德国人吟唱出对战胜疫情后美好生活的向往，我们产生什么样的共鸣？通过创设这样的情景，一方面，可以体现教学目标的要求，我们处在一个开放互动的世界里，世界是紧密联系的；另一方面，学生的答案中也隐含了我国和合文化中独特的价值观念，倡导天人合一的整体观念，以及人心和善的道德观，协和万邦的国际观等，和合文化已经深深地嵌入中华民族的基因之中。

当今时代，中国在国际事务中逐渐树立起负责任的大国形象。在我国国内发展和承担全球责任中，均可以看到和合文化发挥的重要作用。在九年级下册"中国担当"一课中可以创设一组教学情境，通过两组事例的对比来实现教学目标。一组是美国全力打压中国的高科技企业中兴、华为，而中国以优惠条件引入美国电动汽车企业特斯拉；另一组是华为虽然手机业务受损，但整体依然保持营收增长，而美国相关企业损失超过1700亿美元，欧洲17国联合起来发展自己的半导体产业链。从这两组对比中设置问题让学生讨论，首先，面对美国的打压，中国引入特斯拉是出于什么考虑？引导学生得出答案，引入全球电动汽车行业领军企业是为了促进国内新能源汽车行业的发展，减少碳排放量，以应对全球气候问题，增强人类的可持续发展能力，显示了中国负责任大国的担当。其次，继续设置问题，从中国和美国对对方企业不同的做法以及最后西方国家并没有获得他们想要的结果，这里可以得出什么结论？讨论得出，当今世界是紧密联系的，任何国家都不能关起门发展本国的产业，中国的主张是和平发展和互利共赢；中国的发展模式更具有可持续性，得到越来越多国家的认同和尊敬；中国的发展惠及其他国家，与西方国家发展过程中的殖民和掠夺有本质的不同；中国在融入世界的过程中更加自信；中国的发展体现了和合文化中"和而不同、兼收并蓄"的理念，强调彼此尊重，增进了解，加强合作，共同发展。从对事例的探讨中，学生认识到，和合文化在中国走向全球舞台的过程中显示出强大的

生命力,他们增强了对本民族文化的认同,坚定了民族复兴的理想和信念。通过设置这样的教学情境,在鲜明的对比中激发学生去主动探索思考,促进了教学目标的实现,亦使学生加深对和合文化的理解与认同。

3. 课后:开展相关的课外活动,融和合文化于社会实践之中

在课堂教学以外,还可以通过一系列社会实践活动,让学生亲身体验感悟和合文化,并在此基础上将其转变为学生的自觉行动。

首先,在课堂之外,教师可以组织学生进行一系列校园文化活动,以加深他们对和合文化的理解,培养他们良好的道德品质。例如,教师组织学生开展"发掘和合文化,讲好中国故事"为主题的文化活动,通过课外书籍、网络等途径了解有关和合文化的故事与相关的人物及作品,开展校园板报、征文、讲故事比赛等,促进学生深入学习和理解和合文化。再如针对"寒山拾得的传说故事",在有条件的情况下可开展实地考察,利用假期探访浙江台州天台山国清寺和苏州寒山寺,聆听趣闻传说,搜集相关的诗文,使学生沉浸于和合文化氛围之中,领悟和合文化的深刻内涵和价值。

其次,结合教材内容,进行相关专题实践,融和合文化于学生实际行动之中。例如,可以开展"弘扬和合文化,做新时代文明少年"实践活动。在家里,尊老爱幼,帮家长做力所能及的家务劳动,提高自身生活自理能力。在校外,遵守交通规则,遵守社会公德,公共场合举止文明,助人为乐,主动参加社区公益活动,在自己能力之内帮助遇到困难的人。上网时,具有网络文明意识,利用网络工具时用语文明,不无端攻击别人,不随意发布消极言论,明白网络不是法外之地。通过这样的实践活动,培养学生成为既有传统文化内涵又具有现代社会文明素养的青少年。

此外,还可以开展"弘扬和合文化,做阳光少年"等课外活动。与学校开展的心理健康教育活动相结合,帮助学生评估自身的心理健康状况,找出自身存在心理焦虑等状况的原因,以教师教育和学生自我疏导相结合的方式,排解不良情绪。鼓励学生积极参加集体活动与体育运动,合理宣泄情绪,舒缓学习压力。合理处理与周围人之间的矛盾冲突,理解学校及家长的一些规定;和父母长辈进行良好的交流沟通,减少及消除逆反心理,学习和他人沟通的方法,提高与他人交往的能力;正确认识升学考试,合理作息,以良好的心理状态投入学习与考试;坚定社会主义核心价值观,正确看待网络舆情,把主要精力投入学习。通过这样的一系列实践活动,学生加深对和合文化的理解,提高调节自身情绪的能力,树立积极健康的心理状态,养成良好的行为习惯,为将来更深入的学习和工作打下良好的基础。

The Path of the Intergration of the Culture of Harmony into the Teaching of Morality and Law in Junior Middle Schools

YANG Weiwu

(Daqiao Middle School of Dingyuan County, Anhui Province, Dingyuan Anhui, 233256)

Abstract: Chinese traditional culture emphasizes "harmony", which deeply influences Chinese people's ideology and behavior. Integrating the culture of harmony into the teaching of moral and legal of middle school students can promote their physical and mental health and help them learn to live in harmony with others; it can deepen students' understanding of Chinese excellent traditional culture, improve their interest in learning and enhance their cultural confidence. The main ways to integrate the culture of harmony into the teaching of morality and law include the following: to explore and integrate the relevant materials, to create real teaching situation, and to carry out relevant extracurricular activities.

Key words: the culture of harmony, moral and legal, cultural confidence

幼儿即兴舞蹈的育人价值及其实现路径

吴 珺,夏正江

(上海师范大学 教育学院,上海 200234)

摘 要:在现实中,功利主义取向的幼儿舞蹈教育长期盛行,其根源在于幼儿舞蹈教育理念的落后。文章从"发展身体、培育美感、启迪心智、涵养德性"四个方面,对幼儿即兴舞蹈的内在育人价值进行了整体性关照与解读,意图推动幼儿园舞蹈教育从传统到现代的转型,这种转型的关键就在于加强幼儿即兴舞蹈教育。教师可以从渗透舞蹈要素、创设趣味情景以及实施过程性评价等方面,将即兴舞蹈落实到幼儿园课程之中。

关键词:幼儿教育;即兴舞蹈;育人价值;实现路径

一、加强幼儿即兴舞蹈教育的必要性

自改革开放以来,随着达尔克罗兹体态律教学法(Dalcroze Eurhythmics)、奥尔夫音乐教学法(Orff music)、西方现代舞教育以及创造性舞蹈(Creative dance)的引进,即兴舞蹈(Improvisational Dance)在幼儿舞蹈启蒙教育中的重要性逐步引起了教育界的关注。所谓即兴舞蹈是指幼儿在一定情景要素的激发下,基于直觉进行的自发式动作表现与探索活动。它被视为幼儿艺术潜能的自然流露,并与创造性培养联系起来。[1] 然而,从当前幼儿舞蹈启蒙教育的总体情况来看,采用教师口传身授、强调学生模仿、注重动作技能训练的传统舞蹈教学方法仍然占据主流。尤其是一些片面追求动作技巧,罔顾幼儿身心发展规律的野蛮做法,已然走到了教育的反面。吕艺生指出:"有的幼儿园开设了非常专业的舞蹈课,完全是违背规律的,甚至有些专业的压胯动作,对小孩子的身体都是有危险性的。"[2] "这种武断残忍的训练方式无疑对幼儿的身体是一种残害,同时有可能因为扼杀了幼儿舞蹈的灵性和艺术性,而对幼儿心灵造成深远的伤害。"[3]

这些令人担忧的现状背后,既与现实中功利主义取向的幼儿舞蹈教育观念和相当一部分家长、教师轻视幼儿即兴舞蹈的育人价值有关,也与幼儿园或者校外培训机构中的教师采用不当的即兴舞蹈教学实施路径存在一定程度的关联。

习近平总书记表示,能否实现"幼有所育"是关系儿童的身心健康、终身发展,以及关系民生、

作者简介:吴珺,上海师范大学教育学院博士研究生,上海学前教育学院讲师,主要从事儿童发展与艺术教育研究;夏正江,上海师范大学教育学院教授,博士生导师,博士,主要从事教育基本理论研究。

[1] 许卓娅:《韵律活动》,南京师范大学出版社2001年版,第19-20页。
[2] 周星,吕艺生:《国民素质教育要有大艺术观——吕艺生、周星关于艺术教育的对话》,《艺术教育》2019年第5期,第13页。
[3] 王印英:《幼儿舞蹈启蒙教育的新理念》,《学前教育研究》2012年第12期,第50页。

国家和民族未来的伟大工程。①在坚持"五育并举""幼有善育"的新时代背景下,如何理解即兴舞蹈对促进幼儿德、智、体、美全面发展的重要育人价值,如何科学地将即兴舞蹈的育人功能落实到幼儿园课程建设中,既是时代的需要,也是社会的期盼。

二、幼儿即兴舞蹈的育人价值

即兴舞蹈虽然重心落在"美育"的范围,但从它内在的育人价值看,早已超越了单纯美育的范畴。可以说,对幼儿即兴舞蹈育人价值的探析,为时下我们深入理解"五育融合"的必要性与可行性,提供了一个很好的范例。

1. 发展身体

本体感觉(Proprioception)属于人体重要的感觉系统之一,它被视为个体学习新动作技能的重要条件。②3—6岁的幼儿正处于身体动作发展的敏感期,也是本体感觉能力迅速发展的阶段。

首先,即兴舞蹈具有"身心合一"的特质,借助它可以不断激活幼儿的本体感觉。音乐教育家埃米尔·雅克·达尔克罗兹(Émile Jaques-Dalcroze)提出"身心合一"的整体论思想,他指出:"身体运动是肌肉知觉的表现方式,动作的力度和空间的关系,动作的持续性与伸展性的关系,动作的准备与动作表现的关系是可以由意识捕捉到的。这是因为学生必须将所有肌肉运动整合起来进行有意识或下意识地合作。"③在即兴舞蹈中,诸如力量感、方向感、速度感、位置感、重量感等运动感觉,会受到外部情景要素(如音乐或教师的指令)的激发或抑制。换言之,幼儿的大脑在参与记忆、判断、矫正与发出动作指令的瞬间,与自发涌现出来的运动感觉互相耦合,从而形成了幼儿对各种动作参数(角度、方向、加速度)的体验。因此,在即兴舞蹈中幼儿身体与大脑的关联度会愈加紧密,其原因就在于它们共同形成了一个组合与环境展开互动。

其次,即兴舞蹈在促进幼儿身心和谐发展方面具有特殊的优势。一方面,幼儿在即兴舞蹈中的本体感觉(运动感觉)与外部感觉(视觉、听觉、大脑)之间会逐步建立起迅速而持久的紧密联系,也就是身、心、脑和谐统一的状态。另一方面,从心理治疗的角度来讲,当幼儿沉浸在即兴舞蹈的忘我境界中时(可视为"心流"体验),内在的紧张感或被压抑的情绪被一并释放了出来。取而代之的是心旷神怡、酣畅淋漓的愉悦感受,这就起到了调试身心的疗愈功能。幼儿即兴舞蹈注重过程远胜于结果,因而课堂的气氛充满天真与自由,在这种氛围之中能够增进幼儿身心的自由体验。

最后,从促进幼儿动作发展的角度来讲,即兴舞蹈能够为幼儿提供探索和学习多种身体运动方式的机会,从而提升幼儿的动作技能,包括促进平衡感发展、提高协调性能力、发展身体柔韧性、训练肌肉爆发力以及提高动作灵敏性。其中,即兴舞蹈对促进幼儿动作的灵敏性发展有更为突出的作用。这是由于在即兴舞蹈中,幼儿需要对情景要素中的各种变化快速地做出动作(如速度、力量、移动方向、水平高度等),在此过程中幼儿的各种感觉器官(视觉、听觉以及本体感觉)被充分地调动并参与到对当下情景的分析与判断之中,使得动作反应与大脑神经系统之间的联系不断加强,从而促进幼儿大脑皮质神经反应的过程更加快速与灵活。

2. 培育美感

我们认为,只有被舞者附着了表现意图以及审美选择的即兴舞蹈才能够上升到美学高度。正如美学家克罗齐(Benedetto Croce)所言:"没有在表现中对象化了的东西就不是直觉或表象,就还只是感受或自然的事实。"④对幼儿来讲,即兴舞蹈的美育价值就在于能够唤醒他们的表现意图,并促使其自觉地将美感融入动作表现,也就是所谓的动觉审美(Kin-aesthetic)。依据布伦达·普·

---

① 《中共中央关于坚持和完善中国特色社会主义制度 推进国家治理体系和治理能力现代化若干重大问题的决定》,载人民网:http://cpc.people.com.cn/n1/2019/1106/c64094-31439558.html,最后登录日期:2021年6月28日。

② VIDONI E D. Proprioception is "Central" to Motor Learning: Different Consequences of Peripheral and Central Proprioceptive Disruption to Sequence Learning, Kansas: University of Kansas, 2008, pp. 23-30.

③ Anne Farber. "Discovering Music through Dalcroze Eurhythmics", Music Educators Journal, Vol. 19, no. 74(1987), p. 3.

④ 克罗齐:《美学原理:美学纲要》,朱光潜等译,北京外国文学出版社1983年版,第14页。

麦克臣（Brenda Pugh McCutchen）的解释，动觉审美就是舞者所做的审美之选，它包含运动的艺术性、同步感以及动作的精炼性。① 与成人舞者不同，幼儿通常是凭借直觉来抓取和表现内心的审美意向，因此，他们的肢体表现往往是稚拙的、简单的与不成熟的；同时，也可能是夸张的、充满想象与创意。换句话说，幼儿的审美表现受到其认知发展阶段性特点的制约，呈现出从简单到复杂，从稚拙到成熟的发展历程。故而，教师或家长应当用整体性与发展性的眼光，来看待幼儿即兴舞蹈的美育价值。

另外，即兴舞蹈能够促进幼儿以动觉来传达出视觉、听觉、触觉的审美感受，从而增强审美感官之间的相互沟通与转换能力，即审美联觉（synesthesia）。② 埃德蒙·伯克·费德曼（Edmund Burke Feldman）指出，审美意象潜伏在人类的心灵，需要借助各种手段加以唤醒。③ 审美联觉作为审美感知过程中一种特殊的心理反应，可以在即兴舞蹈中自然产生。原因在于充分的审美感知是激发幼儿进行即兴舞蹈表现的重要前提。例如，即兴舞蹈教学的先驱伊莎多拉·邓肯（Isadora Dencan）充分运用审美联觉的原理，她在学校中布置各种儿童舞蹈形象的浮雕、雕塑与绘画；并运用贝多芬与瓦格纳等音乐家的音乐来激发儿童的舞蹈表现冲动。④

从审美移情的角度来讲，幼儿在即兴舞蹈中会自然地将个体的情感、意志与思想灌注到审美对象中，从而产生"物我同一""物我同情"的审美体验，实现个体与审美对象的亲近。依据西奥多·立普斯（Theodor Lipps）有关审美移情的观点，我们认为，幼儿通过即兴舞蹈可以实现4种类型的审美移情：一般的统觉移情（即幼儿把感知对象的形式和外形灌注以生命）、自然的移情（即幼儿将自然界的各种对象，如动物、植物等拟人化）、心情外射的移情（即幼儿使感知对象感染某种情绪）以及表征的移情（即幼儿使对象的感性外观或形象作为人的内在生命的表征或象征）。

3. 启迪心智

依据具身认知（Embodied Cognitive）理论，人类心智或认识深深植根于身体以及个体与外部世界的交互体验之中。⑤ 尤其，"婴幼儿的心智天然地具有具身性，并且其认知乃至整个心理活动都是建立在身体运动提供的感觉刺激和原始信息供大脑处理的基础上的"。⑥ 据此我们认为，即兴舞蹈应当被视为一种重要的幼儿身体学习方式，它所具有的认知功能不应被人们所轻视甚至忽视。具体来讲，它具有自动性与情景性的特点。首先，自动性是指幼儿在即兴舞动中所产生的动觉感受与脑部信息处理过程乃是个体内隐的、自动化的处理结果。根据神经认知科学的研究，"镜像神经元"（mirror neurons）被认为是这种自动化具身认知的生物学基础。⑦ 其次，情景性是指幼儿的认知、动作与环境因素之间构成的耦合关系。也就是说，在即兴舞蹈中幼儿对知识与概念的把握源于动觉感受与环境因素互动的结果。例如，当幼儿根据音乐的情绪色彩进行即兴舞蹈表现时，由于音乐的情绪色彩与肢体动作表现彼此耦合，进而强化了幼儿对情绪的体验并由此形成对情绪概念的理解。

除此之外，即兴舞蹈在启发幼儿想象创造方面具有独特的育人价值。我们依据埃利斯·保罗·托兰斯（Ellis Paul Torrance）有关创造力的研究成果⑧，将从想象性、流畅性、灵活性、独创性以及精致性5个方面来进行阐释。第一，启发思维想象性。即兴舞蹈为幼儿喜爱幻想与假装的天然倾向提供了自由发挥的空间。借助肢体语言幼儿能够将自己脑海中丰富的形象与奇思妙想展现在他人面前。第二，培养思维流畅性。随着不断地进行即兴舞蹈练习与积累动作经验，在幼儿头脑中积淀的艺术形象将逐步充盈起来，表现的思路也更

---

① 布伦达·普·麦克臣：《舞蹈：作为艺术教育（下）》，吕艺生主编，上海音乐出版社2015年版，第163页。
② 林崇德，杨治良，黄希庭：《心理学大辞典》，上海教育出版社2003年版，第745页。
③ 埃德蒙·伯克·费德曼：《艺术教育哲学》，马菁汝译，浙江人民美术出版社2018年版，第75页。
④ 伊莎多拉·邓肯：《邓肯论舞蹈艺术》，张本楠译，上海文艺出版社1985年版，第74—76页。
⑤ 叶浩生：《具身认知的原理与应用》，商务印书馆2017年版，第48页。
⑥ 杨宁：《儿童早期发展与教育中的身体问题：五论进化、发展与儿童早期教育》，《学前教育研究》2014年第1期，第22页。
⑦ 陈巍：《读心：从扶手椅到实验室的循环》，上海教育出版社2019年版，第39页。
⑧ E. Paul Torrance, "Understanding Creativity: Where to Start?", *Psychological Inquiry*, Vol. 4, no. 3(1993), pp. 232–234.

为开阔畅通,幼儿联想的速度也会更快,动作表现的"量"也会更多。第三,发展思维灵活性。幼儿在即兴中逐步理解和探索舞蹈的各种要素,运用这些舞蹈要素来灵活地表达自己的想法与感受,同时积累进行创造性表现的经验。第四,鼓励思维独创性。幼儿天然地具有创造潜能,其表现原本就是个性化与多样化的,即兴舞蹈为幼儿展现独特个性提供了机会。第五,扩展思维精细性。即兴舞蹈能够促进幼儿有意地运用更多的精细动作来丰富自己的舞蹈表现,包括手部动作、造型、脚部动作以及小肌肉的运动等。

4. 涵养德性

从德育的角度来看,即兴舞蹈对幼儿共情能力的发展也能够起到促进的作用。所谓共情(empathy)能力,主要是指在人际交往中幼儿能够理解他人的情绪和想法,并站在他人的角度思考和处理问题的能力。[1] 它被视为幼儿亲社会行为和道德行为的催化剂。来自神经科学的研究表明,人类大脑中的镜像系统与共情能力的关系甚为密切。[2] 马丁·L·霍夫曼(Martin L. Hoffman)认为,幼儿可以通过模仿和联想来唤醒共情能力。[3] 整个过程就好像照镜子一般,幼儿通过下意识地模仿或表现他人的面部表情、姿态与动作来唤醒共情能力。在即兴舞蹈中,幼儿根据情景中的线索进行直接联想(想起过去的类似体验),从而帮助自己表现"他人他物",这本身就体现了换位思考的过程。例如,幼儿表现小树苗慢慢长大,能够体验到小树苗冲破泥土的生命力与坚忍不拔的意志力;当幼儿表现雨水下落滋润小树苗时,体验到的则是自然界哺育万物的博爱之心。亲身体验不同的艺术形象,幼儿能够增进对他人他物的理解(包括情绪、心理感受以及处境),并逐步学会从他人的立场来思考问题。

当然,即兴舞蹈不只是幼儿个体的活动,其更加需要在团体中进行合作表现。也就是说,幼儿需要学会遵守规则、与他人共享场地空间以及合作讨论。因此,在即兴舞蹈活动中能够逐步培养合作精神。在舞蹈关系要素中就包含"与他人的关系"这部分内容,具体包括镜像(mirrors)、回声(echo)、统一(unity)、影子(shadow)、对立(opposition)、连接(connect)、支撑(support)等概念。[4] 这些概念为激发幼儿合作行为的产生提供了基本框架。从合作动机的角度来看,幼儿合作行为需要一定水平的合作动机来维持。喜欢与同伴交往是幼儿比较普遍的心理需要。在即兴舞蹈中,音乐伴奏为幼儿营造了轻松愉悦的氛围,小伙伴一起舞动或彼此适当地身体接触,能够带来强烈的身心愉悦与伙伴间的亲密感受。一方面,幼儿与伙伴协同配合、共同完成即兴舞蹈表现任务时,他们能够得到来自教师与同伴的认可与接纳,从而强化内在的合作动机。另一方面,当幼儿在同伴面前展示自己的舞姿、表达自己的情感与想法时,也能够增强他们的自尊与自信,培养他们敢于尝试与探索的勇气。总之,在即兴舞蹈中幼儿通过不断地积累合作经验,能够体验到合作带来的交往乐趣与满足,从而逐步培养合作精神。

三、幼儿即兴舞蹈育人价值的实现路径

幼儿即兴舞蹈综合育人价值的充分实现首先应当落实到幼儿园课程建设中,教师应当注意以下几个方面:

1. 以鼓励探索表达、促进幼儿全面发展为育人目标

2001年8月教育部颁布的《幼儿园教育指导纲要(试行)》(以下简称《纲要》)指出,艺术教育是实施对完整人之素养的教育手段。[5] 教师必须克服过分强调技巧和标准化要求的倾向,以免把创造性的表现活动降格为机械式操练,从而导致幼儿丧失自信心、降低参与热情以及泯灭艺术创造力。编写者将"大胆表现情感、用自己喜欢的方式进行艺术表现活动"列入《纲要》之中。2012年10

---

[1] 李幼穗:《儿童社会性发展及其培养》,华东师范大学出版社2004年版,第248页。

[2] Carr, L., Iacoboni, M., Dubeau, M., Mazziotta, J., & Lenzi, G, "Neural Mechanisms of Empathy in Humans: A Relay from Neural Systems for Imitation of Limbic Areas", *Proceedings of the National Academy of Sciences*, Vol. 100, no. 9(2003), pp. 5497-5502.

[3] 马丁·L·霍夫曼:《移情与道德发展:关爱和公正的内涵》,杨韶刚,万明译,黑龙江人民出版社2003年版,第73页。

[4] 特蕾莎·珀塞·寇恩,斯蒂芬 L·寇恩:《美国儿童舞蹈教程(第2版)》,张婕译,中国文联出版社2011年版,第24-26页。

[5] 中华人民共和国教育部基础教育司:《幼儿园教育指导纲要(试行)解读》,江苏教育出版社2002年版,第43页。

月教育部印发《3-6岁儿童学习与发展指南》(以下简称《指南》),指出教师"应当引导幼儿学会用心灵去感受和发现美,用自己的方式去表现和创造美"。① 其中,"引导""感受""表现"以及"创造"成为《指南》中的高频词。上述高频词与幼儿即兴舞蹈的内涵高度契合,即在一定情景要素的激发下,幼儿基于直觉进行的自发式动作表现与探索活动。因此,在幼儿园即兴舞蹈教学活动中,教师应当以促进幼儿身心全面发展为价值追求,充分调动和发挥幼儿的主体性,鼓励幼儿大胆探索动作的多种可能性,表达内心情感,积累成功的创造体验。

2. 以挖掘适宜素材、渗透舞蹈基本要素为育人内容

《学习活动》② 是二期课改以来上海市幼儿园教师实施教学活动的重要资源。我们认为,教师可以采用"深挖"与"拓展"两种策略,从已有的《学习活动》中创造性地挖掘适宜的即兴舞蹈教学素材。第一种"深挖"策略,是指教师从教材中再次挖掘可能存在的即兴舞蹈素材,这些素材必须符合可舞性(动作)、要素性(概念)以及意象性(形象)三个基本标准。其中,要素性是指所选取的教学素材能够体现出舞蹈要素。第二种"拓展"策略,是指教师创造性地将一些外部优秀素材与《学习活动》中的主题建立起联系,从而生成既符合幼儿园课程要求,又贴近幼儿生活并能够满足幼儿发展需要的即兴舞蹈教学内容。

此外,教师应当遵循幼儿认知发展的规律,采取循环往复、由浅入深的螺旋式设计思路,将舞蹈要素渗透到教学内容与教学环节之中。根据2014年美国颁布的《国家核心艺术标准》(National Core Arts Standards)③,身体、空间、时间、力量以及关系要素,被视为学前儿童创造与表现的基本框架。需要注意的是,教师在每堂即兴舞蹈活动中所聚焦的舞蹈要素应当尽量单一,且主次有别。这样既有利于深化幼儿对特定舞蹈要素的理解,又有利于教师制订更为清晰的活动目标。

3. 以创设趣味情景、善用引导示范讨论为育人方法

创造力研究学者基思·索耶(Keith Sawyer)指出:"创造性学习需要某种程度上的开放、弹性与即兴;然而,当学习被一些适当的结构所引导时会更有效率,这些结构我们称之为'脚手架'……这些精心设计的脚手架也需要根据不同的知识内容、技能,以及更深层的概念理解而即兴变化。"④ 我们认为,在即兴舞蹈活动中,幼儿的创造自由必须被一些精心设计的结构元素加以引导和限制。因此,教师在活动设计与师幼互动方面的作用就显得尤为重要。

从活动设计的角度来讲,首先,教师应该为诱发幼儿即兴舞蹈表现创设生动有趣的情景。例如,教师可以采用游戏式、任务式、问题式情景创设方法,激发幼儿参与即兴表现的内在动机。其次,教师需要在教学各环节中搭建适宜的"脚手架",以此为幼儿提供必要的支持与帮助,包括语言支架、音乐支架、图谱支架、视频与图片支架等等。对幼儿来讲,向他们提供一些结构元素与规则是提升教学效果,以及避免教学陷入混乱与无序的重要前提。所谓结构元素,就是舞蹈段落与舞蹈要素的融合。例如,幼儿在一段包含开始、中间与结尾的音乐片段中,即兴表现出低、中、高三种水平的空间要素。当然,最大的挑战在于教师需要平衡结构元素与即兴表现之间的张力。也就是说,即便幼儿表现出了所有结构元素,他们仍然保留某种程度的创造自由,并通过学习能够达到更多意想不到的效果。

从教学互动的角度来讲,有效的即兴舞蹈教学需要教师与幼儿共同即兴协作。首先,教师既要把准方向,又要能够针对不同幼儿的表现与要求做出反应,使课堂教学始终处于预设与生成的

---

① 中华人民共和国教育部:《幼儿园工作规程:3-6岁儿童学习与发展指南(2016版)》,首都师范大学出版社2016年版,第32页。
② 本论文中的《学习活动》是指2009年由上海市教委修订以供幼儿园教师对幼儿实施教育、教学时选用的参考教材。《学习活动》参考用书共三本,包括3—4岁、4—5岁和5—6岁三个年龄阶段。
③ 美国国家核心艺术标准联合会:《国家核心艺标准》,载国家核心艺标准官方网站:https://www.nationalartsstandards.org,最后登录日期:2021年6月28日。
④ 程佳铭,任友群,李馨:《创造力教育:从授受主义到有结构的即兴教学——访谈知名创造力研究专家基思·索耶博士》,《中国电化教育》2012年第1期,第4页。

动态平衡之中。其次,教师应当善用语言引导、肢体示范与小组讨论等方法,来增强教师与幼儿以及幼儿之间互动中的弹性与活性。其中,教师应当充分重视观察法与讨论法的作用。通过观察幼儿,可以将舞蹈表现与舞蹈要素进行对照,从而获得认知理解;而借助讨论幼儿,可以解释相关的概念或创意意图,并通过即时学习萌发新的想法与创意。

4. 以营造良好氛围、实施过程性评价作为评估手段

为了有效落实幼儿即兴舞蹈的综合育人价值,教师可以采用过程性评价作为主要的评估手段。根据高凌飚的观点,过程性评价是对课程实施意义上的学习动机、过程和效果的三位一体的评价。① 由此可见,教师对幼儿的评价必须"嵌入"即兴舞蹈教学的全过程之中。换言之,教师对幼儿的学习效果不断地进行反馈,从而使教学过程得到不断的优化。也就是说,评价过程与教学过程应呈现交叉与融合的特点。在对学习效果进行评价时,教师应当关注即兴舞蹈在"发展身体、培育美感、启迪心智、涵养德性"四个方面所具有的综合育人价值,并对幼儿所取得的任何进步与成果给予积极反馈,以此来激发他们的学习动力和自信心。即兴就像是一场未知的旅程,这背后既需要个体的冒险精神,也需要"一种实验性的并且容忍错误的文化"② 加以支持。教育艺术的本质在于唤醒、激励与鼓舞。因此,教师在课程中营造一种宽容、民主和温馨的学习氛围,是有效实施过程性评价的前提条件。此外,在实施过程性评价时,评价主体与客体之间还应当形成互动,也就是说,既需要教师对幼儿进行评价,又需要幼儿之间以及幼儿对自己进行评价。该评价方式可以实现对幼儿即兴舞蹈表现的多角度、多层次的描述与判断,能够进一步提升学习的质量。

The Educational Value and Realization Path of Improvisational Dance for Children

WU Jun, XIA Zhengjiang

(College of Education, Shanghai Normal University, Shanghai, 200234)

Abstract: In reality, the root cause of the utilitarian orientation of children's dance education which has been popular for a long time can be the backward concept of children's dance education. This paper attempts to make a holistic care and interpretation of the intrinsic educational value of children's improvisational dance from the four aspects of "developing the body", "cultivating the aesthetic feeling", "enlightening the mind" and "cultivating the virtue", so as to promote the development of kindergarten dance education from traditional to modern transformation. The key to this transformation is to promote "children's improvisational dance education". Teachers can implement children's improvisational dance into kindergarten curriculum from such aspects as permeating dance elements, creating interesting scenes and implementing process evaluation.

Key words: preschool education, improvisational dance, educational value, implementation path

---

① 高凌飚:《过程性评价的理念和功能》,《华南师范大学学报(社会科学版)》2004年第6期,第102-106页。
② 徐光,李慧明媚,田也壮:《组织即兴诱发机制:基于舞台创意过程的研究》,《管理科学》2020年第5期,第121页。

数字技术支持下的小学音乐单元学习实践

周佳春

(上海市徐汇区高安路第一小学,上海 200030)

摘 要：借助数字技术的丰富功能,为音乐单元学习创设接近真实的活动情境,能够实现有限学习时间里的多角度音乐体验。在数字技术的支持下,教师需要转变学习方式,为音乐学科关键能力的培养提供支持。单元学习活动的开展应遵循三大原则:基于课程标准,体现课程的普及性;依托教材内容,体现课程的规范性;融入实践情境,体现能力培养的渐进性。

关键词：小学音乐;数字技术支持;单元学习

现行小学音乐教材以"人文主题"为线索,体现了音乐学科的美育价值和人文关怀,而淡化了音乐学科关键能力培养路径的规划指引。如何立足于现行教材设计单元学习活动,帮助学生在相互关联的学习实践中获得音乐体验、习得音乐技能,促进其音乐核心素养的形成,已成为当前小学音乐教学研究的重要方向。在具体教学实践中,如何利用各类教学资源创设必要的学习情境,让学习形成关联性、结构性,是单元学习活动实施的重要环节,也是困扰许多一线教师的实践性难题。

数字技术的蓬勃发展,尤其是智能终端设备、信息网络、音乐软件的不断涌现,为音乐单元学习活动的开展提供了理想的平台。2020年新冠疫情期间,笔者在上海市教委组织的"空中课堂"中,立足上海音乐出版社小学三年级第二学期《音乐》教材,借助"库乐队(GarageBand)"[①]软件等数字化资源,设计并组织实施了相关单元学习活动。本文就数字技术支持下音乐单元活动设计的方法与路径做了总结和思考。

一、软件技术赋能学科关键能力培养

1. "库乐队"软件功能简介

"库乐队"是一款优秀的音乐创作软件,因其功能强大、界面友好、资源丰富而深受音乐爱好者的欢迎。它可以化身为使用者的随身乐队、调音台、录音室,随时随地就能进行音乐创作。软件内置了多种富有表现力的虚拟乐器,在音色和回应上都有真实乐器般的效果。软件界面直观而强大,操作十分便捷,点指即可进行演奏、录音、剪辑、混音,轻轻松松完成整个乐曲创作。软件还拥有海量的声音资源库,有不断更新的素材资源可供选用。表1简要罗列了"库乐队"软件的部分功能。

作者简介：周佳春,上海市徐汇区高安路第一小学教师,中学高级教师,主要从事小学音乐教学研究。

① 库乐队(Garageband)是苹果公司研发的音乐制作工具,在IOS系统中运行,拥有触控乐器和功能完备的录音工作室功能,是一款无论身处何地都能够创作音乐的随身音乐制作软件。

表1 "库乐队"软件部分功能

软件模块		功能简介
智能乐器组	智能钢琴、智能弦乐、智能贝司、琵琶、二胡、日本筝、古筝、Alchemy合成器	智能乐器能让演奏听起来具有专业风范,即使从未玩过任何乐器,也可以尝试演奏钢琴、弦乐、古筝、二胡等多种乐器,探索真实乐器的效果
打击乐器组	智能鼓、原声鼓、节拍音序器、鼓手	丰富的打击乐界面可以通过多种方式创建节奏律动,其中包含多种风格乐器组,具有较大的自主选择空间和丰富的素材资源
声音资源库		可下载软件制作团队不断更新的乐器和声音乐段
实施循环乐段		丰富的乐段资源包,随时添加、删减、组合出各种音乐片段
录音制作		多达32条录音轨道,只要选择任一触控乐器,轻点"录音"就能录制演奏并进行调整、混音
混音编辑		可以使用可视化均衡器和压缩功能调整录制好的音乐,满足创作的更多需求

2. 运用技术转变学习方式,培养学科关键能力

在音乐学科学习中有三项重要能力——听觉与联觉的反应力、乐感与美感的表现力、音乐编创与创造能力。[①]这三项能力的形成并非一蹴而就,需要分步骤、持续性地培养。借助"库乐队"软件的丰富功能,完全可以为音乐单元学习创设接近真实的活动情境,实现有限学习时间里的多角度音乐体验。在数字技术的支持下转变学习方式,为音乐学科关键能力的培养提供支持。

其一,借助软件实操便捷性,培养听觉与联觉反应能力。以往的聆听学习中,教师经常引导学生对音乐情景展开联想,并用肢体动作和语言做出反应。现在,我们借助软件通过各种手势和触屏操作,就可轻松实现更具情境性的学习实践。

其二,运用软件功能多样性,培养乐感与美感表现能力。乐感与美感的表现能力包含"节拍韵律感""速度稳定感""音量均衡感""声部和谐感"等诸多方面。学生在基于听觉基础的演唱、演奏活动中培养这些"乐感"尤为重要。软件拥有伴奏、录制演奏、演唱等众多功能,具备乐感培养的学习环境。

其三,利用音色资源丰富性,培养音乐编创与创造能力。音乐创造能力包含基本创造规则理解、创造素材、器材运用等方面。特别强调创意思维能力这一重要的方面,它可以根据音乐形象、情境进行素材重组。软件为这样的学习提供了丰富的音响资源,可以让学生在有限时间内即时显现头脑中的创意思维,激发音乐创作的火花。

二、技术支持单元学习的策略与方法

1. 结合教材,重构融入数字技术的单元序列

(1) 联系教材内容,聚焦单元作品特点

单元学习活动设计的基础性分析,需要立足教材自然单元中的作品,深入分析、梳理、提炼作品的音乐本体特征,在单元学习内容分析的基础上归纳单元作品特点,预设每个单元的学习活动形式。表2呈现了小学三年级第二学期单元作品的共性特点。

[①] 上海市教育委员会教学研究室:《教学与评价的风向标——上海市中小学各学科核心素养研究》,上海科技教育出版社2018年版,第249-260页。

表 2 小学三年级第二学期单元作品特点与活动形式

单元	作品名称	单元作品特点	预设活动形式
第一单元 春天	歌曲《春天的歌》《春天来了》	包含 $\frac{3}{4}$、$\frac{4}{4}$ 两种不同的节拍韵律	用不同节拍韵律的方式为歌曲伴奏
第二单元 乡情	歌曲《新疆是个好地方》《放牛山歌》	歌(乐)曲中的节奏、旋律具有较强的地域风格	用符合歌曲风格特点的乐器为歌曲伴奏
第三单元 课间	歌曲《哦,十分钟》《我给太阳提意见》	两首演唱歌曲均属于欢快、活泼的主副歌结构	用能够区分主副歌段落的不同节奏型为歌曲伴奏
第四单元 童趣	乐曲《小青蛙》《乘雪橇》歌曲《花蛤蟆》《猫虎歌》	以丰富的乐器音色表现了音乐形象与情景	用多种乐器音色模拟音乐形象,创编音响小品
第五单元 夕阳	歌曲《黄昏》	出现轮唱、二重唱等多种演唱形式	用二部轮唱形式演唱歌曲

(2)融合软件功能,重构学习活动内容

音乐软件包含诸多功能,这些功能可以为单元学习活动创设丰富多样的活动情境,为学生提供必要的音乐学习经历。根据预设活动形式打破原有教材自然单元的学习顺序,结合软件模块中的功能重构新的单元活动内容。在此基础上遵循学生掌握技术的一般规律,设计具有关联性、递进性的技术应用活动序列。表 3 呈现了小学三年级第二学期的单元活动内容和技术应用序列。

表 3 单元活动内容与软件支持规划

重构单元活动内容	软件模块	技术应用序列	单元教材作品
打击乐伴奏	打击乐器组	活动1:使用软件中"智能鼓"创建打击乐节奏律动为歌曲伴奏 活动2:使用软件中"原声鼓"中有强有弱的乐器声音,根据2/4拍的强弱规律用固定节奏型为歌曲伴奏 活动3:使用"中国打击乐"组中强弱、高低、长短不同的乐器声音为歌曲伴奏 活动4:借助"节拍音序器"编创节奏型的规则和方法为歌曲伴奏	《春天的歌》《春天来了》《新疆是个好地方》《放牛山歌》《哦,十分钟》
旋律性伴奏	智能乐器组	活动5:借助"智能钢琴"的和弦自动弹奏功能为歌曲弹奏和弦伴奏	《我给太阳提意见》《黄昏》
探索音响	智能乐器组 声音资源库	活动6:探索"原声鼓"乐器组中不同乐器有强有弱的声音效果 活动7:探索"中国打击乐"组中强弱、高低、长短不同的乐器声音 活动8:探索"二胡"界面,用不同的触屏方式和各种功能键了解二胡发出的各种音效 活动9:探索声音资源库"打击乐手包"中的各种音效	《新疆是个好地方》《放牛山歌》《小青蛙》《花蛤蟆》《乘雪橇》《猫虎歌》
综合音乐表现	录音制作	活动10:使用"多轨录音"界面中录制伴奏、调整音轨等功能编曲	《黄昏》

2. 基于活动内容,探索技术支持下的学习方法

在借助音乐软件参与学习的过程中,由于平板或电脑等工具操作方式的限定,学习方法既要尊重学生学习的心理特点,又要掌握技术的一般规律,还要迎合深度思考的需求。

(1)找准作品"激趣点",鼓励自主探索

每个教材作品都有其特点,软件技术为探索音响提供了丰富的资源支持,为满足学生学习新事物的好奇心,激发其尝试音乐学习的兴趣,设计有目的性的自主探索必不可少。

案例1:"童趣"单元中借助"咖啡店"乐器组为乐曲《乘雪橇》编配音效

此单元的作品多用各种音响效果表现音乐形象与情景,这样的特征能够带给学生丰富的音乐想象。这一课例中,首先鼓励学生自主探索乐器组的声音,再根据自己对音乐情境的想象用轻点屏幕的触控方式演绎音乐。

环节1:复习聆听《乘雪橇》,回顾音乐中表现雪橇飞奔时的各种音效(马铃/马蹄/挥鞭声)。

环节2:自主探索"咖啡店"打击乐器组中的乐器声音,模拟音乐中的音效。

环节3:点击软件界面中的乐器,伴随音乐的不同段落为乐曲增添效果。

环节4:创设情境,想象自己作为管弦乐队中的打击乐手与视频中的乐队同步演奏。

活动中,学生借助音乐软件资源,找到与音乐中相似的乐器音色参与演奏,体验做一名打击乐手的快乐。进行深度体验是学习音乐积累素材的重要学习方式,因此教师要多鼓励学生借助软件丰富的声音资源探索,这有助于音乐创造能力的培养。

"童趣"单元中下一个课时的学习就很好地体现了技术支持下的创意思维发展。

案例2:"童趣"单元中用丰富音色为歌曲《猫虎歌》创编音响小故事

环节1:学生在教师引导下,自主探索声音资源库中"录音室"里的各种打击乐声音,并找到符合老虎(强壮威猛)与猫咪(灵活机智)形象的乐器声音(见图1)。

环节2:教师范例展示,请学生边听边观察教师的敲击规律(见图2),猜猜想要表现怎样的创意。

环节3:模仿教师的敲击,伴随音乐演绎音响小故事。

环节4:根据对音响小故事规则的理解,自主探索各组声音资源库,创意自己的节奏组合方式进行音响表演。

环节5:分享和交流自己的音响小故事。

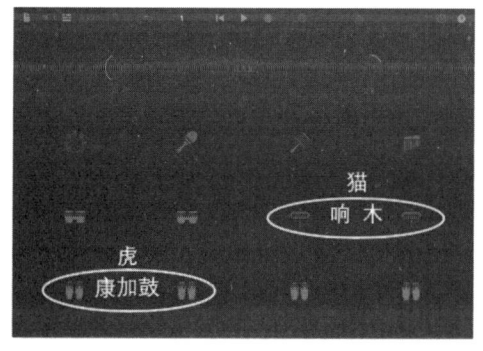

图1 寻找符合动物形象的乐器

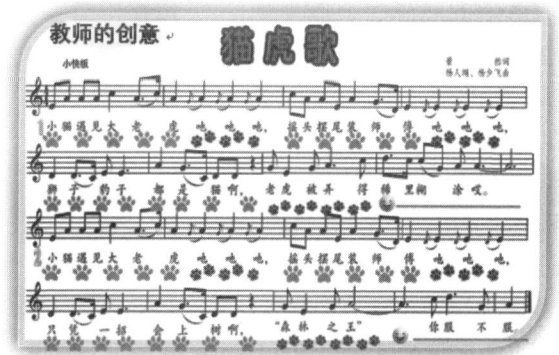

图2《猫虎歌》节奏组合:教师的创意

这个活动设计体现了在探索音响的学习方式中,学生将脑海中对猫与虎的形象迁移到音响的想象、联想中,并能用音响小故事的方式表达自己的创意思维。

(2)把握操作"关键点",精准指导学练

在有限的学习时间内,教师必要的讲解有助于学生理解学习内容,减少不必要的重复性错误,但关

键是如何把握讲练结合的度。音乐学习需要基于乐器实践,音乐软件能够即时实现想象中的音乐效果,因此学生乐于跟随教师的讲解进行同步操作,教师在活动设计中要合理安排讲练层次,把握操作的关键点,就能进行高效学习。

案例3:"课间"单元中为歌曲《我给太阳提意见》弹钢琴和弦伴奏

传统思维认为,有一定钢琴技能基础的人才能完成钢琴伴奏的任务,这会让很多学生望而却步,如今借助音乐软件,学生在学练结合中把握几个关键点,就能轻松实现钢琴伴奏。

步骤1:创建即兴节奏律动。

对于小学三年级学生而言,小节的概念并不陌生,但要在伴奏中以小节为单位进行和弦的切换有一定难度。学练设计中,借助之前学习过的"智能鼓"骰子功能,请学生伴随音乐每一小节按动骰子,为歌曲进行即兴打击乐伴奏,通过活动感受歌曲的节拍韵律并关注歌曲的小节。

步骤2:练习由简至繁的和弦连接练习。

歌曲伴奏中用到C、F、G三个和弦,演奏中需要熟练进行和弦切换,所以设计由简至繁的适应性练习。首先,进行慢速的基础型柱式和弦(C-F-G-C)切换练习,帮助学生掌握基本的和弦切换方法。其次,进行篇幅较长的歌曲和弦切换练习,这一过程中始终伴随恒定速度的节拍器提示音,培养速度的稳定感。

步骤3:自主探究软件操作诀窍。

一首活泼生动的歌曲用切换柱式和弦的方法弹奏显然不够悦耳,借助软件的自动伴奏功能,就能呈现出好听的和弦织体伴奏。在这个环节的学练中,出现两小节相同和弦时,自动伴奏的操作特性会造成伴奏停止。整个过程中,学生可以"试误",并自主发现弹奏时的操作要领,伴随音乐韵律和乐谱中的和弦标记专注地进行练习。

案例4:"春天"单元中借助"智能鼓"打击乐器为歌曲《春天来了》即兴伴奏

借助软件中"智能鼓"的多种功能设计有层次的活动,让学生在聆听的基础上为歌曲开展丰富多样的即兴伴奏(见图3)。

环节1:界面认识并自主探索各种乐器组。

环节2:跟随教师提示进行伴奏所需的节拍、速度等设置。

环节3:伴随音乐为歌曲伴奏。

跟随音乐速度按节拍点,随机按动乐器形成即兴伴奏;随意拖动乐器至网格中,组成节奏型进行伴奏;运用"骰子"功能,在每个乐句一开始自动创建节奏律动进行伴奏。

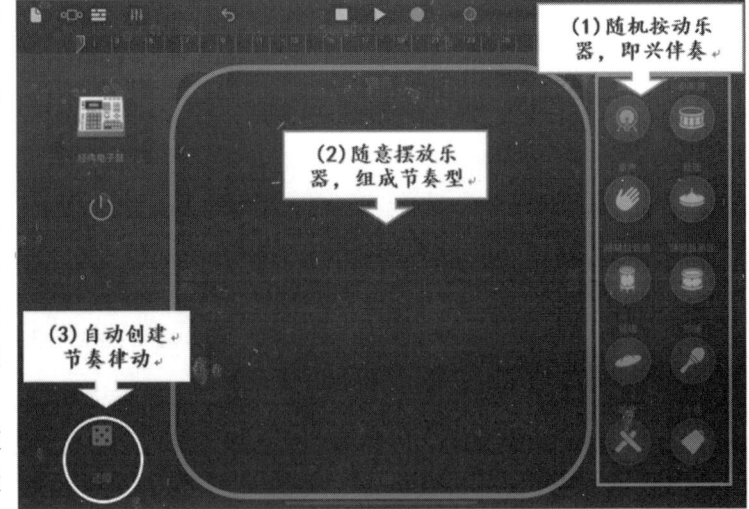

图3 "智能鼓"的功能设计界面

以上两个案例从精准指导入手,在每个学练"关键点"进行精细化设计,运用了迁移旧知"玩乐感"、新授技能"练手感"、尊重需求"找成功感"。在学练步骤中始终以"学"出发,寻求"教"的路径,既保持"学有成,练有悟"的新鲜感,又降低陌生内容可能造成的畏难情绪。

(3)捕捉延伸"增值点",适度拓展成果

一次音乐学习的经历,能享受音乐带来的乐趣,能习得音乐软件的操作技术,能发挥创意体验成功的快乐等,但其意义远不止这些,教师可通过适当留白、适切提示,引导学生课后继续探索,学以致用。

案例5："夕阳"单元中借助多场景录音功能实现歌曲《黄昏》的二部轮唱

在这个教材单元中出现了多首不同演唱形式的作品,歌曲《黄昏》是小学阶段学生第一次学习二部轮唱。借助软件多场景和录音功能帮助学生唱好轮唱是这个活动的重点(见图4)。

环节1:认识录音,通过教师的简短演示让学生……

环节2:学习录音,运用已学过的和弦弹奏录制……

选择符合歌曲风格的伴奏乐器;根据所给的速度……同的乐器录制第二声部伴奏。

环节3:学习多轨制作,借用软件中的多项功能……

利用"拖动音轨位置"功能实现两个声部间的正……伴奏,录制自己的歌曲演唱;运用软件"复制""粘贴"……

环节4:课后利用软件线上合作完善已录制的二……

教师提供课后延伸的多项学习提示,其中包含:……制自己弹奏的主旋律;请不会弹钢琴的学生跟着伴……同伴一起录制歌声进行"云合唱"。

图4 基于软件多场景和录音功能的歌曲轮唱

居家学习二部轮唱,学生之间缺少合作互动,因此在声部进入点、音量均衡和声部和谐等方面都存在合作困难的问题,但软件便捷的制作、分享和发布功能提供了解决问题的可能。另外,这一课时的学习在整个媒体融入的内容序列中排在最后,便于学生运用已有知识实现更好的音乐表现。

三、技术支持单元学习的效果与反思

1. 研究效果

(1)建立真实情境,激发学习兴趣

构建新奇的学习环境,学生可以在多变的学习情境中体验音乐要素与特点,单元序列式的学习便于积累软件操作和应用场景的经验,便于更好地深度实践和理解。[①]丰富多样的学习情境可以激发学生的学习兴趣,使他们具有不断探索的积极性,让"玩音乐"随心所欲。

(2)扩展实践场域,促进自主探究

智能终端如平板电脑、手机越来越普及,这让学习的场域边界变得越来越模糊。一方面,它可以实现随意参与,随即反馈;另一方面,它让原本音乐学习中技能缺失造成的"不可能"成为"可能",让"玩音乐"无处不在。

(3)创建"云端任务",鼓励合作互助

通过实践,笔者发现网络、智能终端可以为学习活动构建强大的互动平台。教师可通过网络提供相应的学习资源、发布云端学习任务,学生根据自己的需求,组织同伴合作完成较为复杂的学习任务。通过网络、软件平台形成交流、分享、展示的学习样态,让"玩音乐"随时互联。

2. 问题与反思

在信息技术飞速发展的时代,教育不断地面临"新技术""新挑战",但更需要的是克服"新困难""新问题"。

(1)如何基于课程标准,只变革学习方式而不改变学科本体

音乐课有其独有的学习样态,需要有律动、游戏的空间,需要合作演唱、演奏的经历,但有些融入数字技术的音乐课直接搬进电脑房,看着屏幕点鼠标,音乐课原有的模样变成了信息课。因此教师需要探索音乐教学如何既保留音乐学习样态,又充分发挥数字技术优势。

---

① 乔纳森·伯格曼、亚伦·萨姆斯:《翻转学习:如何更好地实践翻转课堂与慕课教学》,中国青年出版社2015年版,第39-55页。

（2）如何体现课程规范性，让技术支持为常态化音乐课堂服务

教材是引领我国义务教育实施的主要素材，完全抛弃或脱离太远都会导致学习质量无法保障，影响课程实施的规范性。我们需要探索双向融合的思维方式，构建与教材相联系的学习内容。

总之，技术支持下的音乐单元学习活动开展应遵循三大原则：首先，基于课程标准，体现课程的普及性。其次，依托教材内容，体现课程的规范性。最后，融入实践情境，体现能力培养的渐进性。

课堂空间转变成了无处不在的学习场域，传统的学习工具变成了手机、平板电脑，信息技术的不断升级，让音乐学习方式正在发生巨大的变革。相信在不远的将来，除了丰富的媒体终端能够帮助教师创设更多的音乐学习情境，日趋成熟的数字技术也能走进课堂，用庞大的数据库和精准的算法实现更为丰富的音乐体验。这一刻，我们需要打开视野，找到传统与未来的平衡点，思考联结未来的创生点。

The Practise on Unit Learning of Music Supported by Digital Technology

ZHOU Jiachun

(No. 1 Gao An Road Primary School, Shanghai, 200030)

Abstract: With the help of various functions of digital technology, it can create a situation close to reality for unit learning of music, and can help students have a multi-angle music experience in a limited period of learning time. With the support of digital technology, teachers need to change their teaching methods to help develop students' key competence of this subject. The development of unit learning activities should follow three principles: demonstrating the universality of the course based on the curriculum standards; relying on the content of the textbooks to reflect the standardization of the course; and combining the practical situation to show the gradual nature of competence development.

Key words: music teaching, digital technology support, unit learning

人文素质教育视域下中国美术核心价值观的构建与实践

丁薇薇

(上海师范大学 美术学院,上海 200234)

摘　要:中国美术价值观念的主要内容和表现特征,包括承载社会功用和生命意识的价值结构,独特的审美价值体系,博采众长的多元文化价值取向,以及注重道德的价值要求。探寻和构建中国美术核心价值观,有助于在认识历史和现实中推动传统优秀文化继承发展,加强民族审美文化认知,促进思想道德境界提升。多角度呈现中国特色美术文化,合力推进中国美术的素质教育作用,并挖掘其中的育人要素,对于践行现代人文素质教育具有价值引领和积极的现实意义。

关键词:中国美术;核心价值观;人文素养;美育

中国美术是中华文化的重要组成和价值观的体现,不同时代的美术作品可以引导人们思考其中所承载的价值指向,透视时代精神。中国美术价值体系中起着主导作用的价值取向、基本价值判断和价值观念,集中体现出中华民族共同的审美理想。

一、中国美术核心价值观阐释

"中国美术核心价值观"这一命题具有一定的宽泛性和复杂性,其理论构建的目的是思考中国美术的基本出发点和价值引领。通过梳理中国美术在历史发展过程中所形成的核心命题,以本土美术形态为核心,参照外来美术形态,剖析其核心价值观念,包含文化属性、价值取向、审美规范等方面的基本态度和价值判断,有助于形成有中国特色的文化价值观和美术价值观。不可否认,美术与美术的历史是带有价值倾向的,有美术家风格的差异、艺术的参差,渗透着审美观、价值观以及趣味的培养。其中所包含的内容与表现特征主要涉及以下方面:

1. 承载社会功用和生命意识的价值结构

春秋战国时代"诸子百家"学说对后世美术的发展产生了深远影响,从思想高度点明了美术和整个文化传统的关系,构成了中国美术发展的理论基础。先秦时期即阐明了"使民知神奸"[1]的美术功能论,到汉魏六朝建立起"存乎鉴戒"的核心价值观,所谓"恶以诫世,善以示后"[2],"成教化,助人伦"[3],明确了美术承载社会责任的作用。儒家礼教思想倡导文以载道,注重有益于社会、伦理、政治与精神价值的现实功用,主张积极入世、风化社会民众的人生理想,具有一定的伦理教化意义。

作者简介:丁薇薇,上海师范大学美术学院副教授,博士,主要从事美术史论研究。
[1]《左传》,吉林文史出版社2009年版,第140页。
[2] 王延寿:《鲁灵光殿赋》,《中国古代画论类编》,人民美术出版社1998年版,第10页。
[3] 张彦远:《历代名画记》卷一《叙画之源流》,中华书局1985年版,第7页。

而老庄道家美学观主张"畅神",强调自然无为,追求个性自由和超逸的审美品格,体现了出世脱俗、抒写性灵的人生境界,包含对生命意识和宇宙之道的体悟。两种价值观的辩证关系和相融互补的价值取向,共同推进了中国美术的发展。

2. 反映创作与品评标准的审美价值体系

中国美术的民族特色和精神价值可以通过美术作品或视觉图像的主要内容、含义、风格和样式,及其与当时政治、文学、历史、经济生活、时代氛围、文化背景的关联结合起来进行解读。孔子将"尽善尽美"作为艺术审美的评判标准,在创作与品评标准建立的过程中,也逐步确立起中国美术的基本价值观。从顾恺之主张"以形写神",谢赫提出"六法",到张怀瓘列神、妙、能"三品",张彦远分"自然、神、妙、精、谨细"等品第,以及文人士大夫标榜"士气""逸品",追求平淡天真、隽永的格调和意蕴,代表了文人的审美和精神理想,也奠定了对传统美的认知。中国传统美术注重神韵的表现,追求天人合一、清新的意境,以及人与自然的和谐,体现出不激不厉、中正和谐、圆融平淡的艺术品格和审美境界,是中国传统美学精神的重要支柱,符合中国传统的文化价值观。通过梳理最能体现中华审美文化发展特色的视觉艺术门类重要的史实、遗迹,在追溯美术发展脉络和历史传承积淀的经典作品中探究其中的审美内涵,可以了解中国美术的审美品格和独特的审美体系。

3. 博采众长的多元文化价值取向

中国美术体现了融合多元文化和多民族艺术的特点。中西艺术在魏晋时代的第一次碰撞,是通过希腊化佛教艺术间接地发生的。自西汉起,丝绸之路作为连接中国、中亚、西亚和欧洲的贸易大道,推动了东西方美术文化的交流与传播。唐代重视发展与边疆各民族和邻近国家的关系,对外文化交流频繁、活跃,中国美术不仅传播到了邻近国家,同时大量吸收了其他国家文化的有益因素。经过明清之际的中西美术交流,中国美术比以前任何一个时期都更强烈地影响了欧洲艺术的发展。中国不断与其他民族相互交流与借鉴,外来美术只有被本土化与民族化,才能获得文化认同。传承与创造是中国文化的发展模式,具有中国特色、时代精神的历代经典美术作品,既有对美术传统的继承与延续,也有变革创新。对传统美术的继承与创造,对外来美术的吸收与融合,构成了中国美术基本的价值观,体现出博采众长、兼收并蓄的包容性,具有多元文化特质。

4. 注重道德观念的内在价值要求

中国传统文化体现为"三教合一",相融互补,而儒释道思想的共同特征是倡导积德行善与修身,是中华民族道德建设的基础,三者构成了中国美术的思想来源。孟子所倡"养吾浩然之气"[①]的儒家思想重在培养正大刚直的人格精神,老子认为"万物莫不尊道而贵德"[②],佛教奉行止恶修善、净化内心。魏晋以来许多针对人格和品质的审美自然地延伸到美术领域,如中国画中的"四君子"题材发挥了儒家的比德观,赋予艺术对象以人格的魅力;历代美术理论中一贯强调"人品不高,用墨无法"[③],注重美术家自身的修养与修为;又如陈衡恪所述,人品、学问、才情和思想乃"文人画之要素,须有这四种"。[④]作为社会意识形态的艺术与道德,是历来被关注与探讨的一个重要命题,千百年来影响着美术家人品与艺品的双修共进,以达到至善至美的境界。

二、中国美术核心价值观的美育价值

人文素养是人文精神和社会文明程度的体现,人文素养的传承和发展与社会进步、国家昌盛、人类发展有密切关系,是社会文明的基本准则。作为人文传统教育,美术学科的"人文性"特质符合人的综合素养这一基本要求,这与文化育人的提倡是一致的。

1. 推动传统优秀文化的继承和发展

面对五千年中华文明积淀的深厚传统,文化教育必须要做的工作是:"修复关于传统的记忆,疏通现代国人与传统之间的道路。而要修复这种传统记忆,就必须设法重新回到传统,回到构成传

---

① 《孟子》,岳麓书社 2000 年版,第 47 页。
② 《老子》,中华书局 2007 年版,第 123 页。
③ 李日华:《紫桃轩杂缀》卷一,中央书店 1935 年版,第 13 页。
④ 陈衡恪:《文人画的价值》,《绘学杂志》1921 年第 2 期,第 6 页。

统的文明与文化经典之中,在阅读传统中重新感受和领悟传统,并对之进行科学的现代转化,从中提取出能够帮助我们超越当下困境的精神力量。"①美术和文化史的关系密切,美术作品所蕴含的历史信息,隐藏于其后的审美取向、意识形态、制度风尚等,表征出美术在文化脉络中的实质意义。美术在本民族文化发展过程中形成了完整的价值体系,在文化传承中具有重要作用。在展示和构建美术价值观的过程中,应明确中国美术的形态属性和人文价值,分析其中的合理成分,将中国美术的历史内涵和核心价值转换为具有普适性的当代价值观,使其在当今社会文化生活中彰显应有的作用。

作为优秀文化遗产的美术经典在当今仍具有典范意义,展现出顽强的生命力。中国美术有其独特的精神内涵,其中体现的许多价值观与当代精神相契合。作为培养人文素养的重要途径,美育对学生全面成长和发展具有重要作用。在人文素质教育背景下,美术教育应当发挥中国美术的价值引领作用,引导青少年认识中华文明的起源和美术的历史,探寻美术的源头,领略每个时代的气象,学习古人的思想和智慧,从而理解中国美术的文化属性。此外,美术教育还可以涵养人文精神,增强民族自豪感,培养其对中国美术和民族文化的认同,并能与现代生活相联系,树立为中华民族伟大复兴而努力的理想。当代的美术教育应根植于传统,推动中华优秀文化的继承、借鉴和发扬。

2. 加强民族审美文化的认知

历代书法、绘画、画学论著中融汇了创作者的技艺、思想、才情、品格;建筑、雕塑、工艺等美术门类相关史实中则充分体现了科学精神、匠人精神;建筑艺术空间观念、墓葬艺术生死观念的理解和表达,折射出一定的社会关系和结构。美术作品承载的是美与观念的复合,除了表现语言的欣赏,也包括对其精神性和创造性的认识。透过不同美术门类可以了解某些传统观念的生成过程,也包括超越于作品之外的体验、自然与社会的感知、情绪的表达以及人生的意义。

美具有超越功利的价值,作品的美、图像的象征意义及其承载的历史意义可以激发学生的观察力、想象力和表现力、创造力,增加审美修养,并能尊重中国美术中体现的文化多样性。中国美术知识的普及,可以从审美、情操、创造、能力、技能素质等方面培养年轻一代,有利于促进其对美好精神生活的需求,提高对美感和生命意义的认知。

3. 促进青少年思想道德境界的提升

中华文化的主体是道德教育,德行在中国传统文化中处于根源和核心地位,并渗透于国人生活、民俗、艺术之中。尊重"德性"的发展,弘扬传统道德文化,亦可在遵循中国美术内在规律的前提下,通过中国美术的价值取向与道德构建来实施。中国美术教育也承载和传递着德育思想,包含伦理和德行教育。美术不仅向欣赏者提供审美经验,愉悦人的感官,它以善为旨归,可发挥道德教化和引领的作用,使人受到真善美的感染,从而净化人的精神和内心世界。

美术的历史同时也是一部文物收藏史,通过对中国古代美术作品流传情况所做的详细追踪调查可知,传世巨迹和经典作品凝聚着家国情怀。家国情怀既是一种情感的诉求,也是生命的自觉和文化的延续,是中华民族优秀传统文化最深厚的精神底色,是中国美术中最应发扬传承的精神品质。中国美术所强调的个人修身、民族精神、爱国情感等,与传统文化有紧密的联系,其在中国美术教育中的渗透凸显出积极的时代意义。当代,"家国情怀"在增强民族凝聚力、建设美好家园等方面也具有重要价值,可对社会文明建设产生积极影响。

党的教育方针旨在落实"立德树人"的根本任务,发展素质教育,培养德智体美劳全面发展,创造物质文明和精神文明的社会主义建设者和接班人。人文关怀、道德情怀与人格培养,应是素质教育的精神追求。继承和发扬历代美术的精华,将传统精神与文化相融合,发挥其对当代社会、国家、民族的价值和现实作用,不仅是中国文化精神的延续,还有助于提升当代人的精神世界,培养创新精神、社会责任感、爱国情怀,塑造中华民族美德。加强人文素养、思想品德教育,尊重凝聚于传统美术中的思想观念,可以使青少年辨识善恶美

---

① 李雪苹:《重新审视我国高校人文传统教育》,《现代大学教育》2012年第3期,第69页。

丑,促使其注重自身价值的实现,追求理想抱负,形成健康积极的价值观和人生观。中国美术中蕴含的价值观念充实和丰富着人的内心,可以辅助和推进社会主义核心价值观的传播与培育。因而,中国美术价值观的引导是人文素质教育的组成部分和有益补充。

三、中国美术核心价值观在素质教育中的实践

基于人文素质教育的美术教育,应当注重艺术创造力、审美观和人文精神的培养,要在传播民族优秀传统文化的同时,认识到中国美术的价值,在实践层面落实中国美术核心价值观。

1. 多角度呈现中国特色美术文化

美术教育是专业学术和普及教化的结合,是培养学生人文素养的重要途径,价值观蕴含其中。在素质教育中融入中国美术教育,首先要渗透美术史知识,把握中国美术的形态及其发展历史。中国美术史广义上是中国美术作品以及与美术有关的人物的历史,也包括美术鉴藏、批评和社会环境、思想观念、宗教信仰等精神环境因素,以及美术制度、运行机制、意识形态等,政治、经济、文化各因素渗透其中。古代美术所保留下来的实物、图像、文献往往较为零散,缺乏关联性,因此,梳理美术的脉络体系,需以实物或图像为考察中心,以文字文献为辅助材料,对美术作品的"历史情境"进行复原,搭建美术历史的叙事框架,以丰富而立体地呈现美术文化。

除了美术史,造型、笔墨、色彩等也是现代人知识结构的重要组成部分。中华民族的美术遗产具有丰富多彩的视觉形象,涉及史前文化遗址、商周青铜器、秦汉雕塑、汉代墓葬,以及历代碑刻、佛教石窟艺术、建筑、绘画、书法、瓷器、工艺美术、民间美术等多个美术门类,具有丰富的形态。这些流传下来的视觉艺术,形成了重要的思想和文化宝库。在当代,应当推广"大美术"概念,使青少年认识独特而多彩的中华民族视觉文化史;建构大美术教学,形成具有中国特色的现代学校美育体系;开辟全方位、多样的学习形式,挖掘、展示中国美术文化,提高学生综合艺术修养。

2. 合力推进中国美术的素质教育作用

美术教育是美育和素质教育的重要组成部分,其对塑造美好心灵具有重要作用。蔡元培曾提出美育的范围包括家庭教育、学校教育、社会教育。[1] 当前,中国美术的教育既可以作为专业教育,也可以作为通识普及性的艺术教育来开展,纳入和贯穿各级各类学校教育的各学段之中。

一方面,在基础教育中合力推进美育,不断拓宽课程领域,在教材编制和课程内容中兼容并蓄,丰富和完善以中国传统文化为基础的美术知识与技能的渗透,并能融合中国民间美术,补充以中西美术比较研究为基础的美术课程与教材建构,把新的教学手段运用到课堂中,以吸引学生的兴趣。同时,推进相关社团活动的开展,让学生体会中国美术的价值,意识到保护和传承传统文化的意义。在教学模式上,不仅要传授中国美术基础知识和基本技能,还要加强美术鉴赏和视觉审美体悟,对学生进行美的感知训练,引导学生提高审美感知力,激活学生的审美、想象、联想与创造能力,来培育和滋养学生的审美能力和正面的价值观,提升其核心素养。

另一方面,培育和践行中国美术核心价值观,可以通过完善学校美术专业教育和通识教育课程来实现。既要注重美术人才培养,构建多元化、高水平、具有中国特色的美术学科专业体系,又要重视提高大专院校或职业学校学生的艺术人文素养。而要做到这些,前提是要有具备一定文化修养和美术专业知识水平的师资力量,提升教师核心素养。课程中应将知识传授、能力培养与价值引领有机统一,将传统风尚进行现代转化,引导学生学以致用,知行合一,在自我实现与时代担当方面都有所作为。

重视美育也需要加强引导和扶持社会美育的发展,推动全社会重视美术教育,尤其是博物馆、美术馆等机构应发挥其引领大众审美体验和审美趣味的作用。新时代的全民美育还可以融合社会文化资源,推广艺术实践工作坊、博物馆课堂、非遗技艺展示传习所、传承体验基地等实践活动,通过技艺学习、讲座沙龙、展览观摩、沉浸式互动体验、文旅体验等实践方式,学习中国美术相关知

---

[1] 蔡元培:《美育实施的方法》,《教育杂志》1922年第6期,第1页。

识,提高审美水平和自我修养。

3. 挖掘中国美术中的育人要素

现代学生的生活观念、价值取向往往受到西方文化的影响,缺少对优秀传统的重视和敬仰。西方艺术的观念和形式、"西方中心主义"以及崇洋的"文化认同"在美术领域也有体现。因而,需要正确引导学生以中国的立场和文化的角度看待、分析和吸取外来文化中适用的、先进的、优秀的部分,在传承和坚持自身文化的基础上形成本民族特有的文化。针对现代学生缺失的传统美育素养,学校教育应有针对性地融合传统文化,传授美术的人文知识,包括经典美术作品的推介与诠释,这不仅可以提高学生的鉴赏水平,使其获得人文精神的滋养,心灵得到净化,也能使学生认识到本土文化的价值,这符合中国对于弘扬中华文化的期待。

中国美术具有鲜明的民族性、时代特征和价值观体系,在新的时代,中国美术的价值取向更需弘扬民族文化精神。美术教育除了技能、技巧的培养,应同时发挥美术的人文教育功能,以中国美术的价值观引领、激发学生热爱中华文明的情操;应从专业和人才培养出发,围绕中国美术的理论与实践,在课程设计中融入思政教学目标,系统挖掘和梳理中国美术中蕴含的思想政治教育元素与育人要素。以中国美术展开思政教育,可以促使学生在自我修养和审美趣味中追求和表现积极的力量。

Construction and Practice of Core Values of Chinese Fine Arts from the Perspective of Quality Education

DING Weiwei

(College of Fine Arts, Shanghai Normal University, Shanghai, 200234)

Abstract: The main contents and characteristics of Chinese art values include the value structure bearing the social function and life consciousness, the unique aesthetic value system the multi-cultural value orientation that explores the strong points from many other sources, and the value requirement of paying attention to morality. To explore and construct the core values of Chinese fine arts in contemporary aesthetic education is helpful to promote the inheritance and development of traditional excellent culture in the understanding of history and reality, improve the cognition of national aesthetic culture, and help enhance the ideological and moral realm. It is of value guidance and positive practical significance to practice modern humanistic quality education if we can present art culture with Chinese characteristics from multiple perspectives, jointly promote the funcation of quality education of Chinese art, and exploit its educational elements.

Key words: Chinese fine arts, core values, humanistic quality, aesthetic education

图书在版编目（CIP）数据

现代基础教育研究. 第43卷 / 何云峰主编. — 上海：上海教育出版社，2021.9
ISBN 978-7-5720-1167-2

Ⅰ.①现… Ⅱ.①何… Ⅲ.①基础教育－研究－中国 Ⅳ.①G639.2

中国版本图书馆CIP数据核字(2021)第196962号

执行编辑　孙　珏　王中男　张雪梅
责任编辑　戴燕玲

现代基础教育研究　第43卷
何云峰　主编

出版发行　上海教育出版社有限公司
官　　网　www.seph.com.cn
地　　址　上海市永福路123号
邮　　编　200031
印　　刷　上海昌鑫龙印务有限公司
开　　本　889×1194　1/16　印张15　插页3
字　　数　440千字
版　　次　2021年9月第1版
印　　次　2021年9月第1次印刷
书　　号　ISBN 978-7-5720-1167-2/G·0916
定　　价　50.00元

如发现质量问题，读者可向本社调换　电话：021-64377165

海报设计《停止酗酒,别让美好化为毁灭》 70×100cm 2012年

崔生国

设计者:崔生国,上海师范大学美术学院教授。

  设计者将代表庆贺美好的酒瓶摔破砸碎,用锐利的玻璃碎片显示其强烈的伤害性,由此震撼地表达出酗酒的危害,告诫人们别让美好化为毁灭!

水彩画《尘埃系列·灯》 60×45cm 2020年

侯 伟

作者：侯伟，上海师范大学美术学院教授。

　　《尘埃系列·灯》作品是作者独特的绘画语言。画面中落满尘埃的老油灯，以"一沙一世界"的虚拟空间，来诠释物是人非、生命短暂，以及"菩提本无树，明镜亦非台，本来无一物，何处惹尘埃"的禅学境界……

· 校园风采 ·

从一到多：辐射引领促进共同成长
——上海市第四期"双名工程"简介

第四期"上海市普教系统名校长名师培养工程"于2018年7月启动，上海市师资培训中心创新了一系列培养机制，整理和优化多种手段，为孵化培养覆盖面更广、更具生命活力的教师发展网络提供了坚实的制度支持。

★ **三级人才梯队建设**

第四期"双名工程"设置三个计划：高峰计划、攻关计划和种子计划。根据教师的不同层次，分级培养，形成层次清晰、目标明确、针对性强的人才培养阶梯，持续孵化优秀教师，保证教育领军人才培养的可持续，同时人员和任务分配体现交叉性。

领导致辞

★ **凝练名师思想，引领社会风尚**

第四期"双名工程"打造专业的高校团队，深入研究优秀教师的思想和成长史，凝练教育风格和教学实践，形成具有鲜明个人特征的教育思想，辐射引领上海市乃至全国。

导师团会议

★ **实践导向，整体管理，提升课题研究质量**

第四期"双名工程"强调课题研究的促进作用，高峰计划课题聚焦教育现代化建设、教育综合改革等战略性问题的研究；攻关计划课题聚焦强校工程实验校的难题；种子计划课题聚焦教育教学中的实践问题，开展教学与研究实践。

★ **重视学习共同体建设，培育高质量团队**

第四期"双名工程"坚持任务引领和团队发展相结合，坚持教师个人学习、研究和实践与团队成员共同学习、共同进步和共同发展结合，在实践中加强研究，在任务中接受挑战，在团队中实现发展。

★ **助力"强校"，实现教育协同效应**

第四期"双名工程"助力"强校工程"，以主持人及基地与学校结对的方式，帮助"强校工程"实验校明确发展目标、任务，聚焦问题，形成制度，促进教师队伍专业化水平提升，推动长效发展。

★ **联合联动的工作机制**

第四期"双名工程"联合多家项目执行单位，分工合作，实现项目管理的横向联动。此外，根据"双名"学员的特征与需求，采取市、区、校共同管理、共同实施的模式，有分有合、精准发力的纵向联动，力争形成项目管理与人才培养的立体网络。

"面向新时代教育的教师准备"研讨会

· 校园风采 ·

青锋精神 模范追求：百廿南模价值观教育掠影

南模校训：勤俭敬信

上海市南洋模范中学（以下简称"南模中学"）创建于1901年，其前身是南洋公学附属小学。学校于1956年改为公立，1959年被列为上海市重点中学。2005年，学校被评为"上海市实验性示范性高中"。

百廿年来，学校一直坚守"勤、俭、敬、信"四字校训，形成了"学业扎实、生活朴实、工作踏实、身体结实"的"四实"校风。4万多名毕业生为社会主义建设做出了积极贡献，其中，王选、厉以宁、姚明校友名列"改革开放40周年100名杰出贡献人物"，董建华校友荣获"一国两制杰出贡献者"、李道豫校友荣获"外交工作杰出贡献者"国家荣誉称号。校友74人次获评国内外院士，其中中国科学院、工程院院士44人次。

学校连续20年被评为上海市文明单位，2009年获评"全国精神文明建设工作先进单位"，2011年获评第三批"全国文明单位"；近年来，先后获"全国环境教育示范学校、全国青少年科普创新示范校、全国国防教育特色学校、全国青少年篮球特色学校、全国青少年足球特色学校"等荣誉称号。

全国德育工作会议代表参观学校

1950年4月，毛泽东主席应南模中学高一学生的请求，为学生壁报题名"青锋"。2001年8月，江泽民总书记为南模中学百年校庆寄语"四个模范"（求知的模范、生活的模范、爱国的模范、进取的模范）。新时代，南模中学以"青锋精神，模范追求"作为根本立足点，以"敢为人先，胸怀天下；崇尚一流，追求卓越；精神富有，情趣高雅"作为育人目标，在传承历史基础上，丰富学校的文化内涵，凝聚师生对学校文化和精神的共识，通过一系列举措进行全面的适应性变革，实现学校的跨越式发展。

★**百廿年价值观教育的历史沿革**

南模中学随着时代的变革不断调整育人方式，推行适切的教育模式。辛亥革命前后，学校倡导爱国自强，开展公民道德教育；改革开放初期，学校重提"四实"校风，即学业扎实、工作踏实、生活朴实、身体结实，提倡并推行的素质教育；20世纪90年代，

学校红楼

· 校园风采 ·

南模根据时代需要，为培养学生完美人格，造就有用之才，提出"人格教育"理论。120年来，不同的教育模式对应着不同时代对于青年人的需求，而始终坚持一个共同的核心，即价值观教育。南模中学在不断变革中，以道德教育、素质教育、人格教育为抓手，大力推进价值观教育。

优秀学生干部南京夏令营

★青锋精神，模范追求：新时代价值观教育的着色

"青锋精神，模范追求"是南模中学的精神内核与自我定位，是新时代南模价值观教育最鲜亮的着色。"青锋"是核心精神，既有"青年先锋"的称谓，又有"锋利宝剑"的寓意；"模范"是价值追求，也是办学目标与育人要求。

学生交响乐团

新时代的南模中学，不忘育人初心，遵从育人规律，激发南模核心精神原动力，将"青锋精神，模范追求"作为南模高质量办学、高品质育人过程中的核心理念，培育具有南模特质的新时代青年，打造南模的精神坐标。

★传承红色基因，凸显价值引领

学校充分发挥课堂教学主渠道作用，积极传承红色基因，将"立德树人"融入教育各环节中，构建爱国主义教育与学科教育相统一的育人机制，激发学生的责任意识与使命担当，积极培育具有"青锋精神、模范追求"的时代新人，凸显价值引领。

★扎根校本文化，达成价值共识

20世纪80年代，学校倡导五育并举，强调人的全面发展，南模学子以气质优雅、素质卓越在全市中学生中独树一帜。在新时代背景下，模范追求也由办学的模范逐步丰富发展其内涵：学校要成为锐意创新、改革探索的模范；学生要成为气质卓越、全面发展的模范；教师要成为人格高尚、教艺精湛的模范。模范追求，已成为南模人共同的价值共识，引领价值观教育的探索实践。

★沁润校园生活，实践价值观教育

优美的校园环境和课堂环境，丰富多彩的校内外实践活动，引导学生在体验与感受的过程中把价值观理念内化为自身的精神追求，外化为自觉行动。学校坚持德育为先，五育并举，通过课程育人、文化育人、活动育人、实践育人、管理育人、协同育人，着力打造新时代背景下南模特色的德育体系，积极培育具有"青锋精神、模范追求"的时代新人。

学生参加学农活动

· 校园风采 ·

携手打造培育创新人才的高地
——上海师范大学嘉定基础教育集团办学特色简介

戏剧课程展示活动

上海师范大学嘉定基础教育集团于2020年12月由嘉定区人民政府与上海师范大学以战略合作的方式联合成立。集团共有三所成员校：上海师范大学附属嘉定小学、上海师范大学附属第五嘉定实验学校、上海师范大学附属嘉定高级中学，集团另有三所签约幼儿园、初中、九年一贯制学校在建设中。集团的三年发展目标是：以研究型教师培养为抓手，以戏剧教育和科创教育为特色，携手打造培育创新人才的高地，创建嘉定区紧密型集团。

上海师范大学附属嘉定小学自2018年建校以来，充分发挥合作办学的优势，以培育研究型教师为抓手，积极开展以"尚美教育"为标志的教育综合改革，切实开创高起点办学局面，确立了完整的办学理念系统，即以"开启更美好的人生"为办学理念，以"引领课改方向的高地、孵化卓越教师的基地、孕育创新人才的园地"为学校愿景，以"嘉言美行"为校训，创办高品质、研究型、精致化、充满诗意的学校，培养形美、心美、行美、情美、志美，面向未来的高素养学子。获得"上海市依法治校标准校、上海市中小学心理健康教育达标校、上海市学生舞蹈联盟成员单位、嘉定区教育系统先进单位、嘉定区打击乐联盟学校、嘉定区青少年科普促进会优秀团体会员"等荣誉称号。

青年教师科研成果展示

上海师范大学附属第五嘉定实验学校创办于2021年9月，是一所九年一贯制公办学校。学校依托上海师范大学专业力量，对标国家2035年远景目标，确立"看得见未来的儿童大学"的办学理念，秉承"世承创造"的校训，在学校管理、教师专业发展、学生培养、特色课程与教学方式等方面进行继承与改良，培养学生具有大格局、宽视野、优表达、精实践、强创造等优秀品质。

上海师范大学附属嘉定高级中学是嘉定区实验性示范性高中。学校办学成绩显著，综合办学水平已跻身全市百强高中行列。作为目前上海乃至全国范围内第一所将师范教育前置的高中，学校将聚焦"教师教育"的特色定位，从学校的办学基础和实际出发，对接上海师范大学的卓越教师培养计划，积极开展特色人才培养的实践探索和育人方式的改革创新。"世承班"将逐步形成课堂教学、自主学习、社会实践和通识教育相融的特色教育体系，培养一批胸怀祖国、情系教育、德才兼备、全面发展且有志于从事教育的优秀学子，为进入高等师范院校深造和将来成为优秀的人民教师打下坚实的基础。

校园景色